Adolescents, Media, and the Law:
What Developmental Science Reveals
and Free Speech Requires

青少年媒體與法律

(Roger J. R. Levesque)
羅傑·萊維斯克 著
馮愷 譯

發展科學揭示了什麼？
言論自由的需求是什麼？

【橫跨心理學、法律與傳播學的跨領域力作】

重新思考如何在保障自由與減少傷害之間取得平衡
賦權青少年，並使他們能在媒體世界中健康、自主成長

目錄

叢書序

1　導論：時代變化中的青少年和媒體……………007

第一部分　媒體效應的發展科學：研究範例

2　青少年的攻擊性行為與媒體………………027

3　青少年的身體意象與媒體…………………075

4　青少年的吸菸行為與媒體…………………113

5　青少年的性行為與媒體……………………153

第二部分　《第一修正案》中的言論：法律基礎

6　規制言論……………………………………191

7　青少年的言論自由權………………………261

8　結論：認真對待發展科學和言論自由權……314

參考文獻

索引

目錄

叢書序

本叢書由美國心理學與法學協會（American Psychology-Law Society，簡稱 APLS）贊助。APLS 是一個致力於心理學和法學領域的學術研究、實踐和公共服務的跨學科組織。其目標在於：透過基礎研究和應用研究來促進心理學在理解法律和法律機構方面的作用；提升心理學家的法律素養以及法律人士的心理學素養；向心理學界和法律界以及公眾介紹當前心理學和法學交叉領域的研究、教育和服務活動。APLS 的成員包括來自於學術研究和臨床實踐領域的心理學家以及法學界人士。研究和實踐既涉及民事領域，也涉及刑事領域。APLS 選擇致力於學術研究、出版品質和思想的國際傳播的牛津大學出版社作為策略合作夥伴。這些優勢將有助於 APLS 實現其目標，即向心理學和法學專業人士以及公眾介紹心理學和法學領域的重要發展。本叢書的重點反映了心理學和法學領域的多樣性，我們將出版的是一系列涵蓋廣泛主題的書籍。

我很高興能將羅傑‧萊維斯克（Roger Levesque）的最新著作納入本系列叢書中。其對媒體影響青少年問題的關注與當下的需求尤為契合。正如他在引言部分所指，當代青少年的成長環境充斥著各式各樣的媒體資訊，其程度遠超以往任何一代人。電視、電子遊戲、電影、網際網路以及 MP3 播放器在許多青少年的生活中日益占據主導地位。與前幾代人不同的是，青少年的自主性顯著增強，他們在接觸媒體時，通常很少或沒有受到成年人的監管。媒體在塑造青少年的身分認同、行為和健康方面顯然發揮著重要作用。萊維斯克認為，媒體對青少年的行為既會產生積極影響，也會產生消極影響，他對在青少年發展的背景下探究這些影

響頗具興趣。他提醒我們，不要以狹隘、簡單化的方式看待媒體與青少年成長之間的關係。事實上，儘管相關媒體影響的研究已經提供了諸多有價值的資訊，但他清楚地了解到，這些研究在幫助我們認識那些塑造青少年發展的多重因素方面仍有不足。相關研究往往只聚焦於媒體與特定行為（如攻擊性行為）之間的簡單關係，而忽視了影響青少年成長的多元因素。

萊維斯克教授指出，媒體對利社會行為的影響較之於其負面影響可能更為顯著。但遺憾的是，大量研究均集中於負面影響。他簡明扼要地總結了關於媒體在暴力行為、身體意向、吸菸行為和性行為等四個方面產生影響的研究成果，指出我們知識體系中的空白，並為未來的研究確立方向。他將矛頭指向許多相互衝突的研究結論，並強調，我們對媒體的長期影響仍缺乏充分的認知。他的結論是，相關證據顯示，這些領域中均存在負面效應，這對大多數人來說並不意外。

該研究綜述的重要性在於，它支持社會應當關注媒體對青少年發展的影響這一結論，這也為分析社會如何應對這一關切提供了依據。他指出，主要的應對措施是透過審查來限制青少年接觸某些媒體。當然，父母限制青少年接觸某些媒體當然被期望成為主要的應對機制。然而，正如萊維斯克所指出的那樣，這種做法或許對低齡兒童可行，對青少年而言卻通常並不奏效。他在對言論自由權利進行了一番發人深省和深思熟慮的探討後，認為目前限制青少年權利的法律方式同樣未能解決這些問題，法律體系採納的以成年人為中心的方法對青少年的憲法權利產生了負面影響。萊維斯克提出了一種創新性替代方案，這一方案不會限制青少年接觸媒體，而是促進其自治能力並提升公民的參與度。其方法並非將媒體作為負面影響的來源，而是力求透過讓青少年獲取資訊來促進自

身能力的發展。他的分析與建議會引發青少年、家長、教師、學校管理者、社群領袖以及政策制定者的興趣。我期待這些分析和建議將為針對媒體在我們社會中的作用的具有啟發性和價值性的討論奠定基礎。

羅納德・羅施

美國心理學－法律協會

1　導論：時代變化中的青少年和媒體

　　青少年生活在資訊飽和且瞬息萬變的傳媒時代，並被我們《憲法》中所謂的「言論」所淹沒。新通訊技術的產生和發展深入滲透到青少年的生活中。媒體技術的革新不斷提供高度生動、按照需求、互動性越來越強的視聽影像（R. E. Anderson, 2002）。毫不令人驚奇的是，當代的青少年在媒體資訊上投入的時間以及獲取的資訊量超過之前的任何一代人。譬如，典型的國中生在媒體上花費的時間比任何其他活動都多：11～14歲的青少年每天接觸媒體的時間高達 6.5 小時，而且，由於他們同時使用幾種不同的媒體，其每天接觸媒體內容的時間近乎 8 個小時（Roberts & Foehr, 2004）。當然，考慮到數不清的設備、影像及通訊也會令青少年的互動對象應接不暇，媒體滲透及其對青少年的最終影響會以幾何倍數的速度成長。現代資訊技術不僅為青少年提供了發表更多言論的機會，也提供了更多種發表言論的方式，令其成為日常經歷的一部分，這使得媒體的影響力不僅僅局限於特定的接觸時刻。

　　青少年並非僅僅是接觸新媒體和大眾資訊環境，而是對其投入很大關注，透過各種不同的媒體形式探尋和獲取資訊。隨著傳統傳媒的發

叢書序

展，更多類型的新傳媒形式也不斷產生。每一種媒介均賦予青少年無數的選擇，而選擇的多樣性令他們可以根據自己的口味將資訊予以個性化。以電視市場為例，目前擁有差不多上百個頻道，甚至最為偏遠隔絕的區域都可以接收。有些頻道以青少年為目標受眾，有些頻道則成為謀求成人內容的青少年的目標（尤其是那些被認為「適合青少年」的成人內容）。電視媒體很能說明問題，但就目前來看，電視媒體實際上只占青少年所接觸媒體的一小部分。傳媒產業還針對青少年推出音訊和影片系統，那些越來越便攜和微型化的技術為青少年傳播媒體資訊提供了便利，以至於他們自身都成為了媒體資訊的來源。手機、簡訊、電子郵件以及網路攝影機使得青少年持續與他人聯絡。正如科技便於人們產生交集和輕鬆交換資訊那樣，技術本身也在發生交集——手機具有了網路功能，如同個人電腦一樣成為通向看似無限的人類資訊的關口。這些新的功能也與舊的傳媒方式相結合，例如，現在的電視可以接入網路。形形色色的媒體使得需要和不需要的資訊充斥於青少年的世界。

　　作為產生龐大影響的一種力量，當今科技的變化為青少年與媒體環境積極互動甚至塑造其自身的媒體環境提供了更多的便利。媒體環境的繁榮影響著青少年可用資訊的類型，影響到他們如何解釋資訊以及如何將這些資訊融入自己的信仰體系。互動式傳媒將視聽性觀眾轉化為積極的參與者。由於需要青少年的電話及電子郵件，電子遊戲甚至電視廣播也變得具有互動性。這些變化為潛在性影響增加了新的維度；青少年原本就與其資訊平臺經常發生互動，這一平臺現在對他們顯得更有共鳴性和吸引力。這些顯著變化具有重要的意義，它們突顯了媒體使用的社會背景的轉變。青少年使用媒體時不再非要跟家人分享；媒體接觸和使用已逐漸成為私人活動。人們早就注意到，青少年在脫離成年人監管視線的臥室和其他場所可以接觸到很多的媒體科技。而隨著青少年對傳統和

新興技術的接觸不斷增加，他們對媒體的私人使用呈現出新的維度。(Calvert, Jordan, & Cocking, 2002; Roberts & Foehr, 2004)。正因如此，不斷增加的媒體數量和容量賦予了青少年在媒體選擇上的更多自主權，甚至是所獲取資訊免受成年人評論的更多自由。如同成年人一樣，他們變得活躍、更加自由並成為高度個性化的媒體資訊接收者。遺憾的是，青少年並非成年人，這些新媒體在促進媒體使用的私人化和個性化的同時，也將一股新的力量引入青少年的成長環境，對將他們視為兒童對待的社會及法律傳統趨向提出了挑戰。

變化中的媒體環境的發展意義

透過大量各式各樣易於被青少年獲取的資訊、觀點以及影像，電子傳媒促生了資訊的獨立性，進而引發了重大的影響。媒體環境的轉換改變了青少年的自我意識。譬如，正如我們所知，諸如暴力（Huesmann, Moise-Titus, Podolski, & Eron, 2003）、毒品使用（K. M. Thompson, 2005）、性（J. D. Brown, 2002; Ward, 2003）等相關內容的描述以及媒體對形形色色的消費主義的推動（Chaplin & John, 2005; Gunter, Oates, & Blades, 2005; Valkenburg, 2000），對自我認知的發展具有強大的潛在作用力。以數千項經驗主義研究為佐證，毋庸置疑，來自於不同媒體的資訊影響著青少年自我意識的發展。在主流媒體研究者目前列出的名單中，大眾媒體與包括父母、學校和教堂等傳統機構在內的其他多數社交機構同等重要（Calvert, 1999; Christenson & Roberts, 1998; Strasburger & Wilson, 2002）。這些新傳媒甚至允許青少年透過自我認知體驗塑成多元的、虛擬的社會自我（Valkenburg, Schouten, & Peter, 2005）。

新的資訊獨立性及其與青少年自我獲得感發展之間的潛在關係具有

叢書序

重要意義，某種程度上允許青少年塑造和完成其發展任務。例如，青春期代表了一種轉變：從沉沒於家庭轉向日益與更寬闊的社會空間發生連繫，從父母定義的身分和價值觀轉向受自我以及同伴影響的身分和價值觀。儘管青少年對家庭的連繫比普遍觀念所認為的更為親密，然而，在探索與經歷著寬廣而多樣的社會關係時，他們透過與其外部世界的溝通而親身經歷了身分發展的過程。因此，青少年的上網行為帶有社交目的，他們花時間發送電子郵件與人交流，沉迷於聊天室和尋找資訊（Hellenga, 2002）。發生在如此特別的社會條件下的這些互動，在青少年看來不存在風險、相對匿名而不為成年人所知，對於改變青少年的體驗提供了極大的潛在可能。為青少年提供滿足其成長發展需求的機會，無疑是現代通訊系統所能帶來的最為重要的前景。

　　青少年接觸新媒體所帶來的前景，的確使得致力於青少年健康發展的專業人士萌生很大希望。例如，青少年在利用極為龐大的傳統公共醫療衛生服務時會遭遇困難，而電子醫療利用先進科技促進醫療保健的使用、品質、安全及效率，為填補這一不足提供了可能性。網路結合了傳統的非專業和專業、個人和非個人資源的積極特徵。儘管網路不可能取代值得信任的同伴和成年人的作用，也不像很多人希望的那樣容易獲取資訊，但它已經在青少年的醫療資訊資源儲備方面發揮著重要作用（Gray, Klein, Noyce, Sesselberg & Cantrill, 2005）。青少年開拓他們自己的價值觀和身分認同，獨自糾結於那些或許不容易與父母或同伴討論的問題。青少年獲取優質資訊和隱私保護方面的差異會影響網路所能提供多元的幫助、培育社交網路以及解答特定醫療問題的程度（Skinner, Biscope, & Poland, 2003），但網路看起來的確能夠促成一些互動，這些互動包含了成功互助關係的關鍵要素，即以相對安全和匿名的方式為健康發展提供資訊和情感支持。

1 導論：時代變化中的青少年和媒體

　　新科技的新用途前景對於那些已廣為接受、早已證明媒體潛在利益（這一利益常被忽略）的研究而言是一個補充。例如，最近的一篇綜述結合了眾多研究的統計結果，即一種被稱為「統合分析」的技術，對觀看反社會行為和親社會行為的作用大小進行了分析對比（Mares & Woodard, 2005）。對作用大小的分析以「效應值」（effect sizes）計量，結果顯示，觀看親社會性電視節目對親社會行為的效應大小為「0.63」。這些結果是令人印象深刻的，因為最廣泛適用的標準則將「0.10」視為「小作用」，「0.30」為「中等作用」，「0.50」為「大作用」（Rosenthal & DiMatteo, 2001）。這些發現本身足夠驚人，然而，要是將其與觀看暴力性電視對於反社會行為的作用大小相比較的話，那會更加令人吃驚——親社會性效應值實際是反社會性效應值的兩倍。後者只有「0.30」，這個作用大小通常被認為既顯著又適度。這些數字對於不習慣使用此種統計分析的人而言可能意義不大，但它們是非常令人印象深刻的。以醫療研究為例，研究顯示阿斯匹靈對於心臟病風險的效應值為「0.03」，這一數量卻足以支持政府授權藥廠宣稱阿斯匹靈能夠預防心臟病發作，並允許藥廠終止實驗並為所有參與者提供阿斯匹靈（Rosenthal, 1990）。最新分析增加了人們對媒體作用的現有認知，也就是說，根據相關結論，實際上媒體具有的積極作用大於消極作用。

　　媒體利用機會的缺乏會對青少年帶來潛在的損害，這也揭示了有機會利用現代媒體的青少年從中獲益的顯著程度。一些更為負面的效應會降臨到那些無法接觸媒體的人身上。依據主流評論者的結論，相對富有和貧困家庭之間的數位化差異在學校和家庭中越發嚴重（Attewell, 2001）。的確，即使是免費為低收入的青少年及其家庭提供電腦和高速網路接入服務，我們仍然看到他們很少使用網路溝通工具，重大的種族差異仍然在加劇這種數位化差異（Jackson, et al., 2006）。這種結果並不

令人驚奇。如同成年人一樣，那些缺乏資源參與現有資訊環境的青少年（Bucy & Newhagen, 2004），即使是在學校和家裡能夠使用電腦，也會面臨錯失在當今世界用以獲取成功的必要資訊的風險。這一差異當然在發展學上具有重要影響。我們的資訊社會快速發展，不可避免地維持著快速的社會變革，而這種變革依賴於兩股強大的力量：不斷增加的跨文化互動和視知識為商品的經濟體系。整體而言，這些轉變對於青少年的技能、學習策略以及自我意識的發展產生了重要影響。知識爆炸意味著人們無法記住每個領域的知識，而是專注於能夠獲取、組織、管理以及批判性地評估資訊。對媒體技術的擴張性、全球性使用，日益要求人們具備在全球社會中的運作能力，此種能力取決於可用於獲取資訊的內部和社會資源。

　　遺憾的是，在全球資訊社會中新的資訊獨立性也使得青少年面臨媒體帶來的風險。公眾的關注點大多集中在網路會助長針對青少年的犯罪這一問題上。毫無疑問，與他人的網路連接使得一些青少年容易受到欺騙，可能引發線上侵害和離線後的侵犯性誘惑（Finkelhor, Mitchell, & Wolak, 2000）。儘管關於網路犯罪的刻板印象主要集中於不知名的成年人網路上結識青少年受害人的情形，但網路使用在家庭成員和熟人對青少年實施犯罪方面也發揮了同等的作用。例如，對家庭成員和熟人實施性侵的犯罪者越來越多地將網路作為引誘或迷惑受害人的工具，他們利用網路儲存和傳播受害人的影像，安排約會、與受害人交流或施以獎賞，為受害人做廣告或販賣受害人（Mitchell, Finkelhor, & wolak, 2005a）。此外，青少年事實上更容易成為網路侵害的實施者，而非僅僅是被侵害對象（Ybarra & Mitchell, 2004）。媒體僅僅是惡化了青少年的困境還是為其提供了解決問題的出路仍有待確定。不過，新媒體仍然在青少年面臨的損害中扮演了一定角色。

1 導論：時代變化中的青少年和媒體

事實上，新媒體似乎只是助長了已為人們所知的某種形式的損害，而不是製造了新的犯罪類型。這一規則似乎不僅僅適用於源自他人的風險。過度參與任何一項活動都會帶來損害，上網時間過多的青少年也存在失去朋友、損害心理健康和喪失社交技能的風險，甚至於成為網路違法者。例如，青少年對聊天室的使用可能導致心理困擾、困難的生活狀態以及更高機率的危險行為（Beebe, Asche, Harrison, & Quinlan, 2004）。但通常而言，男孩和女孩都趨向於將其網路社交互動描述為：(1) 發生於諸如郵件、簡訊等私人場景中；(2) 互動對象通常也是那些在日常、線下生活中也是朋友的人；(3) 致力於很平常但又私密的話題（如朋友，八卦）（Gross, 2004）。儘管人們相信網路允許探索不同的自我，但線上偽裝的青少年更可能是為了跟朋友開玩笑，而非意在探索一個所期待的或未來的身分（Gross, 2004）。由此，甚至是最尖端的媒體看起來也只是意在拓展正常的互動和行為，而對一些青少年來說，這些行為可能會變得不正常。

儘管媒體可能不會增加新的損害，但它帶來的一個最大風險是對已有損害的推波助瀾。當下的縱向研究甚至將孩提和青少年時代觀看適量電視（一天不超過兩個小時）的行為與諸如肥胖、體質差、抽菸以及膽固醇高等不良健康指標相連繫（Hancox, Milne, & Poulton, 2004）。大量研究報告顯示，在電視（Neuman, 1995）、音樂媒體（Christenson & Roberts, 1998）、電視或電腦遊戲（Leiberman, Chaffee, & Roberts, 1988）方面，媒體使用與青少年學業表現的各種測評結果之間存在消極關係。近期的評論也報告了不同媒體對學習成績的明顯負面效應（參見 Shin, 2004）。此外，關於暴力、危險性行為以及服用毒品、酒精、菸草的追蹤性研究顯示，儘管人們對電視描繪的不負責任行為的抱怨一直不減，對魯莽行為的描繪卻呈現出有增無減且毫無收斂的跡象（Will, Porter, Geller, &

DePasquale, 2005)。這些描繪產生的效應遠不止如此。相關青少年觀看暴力性電視的最近研究的統合分析顯示，這些觀看行為對於非暴力性、非侵害性行為具有最大程度的「反社會」效應，其中對家庭討論減少的效應最大，以「2.33」的高數值顯示了極大作用力，接下來是角色刻板印象（效應量為 0.90）、較差的社交能力（0.75）、物質主義（0.40）和消極被動（0.36; Mares & Woodard, 2005）。大量研究發現，多種形式的媒體和更廣泛形式的負面效應之間存在連繫。

然而數量龐大，關於媒體影響的研究往往還不如許多人希望的那麼確定有力。研究仍然趨向於橫向性和相關性，許多宣稱具有預見性的研究事實上沒有使用縱向資料。此外，如同其他領域尚未證明某些媒體產生的實際結果一樣，研究尚不能有效證明侵犯行為和犯罪之間的關聯性。何種因素導致了發展結果和媒體使用中的變化，對這一問題難以得出有力的結論。譬如，一個近期發表的關於媒體暴力對兒童和青少年效應的研究，給出了五個統合分析評估和一個準系統評估（Browne & Hamilton-Giachritsis, 2005）。評估認為：證據一致顯示，在電視、電影、影像製品和電腦遊戲中存在的暴力鏡頭，對於意識、思想和情感具有相當大的短期影響——所有一切增加了幼兒尤其是男孩實施侵犯或恐懼行為可能性。然而，把年齡較大的兒童和青少年這一因素以及所有年齡層的長期結果納入考慮範圍後，這一證據就變得不再確定。研究者繼續將關注的重點放到侵犯的多因性、因果關係證明的方法論困境以及從證明媒體暴力直接與犯罪相關的研究中得來的薄弱證據之上。如果這些局限性適用於對媒體影響青少年問題研究最多的領域的話，它們當然可以適用於其他領域，包括那些顯示媒體存在積極作用的領域。這些局限性可能不會妨礙相關研究的實用性，但它們的確揭示了將研究置於恰當角度的必要性。

較之現有研究中所固有的局限性，問題更大的是那些調查種種因素之後給出了相互矛盾的報告結論的研究。例如，某個關於性鏡頭對侵犯行為發生影響的一項統合分析，事實上發現在裸體肖像和侵犯行為之間存在反向關係（Allen D'Alessio, & Bezgel, 1995）。不斷累積的實驗結果揭示，更大量地接觸裸體圖片與較低程度的侵犯或反社會行為相關，前者對後者的發生具有少量卻具有意義的效應（-0.14）。正如所預料的那樣，對不含暴力色情作品的分析發現其存在更大的效應（0.17），而暴力性色情作品的效應值則更高（0.22）。這些研究顯示，對風險和損害的評估不可避免地導致某些判斷和主觀解釋，而這些判斷與解讀正是評估研究結果意義的核心所在。

當我們從更廣闊的視野（就像我們在接下來的幾章中所做的那樣）來看待媒體對青少年發展的效應時，研究的局限性和潛在的衝突性結論被愈加放大，這使得應對青少年媒體環境更為複雜艱難。在青少年所處的更廣闊的資訊環境裡，媒體發揮著多大作用？由於目前關於這一問題的研究數量已經相當可觀，更多未來的研究不可能就這一問題產生截然不同的觀點。重點在於，如何最大程度地利用現有的媒體研究和發展理解，在尊重青少年發展自我意識的權利同時，進一步滿足引導青少年獲得最佳健康狀態並成為有責任心的公民這一毋庸置疑的社會需求。

社會和政策回應的不足和挑戰

媒體效應具有複雜性，它既是積極的也是消極的，審查依舊是塑造青少年媒體環境的主要對策。在最後三章中，我們將會更加密切地審視這些對策。目前需要指出的重要一點是：應對媒體效應的常見方式主要將這一問題留給家長，如果不是家長就是媒體行業本身。本質上，這意

叢書序

味著法律制度對「哪些內容應為成年人所獲取」直接設定了界限（例如，禁止兒童色情製品和其他淫穢資料的流通），然後通常將這一責任留給家長、充當家長角色的人以及媒體行業自身，讓他們來限制青少年從市場中獲取不當資訊。如果研究發現了什麼的話，那就是這些努力遠不能令人滿意。媒體在青少年生活中無處不在，而且常常包含著面向成熟受眾的內容，這表示現有的應對措施是失敗的。同樣表示應對措施失敗的是媒體對青少年所在的整個資訊環境所產生的作用——媒體以一定方式影響家長、同伴和社會機構，而這些人和機構又塑造或影響著青少年對資訊的看法和反應。法律制度尚未對這些現實情況做出充分的回應。

迄今為止，應對有問題（或有益）的媒體的最主要社會措施是，增加家長參與其子女與媒體的接觸過程。雖然這一措施可能對低齡兒童的效果良好，但對於青少年未必有效。被研究最多的干預方案（事實上少得驚人）考察的是兒童觀看暴力性電視時家長干預方法的成效。最近一個研究分析了事實型干預的效果，即向孩子們提供關於暴力節目製作技巧方面的事實資訊；同時分析了評價型干預的效果，向孩子們提供對節目中角色的負面評價。結果發現，評價型干預方法是促進積極後果的最為有效的策略，尤其就低齡兒童而言（5～7歲，與10～12歲年齡相比較）。重要的是，事實型干預方法或者沒有任何效果，或者令一些兒童更容易受到媒體暴力的傷害（Nathanson, 2004）。但在青春期內，家長干預電視暴力或性行為的努力對青少年來說卻可能適得其反。針對家長和學生展開的一個調查顯示，限制性干預模式在青春期占據主導地位，其削弱了青少年對家長的正面態度，而對接觸的媒體內容更為積極，並且更常跟朋友們一起觀看相關內容（Nathanson, 2002）。或許更令人沮喪的是，大眾呼籲家長投入更多時間陪孩子接觸傳媒，但共同觀看行為使得青少年對於暴力及性內容電視的態度更為積極，觀看行為也有所增多

(Nathanson, 2002)。可見，鼓勵家長參與他們青少年子女的媒體活動，包括試圖加以管控，遠非最佳解決方案。

其他一些重要的研究也揭示了依賴家長審查的局限性。研究顯示：家長可能制定一些適當的規則以限制觀看特定的電視節目和媒體，然而，家長是否提供了社會所認可的答案、青少年是否接受以及家長是否堅持執行這些規則，均尚不明確。此外，家長顯然可以利用各種工具限制孩子訪問媒體，如使用 V-Chip 封鎖電視節目以及使用過濾軟體來封鎖不想要的網路存取。然而，只有很小比例的家長安裝或啟用這些新設備，使用電視封鎖設備的家長（Jordan, 2004）要比使用網路封鎖設備的家長（Mitchell, Finkelhor, & Wolak, 2005b）比例更小。這些發現並不令人驚奇，家長的技術能力落後於青少年，青少年對媒體的精通事實上增加了其在家庭決策過程中的作用和能力（Belch Krentler, & Willis-Flurry, 2005）。然而，更大量地運用新封鎖設備並不必然會令青少年對目標內容的接觸大幅減少。例如，過濾或封鎖軟體的使用只是適度減少了對家長最為關心的性內容的不必要接觸，而其他形式的家長監管實際上並沒有產生遏制作用（Mitchell, Finkelhor, & Wolak, 2003）。此外，測試分級對兒童觀看節目興趣影響的統合分析實驗揭示，標明有限制或爭議性內容的分級對 8 歲以下的孩子有遏制作用，但對 8～11 歲孩子，尤其是男孩，測試分級卻產生了誘惑作用（Bushman & Cantor, 2003）。這一令人震驚的實驗結論揭示了一種趨勢，而這一趨勢在其他類型的研究中也獲得了相當多支持。儘管對反暴力媒體產品影響的研究的確顯示了一些成效，它們同時證明了出人意料的「事與願違」的效應的普遍存在（Cantor & Wilson, 2003）。審查工作遠非萬無一失，實際上可能會導致相反的效果。

媒體塑成了資訊的獨立性，其所帶來的潛在正面風險或負面風險顯

得更為急迫，家長不再對其青少年孩子接觸媒體資訊的行為具有很大控制力。譬如，社會關注電視暴力，對電視暴力的控制看起來的確有助於限制青少年訪問暴力性媒體畫面。然而，等孩子進入青春期後，電視已經不再主宰他們的媒體環境，其他媒體也會提供暴力性畫面和存在潛在問題的資訊。例如，青少年被成人娛樂所吸引，網路則大大簡化了其對諸如賭博和性互動之類的成人娛樂活動的接觸。即使是諸如影片、電腦和網路遊戲等隨手可得的媒體，也往往充斥著暴力內容（Gentile & Anderson, 2003）。這些遊戲對於青少年具有特別的吸引力。例如，電子遊戲為情感體驗提供了一個令人滿意的環境。遊戲玩家能夠相當程度上控制遊戲，意味著他們可以自發地選擇所面臨的情感處境，這一自由性吸引著處於自我身分建構階段的青少年。對於他們而言，暴力遊戲提供了一個安全而私密的實驗室，他們可以身居其中體驗不同的情感，包括那些在日常生活中備受爭議和存在問題的情感（Jansz, 2005）。

行業自律被認為是應對存在潛在危害的媒體的另外一種重要方法，但從結果來看，它並未有效減少青少年接觸媒體的機會（Campbell, 1999）。電視產業顯示，它並沒能按照自己設定的標準有力地進行自我規範，性內容、圖文暴力以及粗俗的語言比從前任何時候都更為普遍。自1934年《通訊法》實施以來，聯邦通訊委員會（FCC）一度擁有根據公共利益、便利性以及必要性決定應否向廣播電臺頒發許可的不容置疑的權力，這意味著，它可以在很大限度內控制廣播的不當內容。儘管有此權力，FCC對電視產業的監督並不充分，電視上性和暴力內容的增長可以為此提供佐證，正如本書第二、四兩章所呈現的那樣。整個媒體產業中都有類似的情況存在。最為顯著的是，主題為「將暴力性娛樂兜售給兒童：對動畫、音樂製品和電子遊戲產業中行業實務的第四次追蹤審查」的聯邦貿易委員會報告，最近揭示了頗具說明性的研究結果：略少於一

1　導論：時代變化中的青少年和媒體

半的電影院允許13～16歲的兒童觀看限制級電影，哪怕他們並沒有成年人的陪伴。調查也顯示，未經成年人陪伴的13～16歲兒童買到露骨內容的錄影和成人級電子遊戲的機率達到85%。在委員會選取的44部暴力性限制級電影中，80%針對17歲以下的兒童開放；所選取的55部有露骨內容標籤的音樂錄音製品中，委員會發現，所有製品均向17歲以下兒童出售；在118個標示暴力內容限成人娛樂的電子遊戲中，70%對17歲以下兒童出售。報告結論顯示，儘管娛樂產業採取了重要措施來辨識可能對未成年人不宜的內容，從事這些產業的公司仍然經常以17歲以下兒童為目標，兜售他們自己的分級系統認為不當或因含有暴力內容而需要引起父母注意的產品。這些研究本身就具有重要的意義，考慮到暴力內容像其他內容一樣被認為對年輕觀眾產生問題，其意義更為突出。媒體產業在不斷推銷有問題的內容。

考慮到媒體對青少年發展的潛在影響，將關注點放在父母和行業自律上可能看起來有點古怪。越來越多的證據顯示，媒體存在有害影響，這無疑使得家長、政策制定者以及評論者去限制（如果不是徹底禁止的話）青少年接觸被認為有問題的成人媒體。儘管這種審查令人心動且看似合理，但它日益遭受質疑，使得一切努力付之東流。我們注意到對自律的高度重視。雖然這些方法受到批評，但鑒於我們目前對第一憲法修正案所賦予的自由權利的堅守，它們實際上看起來最為可行。

對含有性內容和暴力內容的媒體（這兩種媒體內容在實證研究方面獲得了相當多的關注）的擔憂，確實引發了眾多的立法聽證會、政策宣告以及行動呼籲。但令人驚訝的是，它們引發的立法行動少之又少，而且，最終付諸立法的行動實際上往往被認定為違憲。例如，在近乎所有相關不雅言論的案例中，法院均強調其意圖限制言論的最明顯目的在於保護兒童。相關言論自由的司法實踐中不乏竭盡全力為兒童建構特殊

憲法保護的案例（參見 New York v. Ferber, 1982; Ginsberg v. New York, 1968）。然而，一旦與成年人的言論權利發生衝突，保護兒童免遭不雅言論侵害的擔憂就會減弱。一系列判例均不支持那些旨在保護未成年人免受猥褻言論侵害而限制成年人獲取此類言論的途徑（相關典型案例，參見 Butler v. Michigan, 1957）。因此，對成年人言論施加負擔無異於造成違憲性侵害，這一論點常常使得兒童喪失其保護利益。

最近的案例僅僅延續了之前的做法，並為媒體提供了前所未有的保護，使得其免於審查。而廣播和電話產業無疑成為一些壓制不雅言論的重要監管工作的目標。毫無疑問，近幾年最突出的重大嘗試集中於相對較新的有線電視與網際網路技術。就現在而言，有線電視是更老、更普遍的形式，在過去的 20 年中成為大量監管措施所針對的目標。而且，自 1990 年代中期以來，已經產生了兩個重要的最高聯邦法院判例：1996 年的「丹佛地區教育電信聯盟訴聯邦通訊委員會案」（Denver Area Educational Telecommunications Consortium v. FCC）和 2000 年的「美國政府訴花花公子娛樂集團公司案」（United States v. Playboy Entertainment Group）。兩個案件均旨在對控制有線電視行業自行決定權的企圖予以限制。即使是在兒童保護的名義下，對網際網路的限制也普遍被裁定為違憲。從純粹的技術性解決方案到純粹的立法監管制度，國會、法院和評論者一直在考慮採用各種方法來解決兒童透過網路接觸露骨的性內容的問題。最值得一提的是，在 2004 年的「阿什克羅夫特訴美國公民自由聯盟案」（Ashcroft v. ACLU）中，最高法院評估並支持了一項臨時禁令，對國會最近的立法，也即兒童線上保護法（COPA）（2000 年）予以抵制，認為它可能會引發大量的違憲訴訟。正如我們在第六章和第七章中所看到的那樣，支持相關案件的原則不太可能在很短的時間發生逆轉。媒體更加深入地滲透到我們的生活中，並享受著越來越廣泛的保護。

1 導論：時代變化中的青少年和媒體

　　試圖透過訴訟更直接地控制媒體行業也是徒勞的。關於媒體暴力對兒童消費者影響的關注日益增多，但法院基本上已經排除了要求媒體公司就其兒童娛樂產品的暴力內容承擔責任的可能性。法庭在認定媒體暴力的因果關係時所作出的決定有利於媒體行業，暴力性媒體產品受到了美國憲法《第一修正案》的廣泛保護（對最近案件的回顧，參見 Proman, 2004）。因此，媒體暴力訴訟的原告幾乎沒有機會就相關因果關係的重要事實提出爭議，因為，即使《第一修正案》並未禁止某些特定的訴訟，法院也會認為，媒體暴力實際上在任何情況下都不會直接導致兒童的暴力行為。因此，媒體公司不對受到暴力媒體產品影響的年輕人造成第三人傷害承擔責任。而且法院認為，接觸暴力性媒體產品後實施的侵害行為是一種不可預見的、引發傷害的替代性介入原因，難以歸於責任。這些法律解釋為媒體提供了相當大的保護。

　　前述的矛盾衝突和應對舉措的失敗，對青少年、家庭以及更廣泛意義上的社會而言明顯是存在問題的。當青少年的行為不符合社會理想時，評論者很容易歸責於媒體、家庭和青少年自己。然而，我們應該從更深遠的意義上思考這一問題。它本質上涉及反映主流社會觀念的法律體系應如何對待青少年的權利。如同青少年生活的其他方面一樣，青少年無法達成健康的結果與缺乏關鍵的社會化機構有關，也與沒有認真對待青少年的權利有關。譬如，法律體系總是將父母推定為其子女獲取性知識的主要引導者，是他們控制著孩子接觸性相關資訊的途徑（Levesque, 2000）。然而，這一假設與現實並不相符。父母並不必然提供及時、明確或是準確的資訊。很多父母缺乏相關知識，即使擁有相關知識也可能缺少傳授這一知識的能力。實際上，青少年對某些性風險及其副作用的理解看似比他們的父母還多（參見 American Social Health Association, 1996），父母則普遍缺乏就這些問題與孩子溝通所必需的相

應素養（Brindis, 2002）。此外，父母常常不能掌控自己的青少年子女所獲取的資訊。事實上，在青少年的主要資訊和指導來源的排名中，父母位於同伴、學校和大眾媒體之後，而且，當孩子步入或者經歷青春期時，父母在性教育方面的指導作用日益削弱（Sutton, Brown, Wilson, & Klein, 2002）。同樣，當父母教育失敗時，社會就要求學校扮演父母的角色，法律體系則認為學校彌補了父母的不足。需要再強調的是，這一法律假設也不與現實相符。即使是有權力、有能力或有義務這樣做，學校也普遍沒有成功地開設課程，向青少年提供關於性和性行為的準確資訊（Levesque, 2003）。早期的運動趨向於全面的性教育，近十年來卻見證了明顯的收縮趨勢，即從更為全面的青少年性教育轉向更加依賴性節制教育（Landry, Kaeser, & Richards, 1999）。那一遠離更全面性教育計畫的運動是對法律要求和政治風向的直接回應，與現有最佳證據所表示的更有效且更能切實反映大多數青少年性生活實際情況的方向背道而馳。這些現實和法律假設的效果看起來非常顯著。當父母和學校不能回應青少年的需求時，青少年就無法發展出必要的技巧和能力來參與各種社會所認可的負責任的關係（參見 Levesque, 2002b）。對於如何擺脫性活動的消極方面從而順利發展成熟，青少年並未被給予必要的資訊和獲得適當的指導。

　　解決青少年媒體接觸問題的制度性努力存在局限性，而接觸大量資訊環境既存在潛在損害風險又會獲益，這凸顯了讓青少年負責地使用技術和資訊的意義。這一社會化對法律體系提出了特有的挑戰。法律體系應當在多大程度上以保護青少年為名限制成年人接觸媒體？政府在為青少年提供媒體接觸機會方面發揮了何種作用？政府如何才能限制青少年接觸媒體？當父母看起來不是有效的「守門人」時，他們應當在多大程度上保留控制孩子媒體環境的權利？為什麼要為媒體產業提供廣泛的保護

1　導論：時代變化中的青少年和媒體

以免受政府的監管？青少年擁有何種類型的媒體權利？青少年的媒體權利與更廣泛意義上的憲法自由言論權利有何區別？我們應當如何認真對待科學證據？在有證據表示媒體成為傷害的潛在重要來源，但為什麼監管失靈現象卻在不斷增多？法律體系如何在尊重青少年、父母以及其他成年人權利的同時減少傷害？法律體系怎樣才能醞釀出更多主動積極的方法來應對青少年的媒體環境？毫無疑問，問題在不斷湧現，這使得我們懷疑：對青少年媒體環境的主要應對措施是否僅僅建立在不正確的假設和誤解之上，從而阻滯了形成更有效青少年資訊環境的努力。如果真的如此，如果我們的法律體系承認青少年在社會中的特有地位，並將他們的發展需求視為青少年法學的起點，而並非像我們在自由言論法學中所看到的那樣將成人的權利作為基本標準的話，這一體系看起來如何仍有待確定。準確來說，這正是本書的目標。

後續章節

關於青少年和媒體的話題自然會吸引很多關注，但相關研究往往聚焦於諸如暴力或性行為之類的特定問題，而不願去試著理解塑成青少年媒體環境的合力。法律體系也存在類似的傾向。特別是，一個人可以對這一領域的很多研究和法律提出批評，認為它們對青少年生存環境及其在青少年身分、選擇和世界觀形成中的作用缺乏考量。研究者們常常「操控」這些環境因素，而不是將它們視為是其經驗模型的組成部分。正如我們將看到的那樣，法律體系也往往如此行事，它廣泛地賦予了成年人控制青少年媒體權利的權力，然後又試圖以一種零打碎敲的方式解決暴力、性和吸毒之類的特殊問題。考慮到媒體使用和青少年發展的複雜性，這些略顯狹隘的方法實際上是可以理解的。然而，它們的確令我們的探索複雜化，並要求我們超越媒體研究和媒體法律——轉而更廣泛

023

叢書序

地研究青少年發展和第一憲法修正案。正因如此，我們必須首先對關於青少年自身發展趨勢的媒體研究的關鍵範例予以分析，並將相關研究置於青少年發展的語境下進行。然後，我們會審視成年人和青少年的自由言論權利，這一研究將引導我們去探索，發展科學在個人如何發展才會促使我們的社會更加堅定地致力於言論自由權這一問題上會給出何種啟示。這樣做是為了開始設想有助於建構青少年法學的因素，這一理論能夠了解到並回應青少年、家庭以及憲法所構想的現代公民社會的需求。

第一部分開始進行實證探索。考慮到已有研究的屬性，相關分析必然會集中於被認為存在問題的內容。因此，第 2～5 章關注於暴力、性、吸菸和身體意象的研究，選擇這些因素僅僅因為它們是解決青少年發展問題的媒體研究中最常被分析的領域。選擇這些媒體研究樣本也是因為它們解決的問題受到社會的充分關注並與青少年自身利益攸關，這並不令人奇怪。除了分析媒體研究發現的趨勢之外，我們還把這些發現置於青少年發展以及媒體在更有效地回應關切問題中發揮潛在作用的背景下予以考慮。在研究允許的情況下，我們試圖將媒體這一角色置於青少年所處的更廣泛的資訊環境中。正如我們將看到的那樣，各大媒體的研究領域都有其重要的優缺點，這些特質有助於揭示研究的不足，並為我們了解媒體在青少年整體資訊環境中的作用屬性提供重要啟示。總之，這幾章為重新審視青少年資訊環境的法律監管提供了必要而合適的跳板，並對我們知道的、不知道的以及應當知道的相關媒體在青少年資訊環境中的地位問題進行了具有代表性的分析。

第二部分轉向法律分析。從第六章開始，我們著手研究法律如何規定每個人的言論，既包括成年人的言論也包括青少年的言論。相關分析揭示了對言論自由權利的擴張性保護，其中大多數情形直接涉及到媒體和資訊環境。在詳細闡釋了保護言論的理由後，我們對憲法施加於言論

的主要限制進行了研究。考慮到這些限制為判斷每個人的自由言論提供了最終標準，它們是需要被考慮的重要問題。重要的是，第六章繼續研究自由言論法學中常被忽視的方面，例如知情權。第七章的分析直接轉向了青少年媒體環境的規制問題。令人吃驚的是，我們幾乎找不到任何相關規定。然而，我們的確發現了一個普遍性規則，它賦予父母及其代理人很大的權力以控制青少年的媒體權利。同時我們也發現了所謂的「有害於未成年人的法律」。考慮到青少年傳媒權利的發展有限，我們必然會轉而用更廣泛的視野來審視青少年的自由言論權。儘管這一分析看起來無關緊要，但如果想要用更全面的方式來解決青少年媒體環境問題的話，這一更為廣泛的觀點和對青少年權利的理解是必要的。這一分析將媒體置於合適的地位，成為由家庭、同伴、學校和其他社會機構構成的青少年所處的更廣泛資訊環境的組成部分。因此，我們將關注於最高法院司法判例的主要領域所強調的青少年的表達自由和知情權。

第八章透過考察社會科學研究結果以及相關言論自由的司法判例對青少年第一修正案法學發展的影響，來對我們的分析予以總結。這一探討重構了當前針對青少年媒體和自由言論權的支離破碎的研究方法，這些方法取向於將青少年和成年人進行比較。與基於成年人經驗決定法律體系應否承認或尊重青少年權利的做法不同，這些分析著眼於規範自由言論權的憲法原則，以形成能忠實於「每個人均應得到保護」之憲法原旨的法律規則發展的原則。為了達成這一目的，我們首先要說明考慮青少年資訊環境的不斷變化的作用的必要性，以及此前在這一方面的缺失。然後，我們從青少年及其發展的角度，重新分析傳統上所接受的指導第一憲法修正案法學的自由言論原則——參與思想市場、培育公民參與意識和促進自我實現。最後，我們會列舉一些原則，這些原則可以使憲法在處理資訊環境問題時忠實於言論自由原則。相關分析強調了確認青

叢書序

少年權利的應對措施是如何進一步推進那些規制青少年發展及其所處環境、久經歷史檢驗的深層理念的。人們認為，這些重要的承諾不會影響那些旨在讓青少年及其社會環境為日益變化且充滿挑戰的世界做好準備的改革努力。

第一部分
媒體效應的發展科學：研究範例

2　青少年的攻擊性行為與媒體

　　過去四十多年來，心理學和廣播等領域的研究者發表了大量的實證性成果，分析媒體接觸對攻擊性和暴力傾向的影響。這些研究者作出的一般結論是，接觸媒體暴力特別是電視暴力，有時甚至只是電視本身，都與攻擊行為存在關聯性（Gentile, 2003）。絕大多數研究者還發現，媒體暴力對促發攻擊行為產生了因果作用（參見 Bushman & Anderson, 2001）。儘管一些批評性研究並不支持所謂因果關係主張（Ferguson, 2002; J. L. Freedman, 2002; Fowles, 1999），但看上去越來越清楚的是，媒體可以相當程度地影響青少年的攻擊行為、暴力行為甚至犯罪行為。

　　研究者提出了一個非常一致但又極為微妙的經驗設想。最值得注意的是，他們的研究傾向顯示，媒體的影響是潛移默化而非顯著和直接的，例如，影響可以是短期的，但也有可能是長期的（Bushman & Anderson, 2001）。研究還顯示，媒體影響往往會引發輕微而非嚴重的行為，例如，媒體中的暴力行為最有可能引發不尊重和攻擊行為而非謀殺（Potter, 1999; Kuntsche, 2004），鑒於嚴重行為的低發生率，這個發現並不令人驚訝。研究進一步揭示，媒體影響透過不同方式而非同種方式作用於觀眾：媒體影響一個人的環境，而這反過來又反作用於那些影響其環境的

第一部分　媒體效應的發展科學：研究範例

個人（Bandura, 1994, 2001）。因此，媒體具有可預測的一般性影響，不同形式的媒體可以增加攻擊或暴力行為的可能性，而並非攻擊或暴力的必要、充分、最近或主要的原因。實證研究發現，研究者很清楚這些局限性，因為他們給出的結論在措辭上非常謹慎（例如 C. A. Anderson & Bushman, 2002）。

　　鑒於我們對青少年攻擊和暴力行為的理解以及新興的觀點，媒體在青少年發展中常常扮演著微妙的角色，因而在結論上謹慎選擇是必要的。這些行為存在多種成因，在討論影響最廣泛的原因時，媒體的作用十分突出。例如，研究者確認了增加十多歲的兒童和青少年捲入嚴重暴力事件風險的關鍵因素（United States Department of Health and Human Services [USDHHS], 2001c）。對 13 歲以下兒童來說，最重要的因素包括早期參與嚴重犯罪行為、早期的藥物使用、男性性別、對他人的身體攻擊史、父母教育程度低或貧窮以及家長參與違法活動。一旦某個孩子成為一名青少年，透過不同因素能夠預測其對嚴重暴力的參與可能。朋友和同伴成為更為重要的預測因素，就像與反社會的或違法的同齡人產生友誼、成為幫派成員以及捲入其他犯罪活動。通常情況下，面臨的危險因素越多，兒童或青少年捲入嚴重暴力的可能性就會越大。同時，研究人員已經開始確認一些保護性因素，如對學業的投入和對犯罪行為的否定性態度也許會保護兒童和青少年免於風險，即使是存在許多危險因素的情形下。這些危險因素和保護性因素尚未針對諸如欺凌和欺騙之類更為常見的攻擊形式作出系統性驗證。這些攻擊行為也許不算明顯，但仍然對青少年的生活產生極為有害的影響（參見 Olson, 2004）。研究者指出，透過風險因素和保護因素的平衡可以解釋攻擊和暴力傾向（Corrado, Roesch, Hart, & Gierowski, 2002）。正如我們即將看到的那樣，媒體在這一平衡中似乎占據著重要的地位。這並非表示一些媒體不可能產生直

2 青少年的攻擊性行為與媒體

接、即時的影響,或者媒體對一些人而言存在更大的風險。然而,研究者現在強調,媒體的發展影響力源於自身作為形成風險和保護因素的一種廣泛社會力量,而非暴力行為的直接貢獻者。

與研究者不同,評論者經常忽略或淡化媒體對青少年攻擊行為影響的複雜性。例如,當我們知道在諸如攻擊、暴力和犯罪等廣泛概念之間存在著重要差異時,大眾媒體和政策呼籲採取的行動往往誇大了媒體暴力和暴力犯罪行為之間關係的調查結果(參見 Savage, 2004)。重要的是,為了反駁相關批評,專家組關於媒體暴力影響的態度宣告往往留有迴旋的餘地,此點在專注於公共衛生問題的六個主要專業組織(美國心理協會、美國兒科協會、美國家庭醫生學會、美國精神病學協會、美國醫學協會、美國兒童與青少年精神病學會)的近期聯合宣告中得以證實。這些有影響力的公共衛生組織簽署了一項聯合宣告以證實媒體暴力的危險性:「在這個時候,遠遠超過 1,000 個研究……壓倒性地指出了媒體暴力和一些兒童攻擊行為之間的因果關聯性」(American Academy of Pediatrics, 2000, p.1)。這些衛生組織傳達的整體意旨是承認存在因果關係。然而,社會學家們的相關措辭嚴謹而具有保留性,比如使用「一些」之類的詞語,相當程度上限制了衛生組織的立場。一些呼籲經常會掩蓋語言的說服力,但它們(十分恰當地)喚起了人們對青少年發展過程中如何定位媒體暴力這一問題的相當程度的關注。因此,媒體的實際作用或許被誤解,但目前來看,媒體在查明攻擊行為的原因和防止其後果方面扮演了重要角色。

毋庸置疑,媒體對青少年攻擊和暴力的影響越來越受到關注。青少年實施了大量的暴力犯罪,平均每年約九分之一的謀殺案由 18 歲以下的年輕人所實施,這個國家平均每天約 5 名年輕人因涉嫌謀殺被逮捕(1999 年總數為 1,176 人)(Fox & Zawitz, 2001)。同時,青少年也是各種不

同成因暴力的受害者，謀殺成為該年齡層死亡的第二大主要原因。2002年，10～19歲的年輕人中發生了超過2,000起凶殺案。關注謀殺的同時不應該忽視年輕人實施暴力的其他方式。1999年因暴力犯罪被逮捕的人數中，18歲以下的年輕人占據了六分之一（Snyder, 2000）。國家權威調查顯示，每個涉青少年被捕案件中，至少10人參與過可能導致重傷或死亡的暴力活動（USDHHS, 2001c）。調查結果顯示，30%～40%的男性青少年和16%～32%的女性青少年聲稱其在17歲以前實施過嚴重的暴力犯罪（USDHHS, 2001c）。五分之一的嚴重暴力犯罪的受害者年齡在12～17歲（Snyder & Sickmund, 1999）。年齡在12～17歲的青少年成為輕微攻擊受害者的可能性是成年人的三倍，成為嚴重暴力犯罪受害者的可能性則是兩倍（USDHHS, 2001c）。在過去的一年裡，約二十分之一的高中學生透露自己曾被武器傷害過，七分之一的學生表示曾被某人用武器以外的暴力方式故意傷害（Institute for Social Research, University of Michigan, 1999）。

　　青少年既是攻擊行為的實施者又是受害者，多數攻擊行為可以被認定為暴力行為。攻擊行為所涵蓋的範圍非常廣泛，包括欺凌、脅迫性言論、肢體衝突、武器襲擊或非武器襲擊與自殺等。以自殺為例，它一直是青少年死亡的第三大主要原因——每年有超過1,500名青少年自殺身亡（Centers for Disease Control and Prevention, 2005a）。超過三分之一的高中學生聲稱自己在過去的一年內打過架，其中約有九分之一因受傷需進行醫療護理（Institute for Social Research, University of Michigan, 1999）。6～10年級學生中，超過六分之一的學生表示有時被人欺負，超過十二分之一學生透露自己每週會遭受一次或一次以上的欺凌（Nansel et al. 2001）。上述形式的攻擊行為可能算不上是青少年暴力事件報導中所稱的暴力行為，但它對青少年的日常生活影響重大，而且往往容易被忽視。

還有很多暴力和攻擊行為一直未被公開，或者只是被當成了青春期正常發展的一部分（Levesque, 2002b）。

政治、大眾媒體和實證研究對媒體暴力的廣泛關注，加上攻擊行為和暴力行為在青少年生活中的重要影響，使得這一研究領域對理解媒體在青少年發展中的作用及其後果至關重要。了解如何應對媒體暴力及其影響，需要密切關注實證文獻的優勢和不足，並努力將這些文獻與可能的應對措施相結合。為此，本章探討了媒體暴力的本質及其對青少年發展的特殊影響。相關觀點揭示了媒體在青少年發展中可能發揮的強大影響力，不僅包括其塑造攻擊性和暴力傾向的能力，還包括其應對暴力和促進非暴力關係的能力。為了認識媒體的社會化力量，本章也將聚焦於緩和與調節媒體效應的因素，儘管相關研究近期才剛剛轉向對這些因素的考慮。也就是說，媒體並非單獨發揮作用，我們需要考慮媒體作用於青少年的過程中受到了哪些因素的影響。總之，調查結果顯示，有必要重新考慮如何更理想地讓青少年對媒體暴力做出反應。

媒體暴力的畫面

研究者已經就媒體暴力畫面的性質撰寫了大量詳盡的綜合報告。在過去的三十年裡，調查各種媒體中暴力數量的最有系統的研究以電視暴力為中心（參見 Potter, 1999）。例如，關於全國電視暴力的研究（NTVS; Wilson et al., 1997; Wilson et al., 1998）涵蓋了近乎所有的節目類型，只有 1994 年 10 月～1997 年 6 月之間 20 週內的 23 個廣播電臺和有線電影頻道的新聞節目不在其內。大量研究報告顯示了主要類型的暴力內容所占的比例，這些比例是節目類型和情境變數的函式關係表現。調查基於三個分析層次對暴力內容的變量進行評估：節目、場景和暴力的相互作用。就其廣泛性和詳盡程度而言，這些研究令人印象極為深刻。

第一部分　媒體效應的發展科學：研究範例

　　全國電視暴力研究發現，61%的電視節目包含一些暴力，其中電影（89%）、戲劇（75%）和兒童電視（67%）節目包含的暴力比例最高（Wilson et al., 1998）。32%的電視類型含有過度的暴力內容，即根據相關界定一個節目中出現多達 9 個以上的暴力行為，其中電影（59%）、戲劇（40%）和兒童電視（31%）包含的暴力行為最多。同時，全國電視暴力研究還大量揭示了電視暴力的性質，很多攻擊行為看起來被美化、日常化和洗白，例如，44%的互動涉及的加害人具有值得仿效和吸引人的特質。大約有 40%的暴力節目含有幽默元素，既包含暴力角色所使用的幽默，又有直接針對暴力行為本身的幽默。大約有 45%的節目中所包含的暴力沒有立即獲得懲罰或譴責；約有 84%的節目中的暴力行為沒有顯示出長期後果。幾乎 45%的節目所呈現的角色永遠不會或很少會因為他們的暴力行為受到懲罰。暴力行為還會被洗白，僅有 16%的暴力節目描述了暴力具有長期現實的後果，而 86%的暴力場景不存在血腥的畫面。

　　最近為青少年開發的媒體娛樂形式可能比電視上看到的更為形象和具有暴力性，電子遊戲尤其如此。例如，最近一項研究分析了 60 個最流行電子遊戲中的暴力內容，這些遊戲影片來自三個遊戲系統：任天堂 64、SEGA DreamCast 和 SONY PlayStation（Smith, 2003）。這些研究採用了全國電視暴力研究的編碼方案，結果顯示，面向成熟觀眾的遊戲與一般觀眾遊戲相比更具有暴力性。並且，與面向一般受眾的遊戲相比，面向成熟受眾的遊戲不僅更有可能對兒童犯罪者進行特寫，還對將反覆的、形象的槍枝暴力行為賦予正當性。這些類型的研究具有重要意義，某種程度上，它們低估了對暴力和攻擊的接觸，因為大多數最受歡迎的遊戲在本質上都是極端暴力的：它們將殘酷的大屠殺作為遊戲勝利的主要策略，並包含了極其血腥的畫面（例如，C. A. Anderson & Bushman, 2001; Bartholow & Anderson, 2002; Funk et al., 1999）。例如，到 1990 年

2 青少年的攻擊性行為與媒體

中期,美國國內市場供給的電子遊戲中只有 10％被認定具有暴力性質,而暴力遊戲——特別是真人快打和街頭霸王 II——壓倒性地占據著市場的支配地位(Kent, 2001)。

音樂影片是青少年媒體體驗的重要組成部分,同樣包含著相當多的暴力元素。然而,相關研究文獻對音樂影片中暴力數量的描述存在差異。例如一些報導指出:整體來說,在流行有線音樂頻道(如 MTV, VH-1,BET)上大約 15％的影片含有暴力(例如,Durant, Rich et al., 1997; Smith & Boyson, 2002)。另一方面,全國電視暴力研究的調查結果顯示,53％的音樂影片包含暴力鏡頭(Wilson et al., 1997; Wilson et al., 1998)。這種明顯的差異可能由於存在不同的編碼方法以及所考察的音樂類型不同。例如,將近三分之一的饒舌音樂和重金屬音樂影片包含暴力,而相比之下,包含暴力的成人現代音樂影片和節奏藍調音樂影片卻不到 10％(Strasburger & Wilson, 2002)。儘管對描繪音樂影片暴力的估算存在千差萬別,但在事實上,即使我們採取了最小的估算,暴力也會相當頻繁地出現。

在考慮暴力接觸時,了解青少年的觀看模式非常重要。我們已經看到,每個人接觸的暴力不盡相同,青少年分別尋求獲取含有不同程度暴力的不同媒體。電視上的暴力就是一個例證。一項大型研究調查了高中學生接觸含有攻擊性內容的電視節目的情況,並探討了攻擊性電視觀看行為是否因性別和種族的差異性而有所不同(Yoon & Somers, 2003)。該研究使用直接和間接攻擊的定義對電視節目進行評級,評估參與者對二者的接觸情況。這方面需要注意的是,間接攻擊包括那些故意意圖被隱藏、間接造成傷害以及犯罪者未被發現的攻擊行為;相關例子中包括社會排斥性行為,諸如不讓受害人參與活動、拒絕與他們說話以及在背後說他們的閒話。研究者發現,雖說女孩們觀看了更多含有間接攻擊性的

電視節目，但每個人都會受到暴力的高度影響。該研究還指出一個重要的發現，對侵害性電視內容的接觸在十年級達到頂峰之後急劇下跌。這些發現突出了一個重要的考慮因素，即青春期早期和中期是值得考慮的重要發展階段，所有的年輕人都曾接觸到媒體的攻擊性畫面。這些發現也揭示了試圖認識媒體刻劃暴力的效應面臨的挑戰。

媒體刻劃暴力的效應

研究者採用若干種方法探索媒體暴力對攻擊行為和暴力行為的效應。每種研究方法都有其優點和局限，沒有一種單一的研究方法能夠對如此複雜的問題提供確切的答案。但綜合而言，不同的研究方法均對媒體暴力於青少年行為的影響提出了重要論斷。以每個研究方法為基本框架，本節概述了可用證據的性質以研究媒體暴力的影響。

實驗研究

實驗研究在實驗組（例如，參與暴力性電子遊戲）和對照組（例如，參與一種令人興奮但不具暴力性的電子遊戲）對參與者進行隨機分配。有些實驗是在更為自然的野外環境下進行的，但是關於媒體的研究通常在實驗室內進行。可以說，這種方法為確立因果關系提供了最好的方式，因為研究人員可能操縱具有利害關係的變量並保留所有其他的常量。不過，這種方法往往只允許將重心置於輕微的物理攻擊、言語攻擊、攻擊性情緒和想法，而非長期行為和暴力甚或是犯罪行為之上。然而，大量分析接觸媒體暴力行為的影響的實驗室和現場實驗提供了普遍而明確的檢驗結果，廣泛地證明二者媒體暴力和攻擊之間存在正相關性。該研究得出的一般結論是，媒體暴力能夠促發攻擊性思想和行動，進而可能促成暴力。同樣重要的是，實驗研究為我們提供了細膩入微的

2　青少年的攻擊性行為與媒體

調查結果，有助於我們理解關於媒體暴力效應的廣泛論斷。

大量的重要發現源自實驗室和現場實驗研究。在實驗室條件下，接觸到電影或電視暴力行為的兒童（男孩和女孩）表現得更有攻擊性。在典型的研究正規化中，試驗者隨機選取參與者並讓他們觀看暴力性或非暴力性短片，之後觀察其彼此之間的互動。這一正規化被應用於目前的典型研究中，這些研究讓兒童觀看不同的影片，並分析他們會對波波玩偶（一種充氣的沙包玩具）做出何種反應。相關研究顯示，觀看暴力會引起一些孩子短期的攻擊性行為（Bandura, 1965）。根據研究結論，持續觀看暴力性電影剪輯的參與者往往彼此之間或者對代替品（如波波玩偶）表現得更具攻擊性。在這些環境下，接觸暴力影片場面明顯會致使一些兒童做出更具攻擊性的行為。

實施典型研究正規化以來，很多研究顯示，觀看媒體暴力場景可以影響一個人後續的攻擊性，同時目前一些研究分析，媒體暴力甚至會影響間接性攻擊。例如，最近一項研究選取了 199 名 11 歲到 14 歲兒童，分析他們在觀看直接或間接的攻擊性行為後對彼此之間的間接攻擊行為的直接影響（Coyne, Archer, & Eslea, 2004）。這項研究為參與者播放間接攻擊性、直接攻擊性或無攻擊性的影片，並透過對同伴作出消極評價與對小場景的回應來測量他們後續的攻擊性。比起那些觀看非暴力影片的參與者，觀看直接或間接攻擊性影片的參與者給出的評價更為消極，並且給同夥的錢更少。觀看間接攻擊性影片的參與者比觀看直接攻擊性影片的參與者給同夥的錢更少。間接攻擊性影片的觀看者在模稜兩可的情形下作出的攻擊性反應更為間接，而直接攻擊性影片的觀看者作出的攻擊回應則更為直接。諸如此類的實驗研究顯示，即使透過媒體觀看間接攻擊性畫面，也能對後續行為產生直接影響。

現場研究證據也清楚地顯示，兒童經常觀看暴力的電視和電影與

兒童的攻擊行為密切相關。幾個實驗結果顯示，情緒或身體興奮的觀眾都特別容易受到暴力性場景的激發而實施攻擊行為（相關綜述，參見 Berkowitz, 1993）。證據還表示，有攻擊性傾向的年輕人和最近被人激怒過的年輕人較之其他人更容易受到此種影響。觀看同一部暴力電影時，存在攻擊性傾向的男孩比不存在攻擊性傾向的男孩表現得更具有攻擊性（例如，參見 Josephson, 1987）。重要的是，因本身具有攻擊性傾向而導致受影響程度增加，並不意味著那些攻擊性傾向弱的人對媒體的影響可以免疫。在電視上或是電影中觀看到更多暴力行為的年輕人，行為更具有暴力性，更傾向於對攻擊性行為持有認可的態度。進一步的調查證據顯示，沒有哪一組是免疫的，僅僅想到「暴力」一詞都會增加肢體上對他人的攻擊風險（Carver, Ganellen, Froming, & Chambers, 1983）。諸如此類的調查結果使得研究者們認為，一定程度上，暴力媒體把個人置於更高的暴力風險中，在本身即具有攻擊性想法的人群中，暴力媒體會增加他們對其他人實施身體攻擊行為的風險，暴力媒體同樣對攻擊想法和情緒產生直接影響（Bushman & Anderson, 2001）。

很多研究主要集中於在兒童和青少年早期，但隨機實驗揭示，接觸媒體暴力後會馬上促生攻擊性想法並提高青少年後期對攻擊行為的容忍度。現今的經典研究顯示，觀看暴力性愛場面的大學生對針對女性人身攻擊行為的接受度有所提高（Malamuth & Check, 1981）。最近，被隨機分配觀看暴力電影片段的大學生表現出更多的暴力思想（Bushman, 1998）或更多的暴力情緒（C. A. Anderson, 1997）。與觀看非暴力性電影的大學男生和女生相比，觀看一系列暴力性電影的學生表現的敵對情緒明顯增加（Zillmann & Weaver, 1999）。相關發現非常重要：傾向於對他人做出攻擊或暴力行為，是因為敵對情緒使得他們更容易將模稜兩可的互動行為解讀為敵對性遭遇，從而做出相應的反應（參見 Zillmann, 1979）。同

2 青少年的攻擊性行為與媒體

樣,至少在短期內,接觸媒體暴力可以導致十多歲的男孩做出人身攻擊行為。持有此種觀點的研究實際上涉及到接受家庭外照護的少年犯,讓他們分別接觸暴力或非暴力電影;正如所料想的那樣,接觸暴力電影的少年犯明顯參與了更多的人身攻擊行為(Parke, Berkowitz, Leyens, West, & Sebastian, 1977)。這些後續性研究仍然令人印象深刻,因為它們揭示了甚至在已經正式規定禁止破壞性行為的情形下暴力電影是如何引發嚴重身體攻擊的。同時,這些研究進一步強調了傾向性的重要作用。

幾個重要研究調查了音樂影片是如何影響青少年的攻擊性思考和態度的。例如,關於青少年的實驗研究顯示,與未觀看音樂影片的青少年相比,僅僅透過觀看含有性從屬女性形象內容的非暴力饒舌音樂影片,就會顯著地增加女孩對青少年暴力性約會的容忍程度(Johnson, Adams, Ashburn, & Reed, 1995)。同樣,男性接觸非色情暴力音樂影片導致敵對性的性觀念和負面影響的顯著增加(Peterson & Pfost, 1989),而接觸刻板性別角色行為的音樂影片也使得學生更容易接受這種行為(Hansen, 1989)。接觸暴力饒舌音樂影片會增加以暴力行為應對假設衝突情境的認可度(Johnson, Jackson, & Gatto, 1995)。不出所料,與沒有觀看反社會搖滾影片的學生相比,那些觀看反社會主題的搖滾音樂影片的大學生更容易接受反社會行為(Hansen & Hansen, 1990)。這些結論與最近的研究共同顯示,歌詞具有暴力性的歌曲是如何促生攻擊性思想和影響行為的。例如,在實驗室環境下,以歧視女性歌詞為內容的饒舌音樂與對女性的攻擊行為存在關聯(Barongan & Nagayama Hall, 1995)。此類發現相當令人印象深刻和具有挑戰性,因為有些歌曲流派的歌詞對不熟悉它的人而言幾乎難以理解(C. A. Anderson, Carnagey, & Eubanks, 2003)。實驗研究隨之顯示,觀看暴力性影片和收聽攻擊性音樂至少在短期內會促生接受暴力行為的態度和信念。

第一部分　媒體效應的發展科學：研究範例

　　如今，重要的統合分析證實和展現了關於觀看戲劇性電視或電影暴力內容與實施攻擊性行為之間關係的實驗結果的穩健性。要知道，統合分析是對特定主題相關研究的一種定量評估，其對多項獨立研究的結果進行了總結。這種統計技術使得單項研究得以整合，從而呈現出不同調查的整體模式。這些分析得出了所有研究中效應大小的猜想數值。不出所料，當下幾個統合分析計算了隨機實驗中電視和電影暴力對攻擊行為的效應值大小。引用率最高的研究之一報告了中等到高等的平均效應值範圍（Paik & Comstock, 1994）。值得注意的是，實驗室研究的效應值（0.87）大於田野調查（0.62）、時間序列研究（0.39）以及調查研究（0.38）的效應值。結果適用於所有年齡的個人，但在學前兒童和大學生群體中的效應值大於大齡兒童、青少年和成年人群體。同樣重要的是，在卡通暴力中的效應值要大於其他的暴力形式，在僅涉及色情的節目或是色情暴力相融合的節目中效應值大於僅涉及暴力節目。從相關研究可以得出這樣一個結論，更嚴重後果的效應值較之於輕微的後果更小。有趣的是，新的研究試圖尋找更高層次的效應大小。最近的大規模分析顯示，媒體暴力與攻擊行為的效應穩定增加（Bushman & Anderson, 2001）。

　　相關電子遊戲效應的隨機實驗結果顯示，其與電視暴力、電影暴力調查獲得的結果非常相似。例如，參與暴力電子遊戲的大學生日後受到高強度懲罰，是未接觸暴力性電子遊戲的學生的 2.5 倍之多，這個發現對男性和女性都有意義（Bartholow & Anderson, 2002）。同樣，長期的研究顯示，暴力電子遊戲的參與者會產生更多的攻擊性思想（Calvert & Tan, 1994）。這些發現已被反覆驗證，其涵蓋了多種衡量攻擊性思考的方式，從閱讀攻擊性和非攻擊性詞語所花費的時間，到對假設的不愉快人際事件中的給出敵意性解釋等（Kirsh, 1998; C. A. Anderson & Dill, 2000; Bushman &Anderson, 2002）。這些研究結果得到了研究者的支持，其評

估了參與暴力或非暴力遊戲的男孩之間的肢體性攻擊，發現暴力性電子遊戲的參與者更具有肢體上的攻擊性（Irwin & Gross, 1995）。這些結果令人印象深刻，將暴力內容從電子遊戲具有的其他興奮屬性或是情感屬性（如挫折、困難和愉悅等）中分離出來，在現今的實驗中呈現出更大的意義。這些實驗顯示，暴力性電子遊戲對攻擊的效應獨立於遊戲本身的興奮屬性或情感屬性的效應（C. A. Anderson et al., 2004）。

前述發現透過既有實證研究的統合分析揭示了相關暴力性電子遊戲效應的研究趨勢。分析顯示，暴力性電子遊戲對攻擊行為的影響與電子遊戲的類型正相關，與玩遊戲的時間負相關（Sherry, 2001）。統合分析顯示電子遊戲效應比暴力電視的效應小，但結果獲得的意義重大。這些統合分析結果證實了反覆參與暴力性電子遊戲與現實世界中的攻擊行為和暴力行為之間的重要連繫。對暴力性電子遊戲效應的統合分析顯示，參與暴力電子遊戲增加了從事攻擊行為的可能性。最近的統合分析剔除了實驗室研究、現場研究和橫向研究，並發現接觸暴力性電子遊戲顯著提升了攻擊性行為、影響、認知以及生理上的刺激（C. A. Anderson et al., 2004）。結果還顯示，接觸電子遊戲會明顯減少利社會行為和幫助行為。

鑒於青少年參與電子遊戲的時間不斷增加，電子遊戲的暴力比率居高不下以及使用者積極參與，相關統合分析具有重要的意義。最近的研究揭示了暴力電子遊戲影響的深度及其與攻擊行為的相關性。例如，針對參與暴力性遊戲《毀滅戰士》（*Doom*）的大學生玩家的實驗發現，參與者將自己與攻擊性特質和行動連繫在一起（Uhlmann & Swanson, 2004）。較早接觸暴力電子遊戲的自我報告能夠預測自動形成攻擊性的自我意識，這說明參與暴力電子遊戲會導致攻擊性自我觀念的自主學習（Uhlmann & Swanson, 2004）。這些研究結果獲得了其他實驗研究的支持，認為較早地參與電子遊戲和接觸暴力性電子遊戲會促生敵對思想（Tamborini et al., 2004)。總之，相關研究明確指出，需要考慮電子遊戲及類似媒體在助長攻擊性行為方面發揮的作用。

相關性研究

相關性研究為個體對媒體暴力內容的接觸程度與其攻擊性行為之間的關係提供了某一特定時間點上的概貌。不同於實驗研究，這些研究往往包括更為嚴重的人身攻擊行為。遺憾的是，相關性研究往往不像實驗研究那樣確信，因為它們只能得出如下結論：青少年日常觀看電視和電影暴力的量與他們當時的人身攻擊、言語攻擊和攻擊性思想有關。因此，這些研究並未顯示媒體暴力是否導致攻擊行為，具有攻擊性的青少年是否為媒體暴力所吸引，或者是否存在其他一些因素使得這些青少年比其同齡人更多地觀看暴力內容和更具有攻擊性。儘管存在這些局限，相關性研究確實對實驗性研究和其他更具確定性的研究類型具有補充作用。這些研究樣本通常更具代表性，其結果反映了更為自然、更貼近現實生活的行為。儘管這一研究關注的重點只是各種關係的闡明，並不排除潛在的混雜因素，但它常常產生相當令人印象深刻的結果。這種不同的研究方法實際上產生了許多與實驗室實驗中所呈現的相同的模式。

相關性研究顯示，觀看暴力媒體內容與青少年的攻擊性行為有關，包括嚴重到被視為暴力的身體攻擊行為。例如，以2,000多名男女高中和國中學生為實驗對象的一項早期研究報告顯示，其觀看電視中的暴力行為與攻擊性行為之間存在很大關聯性，這些學生最喜愛的四個電視節目與其攻擊性行為之間的相關係數為0.11，與其實施的更嚴重的侵略性犯罪的相關係數為0.16（McIntyre & Teevan, 1972）。同樣，另一項重要研究報告聲稱，對於七年級和十年級的男生而言，觀看電視暴力內容與攻擊性行為之間的相關係數為0.32；對於同年齡層的女生而言，該係數

2 青少年的攻擊性行為與媒體

是 0.30。這項研究還包括與打架、毆打和一些其他侵略性犯罪行為的相關性（McLeod, Atkin, & Chaffee, 1972）。另一個關於 12 到 17 週歲的男性的研究聲稱，過去六個月內電視重暴力的觀看者實施的暴力行為比電視輕暴力的觀看者高出 49%（Belson, 1978）。這些研究以及此後更多的研究顯示，觀看電視暴力內容與攻擊性行為之間存在正相關性。但這些研究也說明，小學生的相關性往往高於青少年和成年人，在研究評估一般性攻擊行為時尤其如此（參見 C. A. Anderson et al., 2003）。

相關研究尚未系統性報告接觸暴力音樂影片或音樂歌詞對攻擊性行為的影響。然而，現有的研究的確顯示它們之間存在連繫。例如，觀看更多音樂電視的孩子在三年級到五年級時比他們的同齡人往往會更經常地參與肢體性衝突；與其他孩子相比，他們也往往被老師和同齡人認為在語言、人際關係和身體上更具有攻擊性（Roberts, Chirstenson, & Gentile, 2003）。同樣，青少年收聽的音樂與其適應不良行為有關。最值得注意的是，那些更喜歡饒舌音樂和重金屬音樂的學生較之喜歡其他音樂流派的學生更具有敵對性態度（Rubin, West, & Mitchell, 2001），而且，其對饒舌音樂和重金屬音樂的偏好與在校行為問題、吸毒、拘留和性行為相關（Took & Weiss, 1994）。相關性研究的確顯示，暴力音樂影片和適應不良行為（例如對暴力行為不耐受）之間存在關聯，雖然這些研究並沒有提出直接的證據解釋這一關聯性。

衡量暴力電子遊戲消耗的時間與攻擊性連繫的相關性調查顯示，二者之間存在重要關係。八、九年級大量接觸暴力電子遊戲的學生更具敵意，與老師有更高頻繁的爭吵，更有可能發生肢體衝突（Gentile, Lynch, Linder, & Walsh, 2004）。大學生過去一年的攻擊性犯罪行為自我報告與近期接觸暴力性電子遊戲的情況相關（C. A. Anderson & Dill, 2000）。重要的是，在分析對反社會人格、性別以及任何類型電子遊戲消耗時間的

控制問題時，這種關係的強度雖有所下降，但依然非常顯著。

相關性研究也已開始對參與電子遊戲和觀看電視這兩個方面進行考察。例如，具有全國代表性的 4,222 名青少年回答了電視觀看率、玩電子遊戲、學校的不安全感、欺凌他人、攻擊他人、與他人打架等問題（Kuntsche, 2004）。從總樣本來看，觀看電視或玩電子遊戲與每個暴力相關變量之間的所有二元關係都很顯著。除了女孩過度玩電子遊戲這一情況外，研究發現，電子媒體被認為不直接引發現實生活中的暴力，而是引發敵視和間接暴力。

相關研究的綜合統合分析（最近一次迄今已有十多年）顯示，經常觀看電視與攻擊性行為之間存在積極而顯著的關聯性（Paik & Comstock, 1994）。統合分析還調查了觀看對他人實際人身攻擊性的影響。這些研究包括 200 個假設性測試，其效應值與所有相關調查的總和基本相同：相關係數 $r = 0.20$（所有研究中 r 為 0.19），這一效應值被認為是顯著和中等的。綜上，這些研究提供了相當令人信服的證據，即頻繁觀看媒體中的暴力內容與較高程度的攻擊性行為有關。

縱向研究

縱向研究幫助我們確定，青少年對暴力的習慣性接觸是如何影響他們以後生活中的暴力行為和攻擊行為的。同樣，這個方法可以用於測試觀看媒體暴力和攻擊性行為之間長期誘發效應的可信性，比相關性研究更加直接，並可以判斷實驗研究是否能推廣到現實世界。雖然縱向的非試驗性資料並不提供較強而有力的因果關係檢驗，但它們可以幫助比較不同因果觀點的相對合理性。幾組不同的調查人員對不同的兒童和青少年樣本進行了研究，他們的調查報告聲稱，早期接觸媒體暴力和其後的攻擊性行為之間存在很強的關聯性。縱向研究一致強調，媒體對人身

2 青少年的攻擊性行為與媒體

攻擊行為具有影響,並提供了一些最有力的證據說明媒體對青少年的影響。

在該領域被頂尖研究人員視為首項的縱向研究中(這一研究始於 1960 年,涉及 856 名青少年),研究者發現,男孩早期童年觀看電視上的暴力行為與其 10 年後(也即高中畢業以後)的攻擊性行為和反社會行為存在統計學上的相關性(Eron, Huesmann, Lefkowitz, & Walder, 1972)。這一研究令人印象深刻,因為即使作者控制了初始攻擊性、社會階層、智商、父母的攻擊性、父母的教育和懲罰以及其他相關變量,這一關係依舊很顯著(Lefkowitz, Eron, Walder, & Huesmann, 1977)。重要的是,並不能基於青少年 8 歲時的攻擊性行為預測其 18 歲時觀看暴力內容的情況。這一發現顯示,觀看暴力內容的影響似乎並非因為具有高度攻擊性的年輕人比攻擊性更弱的對比組更喜歡觀看暴力內容。同樣重要的是,所有這些關聯性僅適用於男孩;研究並未顯示出接觸電視暴力和女孩具有侵略性的攻擊行為之間存在關係。

第二個具有突破性的縱向研究對五個國家的 7～8 歲或是 8～11 歲的兒童的代表性樣本進行的調查研究(Huesmann & Eron, 1986; Huesmann, Lagerspetz, & Eron, 1984; Huesmann et al., 2003)。歷經三年的研究顯示,早在一年級即養成的電視觀看習慣能夠預測兒童後期的攻擊性。與早期的縱向研究不同,這種影響適用於男孩和女孩。雖然對所有兒童都有影響,但仍需考慮不同國家以及男孩和女孩之間的差異。這一影響在沒有大量暴力性節目的國家也獲得了證實,例如以色列、芬蘭和波蘭(Huesmann & Eron, 1986)。雖然在所有國家中此種同步關係呈正相關性,觀看暴力對於芬蘭的女孩和荷蘭的所有兒童攻擊性的縱向影響並不顯著。在美國,結果同樣只對女孩有意義。在以色列,對城市中長大的孩子具有顯著效應,對於在「基布茲」長大的孩子則沒有。因此,這些研

第一部分　媒體效應的發展科學：研究範例

究結果顯示，觀看電視暴力內容和攻擊性之間存在一定關聯性，這一關聯性呈現出不確定性和有限性，而且顯然並非對所有觀看者而言都表現出此種因果關聯性（相關研究綜述，參見 Moeller, 2001）。

跨國研究中缺乏對因果關聯性的支持性資料，這表示對可能影響媒體接觸和攻擊性行為之間的關聯性因素予以研究非常重要。我們將在後面繼續探討並明確相關重要因素，但現在需要先注意這些跨國研究揭示的幾個一般性結論（Huesmann & Eron, 1986）。在大多數國家，更具攻擊性的兒童較之非攻擊性兒童而言觀看的電視量也更多，偏愛更暴力的節目，認同更具攻擊性的角色，更容易將電視暴力作為現實生活。廣泛接觸暴力，再加上對攻擊性角色的認同，這成為許多兒童後續攻擊行為的特別有效的預測因素。美國的研究結果很好地解釋了問題的複雜性（Huesmann & Eron, 1986; Huesmann et al., 1984）。即使將女孩早期的攻擊程度、社會經濟地位和學習成績等因素考慮在內，觀看電視暴力對她們的後續攻擊性有著重要影響。對於男孩來說，那些經常在童年觀看暴力節目的男孩以及對侵略性電視角色強烈認同的男孩普遍被認為更具攻擊性。

對美國實驗參與者長達 15 年的隨訪證實了接觸媒體暴力與攻擊性之間的連繫（Huesmann et al., 2003）。最值得注意的是，結果顯示，媒體暴力對嚴重的人身攻擊行為具有延遲效應。研究發現，童年時期觀看電視暴力內容與一般攻擊行為方式（包括身體的、口頭的和間接的）以及人身攻擊或暴力行為方式之間存在顯著相關性。在童年時期觀看更多暴力性電視節目的成年人，較之更少觀看的成年人，明顯會實施更多的身體攻擊行為。兒童時期的高度攻擊性並不會促使日後頻繁觀看電視暴力，但童年頻繁接觸電視暴力會導致日後的高度攻擊行為。後面兩個研究結果對男性和女性而言均可適用。重要的是，即使研究人員控制了父母教育

2 青少年的攻擊性行為與媒體

和孩子成就等要素,童年時期頻繁接觸電視暴力對日後攻擊性行為的效應仍然很顯著。

其他重要的縱向研究支持這樣一個結論:觀看電視可能對成年人存在負面效應,針對成年人的研究實際上不如青少年和兒童多。一個值得關注的縱向研究考察了青春期(14 歲以下)和成年早期(22 歲以下)的電視觀看習慣及其對後期(30 歲左右)暴力行為的影響(Johnson, Cohen, Smailes, Kasen, & Brook, 2002)。雖然分析使用的是電視觀看的總量,而不是側重於暴力節目的總量,但研究顯示了幾個重要的調查結果。依據 14 歲的電視觀看情況,能夠預測 16 歲或是 22 歲的攻擊和打鬥行為。在統計學上控制家庭收入、父母教育、語言智力、童年過失、社區特徵、同齡人攻擊性行為和校園暴力以後,結果依然具有重要意義。依據 22 歲的電視觀看情況,可以預測 30 歲的攻擊性行為和打鬥行為。在不同時期的不同攻擊性測量中,相關男性和女性的效應值存在差異,但普遍的結論是,青春期觀看暴力內容的影響結果在時間跨度上遠比先前的研究結論要久得多。這些相當令人印象深刻的結果首次透過縱向研究將青少年電視習慣與成人攻擊性相連繫。

有幾項縱向研究結論並不認同觀看媒體暴力引發攻擊性的觀點。然而,回顧這幾項研究,它們是站不住腳的、前後矛盾的,並非只是觀點不一致(相關綜述,參見 Huesmann & Miller, 1994)。例如,國家廣播公司針對童年中期展開的一項為期三年的縱向研究報告聲稱,在針對男孩的因果理論的 15 項關鍵性檢驗中,僅有 2 項回歸係數是顯著的;而針對女孩的 15 項關鍵檢驗中,有 3 項是顯著的(Milavsky, Kessler, Stipp, & Rubens, 1982)。這一結論遭到了質疑。例如,研究人員注意到,對男孩的另外的 10 項測試結果都在預測範圍之內,對女孩的另外 7 項測試結果也在預測範圍之內。同樣,在每一個時間點都可以觀察到電視暴力和攻

擊性行為之間的正相關性。此外，研究人員重新檢測資料並得出了一個與原作者相悖的結論：資料證實，早期接觸媒體暴力與後期的攻擊性行為的確相關（參見 Comstock & Strasburger, 1990）。研究指出，媒體對青少年的攻擊性不存在影響的觀點是存疑的。同樣有趣的是，付出了這麼多的努力卻只是證實了結果與普遍的主題相吻合，也即，媒體暴力的影響確實存在。

綜上，現有的證據支持這樣一個普遍性結論：縱向研究證實，接觸媒體暴力確實會增加攻擊性反應的風險。致力於考察縱向研究的統合分析發現，整體效應值雖小但很顯著（r = 0.17; C. A. Anderson & Bushman, 2002）。鑑於暴力媒體影像和結果測量的多樣性，研究人員常常把這些發現描述得相當令人印象深刻。相關研究證實了這一結論：在童年時期頻繁接觸暴力電視會增加童年後期、青少年時期甚至成年早期的攻擊性行為。現有證據顯示，即使事先對攻擊性程度、子女養育、社會階層和智力功能予以控制，早期接觸大量媒體暴力還是會增加後期的攻擊性行為。這似乎比那些認為具有攻擊性的兒童往往比不那麼有攻擊性的同齡人觀看更多暴力內容的證據更有說服力。這些結果也說明，在成年後，所增加的攻擊性行為中包含非常嚴重的攻擊和暴力形式。

效應研究的重要性與局限性

接觸媒體暴力對青少年的行為產生影響。統合分析針對所有主要類型的媒體展開了媒體暴力影響的調查。研究顯示，這一影響在各類媒體中的影響相當一致。例如，最近一次全面性分析（C. A. Anderson & Bushman, 2001）顯示了如下結論：涉及 7,305 名參與者的 124 項實驗室實驗的平均效應值為 0.23；涉及 1,976 名參與者的 28 項現場實驗的平均效應值為 0.19；涉及 37,341 名參與者的 86 項橫向研究的平均效應值為

0.18；涉及 4,975 名參與者的 42 項縱向研究的平均效應值為 0.17。整體而言，這些分析得出了相當令人印象深刻的結果。統計證據顯示，接觸媒體暴力與攻擊和暴力行為顯著相關。

相關結果令人印象深刻，但結論仍然充滿了複雜性和爭議性。首先，媒體暴力的定義成為一個重要的問題。美國國家電視暴力研究（NTVS）所給出的定義獲得廣泛認可（Wilson et al., 1998），該項正在進行的研究把媒體暴力定義為：

「任何公開描述以可信的武力威脅或是實際使用這一武力對單一生命或多個生命進行身體傷害行為的行為。暴力行為還包括某些以無法肉眼可見的暴力方式對有生命的個體或群體造成的身體損害後果的描述。因此暴力描述主要有三種類型：可信的威脅、行為和損害後果。」（p.41）

研究者普遍認同 NTVS 所提出的定義，但他們並不必然在自己的研究中予以使用（參見 Bartholow, Dill, Anderson, & Lindsay, 2003）。此外，研究者提出的定義不一定符合與公眾對媒體暴力的普遍觀念相一致。例如，公眾似乎更關心他們會被所觀看的什麼內容驚嚇到（例如，他們並不覺得卡通片中的暴力是特別嚴重的問題），而研究人員關心的是公眾會被所觀看的內容所傷害，不論它是否被認為令人震驚（比如，研究人員確實把卡通暴力作為一種特別值得關注的問題；Potter, 1999）。這些分歧使得不可能最終達成一致，而且對獲取更有效回應的努力提出了挑戰。

第二，考慮到不同媒體對青少年的影響，區分攻擊性行為、暴力行為和犯罪行為很重要。實證研究的焦點仍然是攻擊性行為而非暴力行為，更不用說是犯罪行為。這一點非常重要。有些人對攻擊性行為和暴力行為的連繫表示懷疑（參見 Zimring & Hawkins, 1997）。一定情形下這一懷疑有其合理性，例如，在考慮將實驗室的攻擊性行為擴展到犯罪行為時。二者之間也許存在一種連繫，但法律地位、社會責難、社會化

第一部分 媒體效應的發展科學：研究範例

以及正式的處罰規定在社會對犯罪性攻擊行為的界定和應對方式中所產生的作用，使得犯罪性攻擊行為與實驗室誘發的攻擊性在性質上有所不同。

第三，建立因果關係是特別棘手的。可以說，實驗室的研究有助於確立因果關係。然而，它們存在很大的局限性。最值得注意的是，這些研究可能有贊助效應或需求特徵，進而可能導致參與者認為其行為應表現出攻擊性。與之相似的是，某些情況下實驗室研究與現實生活中真實的身體攻擊行為可能存在性質上的不同，並令人產生不同的預期，例如，參與者在玩波波玩偶時，認為這一道具就是為實施攻擊性行為所準備的。同樣，實驗室環境中所體驗的攻擊性行為的影響與現實生活中的影響也大不不同（波波玩偶被擊打時會微笑並彈回）。雖然研究人員對解決此類問題做了重要嘗試，但外部有效性問題依舊存在。除了外部有效性問題，因果關係也是個問題，因為媒體暴力行為（取決於其被如何定義）很普遍，而青少年的攻擊性行為甚至是暴力行為（同樣取決於它們是如何定義的）也相當普遍。青少年，尤其是在青春期後期，構成了一個異常暴力的群體。青春期內的暴力行為和違法犯罪行為是如此普遍，這在關於青春期限制行為和終生持續行為的成熟研究中即有所呈現（Moffit, Caspi, Harrington, & Milne, 2002）。然而，年輕人在青春期時會接觸多少暴力媒體資訊尚不清楚，同樣的，早期的暴力經歷對青少年期甚至是成年期存在多大影響也尚不明確（儘管人們普遍認為，成年群體不如青少年群體甚至是兒童群體更具有攻擊性和暴力性——但這也取決於所採用的定義）。

儘管存在局限性，但可以公平地說，已有大量的研究考察媒體接觸是否導致攻擊性行為和暴力性行為。其中的許多研究支持這一因果關係假設。大量的統合分析結果非常令人印象深刻。這些分析本質上對多項

研究的效應值予以平均，使得研究人員能夠看出特定的因素與特定的結果之間是否顯著相關，進而確立暴力接觸和實施暴力行為之間的連繫。不過，研究仍然存在很多不一致之處，並且這一研究的內在和外在有效性仍存在重大問題，從而引發了關於媒體對青少年日常生活影響的疑問。

媒體對青少年攻擊性行為效應的理論理解

媒體暴力可能引發攻擊或暴力行為的相關證據，加上人們對需要預防或限制媒體暴力效應的關切，使得研究人員對能夠解釋那些影響的心理過程進行理論化。豐富的理論領域提供了眾多的理論學說，以幫助我們理解為什麼試驗證據可能具有意義。一些重要的理論觀點支持了令人印象深刻的媒體暴力對攻擊性行為效應的實證結論，其中一些理論觀點早在最近的媒體效應研究之前即已形成。

用於理解媒體效應的主要模型來自社會認知和資訊處理模型，這些模型關注人們感知、思考、學習以及最終與其社交世界互動的特定方式。這些模型解釋了一種過程，即透過接觸大眾媒體中的暴力內容而導致長期和短期的攻擊性行為和暴力行為的增加。儘管某些理論化過程關注於媒體如何促成長期或短期的效應，但其中一些理論化過程既促成了短期效應也促成長期效應。例如，對支持攻擊性行為的信念和偏見的長時期觀察學習會促成長期效應，而激發、興奮遷移或模仿特定行為能夠最好地解釋短期效應。這些模型共同解釋了接觸媒體暴力可能引發攻擊性行為的大量心理過程。一些研究人員最近提出了攻擊性行為的綜合模型，其中的一般攻擊性模型（GAM）已受到廣泛關注（參見 C. A. Anderson & Bushman, 2002）。正如試圖將先前方法統一化的一個心理模型所預期的那樣，GAM 著重於可能會影響攻擊性行為的個人和情境因素，考

慮情感、認知和激勵互動作用如何引發攻擊性行為，解釋攻擊性行為的初步發展及持續性。這一分析並不關注將現有理論整合起來的新的更廣泛的綜合性模型，而是側重於那些為解釋媒體效應提供基礎依據的組件模型。

長期效應

可以說，社會認知觀察學習理論是幫助解釋接觸媒體暴力長期效應的最主要的理論。長期效應被認為是透過三種社會認知結構的觀察學習而獲得的：充滿敵意的世界基模、用於解決社會問題的攻擊性腳本以及攻擊行為可接受性的規範性信念（Bushman & Huesmann, 2001）。這些認知結構（信念、態度和解釋性偏差）共同闡明了低齡兒童模仿他們所目睹行為的方式。例如，該理論認為，暴力節目為兒童提供了認知腳本（儲存於記憶中以引導感知的心理路徑）、解釋和鼓勵攻擊性行為的行為模式。一旦學會，便可以從記憶中檢索腳本。這些檢索取決於虛構事件與真實生活情況的相似性以及腳本初始編碼的環境。檢索時，具有攻擊性的腳本可能會被強化和擴展至新的環境。因為攻擊性腳本的影響呈指數成長，反覆接觸媒體暴力可能導致一套認知腳本的產生，它們強調攻擊性行為是對社會情景的典型回應。研究顯示，關於暴力的基模看起來比實際內容更為重要，從而突顯出基模在理解媒體暴力影響方面的中心地位和重要意義。例如，電視觀眾建構其對暴力的解釋時，更經常地依靠他們的個人基模而非節目內容（Potter, Pashupati, Pekurny, Hoffman, & Davis, 2002）。此外，雖然觀眾可能共享相同的故事基模，但他們看起來會對基模元素做出不同的判斷，因此對暴力的判斷也會有所不同。

發展性研究很好地揭示了社會學習是如何提高攻擊性的。一項關於年幼兒童的研究提供了強而有力的證據，其顯示，兒童對周圍特定攻擊

性行為的觀察會增加他們以該方式行為的可能性（Bandura, 1977）。雖然 2～4 歲兒童的攻擊性行為通常是自發性的（Tremblay, 2000），在該年齡層觀察特定的攻擊性行為會讓兒童為了解決社會問題而獲取更具攻擊性的腳本，並抵消幫助兒童避免攻擊性行為的環境力量。隨著兒童變得成熟，他們透過觀察家人、同伴、社群和大眾媒體而獲得的社會腳本變得更加複雜、抽象和自動性（Huesmann, 1988）。這與兒童對所處世界形成更精細的社會認知基模的發展是同步的。尤其是，對暴力的廣泛觀察使得兒童對其世界基模的認知產生偏差，傾向於將敵意歸因於他人的行為（Comstock & Paik, 1991; Gerbner, Gross, Morgan, & Signorielli, 1994）。這種歸因反過來又增加了攻擊性行為的可能性（Dodge, Pettit, Bates, & Valente, 1995）。隨著兒童進一步成熟，他們關於社會行為適當性的規範性信念得以確立，並開始發揮過濾作用以限制不適當的社會行為（Huesmann & Guerra, 1997）。兒童的個人行為影響其規範性信念的形成，但對周圍行為的觀察（包括對大眾媒體中行為的觀察）也是如此（Huesmann, 1999; Huesmann, Guerra, Zelli, & Miller, 1992）。因此，社會認知觀察學習理論假定，接觸暴力的長期效應源自於接觸暴力行為對攻擊性問題解決腳本的形成、敵意歸因偏見以及支持攻擊性行為規範信念的發展的作用。

　　前述的多數學習方式是無意識或無意圖的情況下發生的。觀察學習理論認為，當觀眾意識到實施某行為的榜樣與自己相似或是對自己富有吸引力、認同這一榜樣、情境較為真實以及遵循相關行為獲得獎勵時，觀看者習得所觀察行為的可能性就會增加（Bandura, 1977）。重要的是，這些因素都不是增強媒體暴力效應的必要條件。最值得注意的是，電視或電子遊戲中的卡通人物並不是很逼真，但頻繁接觸此類媒體也存在增加攻擊性行為的可能性。並非所有上述條件都是必要的，但行為的持續

第一部分　媒體效應的發展科學：研究範例

性相當程度上歸因於其強化設定。觀察學習是否引發媒體暴力的長期效應，一定程度上取決於被仿效行為的後果。獎勵或處罰可能來自於某些特定個人，如同齡人、老師和父母。或者是，個人可能透過其他人仿效所描述的行為後獲得獎勵或懲罰而產生替代性體驗。從理論上講，我們觀察到的暴力行為的長期後果會在沒有意識到其影響的情況下發生。反覆觀察攻擊性行為和暴力性行為應該會增加個人將攻擊性腳本納入其社會腳本庫（一套如何解釋、理解和處理各種情況的「規則」）的可能性，特別是在觀眾的體驗因自己使用這些腳本得以強化的情況下。

　　上述過程與培養理論所假設的過程非常相似。考慮到它與解釋其他類型的媒體效應的相關性，我們將在後面的章節中再回顧這一理論。現在值得注意的是，這一理論說明，媒體往往產生一系列非常小、具有持續性的不同資訊（這一情況下，與攻擊性行為相關的若干畫面）。隨著接觸時間的推移，觀眾開始相信這些媒體資訊反映了真實的世界。例如，觀看大量電視節目可能會使得人們高估犯罪和受害人數，並認為世界是一個充滿暴力的地方（Gerbner, Gross, Jackson-Beeck, Jeffries-Fox, & Signorielli, 1978）。高估的結果會引發包括恐懼、焦慮和懷疑等情緒在內的若干影響（Morgan & Shanahan, 1997）。反過來，這些情感可能使得個人的反應更具有防禦性。大量的研究支持這樣一種觀點，媒體內容可能會暫時增加資訊的獲取性，反過來又使得資訊影響相關的判斷或行為（Roskos-Ewoldsen, Roskos-Ewoldsen, & Carpenter, 2002）。如果這一啟動效應在長時間內頻繁發生，就會增加情感的可獲取性。鑒於長期可獲取的資訊極有可能對認知和行為產生長期影響，這一觀點具有重大意義（Roskos-Ewoldsen et al., 2002）。

　　脫敏理論提供了另外一種了解長期影響的相關方法。在這種情況下，脫敏是指對暴力的觀察或思考的痛感性生理反應有所減少。就媒體

暴力而言，當觀看媒體暴力的人不再像最初那樣作出不愉快的生理反應時，就會發生情感脫敏。觀看大量的暴力會使人變得情感脫敏，因此不太可能對真實生活中的攻擊性行為產生負面情緒反應。否則，人們原本會對暴力產生的負面情緒反應就不再抑制他們去思考、縱容或實施暴力行為。脫敏使得人們在反覆接觸暴力內容後，相關暴力性思想和行為的可能性有所增加；這種消極的情緒反應會習慣化，進而導致脫敏（Huesmann et al., 2003）。

　　脫敏理論獲得了大量的實證支持。研究顯示，媒體暴力最初激發恐懼、焦慮和睡眠障礙（例如，Cantor, 2001; Harrison & Cantor, 1999）。然而，暴力媒體通常是在放鬆和愉悅的情況下被消費的，對消費者來說並沒有明顯的不良後果。因此，反覆接觸媒體暴力可能會導致最初的不良反應消失，使人們變得對真正的暴力行為更不敏感。大量的研究支持了這一基本前提：較之接觸非暴力性媒體的參與者，接觸暴力性媒體（例如「恐怖」電影、電視中的警察行動或是暴力性拳擊比賽）的參與者更不容易對隨即而來的現實世界中的暴力產生生理反應（例如，Gentile & Anderson, 2003）。但我們尚未斷定那些反應是否實際上會導致暴力性行為。然而，研究已經證實，與那些具有更少攻擊性的大學生相比，具有攻擊性的大學生在反覆接觸暴力場景時相關喚醒體驗的確會發生衰退（C. A. Anderson et al., 2003）。

　　這一系統脫敏方法還認為，反覆接觸電子遊戲中越來越血腥和逼真的暴力描述，可能會減少人們在現實世界中對暴力的敏感度。對現實生活中的暴力接觸情況、媒體暴力接觸情況、同理心以及對暴力的態度予以綜合考慮後發現，只有在接觸暴力性電子遊戲後預測到同理心有所降低。研究人員從這一發現中得出的結論是：玩電子遊戲的活躍性、高度參與以及轉化為幻想遊戲的傾向，或許可以解釋明顯的脫敏現象（Funk,

Bechtoldt-Baldacci, Pasold, & Baumgardner, 2004）。這些研究支持的結論是，暴力媒體可能會改變認知、情感和行為的過程，並有可能導致脫敏。

短期效應

理論上被認為是決定媒體暴力長期效應的那些過程，或許也可以解釋接觸暴力和攻擊性行為之間的短期關係。然而，經廣泛討論，其他幾個過程也在短期關係中發揮著作用。這一研究領域的主導性理論有兩種：認知啟動理論和興奮遷移理論。

認知啟動理論認為：一定程度上，思想是透過環境中的相關刺激而觸發的，這一活化作用解釋了媒體暴力的短期效應（Berkowitz, 1984）。該理論認為，接觸暴力性場面可以刺激活化與攻擊性思想或情感相關的一系列聯想，進而成為引發攻擊性行為的啟動因素。這些啟動因素會過濾並影響隨後的感知，因為攻擊性啟動因素或提示使得攻擊性基模更容易用於處理其他傳入訊息。如果特定的事件發生（例如模稜兩可的挑釁）時攻擊性基模被啟動，新的事件更有可能被解釋為攻擊性行為，從而增加攻擊性反應的可能性。因此，該理論認為，觀看暴力可能為青少年提供了暴力的認知腳本，當他們遇到涉及腳本某些方面的現實情況時，這些腳本就會被刺激活化。

研究人員已經證明，啟動效應與攻擊性行為有關。例如，一件武器僅僅是出現在一個人的視野中就會增加其攻擊性的想法和行為（Bartholow, Anderson, Benjamin, & Carnagey, 2005）。啟動理論把這一增加的成因視為視覺刺激（武器）和過去觀察到的暴力或刺激本身所暗示的暴力配對的簡單結果，它活化了記憶痕跡中的攻擊性腳本、基模和信念，充分提高了它們的使用可能性。不出意料，啟動刺激之後的挑釁更有可能

2 青少年的攻擊性行為與媒體

激發攻擊性,這正是啟動效應所導致的結果。重要的是,即使沒有人意識到某些事件或刺激因素的影響,它們也能啟動或活化一個人記憶中的相關概念和想法,而這種無意識性有助於解釋攻擊性行為的自發性。在一項重要研究中,男孩們或者觀看一部使用無線對講機的暴力性電影,或者觀看一部非暴力性電影(Josephson, 1987)。隨後,一個人拿著無線對講機或麥克風對男孩進行採訪。與啟動假設一致,最初被認為具有攻擊性的青少年在看到暴力性電影和無線對講機後表現出更強的攻擊性。儘管這種影響是短暫的,但在完全不同的情境下可能已經獲得了準備好的腳本、模式或信念。重要的是,該研究也支持認知腳本的觀點,認為那些一開始就更具攻擊性的男孩似乎更可能因接觸暴力而失去抑制。

興奮遷移理論是用於解釋短期效應的第二種主要理論,該理論堅持認為,媒體暴力令人興奮的特效能夠解釋為什麼媒體會助長攻擊性行為(Zillmann, 1991)。雖然現實世界或媒體中的暴力可能並沒有什麼吸引力,但對大多數青少年來說卻令人興奮。暴力往往會導致心率加快、皮膚導電率上升以及引起其他的活化生理指標的變化。在視覺暴力激發觀眾的意義上,視覺暴力至少可以透過兩種方式增加攻擊性。首先,喚醒可以激發或增強個體的主導行為傾向。例如,當一個人在喚醒程度增強時被激怒或煽動,攻擊性行為就會發生。由所觀察到的暴力行為刺激而產生的喚醒程度的增強,可能會直接達到一個峰值,從而削弱抑制機制(如規範性信念)對攻擊性行為的約束能力(Berkowitz, 1993)。其次,當一個情緒被活化的人錯誤地將此種刺激歸因於他人的挑釁時,攻擊性傾向就會增加。當隨後的挑釁可能被認為比實際情況的程度更為嚴重時,興奮遷移就會出現,因為觀察到的暴力刺激的情緒反應被錯誤地歸因於挑釁(Zillmann, 1979, 1983)。這種興奮遷移在短時間內可以引發更為強烈的攻擊性反應。最近研究發現,僅僅是玩暴力電子遊戲 10 分鐘後就會

第一部分　媒體效應的發展科學：研究範例

增強遊戲者與暴力性行為及其特徵的自動關聯，擁有暴力性電子遊戲接觸史與自我攻擊性觀念之間存在正相關性（Uhlmann & Swanson, 2004）。這一類型的研究顯示，經常接觸暴力媒體，再加上挑釁事件的發生，會增加觀眾的攻擊性社交遭遇，這反過來又會影響他們的自我形象和所處社會環境的攻擊性。我們已經看到，人們在剛看完令人興奮的電影後，對挑釁行為的反應往往比任何其他時候都更為激烈。事實上，這也成為批評媒體暴力研究的一個理由：隨之而來的攻擊行為可能是因興奮而生，而不一定源於暴力（參見 J. L. Freedman, 2002）。鑒於很難將興奮與暴力區分開來，認為興奮在解釋暴力媒體效應中發揮著作用，這一結論的確看起來具有合理性。

■ 媒體效應理論方法的重要性

對媒體效應的理論認識為實證研究發現提供了相當大的支持。事實上，媒體研究的穩健性不僅在於其試圖理解每天接觸暴力行為引發後果的機制，也在於其透過實證研究結果證明因果關係的存在。大量心理學理論很好地解釋了接觸大眾媒體中的暴力在短期和長期內增加攻擊性、暴力性行為的過程。

觀察者認識不同情境下行為的適當性，這取決於行為在多大程度上被描述為有效還是無效、受獎勵還是被懲罰或者通常引發積極結果還是消極結果。這種社會學習和社會認知理論為我們理解行為的選擇提供了重要的構念。此外，它們有助於解釋為何即使在沒有即時獎勵的情況下也會習得新的攻擊行為。雖然有所不同，理論的過程並不是相互排斥的。觀察學習、脫敏、啟動效應和興奮遷移等，都可能透過觀察暴力的同時激發攻擊性。同樣，啟動效應可能被視為是短期的，但反覆啟動的話就可能長期地獲取基模。被頻繁啟動的與攻擊性相關的思想、情感和

2 青少年的攻擊性行為與媒體

行為腳本,變得能夠自動和長期地被接觸。當它們成為個體內部正常狀態的一部分,就會增加社會經歷以一種具有攻擊性偏向的方式被解釋並轉化為攻擊性經歷的機會(例如,C. A. Anderson & Huesmann, 2003)。這種自動化過程將具有攻擊性偏向知覺的短暫性增強,轉變為相對持久的、具有攻擊性的感知過濾器。

　　大量其他的理論已經出現,其中一些獲得了更多的支持。例如,宣洩論認為,觀看暴力應該會使得攻擊性行為有所減少(Feshbach & Singer, 1971; Fowles, 1999)。不過,看起來並沒有充分的證據支持此種負相關性(參見 Huesmann, Eron, Berkowitz, & Chaffee, 1991; Paik & Comstock, 1994)。另一方面,一些理論觀點解釋了接觸暴力與攻擊性行為之間的長期關係,而沒有假定看到暴力對攻擊性行為產生任何的直接影響。最值得注意的是,社會比較理論認為,如果具有攻擊性的兒童相信他人也實施攻擊性行為的話,他們會感到更加快樂和情有可原;觀看媒體暴力會使他們感到更加快樂,因為這令其相信他人也具有攻擊性(Huesmann, 1988)。通常的假設在於,具有攻擊性的兒童就是比其他兒童更喜歡觀看媒體暴力(Fowles, 1999; Goldstein, 1998)。

　　觀察學習這一主導理論所顯示的複雜性,強調了對媒體的反應是個人對其所在環境的更大範圍的反應的一部分。對媒體影響力而言,重要的是社會環境對模仿媒體行為的反應程度。媒體並不會單獨發生作用。這些模型突出的複雜性不僅揭示了為什麼接觸暴力媒體會增加攻擊性行為和暴力行為,也揭示了為什麼許多因素可能加重或減輕這一效應。譬如我們知道,嚴重的攻擊性行為和暴力行為很少會在在缺乏多種誘發因素和促發因素——如神經生理異常、不良撫養方式、社會經濟匱乏、同伴關係不良、支持攻擊性行為的態度和信念、藥物與酒精濫用、挫折和挑釁以及許多其他影響的情況下發生。接觸媒體暴力看起來是一種長期

的誘因和短期的促發因素。因此，公認理論指出，需要考慮特定的青少年媒體環境以及塑造他們發展的其他影響和因素。

將媒體置於青少年發展的背景下

研究並不支持「觀看暴力媒體明確助長了攻擊性和暴力性行為」這樣一種簡單而單向的因果序列。這使得我們需要轉向調整這一因果關係的因素，尤其是那些與青春期有關的因素。媒體對青少年攻擊性行為的影響，與一系列其他個體、家庭、同伴和社群層面的因素發生互動作用。如同青少年面對的所有其他問題一樣，研究暴力的流行病學能確認多種相關因素，這些因素似乎可以預測青少年所採用的策略。本節探討了研究所確定的關鍵因素，以及這些因素與各種媒體在影響青少年對攻擊性和暴力性行為的敏感性方面的相對作用發生關聯的方式。不出所料，青少年受媒體暴力的影響程度並不相同，也並非所有的媒體暴力描述都會產生同樣的效應。這種預期對個體特徵、媒體內容和社會環境的研究十分重要，可能會增加或減少媒體暴力對攻擊性行為的影響。

發展特徵

年齡是個人如何解釋和應對暴力媒體內容的最重要的調節因素之一，這一說法得到了重要理論的支持。例如，發展理論認為，年齡較小的兒童的社會腳本、基模和信仰與年齡較大的兒童相比還未成形，他們應該對暴力媒體的影響更加敏感。同樣，觀察學習理論顯示，觀眾的年齡可以影響他或她對所描繪的攻擊性角色的認同程度，這反過來可能會影響對其觀察到的攻擊性行為的學習和實施。

從理論上講，研究確實支持如下結論：媒體暴力的影響對於5歲以下的兒童來說是最大的。譬如，這一結論來自於一個倍受推崇的統合分

析（Paik & Comstock, 1994）。重要的是，年齡效應並不一定會減弱。例如，實驗研究發現，對大學生的整體影響與對 6～11 歲學生的影響相當或更多。舉例來說，統合分析進一步顯示，研究藉助實驗發現：效應值在學齡前到成年期之間逐步減少，但在大學年齡層內卻有所增加。經調查，媒體暴力對成人和學齡前兒童的效應值最大。

完整的發展過程尚未得到完全的解讀。最近研究顯示，整體上觀看關於攻擊性行為和打鬥行為的電視節目時長（不僅是電視暴力）的縱向效應，在 30 歲時較之 16 歲和 22 歲時更大（Johnson, Cohen, Smailes, Kasen, & Brook, 2002）。然而，這些發現難以解釋，因為這些對比沒有對兒童和成人研究中所使用的不同結果衡量指標加以控制，前者側重於攻擊性行為，而後者側重於攻擊性思考。然而，縱向研究對不同年齡的相同被試者使用了相同的攻擊性行為評價指標，結果顯示，對兒童（8 歲）而非年輕人（19 歲）的效應更為顯著（參見 Eron et al., 1972）。這一研究在理解媒體效應方面顯然邁出了重要的步伐，但仍未確定哪種措施能夠最好地捕捉媒體與攻擊性行為之間的連繫。

綜上，這些發現實際上共同揭示了驚人的結果。人們可能期待，當個人變得成熟以及理解、分析和批判媒體的能力有所增強之後，媒體對其影響就會減少。但事實似乎並非如此。媒體內容不斷發生變化並且影響深遠。同時，青少年時期的媒體接觸似乎也顯示了潛伏效應。

家庭成員和同伴影響

令人驚訝的是，文化、環境和情境因素是如何調節媒體暴力的影響的，此點仍未獲得充分調查研究。最值得注意的是，那些與青少年關係密切的人——家庭和同伴——在媒體對青少年的影響方面所發揮的作用仍有待思考。雖然研究還處在實驗階段，但是已經有了重要發現。

第一部分　媒體效應的發展科學：研究範例

　　鑒於父母在促成青少年攻擊性和暴力性行為中所發揮的強大作用，家庭在調節媒體對青少年影響的潛在作用頗受關注。家庭的影響可能有三種形式。首先，父母性格特徵的可能影響。其次，父母努力控制接觸媒體以及兒童觀看暴力時父母的應對措施。最後，媒體可能會影響家庭關係。關於父母對兒童攻擊性行為的調節作用的現有研究，傾向於支持第二種影響因素。

　　在減少觀看暴力媒體的影響方面，父母如何控制兒童觀看暴力媒體以及兒童觀看時父母作何反應，比「父母是誰」更為重要。將父母個性特徵作為可能調節因素的研究顯示，並無證據顯示父母的某些個性特徵實際上發揮了重要作用。例如，研究調查了父母的攻擊性、冷漠、個性或是觀看習慣是否會增加或是減少媒體接觸的影響，但並沒有發現其具有調節作用的證據（Huesmann et al., 2003）。然而，父母對青少年媒體反應的努力控制被證實具有重要作用。研究顯示，如果父母和兒童一起觀看並討論電視節目，觀看電視的負面影響在某種程度上會被削弱。一般認為，當父母對其子女的電視觀看行為採取積極的介入方式——例如，透過包括定期評論和審查媒體的現實描述、暴力的正當理由和影響學習的其他因素等——青少年就不太可能受到媒體的不良影響。針對電視影響的研究在低齡兒童的樣本調查中支持這一主張。例如，早期的研究發現，當父母採取一種積極的介入方式來塑造電視對學習的影響時，他們的孩子不太容易受到媒體內容的嚴重影響（Singer & Singer, 1986）。研究人員發現，和父母不與之討論電視暴力或限制觀看暴力電視節目的孩子相比，父母與之討論電視暴力不當性或限制觀看暴力電視節目的孩子表現出較低的攻擊性傾向（Nathanson, 1999）。其他研究顯示，父母干預的兩種方式中的任何一種都可能減少兒童對暴力電視的重視程度，反之，這種較低的重視程度可能會降低兒童的攻擊性（C. A. Anderson et al., 2003)。這些發現並不令人驚訝。父母的電視觀看習慣和撫養兒童的通常做法會影響兒童觀看電視的習慣(Comstock & Paik, 1991),也會影響兒童的世界觀。眾所周知的是,如嚴厲的懲罰、對孩子的拒絕、紀律的缺失之類的早期教育因素,都會影響兒童之後的攻擊行為(Tremblay, 2000)。

研究顯示,父母可以透過介入的方式保護子女免受媒體的不利影響,但隨著青春期的到來,兒童與同齡人的互動增加,父母的影響會隨之減少。雖然父母依然對子女的一生保持影響,但在青春期內,同伴的影響也變得尤為重要和影響強大。出人意料的是,幾乎沒有大眾傳播研究考慮到同伴在塑造媒體暴力對兒童影響方面的作用。最近一項研究首次關注到反社會電視節目的同伴調解問題,其發現,同伴調解比父母介入更為頻繁和有效(Nathanson, 2001)。此外,同伴調解促生了兒童對反社會電視節目的更積極態度,這反過來又使得他們更具攻擊性。父母的介入可以抑制媒體的負面影響,而同伴調解似乎會促進不良後果。

此外,研究調查了觀看暴力媒體對家庭關係的影響。一項對 6～12 歲兒童的全國性抽樣調查研究了關於家庭衝突與兒童對含暴力內容的電視節目與電子遊戲的使用之間關係的三種理論觀點的相對優點(Vandewater, Lee, & Shim, 2005)。研究分析了三種假說:(1)家庭背景說,即家庭衝突與暴力性電子媒體的接觸呈正相關性,因為家庭的緊張氛圍會反映在兒童觀看含暴力內容的媒體的喜好上;(2)反應說,即家庭衝突與非暴力媒體的接觸呈現正相關性,因為兒童會基於對所在家庭環境中衝突的反作用而尋求非暴力性媒體內容;(3)逃避說,即家庭衝突與電子媒體的使用總量呈正相關性,因為兒童會利用媒體逃避家庭衝突而無關媒體的內容。研究結果僅對家庭背景說予以支持。暴力媒體的喜好可以反映家庭的緊張氛圍,而此種緊張氛圍則會助長媒體效應。

第一部分　媒體效應的發展科學：研究範例

關於家庭影響的最驚人的發現源於某項統合分析，它研究了觀看暴力電視與親社會行為和反社會行為之間的關係（Hearold, 1986）。研究發現，觀看暴力電視對非暴力和非攻擊性活動具有最顯著的「反社會」效應，效應最大的是家庭討論的減少，效應值達到 2.33，顯示具有極大影響。研究也報告了角色定型（0.90）、較少社交（0.75）、物質主義（0.40）和被動性（0.36）等因素的影響。這些研究結果共同說明，媒體對塑造社會關係具有重要影響。

心理影響

不同類型的人尋求不同類型的媒體內容，這些內容對不同的人產生不同的意義。研究已經調查了許多可能影響暴力媒體接觸效應的心理因素，例如，研究顯示媒體接觸與攻擊性行為之間不存在明確的直接關聯性，但的確發現個體觀眾特徵（如觀看攻擊性媒體的動機）使得相關預測因素和攻擊性後果之間存在直接或間接相關性（Haridakis & Rubin, 2003）。在許多需要考慮的潛在變量中，有兩個變數受到了極大關注：攻擊性傾向與媒體角色的辨識。研究普遍支持的結論是：個體特徵和期待對媒體暴力接觸的影響發揮著調節作用。

那些被認為比同齡人更具有攻擊性的個體，往往對媒體暴力誘發的攻擊性行為具有更低的閾值。研究普遍顯示，與那些相對具有較低攻擊性的人群相比，具有高度攻擊性的個體會在接觸媒體暴力之後表現出更為強烈的攻擊行為、態度、情緒和信念（Bushman, 1995）。重要的是，這些發現並不意味著暴力媒體不會影響相對沒有攻擊性的兒童。早期攻擊程度較低的兒童，與攻擊程度高的同齡人一樣，都顯示出了媒體暴力對其日後攻擊性的顯著影響（Gentile & Anderson, 2003; Huesmann et al., 2003）。此外，一些調查結果顯示，攻擊程度較低的個體比攻擊程度較高

2 青少年的攻擊性行為與媒體

的個體更容易受到媒體暴力的影響（C. A. Anderson, 1997）。這些研究結果並沒有低估選擇性接觸暴力媒體可能發生作用的可能性。較之具有更少攻擊性行為傾向的青少年，有攻擊性行為傾向的青少年（無論他們是否真的具有攻擊性）可能感覺暴力媒體更有意思並因此更多地接觸暴力媒體。針對電子遊戲與攻擊性行為之間關係的一項最新研究發現，偏愛暴力性電子遊戲的兒童比不喜歡暴力電子遊戲的兒童更具攻擊性，這說明存在選擇性接觸效應的可能性（Wiegman & van Schie, 1998）。儘管還需要尋求更多確鑿的證據，現有研究的確證實了一個普遍性規則，即不同類型的人尋求不同類型的媒體內容，而這些內容會對他們產生不同的影響。

如果青少年認同攻擊性角色或者認為暴力場景是真實的，那麼他們就更有可能做出具有攻擊性的行為。這一點並不令人驚訝，因為理論上假設，這些特徵增加了個體擁有攻擊性想法的可能性，這些想法由觀察到的暴力所引發，意在模仿角色或獲得攻擊性腳本或基模。研究支持這一說法。那些認為自己觀看的暴力節目是真實的或是認可攻擊性電視角色的受訪兒童，其在受訪一年後的語言和肢體攻擊性評估的平均分值更高，並且在十五年後的再次受訪中也獲得了更高的攻擊性綜合分值（Huesmann et al., 2003）。危險性最大的是那些既觀看暴力又認同暴力角色的兒童。然而，更具現實的描繪比虛構角色更有可能增加觀眾的攻擊性的發現，並不意味著虛構的暴力與攻擊性行為無關——即使是不現實的暴力也與攻擊性行為之間存在相關性（C. A. Anderson et al., 2003）。這些發現有力地支持了這樣一種觀點：青少年的傾向可能會對媒體的影響力產生作用。

第一部分　媒體效應的發展科學：研究範例

媒體內容的特徵

我們已經看到，對暴力的描述方式能改變暴力的意義和調節觀眾的認知、情感和行為反應。正如我們所見，對攻擊性施暴者的認同會增加青少年受到攻擊性影響的風險。在這一方面，攻擊性施暴者的特徵發揮了重要作用。長期研究顯示，觀眾特別容易受到與其年齡、性別和種族相似的攻擊性角色的影響（Bandura, 1994）。但研究也顯示，差異性可能是重要的。實際上，對觀眾而言，施暴者整體上的吸引力、力量和魅力可能比相似性更為重要（C. A. Anderson et al., 2003）。

暴力後果的描述也可能對媒體暴力的影響力產生作用。從理論上講，對有正當理由的暴力的描述使得觀眾更容易相信自己在感知到冒犯時作出攻擊性反應是恰當的，這使得他們更有可能實施攻擊性行為。實驗研究的確顯示，看到有正當理由的暴力行為的確會增加被激怒的參與者對挑釁者實施攻擊的可能性（C. A. Anderson et al., 2003）。同樣，對施暴者的攻擊性行為給予獎勵，也可能增加觀眾仿效攻擊性行為的可能性。實驗研究再次顯示，獎勵暴力會增加觀眾實施攻擊性行為的風險（C. A. Anderson, et al., 2003）。展示暴力行為對受害者的影響可能也會降低攻擊性行為的風險。雖然這一領域的研究結論尚不明確，但一些結論確實支持「觀看行為的負面後果會導致觀眾攻擊性反應的減少」這一觀點。但需要再次強調的是，暴力並不需要被合理化或是受到獎勵才會增加觀眾的攻擊性，暴力本身即有助於觀眾習得攻擊性想法和行為。事實上，即使是僅僅看到暴力的負面後果都可能導致脫敏；那些對暴力表現出較少負面情緒反應的觀眾，較之表現出更多負面情緒反應的觀眾更容易實施攻擊性行為（C. A. Anderson et al., 2003）。

除了暴力後果之外，接觸媒體中的性內容也會助長攻擊性和暴力性

2 青少年的攻擊性行為與媒體

行為。實驗研究中的兩個統合分析調查了接觸露骨的性內容後的效應值，二者均報告了研究中媒體影響的一些最大效應值。一項分析僅研究了露骨的性描述（Allen, D'Alessio, & Bezgel, 1995）。該項分析報告了接觸所有類型的色情描述的整體效應值——它結合了裸體暴露、非暴力的性行為和暴力的性行為——結果發現了一個很小卻具有統計學意義的效應值（r = 0.13）。正如所預期的一樣，對無暴力性色情作品的分析報告了一個相對更高的效應值（r = 0.17），而對那些暴力性色情作品的分析顯示了甚至更高的效應值（r = 0.22）。但更沒料到的是，結果顯示關於裸體（沒有性行為和暴力性行為）的描述對攻擊性和反社會行為具有負面效應（r = -0.14）。第二種統合分析研究了露骨的性描述和暴力描述（Paik & Comstock, 1994）。該分析顯示，暴力性色情作品具有更高的效應值（r = 0.60），這高於任何其他的效應，例如，接觸電視和電影暴力產生的效應值很小（r = 0.31）。分析報告，無暴力性色情作品的效應值也是相當大的，其大於一般的暴力接觸的效應值（r = 0.46）。研究結果顯示，單獨的性描述會助長攻擊性，而當性描述與暴力相結合時，更有可能促成攻擊性和暴力性後果。

然而，上述調查結果可能沒有太大意義，除非媒體實際上以年輕受眾為目標。事實似乎正是如此。例如，最近一項研究對美國電視臺的施暴者根據年齡順序進行調查，並比較了兒童和青少年角色與成人角色所實施暴力的數量和性質（Wilson, Colvin, & Smith, 2002）。結果顯示，對年輕施暴者的幾種描繪會為兒童觀眾帶來風險。與成年施暴者相比，兒童施暴者更常被描述得具有吸引力，其因攻擊行為受到懲罰的可能性更小，實施的暴力也更少地對受害人產生負面後果。此外，這些年輕角色在以兒童觀眾為目標的特定節目和頻道中特別突出。因此，在考慮媒體影響力時，媒體的特性似乎確實有必要令人關注。

第一部分　媒體效應的發展科學：研究範例

性別的差異性與相似性

在有關媒體影響的研究中，性別仍然是研究者考慮的最重要因素之一。令人驚奇的是，涉及到媒體暴力時，研究者幾乎沒有報告其在女性和男性中的差別（Paik & Comstock, 1994）。女性和男性均會受到媒體中暴力的影響。統合分析透過最能表現真實生活和日常連繫的方法表示，女性和男性的效應值相似。調查結果顯示：女性，r = 0.19；男性，r = 0.18。相關實驗也發現兩性的效應值相似，但男性的數值更高一些（女性，r = 0.30；男性，r = 0.44）。

重要研究發現，兩性對媒體暴力的反應有相當多的相似之處。例如，最近一項針對 1977～1995 年之間長大的兒童的研究報告顯示，15 歲以上的男性和女性的效應值是相似的（Huesmann et al., 2003）。這一研究發現，無論對男性還是對女性參與者來說，兒童時期越多地接觸電視暴力，對同性別的攻擊性電視角色的認可度越高，也越相信暴力性節目「真實」反應了生活，其在成年後具有更強的攻擊性，而無關乎參與者在孩童時期的攻擊性表現如何。特別有趣的是，縱向研究結果顯示，其對女性參與者與男性參與者的影響程度大致相同。早期的縱向研究，例如，1960～1970 年（Eron, Huesmann, Lefkowitz, & Walder, 1972）和 1960～1982 年（Huesmann, 1986）間進行的研究，只發現了男孩身上存在此種縱向影響。

儘管對兩性的影響存在相似之處，但在與幼兒時期接觸媒體暴力相關攻擊性行為的類型上，確實出現了一些性別差異。最值得注意的是，縱向研究顯示早期接觸暴力的女孩在成年後實施的間接攻擊性行為有所增多（Huesmann et al., 2003）。同樣，男孩早期接觸媒體暴力與其成年後的肢體暴力行為相關度更高（Huesmann et al., 2003）。早期觀看電視暴

力與男性和女性參與者成年後的肢體攻擊性行為相關，但成年後的間接攻擊性行為只與女性參與者有關。另一項重要發現關係到對攻擊性角色的認同。雖然不同性別對攻擊性同性電視角色的認同和關於暴力電視節目「真實反映生活」的認知理念，對於兩性而言均能預示其成年後的攻擊性，但這些因素僅僅加劇了對觀看電視暴力的男性參與者的影響（Huesmann et al., 2003）。觀看電視暴力並且認同男性攻擊性電視角色或將電視暴力視為真實生活的男孩，在成年後的攻擊性風險最高。早些時候在關於電視觀看對隨後的青少年攻擊性行為影響的兒童期資料中，也發現存在相同的性別差異（Huesmann & Eron, 1986）：認同感這一因素只對男孩具有調節作用，對女孩並非如此。

鑒於有關攻擊性的文獻顯示了一貫的性別差異，媒體可能影響不同形式的暴力行為也就不足為奇了；間接的攻擊性行為更符合女性的特點，也更容易被她們所接受（Moretti, Odgers, & Jackson, 2004）。早期縱向研究中缺少接觸媒體暴力和女性攻擊性之間關係的發現，可能是因為那些研究未能充分評估間接的攻擊性行為。同樣，關於女性適當行為的社會規範的重要變化可能已經解除了對女性攻擊性行為的抑制，並且電影和電視中攻擊性女性模型的增多可能會產生更為強烈的觀察學習效應。這兩種因素的結合有可能導致女性被試者的效應值增加，從而更易於被察覺。這並不是說，女孩在早期沒有受到觀察學習效應的影響。事實上，實驗室實驗顯示她們受到了影響（Paik & Comstock, 1994）。某種程度上，她們對適當女性角色的規範性信念似乎抑制了其對已獲取的攻擊性行為或攻擊性腳本的運用。這一解釋與資訊處理論相契合：如果攻擊性行為有悖個體相關適當行為的規範性信念，已獲取的攻擊性行為腳本就不會被遵循。

第一部分　媒體效應的發展科學：研究範例

■ 影響性研究的意義和局限性

　　許多因素會影響媒體暴力對攻擊性情緒、思想和行為的作用程度。但令人驚訝的是，相關媒體對青少年影響的調節和抑制因素尚缺乏系統性研究。儘管已經展開了重要的研究，仍有許多問題有待探究。例如，青少年因接觸媒體內容而形成看法和信念並採取行動時，他們也會和同伴進行交流，並且他們的反應可能最終會受到這些互動的影響。出人意料的是，研究尚未闡明這一潛在的影響。而另一個重要的局限性在於，研究可能在多大程度上分別關注每種媒體的影響。這在一定程度上存在問題，青少年接觸到源於不同媒體的暴力內容，這些內容可能比大多數已有研究中的情況更為強大，且更具互動性。關注於眾多組合形式的媒體互動和累積效應的研究仍然是必要的。

　　不過，我們所討論的研究結果和理論認為，社會環境和青少年自己的性格有可能影響媒體的效應。例如，影響的權重隨著一些因素的作用而增大，例如，這些因素將會改變青少年認同攻擊性角色的可能性，改變青少年對場景真實性的認知或改變青少年觀看暴力的可能性。儘管需要控制各種因素，但重要的是，應注意到媒體效應仍然存在。一些研究顯示，即使在控制潛在的混雜因素之後，此種效應仍然存在。例如，一項重要研究對某社群內 707 名樣本個體的電視觀看和暴力行為時隔 17 年後進行了評估 (Johnson, et al., 2002)，結果發現：在青春期或是成年早期觀看電視所耗費的時間量與日後對他人實施攻擊性行為的可能性之間存在緊密關聯。而且，對先前的攻擊性行為、兒童時期被疏於照顧、家庭收入、鄰里暴力情況、父母教育程度和精神疾病因素予以統計控制後，這一關聯性依然很顯著。正如我們所見，這一效應仍然存在於有關調節和控制因素影響的相關研究中 (Huesmann et al., 2003)。

　　研究結果強調了一個現實，即媒體暴力可以影響任何家庭的任何孩

子。相關研究支持了觀察學習理論、適應或脫敏理論、啟動理論和興奮遷移理論。媒體不僅僅影響有暴力傾向的年輕人，這一研究所支持的理論說明：媒體中的暴力增加了兒童長大後在某些情形下行為更具攻擊性的可能性。對兒童可能產生最有害影響的暴力電影和電視節目，並不總是成年人和批評者眼中最暴力的節目。整體來看，這些結果顯示，當來自所有社會階層和所有級別的原始攻擊性的男性和女性在兒童早期大量和持續接觸暴力媒體後，其在成年後出現攻擊性和暴力性行為的風險都會增加。一個明顯的後續性問題是，社會是否能夠做些什麼來阻止或者至少緩解這一影響。

修正媒體對青少年攻擊性傾向的影響

儘管觀察暴力對攻擊性和暴力性行為影響的精確程度和性質以及相對於其他成因的重要性如何，這些關鍵問題仍有待解決，但令人信服的證據的確顯示，青少年習慣性接觸媒體暴力確實對其攻擊性和暴力性行為傾向存在持續性影響。這引發了人們的擔憂：研究是否可以幫助開發和檢驗那些可以由家長、學校、社區和政府推動的干預措施，以減輕這些長期效應。本章中，我們將探索研究減少媒體暴力對攻擊性態度和行為的效應的方法。有些令人驚訝的是，這些試圖修正媒體影響的干預措施卻往往沒有明確指出媒體和暴力之間的關聯性。相反，常見的干預措施意圖改變人們對媒體暴力的看法。

尋求發現有效干預措施的第一種方法是，使用實驗設備來研究觀看暴力節目之前或觀看期間所實施的干預措施。實驗得出的普遍結論是，成年人的評論可以對青少年觀看暴力後的行為和態度產生早期影響（Cantor & Wilson, 2003）。近期一項涉及 5～7 歲和 10～12 歲兒童的實驗足以說明這一結論（Nathanson, 2004）。該實驗對比了調節兒童觀看暴

力電視的兩種方法。事實性干預為兒童提供了關於一項暴力節目製作技巧的事實情況。評估性干預提供了對電視角色的負面評價。研究發現，評估性干預對促成積極結果最為有效，特別是對年齡更小的兒童。事實性干預則要麼沒有任何效果，要麼是增加了一些兒童對媒體暴力的易感性。這項研究結論與其他的既定研究結果相一致。一般來說，成年人鼓勵和同情暴力性行為的受害人會降低攻擊性程度，成年人對暴力性描述的批評與其不發表評論、保持中立或是支持暴力相比，會減低攻擊性因子（Nathanson & Cantor, 2000）。

實驗發現存在一些重大的局限性，但這些發現也得到了其他研究方法的支持。例如，所有的實驗方法都採用替代指標來評估攻擊性行為，如對暴力的態度。此外，沒有一項實驗研究具有長期干預的效果。然而，鑒於最近一些研究顯示了雖非有意但極為重要的父母干預效應，這些發現一定程度上仍然非常重要。例如，一項針對父母與學生的調查揭示了父母對電視暴力和性的干預作用與青少年對父母的態度、父母對他們看法的態度、對干預內容的態度以及與朋友共同觀看受干預內容的時長之間的關係（Nathanson, 2002）。正如所預期的那樣，單純的共同觀看行為不會影響或實際增加青少年對媒體的積極態度。此種情況下，共同觀看行為與對電視暴力和性的更積極態度及實際觀看行為有關。同樣重要的是，結果顯示：限制性干預與青少年對父母不太積極的態度、對所觀看內容的更為積極的態度以及與朋友共同觀看更多的電視暴力和性內容有關。

用於調查干預措施的第二種方法是，在學校進行媒體素養教育。這些計畫旨在增強學生對大眾傳媒中資訊的理解、分析和評估能力（J. A. Brown, 2001）。這一方法假定，發展批判性思考技能將提高學生的能力，使他們更不容易受到媒體的有害影響。儘管存在各式各樣的方法，

2 青少年的攻擊性行為與媒體

這些計畫明確針對媒體暴力問題，致力於增加青少年對媒體效應的理解力、媒體在其生活中的作用、媒體故事的性質以及媒體製作等要素的理解。

研究顯示，媒體素養可以幫助兒童更為有效地應對媒體暴力。然而，大多數相關研究針對青春期前的兒童（9～12歲）進行。研究強調，需要利用富有想像力和間接的方法，避免單純地講解現實與幻想，要鼓勵批判性思考和促使個人參與對媒體暴力的描述（參見 Vooijs & van der Voort, 1993）。重要的是，鑒於近期推動的媒體素養計畫將製作技能教學納入其中（參見 J. A. Brown, 2001），此類計畫在應對暴力問題上可能會適得其反。或許這並不奇怪，參與製造娛樂暴力可能會無意中使得反社會行為正當化，並鼓勵攻擊性行為（參見 Doolittle, 1980）。

如同其他干預措施一樣，媒體素養方法具有重大局限性。它們往往並不評估實際的攻擊性行為，相反，它們評估的是對媒體暴力的解釋和態度。此外，雖然大多數工作確實報告了在理解暴力上的認知變化（特別是對年幼的兒童），但相關干預措施通常無法改變對暴力節目的接觸以及由此帶來的愉悅感（參見 Rosenkoetter, Rosenkoetter, Ozretich, & Acock, 2004; Vooijs & van der Voort, 1993）。這些局限性似乎很重要，因為即使不針對媒體暴力效應進行專門教導，僅透過減少媒體接觸（透過關注於媒體使用管理的課程計畫）而非針對暴力，實際上就能減少反社會行為（Robinson, Wilde, Navracruz, Haydel, & Varady, 2001）。而干預措施的另一個重要局限性是沒能對長期效應做普遍性研究。研究確實調查了與暴力相關的媒體素養計畫對暴力的長期效應，結果顯示，干預效果會隨著時間的推移而消失（Robinson, Wilde, Navracruz, Haydel, & Varady, 2001）。

第三種主要的干預措施是利用媒體作品解決年輕人的暴力問題。這

第一部分　媒體效應的發展科學：研究範例

一方法透過利用電視節目、電影、廣告和紀錄片，旨在強調與暴力有關的一些問題。與其他方法不同，這一領域的干預性研究的目標針對於中後期的青少年或者大學生。研究發現，這一年齡組比幼齡的兒童或青春前期的孩子持有更難以改變的堅定態度。然而，這一領域的研究確實報告了一些重大發現。對受害者後果的關注似乎比對施暴者的關注更為有效（Winkel & deKluever, 1997），例如，一部以受害者為焦點的紀錄片大大減少了15～16歲的男孩和女孩對強姦迷思和強迫性行為的接受程度，但焦點置於施暴者的紀錄片卻出乎意料地強化了男孩對大男人主義、強迫性行為和強姦迷思的接受程度（Winkel & deKluever, 1997）。專注於施暴者看起來是有問題的，除非施暴者呈現出一種懊惱內疚和痛苦的狀態（Wilson et al., 1998）。一些研究發現，鼓勵學生和一般個體參與不存在太大區別（Linz, Fuson, & Donnerstein, 1990），但最新形成的共識是，有學生參與（Wilson et al., 1998）比沒有學生參與（Biocca et al., 1997）觀看反暴力媒體作品的影響更大。重要的是，含糊不清或者從多個角度呈現的資訊，可能會被某些觀眾所誤解。在一些研究計畫中出現了這一重要模式，其無意中強化了原本所要改變的態度和行為。在改變性暴力態度的嘗試中已發現了此種反向效應（Wilson, Linz, Donnerstein, & Stipp, 1992; Winkel & deKleuver, 1997）。

但需要重申的是，現有研究仍存在局限性，依舊普遍涉及短期的干預。研究的關注點仍側重於態度，例如對強姦迷思的接受度、對人際暴力的接受度（Winkel & deKleuver, 1997）以及對約會強姦嚴重性的看法（Wilson et al., 1992）、對攻擊性行為的態度（Biocca et al., 1997）和同理程度（Wilson et al., 1998）。整體而言，相關研究或許能提供一定資訊，但如果我們想要得到可靠、有用的結論，還需要進行更多的研究。

最後一種措施只是試圖限制接觸暴力媒體。當然，減少媒體暴力對

2 青少年的攻擊性行為與媒體

兒童影響的最簡單方法是減少兒童對此類暴力的接觸。顯然，旨在減少接觸的預防性計畫既可以針對暴力的產生來源，也可以針對觀看暴力的個人。在這個強烈保護言論自由的社會裡，將預防工作的目標指向觀眾總比指向製作者更為簡單。這種干預措施在媒體暴力滲透到社會的現實情況下變得越來越重要。

雖然這些努力似乎很有針對性，但僅僅旨在阻止接觸特定媒體的做法看起來是有問題的，甚至有些徒勞。這種徒勞源於幾個因素。如我們所見，暴力在當今媒體中無所不在。此外，僅僅限制青少年接觸媒體暴力可能會適得其反，因為它可能使得青少年比沒有父母限制的情況下對暴力媒體的內容更感興趣（Nathanson, 2002）。同樣，限制性分級和警告可能會導致「禁果」效應，對不適合年輕人的內容貼上標籤的做法反而會增加其吸引力（Bushman & Cantor, 2003）。事實上，父母可能不會限制他們的孩子接觸相關媒體。儘管對電子遊戲實施行業分級，但最近一項調查顯示，8～12年級青少年中，90%表示在購買電子遊戲之前他們的父母從不檢查電子遊戲的分級，只有1%曾基於遊戲分級禁止其購買（參見 Gentile & Walsh, 2002）。該措施失敗的部分原因與行業本身有關。電子遊戲行業所提供的分級通常與父母或其玩遊戲的子女所認為的分級不一致（C. A. Anderson & Bushman, 2001; Funk, Flores, Buchman, & Germann, 1999; Walsh & Gentile, 2001）。在減少媒體暴力接觸方面的困難，使得其他干預措施十分重要。

對干預措施的研究揭示了值得密切關注的重要問題。一個顯而易見的共識是，需要依據觀眾或是部分觀眾的特殊需求對干預方案量身訂做。整體而言，三種干預方法的有效性存在很大差異，而且年齡和性別的差異也非常突出。調查結果顯示，我們需要更多的研究以確定制定父母干預措施、媒體素養策略和親社會媒體供給等方面的最佳方案，以減

第一部分　媒體效應的發展科學：研究範例

少青少年暴力。但是，在青少年早期和兒童時期接觸媒體暴力似乎最令人擔憂。與減少低齡兒童接觸暴力媒體的社會價值相比，減少成年人甚至大齡青少年接觸暴力媒體的社會價值顯得微不足道。

結論

媒體使得青少年接觸到大量的暴力內容，而絕大多數關於媒體暴力和青少年攻擊性之間連繫的研究聚焦於電視。相關研究顯示，觀看電視暴力和青少年攻擊性之間存在正相關性。統合分析認為，電視暴力的效應值處於小到中等範圍之間。針對其他媒體的研究也得出了類似的結論。總之，相關證據顯示，媒體對暴力的典型描繪促生了對暴力性和攻擊性行為的不切實際、不健康的態度。證據還顯示，媒體系統的影響透過兩個路徑得以實現。在直接路徑中，他們透過提供資訊、創造條件、激發動力和引導媒體消費者的方式來促進變化。在社會性中介路徑中，媒體影響將消費者與社交網路和社群環境連繫起來，它們為所期望的變化提供了激勵或抑制因素。

雖然存在這些連繫，但媒體不太可能直接引發青少年的攻擊行為。相反，無論媒體暴力對青少年的攻擊性產生何種效應，它們都有可能受到青少年自身特徵和他們的家庭、同齡人以及社區的影響。媒體可能以迂迴的方式助長攻擊性行為，例如，有攻擊性行為傾向的青少年可能只是喜歡暴力媒體。原本具有攻擊性的兒童接觸過這種媒體後，他們將暴力視為常態的觀點可能會被強化，他們會獲取更多的攻擊性腳本，隨之而來的喚醒會減少其對攻擊性的抑制，所有這些都會增加攻擊性行為風險。如果青少年生活在一種容易加劇媒體負面影響的家庭環境中，相關結果就更有可能出現。而且，正如研究所顯示的那樣，處於暴力性和攻擊性最大風險之中的青少年，其所處的家庭環境往往最不可能減輕媒體

接觸帶來的潛在負面效應。沒有攻擊傾向的青少年也可能會受到媒體暴力的影響。比如，當青少年接觸大量電視節目，同時又生活在一個缺少父母陪伴和有效教育方法的家庭中時，這種情形就很有可能發生。觀看暴力媒體會增加對暴力認知的接受程度，促進新的攻擊性腳本和行為的發展，並減少對攻擊性行為的抑制。甚至是最初不具有攻擊性的青少年也可能變得具有攻擊性。

這些發展趨勢揭示了一個重要論點：存在這樣一種可能，觀看電視中的暴力可能對青少年幾乎沒有負面效應。如果青少年發現自己處於一種不支持我們所知的暴力相關因素的環境中時，媒體暴力問題的影響很可能會被減弱。那就是，如果青少年的環境得到合理的控制，如果社會機構——如家庭和學校——能夠以有效的介入方式參與和維持積極的情感關係的話，那麼青少年即使接觸存在問題的媒體也不太可能變得暴力或具有攻擊性。這種能動性觀點認為，青少年是影響其思想、情感和行為的媒體環境的積極參與者，它強調，如果我們希望有效應對媒體對青少年發展日益強大的影響，就需要解決青少年的整體資訊環境問題。

3 青少年的身體意象與媒體

青少年日益經歷著不健康的身體成長過程，並將自己置於相關風險中。在美國國內，大約14%的高中學生超重，另有15%的學生存在超重的風險（Grunbaum et al., 2004）。當我們看到那些極端的例子——不單單是超重而是達到了真正肥胖程度的青少年時，我們才發現問題似乎已經相當嚴重。在美國，青少年肥胖一直是最常見的營養性疾病，肥胖青少年的數量在過去的三十年裡成長了75%。一些資料顯示，目前高達25%的青少年處於肥胖狀態（Troiano, Flegal, Kuczmarski, Campbell,

& Johnson, 1995; Stice, Cameron, Hayward, Taylor, & Killen, 1999)。整體上，依據普遍的預估，7%～33%的青春期男孩和女孩存在飲食失調問題（Neumark-Sztainer & Hannan, 2000）。這些資料意味著，大約四個青少年中就有一個面臨體重問題，這一比例之高足以被視為一場流行病，需要美國衛生局局長發出「行動呼籲」（United States Department of Health and Human Services, 2001b）。

雖然研究和統計資料往往不能很好地對進食障礙的範圍做出界定，但是相關問題的嚴重性難以令人忽視。達到診斷標準和未達到診斷標準的神經性厭食症、神經性貪食症和暴食症等飲食疾病是青少年最常見的一些精神問題，其特徵是病程長且易復發（Fairburn, Cooper, Doll, Norman, & O'Connor, 2000; Lewinsohn, Striegel-Moore, & Seeley, 2000）。研究顯示，以進食障礙及相關症候群為例證的飲食疾病的極端情況，對青春期女孩的影響尤為嚴重，其發病率高於男孩（American Psychiatric Association, 2000; Smolak & Murnen, 2001）。然而，調查顯示青春期男孩也表現出了對體重問題的不良反應。足足有三分之一的青春期男孩想要擁有更為精瘦的身材（e.g., Furnham & Calnan, 1998; McCabe & Ricciardelli, 2001a; Neumark-Sztainer, Story, Falkner, Beuhring, & Resnick, 1999; Ricciardelli & McCabe, 2001a），想要減重和想要增重的男性比例近乎相同（Raudenbush & Zellner, 1997）。因此，青春期的男孩更容易出現與追求肌肉發達有關的行為問題（Drewnowski, Kennedy, Kurth, & Krahn, 1995; Ricciardelli & McCabe, 2004），更可能使用合成類固醇，並有證據顯示其他與肌肉畸形相關的消極態度和行為（Labre, 2002; Pope, Phillips, & Olivardia, 2000）。從這些研究中得出的結論是，男性和女性青少年都會做出改變體重和體型的行為，並為此承受著不良後果。

對體重的困擾不僅僅影響存在極端問題的青少年，即使是客觀上沒

有體重問題的青少年也對體重存在不健康的認識。近一半（44%）的青少年報告自己正嘗試減肥，試圖減肥的高中女生的比率（59%）普遍高於男生（29%）（Grunbaum et al., 2004）。從美國青少年體重失調問題的現狀來看，這些數字看似反映了對實際問題的合理應對，但試圖控制自己體重的青少年（與成年人一樣）往往在做無用功，甚至可能將自己置於健康風險之中。青春期女孩出現進食障礙問題之前，往往透過節食或者控制食物攝取來減肥或者控制體重（Polivy & Herman, 2002; Ricciardelli & McCabe, 2004）。有報告顯示四分之一左右（27%）的青少年存在不健康的體重控制行為，如禁食、暴飲暴食、使用減肥藥、催吐和服用瀉藥等（參見Paxton, Valois, Drane, & Wanzer, 2004）。儘管資料估算存在較大差異，但其顯示，12%～26%的青春期男孩和38%～50%的青春期女孩試圖透過節食或其他更為極端的方法來減肥（Ricciardelli & McCabe, 2004）。針對高中學生的全國性調查顯示：以30天為一週期，6%的學生實施了催吐或是服用瀉藥以減肥或保持體重，9%的學生在沒有醫生建議的情況下服用減肥藥、減肥粉和減肥沖劑以減重或控制體重（Grunbaum et al., 2004）。其他學生使用了類似的不引人注意的不健康方法來控制體重，如過度的體育運動和吸菸（Tomeo, Field, & Berkey, 1999）。一項同樣為期30天的全國性調查顯示：57%的學生透過運動來減肥或保持體重，為了達到同樣目的，15%的高中學生每天吸一支或多支菸（Grunbaum et al., 2004）。運動減肥本身不會引起疾病，但是，一些將運動作為減肥策略的人會發展到病態的極端程度，並對運動產生依賴（Cockerill & Riddington, 1996）。5%的青春期男孩和女孩被歸類為運動依賴型，另有15%的男孩和19%女孩被認為存在運動依賴風險（Ricciardelli & McCabe, 2004）。青少年所實施的高強度節食和激進減肥行為，尤其是透過偶爾的高強度運動、服用食慾抑制劑、使用瀉藥、催吐和暴飲暴食的方法，與減重相比更容易導致體重增加（Stice et al., 1999）。

第一部分　媒體效應的發展科學：研究範例

　　無論是處於青春期還是在青春期後，體重問題都會造成很多負面後果。不健康地控制體重意味著體重管理行為與不良的心理健康相關。關心自己體重和身材的青少年，會出現對身體意象的不滿和認知扭曲、自卑、憂鬱以及普遍的精神痛苦（French, Perry, Leon, & Fulkerson, 1995; Ross & Ivis, 1999）。或許更令人頭痛的是，一些不健康的飲食行為（如暴飲暴食）與自殺風險存在關聯——最近一項研究顯示，超過四分之一患有暴飲暴食症候群的女孩（29%）和男孩（28%）一度企圖自殺（Ackard, Neumark-Sztainer, Story, & Perry, 2003）。青春期的飲食疾病會增加未來的風險，出現肥胖、憂鬱障礙、自殺傾向、焦慮障礙、藥物濫用和健康問題（J. G. Johnson, Cohen, Kasen, & Brook, 2002; Stice, Cameron, Killen, Hayward, & Taylor, 1999; Stice, Hayward, et al., 2000）。不良身體意象的潛在的負面效應往往會持續到青春期之後，並實際上在成年期有所加劇（Newman et al., 1996; Patton, Selzer, Coffey, Carlin, & Wolfe, 1999）。重要的是，這意味著與體重相關的疾病和問題導致的發病率和死亡率在成年期更為常見，而引發這些擔憂的因素在青少年時期就已出現（參見 Dietz, 1998）。不到三分之一的進食障礙症患者曾接受治療（Fairburn et al., 2000; J. G. Johnson, Cohen, Kasen et al., 2002），只有40%～60%的患者在接受治療後症狀有所緩解（Telch, Agras, & Linehan, 2001; Wilfley et al., 2002）。

　　考慮到體重問題可能引發的潛在嚴重後果，人們付出諸多努力以解決青春期階段的問題，以期更好地了解體重控制行為的機理和動因並制定有效的預防措施。研究人員稱，有諸多因素在身材和體重問題的產生和持續過程中發揮了重要作用。到目前為止，對青少年的研究中最受關注的便是身體意象，已有研究試圖考察青少年身體意象的性質以及影響其發展的因素（Littleton & Ollendick, 2003）。有三個因素塑成了青少年身

體意象的性質。首先，很大一部分的青少年，尤其是女孩，對自己的身材極為不滿（Thompson, Heinberg, Altabe, & Tantleff-Dunn, 1999）。第二，對身體意象的不滿會增加隨後發生飲食問題和進食障礙的風險（Attie & Brooks-Gunn, 1989; Killen et al., 1996），而且我們已經看到了這種疾病的潛在普遍性和破壞性。第三，身體意象作為一個強而有力的危險因素，預示著憂鬱、自卑、精神痛苦、對外表的過度思慮和不必要的整容手術（Ohring, Graber, & Brooks-Gunn, 2002; Thompson, Heinberg, et al., 1999; Byely, Archibald, Graber, & Brooks-Gunn, 2000; Stice & Bearman, 2001; Wertheim, Koerner & Paxton, 2001; Stice, Hayward, et al., 2000）。簡而言之，青少年的身體意象問題對社會公共衛生以及青少年自身的健康帶來重大危害。

與負面身體意象相關的因素揭示了解決青春期身材和體型問題的挑戰。基於青春期自身的特性，妥善解決這些問題無疑是困難的。青春期的過渡必然要求青少年適應影響自身生理和心理健康的各種生理變化。青少年會經歷身體成熟的一系列獨特變化，包括女孩脂肪的增多（例如，Ackard & Peterson, 2001）、社會對外貌的強調（例如，Harter, 1999）、關注社會比較（Jones, 2001）、同齡人的重要性（Berndt, 1996）以及自我身分的探索（Erikson, 1968）。從本質上說，體重和身材問題會引發特別的挑戰，因為青少年經歷這些問題的同時也在應對與青春期過渡相關的常規問題。

大部分關於青少年身體意象的研究聚焦於各種失調症以及青少年身體意象的影響因素。很多因素實際上已經被確認，如父母、兄弟姐妹或是同齡人嘲笑其外貌或是予以批判性評價，以及青春期早熟、性虐待、精神障礙、身體意象和狀態、學業壓力和有所增長的社會比較趨勢等（Thompson & Heinberg, 1999; Ricciardelli & McCabe, 2004）。雖然研究還

第一部分 媒體效應的發展科學：研究範例

未明確界定這些潛在因素的相對影響，但是該領域針對青少年發展的研究卻在淡化這些因素，而把更多的注意力集中在媒體上，認為媒體是導致身體意象困擾和進食障礙的最重要因素。

考慮到引發青少年體重和身材問題的所有可能影響因素，研究關注媒體的做法實際上並非不合理。媒體研究者和發展心理學家將大眾傳媒視為身體意象社會文化標準的最有效、最普遍的傳播工具。鑒於目前人們對進食障礙和身體意象障礙的社會文化解釋的關注度，媒體在社會文化標準制定中的作用顯得尤為重要。毫不奇怪，這些社會文化解釋賦予媒體——特別是電視和時尚雜誌——以主導性地位（Cash & Pruzinksy, 2002; Thompson & Smolak, 2001）。或許更重要的是，青少年自身意識到了媒體的影響，並且這種影響符合我們對青春期的理解。最值得注意的是，在青春期早期，也即13～15歲，較之更小或更大的歲數而言，是青少年主觀了解到媒體對其身體意象有較大影響的階段（Polce-Lynch, Meyers, Kliewer, & Kilmartin, 2001）。這一時期恰好也是身體意象發展的重要幾年，在此期間青少年對身體意象的不滿意度顯著增加（Rosenblum & Lewis, 1999）。這些研究結果認為，外部誘因（例如媒體和社會的回饋）對青春期早期（13～15歲）的身體意象影響最大。重要的是，縱向研究發現，身體不滿意度在15～18歲之間趨於穩定（Jones, Vigfusdottir, & Lee, 2004; Stice & Whitenton, 2002），或者實際上顯示女孩的身體滿意度有所上升（Attie & Brooks-Gunn, 1989），男孩的身體不滿意度則趨向穩定或是有所下降（Rosenblum & Lewis, 1999; Jones, 2004）。這一研究顯示，青春期的身體、社會和心理上的變化會很快趨於穩定，並影響著青少年探索和感知自己受到外部因素（這些因素往往源自媒體）影響的程度。

本章分析了關於媒體對青少年體重和身材形象影響的研究。就解決

青少年身體意象問題而言，我們發現，研究者經常將重心置於媒體所普遍宣傳卻基本上無法達到的體重和審美標準，即肌肉發達和身材苗條。正如我們將要看到的，研究者提出的觀點是，那些標準往往會對青少年發展和保持良好身體意象這一任務產生複雜的、負面的影響，對女孩來說尤其如此（van Hoeken, Lucas, & Hoek, 1998），對男孩的影響也在增加（Labre, 2002）。這使得研究者關注於媒體理念的內化以及這一內化如何在青春期發生作用。然而，這一關注點也意味著要努力確定青少年在多大程度上接觸和使用媒體，以及社會透過何種方式改變媒體對青少年發展的負面影響。

媒體中的身體意象及其效應

在之前的章節中我們已經看到，青少年在很多方面過度接觸媒體。這種接觸在一定程度上變得很重要，因為主流媒體中所蘊含的相關資訊在數量和特性上刻劃了身體意象。針對身體意象描繪內容的分析顯示，電視反映了女孩以苗條為理想中的女性美，對男孩則是精壯強健。例如，與一般人群相比，體重過輕的女性在螢幕上出現的頻率過高（Fouts & Burggraff, 1999）。同樣地，媒體——尤其是雜誌和越來越多的電視節目聚焦於結實、肌肉發達、精瘦以及越來越難以企及的男性理想身材，這如今被描述成為一種肌肉文化（Agliata & Tantleff-Dunn, 2004）。同樣，大量廣告也在宣傳減重、增肌和美容的好處（Downs & Harrison, 1985）。這些資訊共同表示，苗條、減重和肌肉發達會帶來高回報（Owen & Laurel-Seller, 2000）。因此，相關描述為男孩和女孩灌輸了刻板印象和難以達到的體型標準。

這意味著，我們需要確定青少年是如何受到相關媒體描述影響的。研究人員很好地揭示了媒體是如何滲透到青少年對自己身體的態度中

第一部分　媒體效應的發展科學：研究範例

的。對媒體作用於身體意象的大量關注集中在時尚雜誌的廣告和編輯內容上，純粹是因為這些內容與青春期女孩最為相關（Malkin, Wornian, & Chrisler, 1999）。這項研究顯示，年輕女性經常接觸到不斷強調理想身材的資訊和形象，其成為衡量自我和他人是否苗條和美麗的標準（Pesa, Syre & Jones, 2000）。尤其是，女孩更可能受到女性理想身材的負面影響，而當她們的身體正在經歷著極大變化以及對「美」的成人化定義成為相關社會標準時，這一影響更為明顯（Martin & Gentry, 1997）。許多研究關注的問題是確定所提出的這些關聯的有效性、構成合理的經驗證據的要素以及如何評估直接和間接的關聯性。

相關性研究

許多研究證明，青少年使用媒體與其對體重和身體意象擔憂之間存在關聯性（Thompson, Heinberg, et al., 1999）。例如，女孩對身材的不滿與每週至少閱讀兩次時尚雜誌（Field, Camargo, et al., 1999）以及閱讀刊登苗條模特兒和減肥資訊的雜誌有關（Harrison & Cantor, 1997）。重點是，這些關係看上去並非虛假。經常閱讀雜誌的少女認為，雜誌是美容和健身資訊的重要來源（Levine & Smolak, 1996）。雜誌廣告和文章影響青春期女孩的理想身材觀念的自我報告，相當程度上解釋了其體重管理行為、進食障礙和追求苗條的變化（Levine, Smolak, Moodey, Shuman, & Hessen, 1994）。研究人員還發現，少女認可的理想身材就是那些面向少女的時尚雜誌中模特兒的身材，而這種理想身材明顯屬於厭食症的範疇（Thompson & Heinberg, 1999）。

接觸雜誌與接觸電視的研究結果類似。一個女孩對身材的不滿與其觀看突出苗條角色的肥皂劇、音樂影片（Tiggeman & Pickering, 1996）以及電視節目（Botta, 1999）呈正相關性。研究報告，那些在吸引力的重要

性方面感知到更多電視影響的高中女孩對身體意象更為不滿，更為頻繁地使用體重管理技巧，並有著更為病態的飲食理念（參見 Thompson & Heinberg, 1999）。媒體對青春期男孩的減肥壓力，也被證實與其減重決策有關（Ricciardelli & McCabe, 2001b）。儘管青少年可能已經意識到了電視的影響，但他們並不一定清楚這一影響的程度有多大。一般而言，青少年不會意識不到相關媒體描述存在不真實性，出人意料的是，相當數量的人顯示並非如此。例如，研究調查顯示，年齡在 16～17 歲之間的青春期女孩中的 71% 認為電視上的女演員瘦得不切實際，但超過四分之一的女孩沒有意識到電視中的多數女性比一般美國女性更瘦（Thompson & Heinberg, 1999）。許多青少年似乎沒有意識到這種潛在的病態屬性對他們的影響。

實驗研究

對照實驗研究了觀看模特兒雜誌廣告或照片對身材的滿意度或外貌吸引力評級的影響。這些研究通常讓一些參與者接觸中性形象（中性重量的汽車或模型）或理想體型的形象，以測量他們即時受到的心理影響。一些實驗結論認為，對照實驗不能證明媒體和負面的身體意象之間直接相關（Levine & Smolak, 1996, 1998）。然而，我們仍然可以從相關實驗結果中挑選出一些重要的建議。

對相關實驗研究的回顧顯示，許多因素塑成了媒體對觀眾的影響。例如，一項研究顯示，讓參與者觀看 12 張流行女性雜誌中的模特兒照片 3 分鐘後，就會導致憂鬱、壓力、內疚、羞愧、不安和對身材形象的不滿等情緒的暫時增加，而接觸普通身材模特兒圖片的對照組並未明顯出現這一情況（Stice & Shaw, 1994）。重要的是，患有進食障礙的女性在觀看流行時裝雜誌的模特兒照片後更有可能表現出負面影響（Waller, Hamilton, & Shaw, 1992)。然而,其他研究報告顯示,苗條的媒體意象對身材的滿意度並未產生直接影響。有些研究發現,將苗條模特兒形象和對照組形象相比較,二者對身材的滿意度(Champion & Furnham, 1999)或身材自我認知度(Martin & Kennedy, 1993)的影響並不存在明顯差異。

對照實驗還研究了內化作為一種意向因素對接觸媒體與加劇痛苦的關聯作用。這項研究也揭示了媒體接觸的複雜影響。例如,一些研究讓參與者觀看商業廣告的錄影帶,而實驗組觀看的內容強調苗條和有吸引力的社會理想身材。相關研究發現,較之於觀看中性主題內容的學生,那些具有較高意向內化水平的大學生觀看強調理想身材內容後對體重和整體外貌的不滿情緒有所增加。相比之下,在觀看描述理想身材的實驗錄影帶之後,意向內化水平較低的大學生對體重和整體外貌的不滿意度實際上有所下降(Heinberg & Thompson, 1995)。對自身滿意的青少年實際上似乎能從帶有偏見的媒體中獲益。在對滿意和不滿意的參與者進行單獨分析的過程中,一些研究人員發現,與中性影像對照條件下結果相比,滿意的參與者在觀看突出苗條身材形象的廣告之後感覺自己更為苗條(Posavac, Posavac, & Posavac, 1998)。對苗條和吸引力的理想標準的內化水平,對社會理想標準效應具有調節作用。

考慮到對照實驗的複雜結果,統合分析技術提供了我們所急需的清楚結論。一項被廣泛引用的統合分析針對從 25 項女性和女孩苗條理想形象的實驗操作中收集到的結果進行研究。這一分析揭示了很小但具有持續性的效應值,其顯示:與觀看一般身材、大尺碼模特兒或像汽車、房屋等無生命物體圖片的女性相比,那些觀看苗條媒體意象的女性對身材的滿意度更低(Groescz, Levine, & Murnen, 2002)。重要的是,分析發現,幾乎沒有研究測定過這些參與者在接觸苗條的理想形象之前對自己身材的不滿意度。但那些測定不滿意度的研究顯示,當接觸這些形象的

受試者心理比較脆弱時，負面作用仍會增強，因為她們已經把苗條之美的理想內化了。

統合分析揭示了媒體效應的另外兩個關鍵點，說明大眾媒體對青少年非常重要。首先，媒體的效應看起來在少數幾次接觸（而非 10 次或更多次接觸）後達到最大值。這一結果，再加上相關意向不滿意度的研究發現，意味著實驗效果最明顯地表現在對女性纖瘦基模的激發而非培養上，這些女性具有較高積極性且在認知上已準備好思考自身與體重、體型和美貌之間的關係。其次，這一效應在青春期女孩中比在成年女性中更為顯著，在最初對身材滿意度較低的人群中也更大。綜合來看，這些發現提出了一個基本觀點，即在青少年早期過渡階段或者緊隨其後的時期，對苗條的讚美具有最大的危害效應，而且對那些正在進入這一過渡階段切已對苗條與美貌大力投資的女孩尤為明顯（另見 Levine & Smolak, 1998）。

實驗對電視中描述的苗條理想形象的效應進行了研究。概言之，對關於外貌的廣告與其他廣告的比較實驗顯示，至少在某些參與者身上產生了負面效應。當女孩和婦女接觸到關於外貌的廣告，如以女性作為性對象的廣告時，會表現出更多的憤怒、焦慮和憂鬱（Cattarin, Thompson, Thomas, & Williams, 2000; Hargreaves & Tiggemann, 2002a; Heargreaves & Tiggemann, 2003; Heinberg & Thompson, 1995; Lavine, Sweeny, & Wagner, 1999）。實驗還認為，美的特質對吸引異性更為重要（Tan, 1979）。實驗進一步顯示，她們更容易將自己與廣告中的模特兒進行比較（Cattarin et al., 2000）。重要的是，並不是所有的實驗結果都顯示出負面效應。比如，一項研究讓姐妹會的成員觀看具有高度的身體意象或中性導向的產品廣告，其中以身體意象為導向的廣告緩減了女性對體型的過度評價，並減少了年輕女性的沮喪感（Myers & Biocca, 1992）。這些結果顯示了問題的複雜性，再次說明需要考慮被試者的意向。從相互矛盾的結果中得

第一部分　媒體效應的發展科學：研究範例

出這樣一個結論，處於風險中的人更容易做出消極的反應；但事實上，研究並沒有調查什麼樣的人會面臨風險及其原因何在。

　　一些實驗研究關注於男性群體。相關研究讓年齡偏大的青少年觀看包含理想男性形象或中性形象的電視廣告，結果顯示，與觀看中性電視廣告的青少年相比，觀看理想男性形象廣告的青少年明顯變得更加憂鬱，對肌肉的不滿意度也更高（Agliata & Tantleff-Dunn, 2004）。這些研究結果與青春期後期的研究結果相一致，也即，男孩對身材感到不滿意，往往是因為社會文化鼓吹更魁梧、肌肉發達和強壯有力的身材所造成的壓力（Cohane & Pope, 2001; Pope & Gruber, 1997）。重要的是，實際上媒體可能在男性身體意象問題上發揮了比預想中更大的作用，這更可能是由於男性比女性更容易被視覺內容所刺激（Barthel, 1992）。但是，這些結果並非必然透過觀看男性自身的身材而導致，也可能是因為男性觀看女性的身材。研究調查了觀看女性刻板印象對男性的影響，一項重要研究發現，與接觸中性廣告的男性相比，那些接觸將女性描述為性對象的廣告的男性會認為自己的身材更瘦一些（Lavine et al., 1999）。同樣，觀看性別歧視的廣告導致實際和理想身材之間的差異加大，男性更喜歡強壯的身材和胸肌，而且對他們的男性同伴所選的理想男性體型有過高的評價。有人認為，電視廣告可能透過傳遞一些資訊，導致男性對理想身材產生不準確的刻板印象和負面的自我評估，從而影響他們對自身身體意象的看法。這些引人深思的發現說明，媒體顯然能夠影響男性對自己身體的看法。

效應研究的重要性和局限性

　　上述媒體和發展研究的結果揭示了媒體效應研究的重要進展，但這些結果並非不存在局限性。事實上，這一研究仍然相當有限。大多數關

於媒體效應的研究在本質上相互關聯，但在哪些方面發生關聯尚不清楚。因此，我們不知道接觸媒體是否是體象障礙和進食障礙的致病因素，或者具有進食疾病或體象障礙的人是否比那些有較少苦惱的人更為頻繁地接觸此類媒體意象。來自對照實驗的證據也一直備受批評（Levine & Smolak, 1996; Thompson, Heinberg, et al., 1999）。短暫地接觸媒體對身體意象的效應可能是轉瞬即逝的，或許無法反映青少年日常接觸媒體的情況。此外，這一方法似乎不適用於檢測長期累積的媒體接觸效應。由於我們不一定知道這些發現對極端的體重和體型問題意味著什麼，如果對媒體描繪的身體意象沒有做出極端反應的話，我們對媒體關於青少年的影響了解得更少。一些研究試圖透過縱向方法來檢驗媒體的影響，但這些研究往往只考察幾個月的效應（Jones, 2004）。媒體如何滿足人們已有的需求的相關研究，使得這一問題進一步變得複雜化（Raphael & Lacey, 1992）。但是，即使存在這些觀點，也不一定能抹去媒體描繪的強化作用。最有可能的是，大眾傳媒與身體意象之間的關係複雜且互相作用，並受到許多調節因素的制約。

認識對青少年身體意象的媒體效應

到目前為止，我們所調查的結果可能被認為具有啟發性，但它們的確揭示了媒體接觸和青少年對自己的身體感受之間的一貫連繫。普遍觀點認為，減少實際的體型和理想的身體意象之間差異的努力往往會產生負面結果。然而，這一觀點並不能解釋為什麼媒體對某些青少年的影響比對其他人更大。為了認識媒體對處於青春期的特定青少年的潛在龐大影響，兩種解釋尤其令人信服：自我基模理論和社會比較理論。這些理論及其支持性研究在青少年發展和媒體影響的背景下具有相當大的意義。

第一部分　媒體效應的發展科學：研究範例

內化基模效應

　　基模的方法試圖解釋為什麼媒體對某些人的影響比對其他人更大。更具體地說，研究人員借用自我基模理論發展出外貌基模的概念。這些基模是關於一個人的外貌及其含義的習得性信念、假設和概括（參見 Thompson, Heinberg, et al., 1999）。舉例來說，個體的某一維度的基模，如身體意象投資，可能會因為接觸到有魅力的理想形象而被啟動，相應的，其對外貌刺激的處理和反應比那些在同一維度上沒有特定基模的人更為消極（Lavin & Cash, 2001）。這些基模可以透過與外貌相關的訊號被活化，當被活化後，就會影響後續的情緒和資訊處理。重要的是，儘管我們都擁有這些基模，但擁有的程度不盡相同（Markus, Hamill, & Sentis, 1987）。那些外貌基模程度較高的人在外貌上比別人投入得更多，正如一些孩子在性別化外貌上投入更多，這樣做是因為他們比其他人具備更突出和複雜的性別基模（Ruble & Martin, 1998）。個體在這些基模的強度、詳盡程度和可感知度方面存在差異。特別是，對於那些形成了非常詳盡的基模，將外貌問題與自我暗示連繫在一起的人來說，關於外貌資訊對其感知、反應和行為的影響可能尤為強烈（Hargreaves & Tiggemann, 2002b）。因此，基於外貌基模的不同，個體在身材上的投入可能會有所不同，他們的滿足感很可能存在極大差異。

　　青少年需要應對身體快速變化這一成長任務，同時他們又十分重視視覺媒體，因此身體基模在其自我發展過程中顯得尤為重要。由於青少年樂於承認媒體對其行為的影響，所以我們不難發現，個體對社會所定義的體重、吸引力標準的接受或內化程度，即苗條理想身材的內化程度，成為了影響媒體接觸和體象障礙、進食障礙之間關係的重要因素（Thompson, Heinberg, et al., 1999）。關於這一概念的各種衡量標準評估了個人在多大程度上希望看起來像時尚模特兒或媒體名人、將其身材

與媒體人物進行比較並利用媒體了解吸引力問題（Cusumano & Thompson, 2001; Thompson & Stice, 2001）。個體對社會所定義的吸引力理想標準的追求，似乎會降低他們對自身身材的滿意度，因為大多數人必然會覺得，即使不是完全不可能，要達到這些理想標準也是相當困難的（Thompson & Stice, 2001）。

　　內化的理想外貌與對身材的不滿意度之間的連繫得到了大量的實證支持。在針對女孩和男孩（Cusumano & Thompson, 2001; Jones et al., 2004; Smolak, Levine, & Thompson, 2001）以及女大學生（Cusumano & Thompson, 1997; Stice, Schupak-Neuberg, Shaw, & Stein, 1994）的橫向研究中，對理想外貌的追求越強烈，對自身身材的不滿情緒就越高。例如，希望看起來像媒體所描述之人的樣子，是青少年體重問題的最有力的預測因素之一（Field et al., 2001; Taylor et al., 1998），而且大大增加了其成為一個長期節食者的機率（Field et al., 2001）。此外，苗條理想身材的內化在進食障礙症與接觸雜誌和電視中理想身材形象之間產生著調節作用。也就是說，與印刷媒體和電視媒體的接觸導致了苗條理想身材的內化，進而又導致了體象障礙和進食障礙的症狀（Stice et al., 1994）。不出所料的是，並非對所有媒體（如電視）的接觸都與體象障礙有關，而是諸如肥皂劇、電影、音樂影片的特定節目才會引發這一病症（Tiggemann & Pickering, 1996）。這一發現最近在音樂影片（Borzekowski, Robinson, & Killen, 2000）、標榜「理想身材」的節目（Van Den Bulck, 2000）和時尚雜誌（Harrison & Cantor, 1997; Tiggemann, 2003）中得到了印證。因此，一種嚴苛且幾乎難以實現的理想之美的內化，能夠引發對身材的不滿意、負面效應、自卑感或進食障礙（Thompson & Stice, 2001）。

　　有觀點認為，那些處於風險之中的人更有可能對突出理想體型的媒體產生消極反應，這一觀點得到了關於雜誌影響的唯一一項縱向研究的

支持。該研究將青春期女孩隨機分為兩組，一組訂閱《十七歲》雜誌 15 個月，另一組則未訂閱該雜誌（Stice, Spangler, & Agras, 2001）。訂閱者閱讀《十七歲》雜誌的總時長為 21 小時，多於對照組的 15 小時。但該研究並未發現雜誌訂閱產生任何負面後果。但報告聲稱，缺乏足夠社會支持的女孩對身材的不滿意度、節食行為和貪食症的症狀有所增加。此外報告發現，如果那些訂閱雜誌的人最初就對其身材非常不滿的話，訂閱雜誌後相關負面效應有所增加。儘管這一領域的研究很重要，但仍然具有很大局限性，相關縱向研究尚未關注內化理想外貌對男孩的前瞻性作用。

正如我們所提到的那樣，上述研究結果側重於女孩的經歷，傾向於從女孩的角度來解決身體意象問題。然而，媒體接觸對青春期男性身體意象的影響正日益成為一個值得探索的領域（Pope et al., 2000）。相關研究調查了媒體行業如何使得男性接受肌肉文化，即注重結實、肌肉發達、精瘦和越來越難以實現的男性理想身材（Agliata & Tantleff-Dunn, 2004）。不出意料的是，研究顯示，讓年齡較大的男性青少年接觸包含理想男性形象或中性形象的電視廣告，接觸理想形象的參與者比那些接觸中性電視廣告的參與者更容易變得憂鬱，且對自身肌肉的不滿意度更高（Agliata & Tantleff-Dunn, 2004）。重要的是，與有關女性的研究不同，該研究並未發現任何證據支持這樣一種觀念：就包含理想形象廣告的影響而言，那些具有高水平意向障礙（即注意到自我形象和理想形象之間存在較大差異）的男性與有低水平意向障礙的男性有所不同。這意味著，男性可能不會像女性那樣透過相同的基模驅動程式來內化和處理關於外貌的社會文化壓力，也可能不會像女性那樣過濾資訊。重要的是，儘管最近的研究仍然證實女孩比男孩對理想外貌的內化程度更高（Cusumano & Thompson, 2001），但內化現象與男孩和女孩在青春期早期較低的身

體自尊密切相關（Smolak et al., 2001）。這些發現與年齡較大的青少年的研究結果一致，即男孩對身材不滿往往是因為崇尚更為碩大、肌肉發達、強壯的身材的社會文化壓力（Cohane & Pope, 2001; Pope & Gruber, 1997）。

社會比較的效應

　　社會比較是指人們將自身特質與他人特質進行對比後所做出的認知判斷，是與自我評價相關的一個重要心理過程（Wood, 1989）。社會比較理論學者通常將社會比較的動機分為三種：自我評價、自我完善和自我（或自我意識）提升（Wood, 1989）。比較的目的產生一定影響。雖然透過社會比較收集的資訊在理論上可以提升或降低自尊感，但關於外貌的社會比較研究的一個有趣現象是，它與負面的自我評價之間存在一致性連繫。最值得注意的是，一組研究人員發現，早期的青少年（該研究中為 9～14 歲）根據指示將自己的身體吸引力與苗條的模特兒進行比較（為了獲取自我評價），事後他們感覺自己的身體吸引力有所減少（Martin & Gentry, 1997）。相反，那些被引導以激勵自我完善或增強自身對個人美的認知的方式去看待苗條模特兒的女孩，會覺得自己的身體變得更有吸引力。年輕女性自述，在看到音樂影片中的苗條理想身材形象後會有更多的實際比較行為（Tiggemann & Slater, 2003）。研究還揭示，比較處理的程度能夠調節影片形象對身材不滿意度的影響（Tiggemann & Slater, 2003）。

　　在針對青春期男孩、女孩（Jones, 2001; Schutz, Paxton, & Wertheim, 2002）和女大學生（Thompson, Coovert, & Stormer, 1999; van den Berg, Thompson, Obremski-Brandon, & Coovert, 2002）的橫向研究中，無論比較對象是同齡人還是名人，外貌的社會比較都與身材不滿度的增加有關。這些發現很重要，研究顯示，青春期早期的女孩更有可能將自己與苗條

第一部分 媒體效應的發展科學：研究範例

的模特兒進行比較，而較為自卑的女孩和身體意象較差的女孩更有可能去尋找並欣賞那些苗條、有吸引力的模特兒廣告（Martin & Gentry, 1997; Martin & Kennedy, 1993）；那些閱讀時尚雜誌且將自己與雜誌描繪的模特兒進行比較的青春期早期女孩，則報告了更高程度的對身材的不滿意度和更嚴重的進食障礙（Field, Cheung, et al., 1999）。縱向研究再次證實了這些發現（Jones, 2004）。

那些探究與社會比較之間連繫的研究發現，得到了理想體型促生失調症的機制的支持。這些機制突顯了社會比較在體象障礙的產生和持續過程中作為關鍵因素的重要性（Smolak, Levine, & Gralen, 1993）。關於女性的研究報告顯示，與外貌相關的同齡對照組比較，對身體意象的影響最大（Heinberg & Thompson, 1992）。這並不是說大眾媒體沒有影響力，媒體被認為是形成、加強和活化刻板印象的最具影響的力量（Lavine et al., 1999）。另一方面，男性更重視與名人的比較（Heinberg & Thompson, 1992）。在青春期，尤其是青春期早期，社會比較在自我認知中扮演著更重要的角色，那些沒有理想身材的女孩會對自己的身體感到苦惱（Levine & Smolak, 1998）。再加上某些家庭環境和性格因素，這些條件就可能誘發危險的進食障礙，如神經性厭食、神經性貪食症（Polivy & Herman, 1999）。一項對這些問題進行縱向考察（時間跨度為幾個月）的研究發現，社會比較的自我評估過程對青春期女孩身材不滿意度的改變有很大影響（Jones, 2004）。儘管之前的橫向研究已經確立了社會比較和身體意象之間的連繫（Schutz, Paxton, & Wertheim, 2002），但這是為數不多的提供縱向證據的研究之一。

社會比較之所以能夠成為顯著的重要預測因素，一種可能的解釋來自於社會比較中使用的個體差異研究。特別是當自我評價對於個體而言很重要的時候，自尊心低下和自我評價更不確定的個體往往更多地使用

社會比較（Lyubomirsky & Ross, 1997; Pelham & Wachsmuth, 1995）。不確定和自卑的描述通常讓人聯想到與青春期女孩有關的特徵，尤其是外貌方面的特徵（Harter, 1999）。事實上，研究顯示，女孩比男孩更經常地進行社會比較（Jones, 2001）。這一發現透過縱向研究得以拓展，說明女孩在社會比較頻率上的個體差異，會對她們未來對自身身體意象的滿意度產生影響，因為女孩們會不斷地對自己進行評判（Jones, 2004）。

效應研究的重要性和局限性

自我基模理論和社會比較理論為我們試圖理解媒體在塑造青少年對自己身材的看法及其反應方面的潛在強大作用提供了重要視角。內化的理想外貌和外貌的社會比較似乎是導致身材不滿意度的核心心理因素。一方面，內化的理想外貌因素意味著個人將此種社會理想外貌作為自己的目標和標準。另一方面，社會比較則代表了評估過程，既包括尋找資訊，也包括對照他人作出自我判斷。現有的研究顯示，這兩個因素在青少年的自我認知以及媒體對此種認知的影響方面均具有明顯的作用。但研究尚未調查分析這些因素是如何協同作用並隨著時間推移而運作的。

將媒體置於青少年發展背景下

正如我們在討論開始時所指出的，媒體行業只構成外貌文化的一個組成部分，此種文化潛在性地塑造了青少年對理想外貌和體型的內化過程。研究一直試圖解決同齡人、家庭和個體特徵的影響問題。令人遺憾的是，研究往往不是將這些因素相孤立就是將其聚合在一起，而沒有將一種因素與另一種因素的作用進行比較。然而，目前的發現加上我們對青春期的理解，仍然讓我們對媒體在青少年體重和身材的作用上有了更清楚的認識。

第一部分　媒體效應的發展科學：研究範例

家庭和同伴的影響

有兩個領域的研究與理解青少年體重和身材問題特別相關。一種觀點提出，當媒體資訊被家庭和同伴所容忍和強化時，就容易導致個體的進食障礙問題。在自卑（一種不完善的自我概念）以及認為自己體重存在問題的情況下，這一傾向的負面影響就會有所顯現（Stice, Shaw, & Nemeroff, 1998）。另一種觀點認為，這一傾向是透過家庭和同伴對體重問題的示範而逐漸形成和持續存在的。它與青少年的發展變化（如青春期變化和學業壓力）相互作用。充斥著理想身材觀念的資訊的社會環境可能會引發進食障礙（Levine & Smolak, 1998; Thompson, Heinberg, et al., 1999）。遺憾的是，相關研究無法讓我們判定兩種觀點孰是孰非。然而，研究的確為我們描繪家庭和同伴對青少年體重和身材問題的影響情況。

就像青春期存在的任何社會化問題一樣，同伴顯然可以發揮潛在的重要作用。隨著兒童進入青春期，同伴關係對他們的幸福感和適應能力產生越來越重要的作用（Hartup, 1996）。在青春期階段，朋友們會建構起一個由規範和期望所主導的社交世界，這些規範和期望反映和塑造了青少年在學業表現、吸毒和吸菸以及反社會活動等領域的行為和態度（Capaldi, Dishion, Stoolmiller, & Yoerger, 2001; Urberg, Degirmencioglu, & Pilgrim, 1997）。此外，來自朋友和同伴的壓力在鼓動和維持節食方面也發揮著重要作用（Levine, Smolak, & Hayden, 1994; Paxton, Schutz, Wertheim, & Muir, 1999）。在那些採取極端減肥行為的青春期女孩中，同伴似乎也會施加一定壓力，例如，貪食症患者聲稱，當受到來自同伴的壓力時，她們會透過暴飲暴食和催吐行為來消除壓力（Stice, Nemeroff, & Shaw, 1996）。鑒於這一現實，理解體象障礙必然要考慮同伴在媒體影響和身體意象內在化過程中的作用。

很少有研究關注同伴外貌對（自身）身材不滿意度的預期變化所發

揮的作用。現有研究認為，朋友和同伴的壓力是導致女孩產生對身材的不滿情緒和進食障礙的一個因素（Paxton et al., 1999），但研究者通常會將同伴的影響和其他社會文化壓力來源混為一體（Stice & Whitenton, 2002; Thompson, Heinberg, et al., 1999; Wertheim, Martin, Prior, Sanson, & Smart, 2001）。然而，同伴關係領域的研究證實了同伴在青春期的重要性以及從概念和經驗上區分朋友和其他同伴的必要性（Bukowski, Hoza, & Boivin, 1993）。

直接比較同伴和媒體意象的研究顯示：在多元模型中進行測試時，媒體意象自身產生的直接影響實際上是有限的（參見Cusumano & Thompson, 1997; Jones et al., 2004）。那些更加關注同伴影響而非媒體影響的研究結果，並不必然意味著媒體沒有影響。相反，這些結果顯示，如何利用媒體（例如，和同伴一起）呈現媒體的影響。在考慮同伴的影響時，似乎有兩個方面的同伴經歷會對媒體影響的內化和身體意象產生影響：朋友間有關外貌的對話以及來自同伴的對外貌的批評和壓力。

就像那些離經叛道的青少年與他們的朋友一起接受不良行為的「訓練」一樣，青少年也會和朋友們一起接受「外貌訓練」。關於衣服、相貌和吸引力的討論為他們處理與外貌相關的資訊提供了日常情境。因為青少年與同性朋友相處的時間很長，他們珍惜彼此的友誼（Berndt, 1996），再加上朋友之間創造出的一種具有共同標準和期待的外貌文化（Paxton et al., 1999），所以友誼情境對身體意象的發展至關重要。與朋友談論外貌會將青少年的注意力引導至與外貌有關的問題上，向親密朋友強調外貌的價值和重要性，並促進理想外貌的建構。與朋友更頻繁地談論外貌的青少年（無論是男孩還是女孩）更加接受理想外貌的內化，對自己的身體具有更強烈的不滿情緒（Jones et al., 2004）。與朋友的善意的對話為評估和放大外貌問題提供了一個重要的語境，這些對話強調外貌是一種

第一部分 媒體效應的發展科學：研究範例

重要特質，支持有關外貌的標準和理想類型的建構，並鼓勵對照他人的身材特徵進行自我評價。與朋友頻繁地討論外貌的女孩和男孩，均表現出更高的理想外貌的內化程度和身材不滿意度（Jones et al., 2004）。重要的是，對外貌理想的遵從和被同伴所接納這一社會利益息息相關。例如，那些認為和朋友的關係能夠透過減肥得以改善的女高中生，也會對自己的身材存在消極看法（Paxton et al., 1999）。如果青少年相信他們與同伴的關係會因為外貌的改變而改善，其對自己的身體意象會產生更多的不滿（Jones, 2004）。縱向研究顯示，對身材不滿的狀態本身並不能透過強化社會比較的過程（這一過程延續了對身材的不滿）在女孩之間形成負循環而長期存在。相反，恰恰是社會語境特別是與朋友交談鼓勵了外貌的社會比較，並使得對其身材的不滿情緒發生改變（Jones, 2004）。這些發現得到了一些研究的支持，有研究顯示，在吸引力的重要性問題上受到同伴和電視節目更多影響的高中女孩，對自己的身體意象的不滿意度更高，更多地使用體重管理技巧並對飲食持有更多的病態理念（參見Thompson & Heinberg, 1999）。因此，那些支持流行媒體並在吸引力方面有合適比較目標的青少年更容易受到媒體的影響。

　　同伴對外貌的批評也是青春期的一個有據可循的特徵（Eder, Evans, & Parker, 1995）。成為同伴外貌批評對象的經歷能夠強化同伴對外貌的重視，並突出特定的理想外貌特徵——這些特徵的缺失可能正是引發批評的根源。因此，同伴對外貌的批評不僅僅讓人直接且強烈地感受到他人對自己身材的消極評價，還會無形中透過反映同伴間外貌文化的具體特徵而促進外貌理想標準的內化。長期以來，研究者記錄了從青春期前期到後期之間對女孩的批評性外貌評論與體象障礙之間的連繫（Levine, Smolak, & Hayden, 1994; Thompson, Heinberg, et al., 1999）。幾項針對青少年的橫向研究證實，對男孩、女孩的嘲弄與對身材的不滿意之間存在

正相關性（Barker & Galambos, 2003; Jones et al., 2004; Levine et al., 1994; Lunner et al., 2000; Paxton et al., 1999; van den Berg, Wertheim, Thompson, & Paxton, 2002; Wertheim et al., 2001）。這些結果得到了一些研究的支持，相關研究顯示，大多數學生很少受到同伴的批評性評論，一旦出現，它們就會成為對身材不滿的有力而直接的預測因素，同時也會成為身體意象類型內化的有力預測因素，反過來對身體意象產生影響。這與針對青春期後期青少年的研究結果相符，這些青少年描述了其在童年和青春期所經歷的被嘲笑事件：同齡人（62%）和朋友（47%）是最常被回憶起的嘲笑者，但一般情況下，同齡人被認為是最過分的戲弄者（Rieves & Cash, 1996）。重要的是，儘管研究發現女孩更多地置身於外貌文化之中，並且對自己的身體意象感到不滿，但男孩表示遭受了同齡人對他們身材的更多批評，並在身材不滿度上表現出更大的變化（Jones et al., 2004）。

對青少年時期身體意象發展的研究主要集中於同齡人和朋友的相關影響上，但是，思考父母在子女的社會化過程中如何發揮潛在的強大作用也很重要。家庭成員，尤其是母親，被認為是向青少年傳遞關於外貌和飲食習慣資訊的主要社會化媒介。例如，透過母親的示範和鼓勵，患有進食障礙的女孩比未患進食障礙的女孩更有可能因做出這些行為而得到獎勵（Pike & Rodin, 1991; Moreno & Thelen, 1993; Keel, Heatherton, Harnden, & Hornig, 1997）。拋開極端情形不說，其他家庭方面的影響因素也顯得很重要。父親被認為對女兒的態度有更大影響，而母親對兒子的態度存在更大影響（McCabe & Vincent, 2003）。對男孩來說，母親在身體意象上有很大的影響，而父親在運動和飲食上對其影響更大（Ricciardelli, McCabe, & Banfield, 2000）。母親透過積極的評價施加影響，而父親則透過批評來影響孩子。僅有一項研究似乎調查了來自於母親和

第一部分 媒體效應的發展科學：研究範例

父親的實際訊息及其對青春期男孩的影響。母親可能更容易接受節食作為一種減肥策略，而父親可能更願意接受諸如運動鍛鍊之類的替代性方案（Wertheim, et al., 2002）。橫向研究顯示，父母透過樹立榜樣作用和直接鼓勵的方式影響青春期男孩和女孩採取改變體型的策略（McCabe & Ricciardelli, 2003a; Ricciardelli & McCabe, 2001b; Vincent & McCabe, 2000）。縱向研究還發現，那些認為父親非常在意自己會發胖的男孩，更有可能在一年時間內成為持續的節食者（Field et al., 2001）。在長達 8 個月的週期內，青春期男孩的減肥策略與來自父母和同伴的減肥壓力之間的預測關係較弱（McCabe & Ricciardelli, 2003a; Ricciardelli & McCabe, 2003）。此外，父母對節食和飲食的看法可能不是導致青少年飲食失調的最有力的影響因素，父母的精神病理學特徵似乎影響更大（Steiger, Stotland, Trottier, & Ghadiriam, 1996; Olivardia, Pope, & Hudson, 2000; Swarr & Richards, 1996）。

很少有研究將家庭、同伴和媒體的綜合影響設計在同一個調查中進行。一項研究對 385 名年齡在 10 ～ 14 歲之間女孩的飲食行為、對身材的滿意度和對苗條身材的關注程度進行了評估（Levine et al., 1994）。研究者發現，媒體的影響以及家人的取笑和批評是導致對身材不滿情緒和追求苗條身材的最有力的預測因素。研究發現，家庭和同伴（而非媒體）對年輕成年女性貪食症的影響最大。另一項重要研究發現，這種影響是透過社會強化與示範作用獲得的，該結論為早期研究所支持（Stice, 1998）。但其他研究發現，在高中女生中，雖然媒體對體重問題也存在重要影響，同伴對體重問題的影響最大（Taylor et al., 1998）。貪食症與來自家庭、朋友、約會對象和媒體的瘦身壓力有關（Irving, 1990; Stice, Ziemba, Margolis, & Flick, 1996）。這些看似矛盾的發現揭示了媒體對引發青少年對身材的普遍不滿的重要作用，以及家庭和同伴對身體意象產生更

多的失調性反應方面扮演著更為重要的角色。

　　總之，上述發現揭示了社會支持所發揮的重要作用。同齡人、朋友和家人的支持往往在青少年的整體健康狀況中占據突出的地位。不足為奇的是，理論家認為缺乏社會支持可能在引發體象障礙和進食障礙方面產生著重要作用（Stice, Presnell, & Spangler, 2002; Swarr & Richards, 1996）。越來越多的間接證據顯示，社會支持可能與對身材的不滿情緒有關。研究顯示，社會支持的缺失預示著飲食疾病的出現（Stice et al., 2002）。獲得社會支持能減輕保持苗條的社會文化壓力所帶來的不良影響，這一壓力會引發對身材的不滿情緒（Stice, Presnell, & Bearman, 2001），而社會支持感的缺失會導致身材不滿情緒的增加（Stice & Whitenton, 2002）。研究者認為，良好的家庭和同伴關係是防止進食障礙的一個保護性因素（Archibald, Graber, & Brooks-Gunn 1999），但具體的作用在相當程度上取決於社會支持的概念化。三項橫向研究發現，體重問題與不良的親子關係之間存在關聯。一項研究發現，暴飲暴食問題與父親和子女的親密度較低有關，飲食不足問題則與父母雙方和子女的親密度較低均存在關聯（Mueller et al., 1995）。另一項研究發現，暴飲暴食和催吐行為與家庭問題存在一定連繫（Lock, Reisel, & Steiner, 2001）。最後，還有研究發現，飲食失調與家庭溝通不足、缺乏父母關心和同伴支持不足有關（NeumarkSztainer, Story, Hannan, Beuhring, & Resnick, 2000）。然而，多數橫向研究（Vincent & McCabe, 2000; Wertheim et al., 1992; Wichstrom, 2000）和一個縱向研究（Ricciardelli & McCabe, 2003）均未證實父母和同伴關係與男孩進食障礙相關的態度和行為之間存在連繫。

　　與上述研究結果一致的是，青少年在其所處的社交網路中獲得認可，有助於其更積極地看待他們自己和自己的身材，並對來自於媒體和其他社會文化的壓力具有更強的抵禦能力。在所處的社交環境中獲得接

納和欣賞，有助於青少年對自己和自己的身材產生更為積極的看法。社會支持感也可以幫助青少年免受遵循社會文化所定義的以苗條或肌肉發達為理想身材標準的各種壓力，而這些壓力會引發對身材的不滿情緒。大眾傳媒正是透過社會關係發揮其影響力的。

生物學影響

體重仍然是與身體意象滿意度最密切相關的生物特徵。橫向研究（Jones et al., 2004; van den Berg, Thompson, et al., 2002; Field et al., 2001）和縱向研究（Cattarin & Thompson, 1994; Stice & Whitenton, 2002; Striegel-Moore et al., 2000）顯示，體重較重的男孩和女孩都表現出更高的對身材的不滿意度。雖然脂肪增加是對身材不滿的最有力的預測因素之一（Stice & Whitenton, 2002; Jones, 2004），但研究結果似乎也會因社會文化因素而異。我們知道，體重和滿意度之間的相關度在來自更高社會階層的女孩群體中不那麼明顯（Byely et al., 2000; Stice & Bearman, 2001; Stice & Whitenton, 2002）。此外，有研究假定體重與對身材不滿程度的變化之間存在直接連繫，而這一假設主要針對女孩（Jones, 2004）。具有前瞻性的縱向研究顯示，肌肉發達問題而非體重問題對男孩更為重要（Jones, 2004）。證據顯示，青春期早期的男孩渴望增加身體的塊頭，其他人則渴望增加肌肉線條（McCabe & Ricciardelli, 2001a）。若干研究發現，在青春期男性中，更高的體重指數（BMI）與節食和其他減肥行為之間存在著弱關聯性（參見 Ricciardelli & McCabe, 2004）。與女孩一樣，對男孩來說，似乎更高的體重指數也會增加對身體的不滿情緒和減肥的社會壓力，進而可能導致節食、產生負面影響和飲食疾病風險的升高（Stice, 2002）。減肥對男孩的重要性和意義或許也不同於女孩。男孩減肥可能與減少身體脂肪、增加肌肉緊實度有關，而女孩減肥可能更偏重於苗條。整體而

言，這些發現被理解為一定程度上更有力地支撐了一個論點：女孩偏離當前的苗條理想以及男孩偏離肌肉發達目標的程度越大，他們對身體的不滿程度就會越高（Graber, Brooks-Gunn, Paikoff, & Warren, 1994; Jones, 2004）。

儘管青春期發育和負面效應都與對身材的不滿意感、節食行為和暴飲暴食有關，但研究者尚未完全理解青春期發育在身材改變策略中的作用。隨著青春期的發育，女孩會經歷身體脂肪的正常成長，這可能會使得她們與社會所推崇的女性理想身材漸行漸遠。這些發育情況印證了一貫的研究結論，即青春期與女孩更高的對身材不滿度和進食障礙問題相關（例如，Attie & Brooks-Gunn, 1989; Keel, Fulkerson, & Leon, 1997; Swarr & Richards, 1996）。與女孩的青春期不同，大多數男孩在青春期內更加接近於社會理想型身材要求。這些發育情況有助於解釋為什麼包括男孩在內的三項研究未能發現青春期發育與進食障礙之間的關聯性（例如，Keel et al., 1997; Leon, Fulkerson, Perry, & Early-Zald, 1995; Vincent & McCabe, 2000）。它們還有助於解釋為什麼其他三項橫向研究（McCabe & Ricciardelli, 2001b, 2003b; McCabe, Ricciardelli, & Finemore, 2002）和三項縱向研究發現青春期發育與減肥策略以及暴飲暴食行為之間不存在相關性（Leon et al., 1995; Ricciardelli & McCabe, 2003）。儘管男孩的青春期發育可能與增加體重的策略之間存在更為密切的連繫，但它也與增加肌肉緊實度的努力相關。對增肌的關注已被用於解釋某項橫向研究的發現，即為什麼那些已經處於青春期的男孩明顯比青春期前更有可能嘗試減肥（O'Dea & Abraham, 1999），以及為什麼另一項研究發現男孩之間流行的催吐行為和青春期發育有關（Field, Camargo, et al., 1999）。總之，這些研究並沒有指出青春期在身材改變策略中的重要作用。

青春期時間而非青春期本身，似乎是決定青春期是否會與適應困

第一部分　媒體效應的發展科學：研究範例

難相關聯的一個突出因素（例如，Graber, Lewinsohn, Seeley, & Brooks-Gunn, 1997）。從發育偏差的角度來看，與同齡人不同步的青春期經歷可能會引發疏離感和憂鬱感（例如，Petersen & Taylor, 1980）。研究發現，早熟的女孩對身材不滿的風險最高（例如，Blyth, Simmons, & Zakin, 1985; Siegel, Yancey, Aneshensel, & Schuler, 1999; Simmons & Blyth, 1987; Williams & Currie, 2000），而且她們在同齡人中也往往不太受歡迎、自尊心較差以及憂鬱程度更高（例如，Blyth et al., 1985; Stice, Presnell, & Bearman, 2001）。與之相反，晚熟的男孩更容易產生較高程度的身材不滿（Blyth et al., 1981; R. Freedman, 1990; Siegel, et al., 1999），在同齡人中更不受歡迎，與父母的衝突更多，並且表現出更多的憂鬱症狀（Blyth et al., 1981; Siegel et al., 1999）。不過，橫向研究（Wichstrom, 1995）和前瞻性研究（Wichstrom, 2000）顯示，青春期時間和進食障礙之間不存在關聯。這些發現顯示，青春期時間對進食障礙的影響可能是由青春期男孩和女孩對身材的不滿或其他個體因素的中介作用或調節作用。

除了媒體之外，一些研究還納入了父母、同伴和身體特徵等因素，相關重要發現揭示了媒體的次要作用。兩項研究在考察所有因素的基礎上發現，無論對男孩還是女孩來說，媒體並不是身體意象和身材改變策略的有效預測因素。相關發現與過去的研究並不一致，但可能是因為在回歸方程中加入了一系列其他因素，從而解釋了以往被歸因於媒體影響的差異（McCabe, & Ricciardelli, 2003a）。對於青春期男孩和女孩來說，父母是比同齡人或媒體更重要的社會文化資訊傳遞者。然而，無論是男性還是女性朋友均在預測青春期女孩身材改變策略方面發揮了一定作用，這種作用在青春期男孩身上表現較弱。與男性朋友的作用相比，女性朋友的作用更為重要。與對父母的研究結果相一致，這一反應主要影響了極端的身材改變策略（例如，暴食、使用食品補充劑）或者令青少年

偏離社會文化理想標準的策略（McCabe & Ricciardelli, 2003b）。這些發現極為有趣，它們說明媒體或許很重要，但與其他影響青少年生活的因素相比，媒體的重要性有些相形見絀。

心理影響

第三組被研究的變數通常被歸類為心理變數或個體變數，它們被視為進食障礙發展中的相關因素或風險因素。這些變數主要是針對青春期女孩進行研究的，包括對身材不滿和其他身體意象問題、負面情緒、自卑、完美主義、衝動、與性別相關的人格特質以及應對技巧不足等（例如，Murnen & Smolak, 1997; Polivy & Herman, 2002; Shisslak & Crago, 2001; Stice, 2002; Striegel-Moore & Steiner-Adair, 1998）。我們已經看到了身體意象問題的重要性，並開始關注其他因素。其他因素值得研究，儘管相關研究尚未指出媒體在影響青少年對自己身體看法方面是如何發揮作用的。

研究者發現，消極情緒是與青春期女孩對身材不滿和進食障礙有關的一個主要個體變數；然而，關於這種關係的方向性和因果性仍一直存在爭論。消極情緒包括諸如憂鬱、壓力、羞愧、缺乏信心、內疚和無助之類的情緒狀態（Watson, Clark, & Tellegen, 1988）。許多理論學家和研究者都認為，女孩透過節食和暴飲暴食行為來調節和／或緩解負面情緒。大多數橫向研究發現，消極情緒和進食障礙之間存在從弱到中度的關聯性，甚至對青春期男孩也是如此（例如，Keel, Klump, Leon, & Fulkerson, 1998; Lock et al., 2001; McCabe & Ricciardelli, 2001b, 2003b; Mueller et al., 1995; Neumark-Sztainer & Hannan, 2000; Neumark-Sztainer et al. 2000; Ricciardelli & McCabe, 2001b; Ross & Ivis, 1999; Tomori & Rus-Makovec, 2000; Wichstrom, 1995）。儘管並非所有的前瞻性研究都有重要發現

（Leon, Fulkerson, Perry, Keel, & Klump, 1999），相關研究調查了青少年的負面情緒和進食障礙之間的關係，並發現負面情緒是預測 3～4 年時間內進食障礙的主要變數之一（參見 Stice, Akutagawa, Gaggar, & Agras, 2000; Ricciardelli & McCabe, 2003）。

資料顯示，患有貪食症和厭食症的男孩和女孩遭受對自身身體意象高度扭曲的理解和憂鬱症的折磨，有可能曾經受到虐待。兩項研究顯示，飲食失調與性虐待和身體虐待之間存在弱連繫，這兩種情況在青春期女孩和男孩的兒童時期都曾發生過（Lock et al., 2001; Neumark-Sztainer et al., 2000）。論著者對這些發現的解釋是：一些青春期男孩和女孩的飲食失調是對過去創傷的回應。在這些情況下，男孩可能會形成一種與青春期女孩很相似的內化應對方式，更容易陷入憂鬱、焦慮和飲食失調的風險之中。這些都是重要的健康問題，可以透過學校進行更明確、更有針對性的健康計畫來解決，這些計畫可以直接評估青少年對身體的看法以及與其飲食失調有關的其他因素。但是，媒體對這些因素的潛在作用尚未得到系統性研究。不過，我們將在第 5 章中看到，媒體對性發育發揮著重要作用。

在過去的十年裡，性取向——尤其是對成年男性來說——也被認為是導致飲食失調態度和行為的個體風險因素。若干研究發現，成年男同性戀者比異性戀男性更關心體重和體型，具有更高程度的對身材不滿度、更嚴重的節食和貪食症（例如，Boroughs & Thompson, 2002）；有關成年女性的研究結果則迥異不同（例如，Epel, Spanakos, Kasl-Godley, & Brownell, 1996; Heffernan, 1994; Lakkis, Ricciardelli, & Williams, 1999）。儘管過去的一些研究已將青少年包括在內（例如，Williamson & Hartley, 1998），但那些關注於青少年（主要是男孩）的研究顯示，同性戀對青少年的影響較弱，例如，在 7～12 年級的青春期男孩中同性戀者比異性戀

者更有可能存在體重問題、身體意象不佳以及存在節食、暴飲暴食和催吐行為（French, Story, Remafedi, Resnick, & Blum, 1996）。一些研究也報告顯示，對 12～19 歲的青春期男孩而言，性取向和進食障礙之間不存在關聯（Lock et al., 2001）。這些研究實際上難以做出合理的解釋，因為青春期內同性戀者的身分並不總是能明確，並且青少年實際上也沒有特別熱衷於將自己的性取向予以明確歸類（Savin-Williams, 2005）。但是，性取向看起來的確會影響身體意象和飲食失調的關係，從而揭示媒體的潛在作用。

與青少年的進食障礙及相關行為有關的其他心理因素還包括：自卑、完美主義、人際關係不信任、內感意識低下以及酒精和其他藥物的使用。雖然這些變數在男孩中的研究不如在女孩中廣泛，但這些因素與飲食失調的關聯在男女兩性中都存在。例如，大多數研究揭示了自尊與飲食失調的各種指標之間的關係。研究發現，自尊心低下與飲食（Mueller et al., 1995）、暴飲暴食（Ross & Ivis, 1999; Tomori & Rus-Makovec, 2000）、節食以及暴食－催吐的惡性循環問題（French et al., 2001; Neumark-Sztainer & Hannan, 2000）之間存在弱到中度的連繫。同樣，我們可能憑直覺認為媒體會對這些因素產生影響，但這些直覺尚未獲得研究證實。

無論是青春期女孩還是男孩，他們多大程度上使用酒精和其他藥物經常被忽略，但研究發現，其與暴飲暴食之間存在一定關聯性（例如，French et al., 2001; Neumark-Sztainer & Hannan, 2000; Ross & Ivis, 1999; Tomori & Rus-Makovec, 2000; Williams & Ricciardelli, 2003）。暴飲暴食和大量使用藥物都被認為是一種對情緒有影響的食慾行為，涉及過分依賴於包括隱忍和自我欺凌在內的消極自我控制方式（Williams & Ricciardelli, 2003）。另一項重要研究也支持這一觀點，該研究發現：極端的減肥方法

第一部分　媒體效應的發展科學：研究範例

與其他高衝動型健康危害行為存在關聯，包括男孩和女孩吸毒、犯罪、自殺、無保護性交和有多個性伴侶（Neumark-Sztainer, Story, & French, 1996）。正如我們將在下一章中看到的，這些因素似乎深受媒體的影響，但媒體在多大程度上影響了這些因素，如飲酒與體重及身材策略之間是否相關，仍有待確定。

影響力研究的重要性和局限性

　　這一研究領域的主要局限性之一是，很少有研究縱向評估與飲食失調以及身體或身材問題相關的不同變數。這一限制意味著無法將原因和結果進行區分，因此許多被認為是決定因素的變數很可能就是結果。許多觀察到的關係具有雙向性，這一可能性也尚未獲得實證調查。例如，飲食失調和肌肉畸形的相關症狀可能預示著男孩其他生活領域中的負面效應和較差的社會心理功能，如親密關係的建構和職業道路的發展；但是研究尚未檢驗這些關係。同樣有問題的是，我們對這些關係的了解受到現有縱向研究的限制，因為目前僅有的研究只對青少年進行了 2 個月到 1 年時間的追蹤調查。這一點很關鍵，因為一些已確定的風險因素在成年早期和晚期可能比在青春期產生更大的預測性影響。如果我們要想更清楚地了解媒體的作用，就似乎有必要更深入地了解這一現象。

　　許多人提出了生物－心理－社會模型，但尚未得到足夠的重視。這種缺失的重要性不僅在於需要確定不同因素如何共同作用以產生負面結果。同樣重要的是，需要研究保護性因素在形成進食障礙和追求發達肌肉過程中的作用，因為大部分研究者都只是針對潛在的風險因素進行研究。我們對身體意象的影響因素的了解無疑有助於確定青少年發生飲食失調發展中的幾個潛在保護因素。這些因素包括：自主和自信、多種角色的成功扮演、對壓力環境的應對、具有較高的自尊、所處家庭對體重

和吸引力的關注度較低、與接受多樣化身材和體型的父母之間存在親近但又不過於親近的親子關係、與相對不在意體重且能夠提供社會支持的朋友或戀人建立親密關係（Shisslak & Crago, 2001）。從我們剛剛回顧的研究來看，這些因素可能是有意義的，但正如媒體對這些因素的塑造作用一樣，這些因素也有待研究。

修正媒體對青少年體重和體型策略的影響

對青少年體重和體型的擔憂導致了兩種通常互不相關的預防措施。一系列預防項目側重於媒體在樹立理想標準和幫助青少年對抗這些標準方面的作用。另一系列預防項目更直接關注身體意象，特別是努力預防進食障礙問題。鑒於媒體資訊並非單獨發揮作用，而是受到青少年更廣泛的資訊環境的影響，這兩種項目都很重要。

以媒體為關注點的項目

研究者提出了一些可能的干預措施，專門應對透過宣傳理想形象引發青少年不當反應的大眾媒體資訊的負面效應。這些措施包括幫助青少年在使用大眾媒體時更有辨識能力，制定減少社會比較的策略和解決對媒體所描繪的理想標準不加區別就予以接受的問題（Shaw & Waller, 1995）。整體而言，教育青少年以更具批判性的眼光看待媒體的干預措施，在減少苗條理想標準內化方面已有成效（Irving, DuPen, & Berel, 1998; Thompson & Heinberg, 1999）。這些干預措施還有效減輕了媒體意向對身材不滿的影響。例如，一項研究發現，對身體意象存在負面情緒的女大學生進行 7 分鐘包含媒體分析的心理教育演說後，與觀看相同影像而沒有事先接受心理教育的女大學生相比，這些女大學生進行社會比較的可能性較低，並且更不容易受到苗條美麗意象的負面影響（Posavac,

第一部分　媒體效應的發展科學：研究範例

Posavac, & Weigel, 2001）。被認為更有效的干預措施是那些強調女性身材和體重多樣性的人為精心製作的媒體意象（Levine, Piran, & Stoddard, 1999）。

大眾媒體也可能是為初步預防進食障礙所提供的最成功的場合之一。這些策略以兒童和青少年為目標，希望能預防之後進食障礙的後期發展，還有一些評估將重點放在營養、節食、身體自尊、鍛鍊以及減少肥胖汙名化等問題上（Levine, 1999; Levine & Smolak, 1998）。然而，這一領域的研究最近才開始關注媒體問題，而且除了前導研究之外尚未獲得產生鼓舞人心的結果（例如，參見 Stice, Mazotti, Weibel, & Agras, 2000）。一般來說，這些干預會增加人們的相關知識，但這種知識對身體意象或有關飲食的態度和行為的影響甚微（Smolak, Levine, & Schermer, 1998）。例如，研究者得出這樣的結論：簡短單次的進食障礙干預措施（通常為 1 個小時）產生的作用很小，不足以帶來持久的態度和行為上的改變（Martz & Bazzini, 1999）。因此，更普遍的研究發現，心理教育在促使行為改變方面是無效的（Clarke, Hawkins, Murphy, & Sheeber, 1993; Larimer & Cronce, 2002）。最成功的方法聚焦於進食障礙。預防進食障礙的最有希望的措施包括：改變不良態度的認知干預，如苗條理想內化或對身材不滿的干預，以及矯正不良行為的行為干預，如對禁食和暴食行為的干預（Stice & Shaw, 2004）。

很少有研究探討父母如何調節媒體的負面效應。最近一項研究被認為具有啟發性，其調查了幾種父母調節方式以及青少年電視觀看過程、觀看時的情緒以及體象障礙。針對父母和青少年（分為兩個階段）的調查顯示，大多數傳統的父母調節作用與任何青少年的任何結果之間不存在顯著相關性（Nathanson & Botta, 2003）。或許更重要的是，資料顯示，父母對相關人物外貌和體型這類偶然出現的內容進行評論的調節方式——

即使批評了電視中的形象 —— 事實上鼓勵了青少年對形象和負面情緒的深度處理,這反過來又導致了體象障礙。

對預防工作的回顧顯示,僅僅要求青少年遠離有問題的媒體是不夠的。有效的計畫鼓勵青少年發展抵禦壓力(諸如追求吸引力和苗條帶來的壓力)的技能和意願。鑒於同伴、家庭和其他人強化了媒體的社會化,這些目標具有相當的挑戰性。這些現實情況說明,需要展開重點關注青少年經歷的更全面的預防工作。

以功能障礙為關注點的計畫

進食障礙預防計畫經歷了快速的轉變,以至於現在的綜述可以將其區分為三代(參見 Stice & Shaw, 2004)。第一代進食障礙預防計畫對所有參與的青少年實施普遍干預,提供一些關於進食障礙的說教式的心理教育資料。這種類型的干預依據這樣一種假設,即關於進食障礙的不良效應的資訊會阻止個人的對這些不良行為的適應。第二代預防計畫也以普遍性為重點,並採用說教的方式,但也包含了一些側重於抵制相關苗條和健康體重控制的社會文化壓力的內容。這些干預措施為一種假設所引導,即認為社會文化壓力在飲食疾病的致病源中發揮著關鍵作用,而青少年轉向激進的節食和補償行為主要是為了控制體重。第三代干預計畫包括一些選擇性計畫,其針對高風險的個體進行互動式練習,關注已被證明能預測飲食疾病(如對身材不滿意)發生的風險因素。

預防計畫的快速代際發展看似很有前景,但這些變化實際上源於早期努力的普遍失敗。回顧前兩代包括媒體干預在內的預防研究,結果令人沮喪而且普遍沒有效果(例如,Littleton & Ollendick, 2003; Levine & Smolak, 2001; Striegel-Moore & Steiner-Adair, 1998)。然而,相關這些研究的失敗與成功的實證和理論綜述一定程度上揭示了令人鼓舞的結果,

第一部分　媒體效應的發展科學：研究範例

因為至少它們告訴我們應該避免哪些做法。同樣重要的是，2000 年以來發表的試驗結果的統合分析也提供了樂觀的理由，因為它們確實得出了一些重大發現，證實新的預防計畫具有有效性（Stice & Shaw, 2004）。

對研究的回顧提出了可能被用於促進進食障礙預防計畫的大量建議。建議指出，需要避免只注重增長進食障礙和營養資訊的知識，因為單純擁有知識並不能導致行為和態度的變化，而且心理教育內容也不能產生行為上的改變（Clarke et al., 1993）。研究結果還表示，有必要促進參與者之間的互動。出現這種情況的原因是，如果只是簡單地將其他替代策略納入心理教育措施，授課形式上卻仍然是說教而不是互動，結果依舊會令人失望。從理論上講，互動性計畫的參與者表現出更顯著的干預效果，因為這種形式有助於他們參與到計畫內容中，從而促進了技能的習得和態度的轉變。互動性計畫也更有可能包括一些練習，使得參與者能夠運用在干預計畫中學到的技巧，而這會有助於相關技能的掌握（Stice & Shaw, 2004）。

這些發現與其他預防領域得出的結論相呼應，即心理教育干預本身通常難以改變人的行為（例如，Larimer & Cronce, 2002）。此外，針對飲食疾病已確定風險因素的干預，比針對非確定風險因素的干預更為有效（Stice, Mazotti, et al., 2000; Stice & Shaw, 2004）。向高風險參與者提供的有針對性的選擇性計畫方案，比向所有參與者提供的普遍性方案更為有效。一項研究發現突顯了這一觀點，也即，一些普遍性預防計畫對高風險參與者的子群組所產生的效果，比對整個樣本的效果更好（Buddeberg-Fischer, Klaghofer, Gnam, & Buddeberg, 1998; Stewart, Carter, Drinkwater, Hainsworth, & Fairburn, 2001）。同樣，研究綜述顯示，需要在整個學年內持續進行預防性計畫，而非僅僅在學校課程中新增幾個學時。通常時長為一小時的短時間單次進食障礙預防干預所產生的影響太小，不

足以帶來持久的態度和行為上的改變（Martz & Bazzini, 1999）。然而，這些建議最終只為我們帶來了一些希望，卻尚未成為被證實有效的方案的一部分。

結論

身體意象是青少年關心的一個重要問題，我們現在知道，它與青少年時期的許多問題相關。目前的研究旨在確定引發對身材不滿的風險因素，以便更好地了解社會、心理和生理變化影響青少年身體意象發展的複雜方式。正是對身體意象的關注使得研究者認為，媒體是影響青少年關於自身身體發育的態度和行為的有力的社會化因素。

關於媒體在青少年身體意象發展中作用的研究歷來以女孩為重點，但如今越來越多的研究開始審視媒體對男孩身體意象的影響。這些發展反映出，關於身體意象的影響以及對媒體行業本身的看法正在發生變化。對身材不滿問題發展的早期研究主要集中於女性，因為她們對身材不滿和相關適應問題更為普遍。青春期女孩對身材不滿的程度經常被歸因於社會文化對女性身材吸引力的強調，以及媒體常常宣揚的日益突出的「瘦身文化」。儘管男性對身材的不滿通常不那麼明顯，但其對發達肌肉的渴望已成為一個重要的關注點，並與青春期男孩的身材不滿情緒相關。大眾媒體傳遞了理想男性身材的刻板印象，與塑造理想女性身體意象的做法並無二致；並且我們開始了解到，對女性的刻板印象實際上會影響男孩自身身體意象的發展。存在問題的媒體意象給青春期的男性和女性均帶來負面後果。

為幫助我們了解媒體在塑造青少年身體意象和外貌基模方面的作用而形成的相關理論提供了重要的啟示。這些理論有力地支持了媒體意象的確影響青少年發展這一主張。但或許更重要的是，它們揭示了可能的

第一部分 媒體效應的發展科學：研究範例

干預領域。例如，針對身體意象的干預可以外貌基模為目標，挑戰關於外貌的潛在態度和理念，並鼓勵在其他無關外貌的領域發展適應性自我基模。也可以利用媒體提供實現理想體型的有問題方法的資訊，如禁食、過度鍛鍊和催吐技巧。關於媒體影響和功能失調理念發展的理論和研究，同樣強調了在努力解決媒體意象相關問題時的缺失。預防計畫最常關注的是媒體素養和個人問題，而往往忽視父母和同伴的作用。我們已經看到，青少年對媒體意象的內化程度和對身體意象的滿意度，在相當程度上取決於同齡人的外貌文化。因此，我們應更加關注的是，幫助青少年意識到其關於外貌的討論如何促進並強化了某些標準，從而促進了外貌理想的內化和降低對身體意象的滿意度。在處理極端體重問題時，父母似乎是一個主要的影響因素和研究焦點。事實上，對進食障礙的研究往往不探討媒體的作用。相反，研究側重於家庭互動，而會忽視媒體因素對青少年病理發展的影響。但正如我們所見，關注家庭對媒體意象的反應可能是非常有意義的，即使是家庭成員對身體意象偶發的評論也會導致青少年對自己身材的負面看法。我們對身材不滿意的理解顯示，有必要考慮媒體在青少年的生活中是怎樣與其他社會化影響因素相互作用的。因此，與有關媒體效應的其他研究領域不同，這一領域的研究尚未明確地轉向探究青少年更廣泛的資訊環境。就我們透過其他情景所了解的知識來看，如果要想更有效地解決媒體在青少年身體意象發展中的真實定位問題，這一研究就顯得非常重要和必要。

我們退一步考慮，研究結果往往揭示了未提及的問題，即需要關注寬容、社會支持和媒體在青少年發展的其他方面的塑造作用，這為考慮青少年更廣闊的資訊環境這一需求提供了相當大的支持。干預措施不僅需要幫助青少年理解媒體意象和社會壓力，還需要幫助他們學會不要批評他人。現在很多研究指出，社會支持感的不足是身體不滿度增加的最

佳預測因素。這與如下主張相一致：在即時社交網路中獲得認可，有助於青少年對自己和自己的身體形成更積極的看法，並使得他們更能承受要求變得苗條或肌肉發達的社會文化壓力。結果顯示，我們需要更多地關注社會支持不足在激化體象障礙方面的作用。令人遺憾的是，研究尚未直截了當地考慮這些發展的影響因素。同樣，我們知道一些與身體意象沒有直接關聯的媒體意象也很重要，例如，那些與性別角色和攻擊性行為有關的形象。這些影響顯然可由媒體塑成，並直接涉及它們及其所處環境所表現出的容忍程度；但正如我們所見，儘管這些發展問題明顯相互關聯，相關媒體暴力的研究忽略了身體意象問題（反之亦然）。所以，綜上所述，這一領域的青少年發展和媒體影響的研究低估了某種需求，即如果我們要解決媒體對身材的描述如何影響青少年發展的問題，那麼需要關注的就不僅僅是媒體呈現的身體意象問題。

4 青少年的吸菸行為與媒體

很多社會問題與媒體對青少年的影響有關。青少年涉及的最有害健康的行為——導致美國人死亡的主要原因——包括開始吸菸並養成吸菸習慣（Centers for Disease Control and Prevention, 1998）。那些過早開始吸菸並養成這一習慣的青少年，除了可能加速自身的死亡之外，還會增加罹患長期嚴重疾病的風險，包括慢性肺病、心臟病、中風和多種類型的癌症（如肺癌、喉癌、食道癌、口腔癌和膀胱癌；Centers for Disease Control and Prevention, 2005b）。事實上，人們都知道這些風險的存在。隨著吸菸對健康的影響變得越發明顯，政府已經開始對菸草製造商的促銷方式進行管制。目前法規嚴格限制青少年接觸菸草製品，並試圖控制媒體對青少年吸食菸草的鼓動行為。減少菸草業促銷活動影響的努力，

第一部分 媒體效應的發展科學：研究範例

突顯了尋求限制但不禁止媒體對菸草使用的各類描述所面臨的挑戰。正如後文所見，相關努力說明了解決規避監管的那些更微妙的宣傳活動和形象問題的必要性，其對青少年的影響較之那些被認為不適宜的內容還要突出。

青春期在吸菸對健康造成的不良後果中產生著一定作用，這一認知確認了一個重要現實——吸菸在諸多方面與青春期相關。絕大多數吸菸者聲稱，他們的第一次吸菸行為發生在青春期（Centers for Disease Control and Prevention, 1998）。大約90%的成年吸菸者表示，他們在18歲之前開始吸菸（Backinger, Fagan, Matthews, & Grana, 2003），而且第一次吸菸的平均年齡是15歲（Burns & Johnson, 2001）。超過半數的高中生曾嘗試過吸菸，超過四分之一的高中生表示經常吸菸；其中，經常吸菸者的平均年齡為13歲，他們第一次吸完一整支菸的平均年齡為10歲（Maney, Vasey, Mahoney, Gates, & Higham-Gardill, 2004）。這些年齡資料對預測最終的吸菸模式具有相當大的意義。最值得注意的是，嘗試吸菸的青少年很有可能發展為日常吸菸者（Lamkin, Davis, & Kamen, 1998）。較之那些較晚開始吸菸的青少年，那些更早開始吸菸的青少年吸食菸草的量更大，吸菸的時間更長，戒菸也更為困難（Everett et al., 1999; Breslau & Peterson, 1996）。事實上，青少年如果在更小的年齡就開始吸菸，那麼他們在有生之年也不太可能戒菸（Everett et al., 1999）。吸菸涉及到青少年時期的所有年齡階段，而且開始吸菸的年齡越小，出現不良後果的風險就越高。

青少年的吸菸現象仍然非常普遍。根據估算，在18歲以下人群中，每天會有5,500人首次嘗試吸菸，並有將近3,000人成為日常吸菸者（Gilpin, Choi, Berry & Pierce, 1999）。2000年全美國普查顯示，6～8年級（11～14歲）學生和9～12年級（15～17歲）學生在30天內的

4 青少年的吸菸行為與媒體

吸菸率分別為 11％ 和 28％（Centers for Disease Control and Prevention, 2000）。事實上，年滿 18 歲的高中生中有將近三分之二嘗試過吸菸，且嘗試吸菸的高峰期出現在 13～16 歲之間（Duncan, Tidlesley, Duncan, & Hops, 1995）。雖然香菸是青少年和年輕成年人主要使用的菸草形式，但他們也都吸食過或許大多數成年人都不知道的其他類型的菸草，其中包括耳熟能詳的雪茄和無煙菸草，還有一些諸如比迪菸和丁香菸等鮮為人知的類型。無煙菸草包括嚼煙和鼻菸，比迪菸是主要產自印度的具有獨特風味的菸草產品，而丁香菸是一種含有丁香和菸草的香菸。35％的高中生報告稱，在過去的 30 天週期內吸食過其中某一種菸草。2000 年關於美國高中生的研究報告稱，當前下列菸草產品的吸食比例為：香菸（28％）、無煙菸草（6.6％）、雪茄（14.8％）、煙斗（3.3％）、比迪菸（4.1％）和丁香菸（4.2％）（Centers for Disease Control and Prevention, 2002）。這些高吸食率說明，沒有其他任何問題行為能達到如此高流行程度的健康風險，而且與負面效應密切關聯。

對媒體與青少年相關性的調查研究並沒有忽視吸菸的高比率化和多樣性，但是，研究中的若干漏洞對於人們正確理解媒體在青少年吸菸中的作用提出了挑戰。例如，考慮到菸草的吸食方式，人們一直努力阻止青少年開始吸菸和鼓勵青少年戒菸。事實上，目前有關媒體在青春期中的作用的研究顯示，應高度重視戒菸和預防吸菸行為。但是，吸菸與媒體之間的連繫似乎是假定的，儘管我們不太了解媒體中的吸菸行為如何影響青少年的成長和其所處環境（而這些又會反過來影響其吸菸模式）。此外，雖然法律對此類媒體正式予以規範，而且社會上也普遍認為媒體在青少年的吸菸習慣中發揮強大作用，但相關媒體行業本身如何被用來影響青少年的吸菸態度和行為的研究才剛剛開始。本章就上述問題進行探討。

第一部分　媒體效應的發展科學：研究範例

我們首先探討媒體中出現的吸菸形象及其潛在的影響。然後，我們來了解媒體如何影響青少年的吸菸行為，將其置於青少年發展的背景下，進而又研究限制青少年吸菸的策略以及媒體的潛在作用。雖然有時會使用「菸草使用」（tobacco use）和「吸菸」（smoking）之類更為籠統的術語，但在所有情形下，除非另有說明，所做的分析都指的是「吸菸」（cigarette smoking）行為。總之，分析顯示，要想了解媒體的影響並以預期的方式利用媒體效應，我們需要考慮青少年的發展及其所在社會環境的特殊性。

媒體中的吸菸畫面及效應

目前對媒體在青少年吸菸習慣發展中的定位的理解顯示，媒體中的吸菸畫面既受到高度限制，又無處不在。儘管政府對菸草行業進行嚴格監管，但吸菸畫面仍無處不在。以政策和正式行業協議形式出現的限制措施，對直接向青少年和兒童推銷菸草產品的媒體廣告宣傳活動予以制約（L. H. Glantz, 1997; Gostin, Arno, & Brandt, 1997）。儘管存在這些管制，媒體中仍然會出現許多吸菸的場景，同樣重要的是，它找到了菸草推廣的替代方法。正如一些人所宣稱的那樣，相關行銷活動很可能是在有意規避法律規定（Hoek, 1999）。但是，菸草顯然仍是我們大眾文化的一部分，因此，媒體很可能反映了這一現實情況。人們重點關注的問題在於，菸草被描繪的程度、如何被描繪以及此種描繪對青少年及其社會環境造成何種影響。

媒體中的吸菸畫面

人們對媒體中吸菸文化傳播的關注通常集中於電影對吸菸畫面的描繪。大眾電影往往處於研究的核心位置，並且鑑於它們是各州總檢察長

4　青少年的吸菸行為與媒體

和菸草商之間達成的《總和解協議》的直接關注焦點，這種情況會一直存在。在其他諸多舉措中，《總和解協議》已排除了在電影中有償植入香菸廣告的可能性（National Association of Attorneys General, 1998）。然而，對《總和解協議》訂立前後的電影中描述的菸草畫面予以對比分析發現，菸草畫面仍然充斥於媒體之中。例如，近期一項研究調查了 1998 年《總和解協議》訂立前兩年（1996 年和 1997 年）和後兩年（1999 年和 2000 年）的票房排名靠前的 PG-13 級的電影，發現螢幕中菸草產品出現的平均時長實際增加了 50％（Ng & Dakake, 2002）。儘管相關比率在 1980 年代有所下降，但在 1990 年代，菸草每分鐘在電影中出現的頻率與 60 年代所觀察到的情況相似（Stockwell & Glantz, 1997）。雖然普遍缺乏這方面的研究，但有幾項研究實際上已經闡明吸菸在電影中是如何被描繪的，並認為電影中吸菸畫面的描繪仍在繼續，而且實際上有所增多（Everett, Schnuth, & Tribble, 1998; Wakefield, Flay, Nichter, & Giovino, 2003）。

還有幾項其他研究結果使得菸草在電影中的出現值得重視。一是，這些發現揭示了試圖限制青少年接觸媒體所面臨的挑戰。無論有無法律規定，流行電影中吸菸形象的出現頻率都遠遠高於現實中的吸菸發生率（Stockwell & Glantz, 1997; Hazan & Glantz, 1995）。二是，只有一小部分描繪吸菸的電影提供了反對吸菸的資訊。例如，1990 ～ 1996 年期間，每年票房排名前 20 的電影中平均有 5 分鐘的菸草相關鏡頭，其中只有 43 秒涉及菸草的負面描繪。三是，以年輕觀眾為受眾的電影中也描繪了吸菸行為。從 1937 ～ 1997 年，三分之二的面向兒童的 G 級動畫電影中出現了吸菸鏡頭，而 1996 ～ 1997 年發行的所有此類電影中都有對吸菸的描繪（Goldstein, Sobel, & Newman, 1999）。總之，該研究顯示，對吸菸的描繪傾向於傳遞積極的觀點，並涵蓋所有的受眾。該研究還說明，目前媒體對吸菸場景的描繪與限制兒童接觸此類場景以及確保個人對吸

第一部分 媒體效應的發展科學：研究範例

菸作出負責任決定的努力背道而馳。

許多研究支持上述發現，並描述了電影中吸菸場景刻劃的類型。例如，研究電影中吸菸描繪的相關報告顯示，吸菸者被刻劃得比非吸菸者更為正面，好萊塢電影對吸菸的描繪往往忽略了吸菸的負面後果及相關因素（McIntosh, Bazzini, Smith, & Wayne, 1998）。以年輕觀眾為受眾的電影，比以成熟觀眾為受眾的電影更傾向於以正面的方式刻劃吸菸行為（Escamilla, Crdock, & Kawachi, 2000）。這些電影中的菸草形象可能會令人得出這樣的結論：它們既與產品植入有關，也與演員在電影中的地位和突出角色資訊的意圖有關。事實上，菸草形象仍然很頻繁地出現在電影中，特別是以年輕觀眾為受眾的電影中。

正如我們在前面章節中所了解到的，電影顯然是青少年的重要媒介，但其他形式的媒體也會影響青少年並塑造他們的態度與發展。然而，很少有研究詳述其他媒體中吸菸場景的普遍性和性質。但我們明確知道，媒體中吸菸場景的出現比率相當高，並且這些媒體經常以吸引青少年的方式來設計相關畫面。

可以說，除了專注於電影畫面的研究之外，最重要的研究領域還涉及雜誌對吸菸的描繪。正如所料想的那樣，吸菸畫面在廣告和不經意描繪中隨處可見，但對該領域的研究沒有像對電影的調查研究那樣詳細指出其出現的比率（參見 Gray, Amos, & Currie, 1996）。與上述研究不同的是，該領域的研究人員考察了青少年對菸草畫面的反應。雜誌圖片中出現香菸會影響青少年的評價。例如，一組研究人員報告稱：吸菸畫面被評價為吸毒的、野蠻的、壓抑的，而非吸菸畫面則被評價為更為健康、富有、友善、時尚、苗條以及有魅力（Amos, Currie, Gray, & Elton, 1998）。這一結果說明，不同畫面中香菸的蘊意存在很大不同，而此種變化取決於香菸的突出程度、其他暗示的存在（如服裝類型和背景等）以及

画面的感染力（Gray, Amos, & Currie, 1997）。

研究還報告稱，雖然存在差異，但相關理解隨著觀察者的特徵不同而變化。吸菸者和非吸菸者評價自己的方式，與他們區分圖片中的吸菸者和非吸菸者的方式相同（比如，吸菸者會覺得與吸菸相關的特質是可取的）。與女孩、年齡更大或更小的青少年相比，這些影響在 15～16 歲的男孩身上表現得最為強烈（Amos et al., 1998; Gray, Amos, & Currie, 1997）。這些都是重要的研究發現。然而，除了對雜誌的研究之外，還沒有研究探討觀眾特徵在決定電子和印刷媒體意象中的不同觀眾效應方面的中介作用（Wakefield et al., 2003）。

相當令人驚訝的是，很少有研究調查過吸菸在電視媒體中所占據的地位。已有證據對電視是否成為傳播吸菸形象的重要媒介這一問題給出了明確的結果。例如，音樂影片成為將吸菸畫面直接呈現給青少年的重要媒體來源。在網路電視播放的音樂影片中，12％的鄉村音樂影片和 26％在音樂電視網（MTV）上播放的影片都含有吸菸鏡頭（Durant, Romes et al., 1997）。對黃金時段電視節目中吸菸行為的研究還表示，24％的電視節目都含有吸菸情景；1992 年進行的唯一一項研究發現，這些情景中 92％的內容對吸菸行為持有支持態度（Hazan & Glantz, 1995）。但是，最近更廣泛地關注黃金時段的電視節目而非音樂影片的研究顯示，對吸菸的描繪要少得多。有研究將黃金時段電視節目中角色的吸菸率與美國實際吸菸率相比較發現，黃金時段電視角色和美國全國人口的吸菸比率分別為 2.5％和 28.9％。報告認為，與普遍的觀念相反，黃金時段電視節目角色中的吸菸者並不常見，其出現率低於全美國人口的吸菸比率（Long, O'Connor, Gerbner, & Concato, 2002）。

諸如電子媒體之類的其他媒體尚未引起研究者的太多關注。僅有一項研究基於對網際網路網站的調查分析了大眾媒體中的吸菸內容。這項

第一部分 媒體效應的發展科學：研究範例

研究並未試圖確定菸草畫面的出現頻率，但它確實對致力於吸菸文化和生活方式的網站做了調查（Watson, Clarkson, Donovan, & Giles-Corti, 2003）。該研究顯示，透過網際網路很容易接觸展示吸菸照片的網站。但有些令人出乎意料的是，研究發現許多網站以女性為主，其中三分之一的網站含有部分或全裸內容（Watson et al., 2003）。鑒於整體上僅有 1.5% 的網際網路含有色情內容，吸菸的裸露和性化程度之高相當值得注意（Lawrence & Giles, 1999）。這些網站的性化程度很高，而很容易被青少年接觸。這些網站都沒有設定網際網路上通常使用的年齡驗證程序，以防止未成年的青少年觀看與年齡不符的內容。有些網站實際上以引誘青少年拜訪的方式設定「警告」；還有一些網站包含了美國自 1970 年代初就嚴禁在電視和廣播上播放的廣告。沒有一個網站展示美國衛生局局長關於吸菸有害健康的警示。研究者認為，這些網站僅描述了吸菸的積極方面，如性與吸菸行為之間的連繫，卻沒有描述吸菸的任何缺點。

媒體刻劃吸菸行為的效應

吸菸畫面被描繪的程度及方式只是研究的一個方面，它旨在了解媒體在青少年吸菸行為中的定位。可以說，更值得關注的是媒體的描繪是否、如何以及多大程度上塑造青少年的吸菸觀念和行為。鑒於這一問題的重要性，目前具體研究結果的缺乏令人驚訝。但令人欣慰的是，一些重要研究實際上已經專門探討了透過媒體觀看吸菸畫面是否真的會影響青少年的吸菸行為。

相關領域最知名和最有影響力的研究調查了幼兒對香菸廣告的反應。這一開創性的研究特別關注廣告對年齡在 3～6 歲的兒童的影響，透過對喬治亞州兩所幼兒園 229 名兒童進行抽樣調查，考察其對品牌標識的認知情況（Fischer, Schwartz, Richard, & Goldstein, 1991）。研究人員

4　青少年的吸菸行為與媒體

使用了 22 個品牌標識，要求每個兒童對標識和產品圖片進行逐一配對，其中 10 個是針對兒童的品牌，5 個代表香菸品牌，7 個是針對成年人的品牌。正如所預料的那樣，3 歲、4 歲和 5 歲的受試者對迪士尼頻道標誌的辨識率更高。而 6 歲的兒童能辨識和正確配對米老鼠的輪廓和老喬駱駝（香菸品牌駱駝牌的卡通形象）的形象，這一認知與家中是否有人吸菸並不相關。研究人員的結論是，這些發現很明確地將媒體影響與對吸菸的認知連繫在一起。

雖然喬治亞州的這一研究結果令人印象深刻並獲得了大眾媒體的廣泛報導，但研究在相關認知多大程度上影響實際吸菸行為的問題上仍懸而未決。相關研究調查了兒童對香菸廣告的認識和態度，有力地支持了「廣告影響兒童的吸菸行為」這一論點。但是，它們並未建立起一種必要的連繫，以揭示對吸菸廣告的認識或接觸如何改變了青少年的吸菸行為。這種連繫被用於說明消費與接觸廣告之間，以及對品牌的認知與吸菸行為之間的因果連繫。正如我們現在所知道的那樣，對資料的跳躍性解讀是值得懷疑的；因果連繫或許存在，但從現有研究中還無法推出這一結論。

關於品牌認知影響的研究顯示，品牌認知並不必然對所預期的行為產生鼓勵作用。首次品牌認知行為研究後發表的結果就廣告對兒童的影響得出了一些重要結論。如有研究發現，廣告中使用商業角色能讓 3～8 歲兒童辨識該品牌，但不會讓他們喜歡這一商品或產生購買的欲望 (Henke, 1995)。此外，該研究指出，兒童能意識到香菸廣告的目標受眾是成年人。其他研究發現，接觸香菸廣告中的卡通商業角色並不能增加兒童對這類產品的好感度 (Mizerski, 1995)。最近有研究發現，八年級學生對商業角色（如駱駝香菸的卡通形象「老喬駱駝」和萬寶路香菸的廣告形象「萬寶路牛仔」）持懷疑態度，許多人對這些角色的反應是負面的

(Phillips & Stavchansky, 1999)。整體來說，這些研究結果顯示，商業角色對兒童和青少年影響存在重大局限性。然而，這些研究並沒有就聲勢浩大的促銷廣告的長期影響得出確切結論。

最近，更多的研究試圖證明接觸香菸廣告和青少年吸菸行為之間存在因果關系。一項引人注目的自然主義研究聚焦於店內促銷廣告，精心選取了全美國範圍內 202 所學校為樣本，從中確認了 3,000 多名吸菸者。隨後，研究人員以所選學校半徑 1 英里範圍內的便利商店為對象，將每家便利商店中廣告投放最多的香菸品牌與青少年所吸食香菸品牌進行配對。結果顯示，在萬寶路香菸廣告更多的便利店，青少年更有可能選擇萬寶路香菸；而在駱駝牌香菸廣告更多的便利店，青少年更有可能選擇駱駝牌香菸（Wakefield, Ruel, Chaloupka, Slater, & Kaufman, 2002）。這些研究與另外三個縱向研究相一致，其說明，擁有促銷物品（帽子、橫幅等）的青少年更容易接觸菸草，並且更可能成為吸菸者（Biener & Seigel, 2000; Pierce, Choi, Gilpin, Farkas, & Berry, 1998; Sargent et al., 2000）。

相關研究都十分嚴謹。例如，其中一項研究將廣告和接觸菸草促銷品與日後的吸菸行為相連繫，研究發現，相較於其他青少年，在 1993 年最喜愛的香菸廣告的青少年，到 1996 年時開始吸菸或願意開始吸菸的可能性是前者的兩倍；擁有或願意擁有菸草促銷品的青少年，到 1996 年時開始吸菸或願意開始吸菸的可能性是前者的三倍（Pierce et al., 1998）。著述者認為，這些發現首次提供了縱向證據，說明菸草促銷活動與開始吸菸之間存在因果連繫。這些發現具有十分重要的意義，某種程度上，青少年高度參與菸草促銷活動，35% 的 12～17 歲青少年透過持有菸草促銷品參與促銷活動（Coytaux, Altman, & Slade, 1995）。

許多其他研究將菸草行銷與青少年吸菸的風險升高連繫起來。例如，擁有菸草促銷品並能回憶起香菸廣告的青少年，成為長期吸菸者

的機率增加一倍（Biener & Siegel, 2000）。電影畫面如同商業廣告那樣，將吸菸與名人連繫在一起，並把它描繪成一種有魅力的行為（Basil, 1997）。在當下流行的電影中，吸菸行為常常與許多青少年認為有吸引力的特質相關，如堅毅、性感和叛逆（Dalton et al., 2002）。對菸草行業促銷的接受程度與對吸菸的接納度之間存在緊密連繫。購買或接受菸草促銷品並願意使用或佩戴促銷品的青少年，對吸菸的接納度更高（Mowery, Farrelly, Gable, Wells, & Haviland, 2004）。限制廣告宣傳並不能阻斷其他的宣傳管道。

另外一系列研究採用實驗室實驗的方式進行，其聚焦於廣告、同齡人影響和青少年吸菸意向之間的關係。當與吸菸的同齡人接觸時，那些之前接觸過香菸廣告的青少年比沒有接觸過的人表達出更為強烈的吸菸意向。此外，那些接觸過香菸廣告的青少年，更可能對吸菸者給予積極的評價（會使用「有趣」、「深受喜愛」、「性感」、「酷」等詞彙；Pechmann & Knight, 2002）。重要的是，這項研究還調查了媒體和同齡人各自的影響。這兩個因素都是強而有力的預測因子，當它們被綜合考慮時，對青少年吸菸意向的預測效果更佳（Pechmann & Knight, 2002）。顯然，這項研究仍局限於吸菸的意向，但吸菸意向確實與最終的吸菸行為相關（Pierce, Choi, Gilpin, Farkas, & Merrit, 1996）。總之，對這些研究可解讀為，支持吸菸廣告和青少年吸菸行為之間存在因果關係。

上述結論得到了旨在探討各種廣告宣傳和行銷方式對青少年吸菸易感性的諸多研究的支持。一項重要研究揭示了廣告的重要性，其結合青少年在同伴、兄弟姐妹和父母吸菸的社會環境中的相對接觸程度來考量廣告的影響。該研究調查了 3,536 名從不吸菸的青少年的資料，以確定影響其吸菸易感性的因素（Evans, Farkas, Gilpin, Berry, & Pierce, 1995）。研究調查了兩項指數：（1）5 分制的個人對廣告接受度指數，其透過對

第一部分　媒體效應的發展科學：研究範例

廣告資訊的辨識、擁有最喜歡的廣告、說出一個自己可能購買的品牌、擁有相關菸草促銷品以及使用與菸草相關的促銷產品的意向來表現；(2) 用於對個人所報告的家庭成員和同伴吸菸情況進行分類的指數。個人對廣告的接受度和吸菸易感性之間的關聯性，比家庭成員或同伴吸菸和易感性之間的關聯性更強，這說明接觸廣告比接觸吸菸的同伴或家庭成員具有更大的影響。重要的是，調查結果顯示：那些接觸吸菸的同伴、兄弟姐妹和父母的不吸菸者，對吸菸的易感性超過其他人的兩倍；而那些對菸草行銷活動接受度高的非吸菸者，吸菸的易感性幾乎是其他人的四倍。這些驚人的發現突顯了媒體本身在影響青少年最終是否吸菸方面發揮的強大作用。

縱向研究透過長期追蹤觀察受試者，監測其吸菸行為變化的同時評估相關接觸情況（此處指接觸有吸菸鏡頭的電影），為基於人口的研究中得出的因果關係結論提供了最有力的證據。為了確定接觸電影中的吸菸鏡頭能否預測青少年開始吸菸的行為，一項縱向研究對從未嘗試過吸菸的青少年展開了調查 (Dalton et al, 2003)。在控制了其他各式各樣的影響因素——年級、性別、學校、朋友吸菸行為、兄弟姐妹吸菸行為、父母吸菸行為、對菸草促銷的接受度、學業成績、尋求刺激的傾向、叛逆性、自尊心、父母教育程度、權威型教養方式、父母反對吸菸的認知等後——研究把52.2%的10～14歲受試者的吸菸啟蒙歸因於觀看電影中的吸菸鏡頭。這一效應比傳統的香菸廣告和促銷活動的效應更為強大，其與34%的新嘗試吸菸行為相關 (Pierce et al., 1998)。研究結果顯示，電影中吸菸鏡頭的效應較之公開廣告更為強大，從迄今為止最令人信服的證據中得出的一個結論為：電影中的吸菸鏡頭促使青少年開始吸菸，而且這一效應非常強大。

研究結果顯示，觀看電影中的吸菸鏡頭能有效地預測青少年是否開

4 青少年的吸菸行為與媒體

始吸菸,而且隨著觀看行為的增多,這一效應越是顯著。觀看電影中吸菸鏡頭最多的青少年,開始吸菸的可能性幾乎是那些觀看量最少的青少年的三倍。該關聯的程度與相關青少年的橫向研究的結果相一致(Sargent et al., 2001),也與其他將演員的吸菸行為與青少年吸菸行為相關聯的橫向研究的結果相一致。這些研究發現,如果一個青少年最喜歡的電影明星在銀幕上吸菸,這個青少年就更有可能嘗試吸菸(Distefan, Gilpin, Sargent, & Pierce, 1999; Tickle, Sargent, Dalton, Beach, & Heatherton, 2001)。這與研究報告的結論進一步相吻合,也即,即使是在控制了其他社會影響、父母教養方式和孩子的個性特徵等因素之後,接觸電影中的吸菸鏡頭仍與嘗試吸菸行為有關(Sargent et al., 2001)。

有證據顯示,電影中的吸菸鏡頭使得觀看這些電影的青少年開始吸菸的相對風險機率增至近乎三倍之高。但這些猜想只顯示了冰山一角。如同香菸的廣告和促銷活動一樣(Pierce, Distefan, Jackson, White, & Gilpin, 2002),電影中的吸菸鏡頭對那些父母堪稱最佳榜樣的兒童而言效應最為明顯。父母不吸菸的兒童中,接觸電影吸菸鏡頭最多的四分之一的人群的吸菸可能性是接觸最少的四分之一的人群的4.1倍。這一效應明顯大於父母吸菸的孩子,兩個接觸組的吸菸可能性存在1.6倍的差異(Glantz, 2003)。資料顯示,父母不吸菸的兒童特別容易受到電影中吸菸鏡頭的影響(Dalton et al., 2003)。如何解釋這一差異仍然存在挑戰性。父母吸菸的兒童可能對吸菸有著更為實際的看法,因此,他們不太可能受到電影中刻劃的迷人吸菸鏡頭的影響。然而,另一個同樣合理的解釋是,父母吸菸的兒童開始吸菸的風險本來就更高,這使得其他社會因素不太可能進一步提高他們的吸菸風險。雖然我們對這種相互作用並未完全理解,但其依然揭示了媒體潛在的強大影響力。

另一項重要的縱向研究是在1996～1999年之間進行的,其研究對

第一部分　媒體效應的發展科學：研究範例

象為最初吸菸年齡為 12 ～ 15 歲的加州具有代表性的青少年樣本 (Distefan, Pierce, & Gilpin, 2004)。在實驗初始階段，自稱從未吸過菸的青少年被要求說出他們最喜歡的一男一女兩位影星。研究人員回顧了實驗前三年內這些影星演出的最受歡迎的電影，並記錄了其在銀幕中是否有吸菸鏡頭。三年後，研究人員對青少年吸菸狀況進行了重新評估，在後續訪談中發現，擁有在銀幕上吸菸的心儀影星的青少年的吸菸可能性要高得多。重要的是，該研究還發現，那些自己從未吸菸但有朋友吸菸的青少年，與那些家人或朋友都不吸菸的青少年相比，其吸菸的機率大約是後者的兩倍。對菸草廣告和促銷活動接受度高的青少年，在後續訪談中被發現吸菸的機率是接受度低的人群的兩倍 (Distefan et al., 2004)。該研究得出的結論是，在 1994 ～ 1996 年期間（也即實驗調查之前）發行的電影中，最喜歡的影星在電影中吸菸的青春期女孩，與心儀的明星不吸菸的女孩相比，其吸菸的機率增加了 80% 以上。重要的是，研究人員發現這一效應在男孩中並不存在，部分原因歸因於男孩對其他菸草廣告和促銷活動的接受程度更強。

很少有研究人員使用實驗方法來探究媒體對青少年的影響，但有一項研究顯示，青少年在觀看電影中描繪的吸菸鏡頭後，更有可能對吸菸行為持積極態度。該研究調查了銀幕上的吸菸鏡頭可能會如何影響年輕觀眾 (Pechmann & Shih, 1999)。該研究將九年級學生對保留吸菸場景的電影的反應與吸菸鏡頭被專業人員剪掉後的電影的反應進行對比發現，與無吸菸場景的情況相比，有吸菸場景的電影能讓年輕觀眾產生積極的情緒反應（透過從「無聊」到「刺激」的七分制測量方法），並增加了他們的吸菸意向。此外，那些觀看有吸菸情景的電影的學生，更有可能認為吸菸者（如果他們吸菸的話，也包括他們自己）更聰明、成功、健康和富有運動活力。但更重要的是，在電影放映之前向青少年展示反吸菸廣告

會消除這些影響。這一研究領域相當程度上仍有待探索，但現有證據顯然與「媒體能夠影響吸菸的態度，並最終影響吸菸行為本身」這一整體觀點存在一致性。

效應研究的意義和局限性

整體而言，這些研究結果顯示，各種媒體對吸菸的描繪會影響青少年的吸菸行為。有關吸菸的媒體資訊形式多樣，其中很多資訊以菸草公司付費廣告的形式呈現，其他一些資訊透過提供印有香菸品牌的配飾和服裝的促銷形式呈現，還有一些關於吸菸的資訊透過贊助方式出現在電影和電視節目中。所有這些資訊似乎都會影響青少年對吸菸的認知，並可能影響他們是否吸菸的最終決定。

相關研究結果很有說服力，但仍然存在一些重大的局限性。例如，幾乎所有的限制級（R級）電影都包含吸菸鏡頭（Dalton et al., 2002）。這使得研究者很難釐清限制級電影本身的影響和吸菸內容的影響。因此，我們不能排除限制級電影的其他方面影響青少年開始吸菸的可能性。同樣，一些研究也沒有充分揭示相關因果關聯性。觀看電影吸菸鏡頭和吸菸意向之間的連繫，往往來自於採用橫向設計的研究，而這種設計無法就時間先後關係得出結論。雖然，經由廣泛研究而證實的相關性可能會說明存在因果關係，但如果未能同時考慮到這種關係的時間順序以及對其他可能原因進行控制，那麼此種因果推斷仍然是存疑的。因此，青少年接觸媒體中的吸菸畫面與其自身吸菸行為之間的連繫，可能是由於吸菸促使人們更加關注廣告、電影中的吸菸鏡頭或購買促銷產品。同時，研究還應該排除其他的可能原因。一些可能的原因確實存在，其中最明顯的因素包括收入、同齡人影響、家庭成員的吸菸行為、與父母的關係以及當地文化對吸菸行為的影響等。從證明因果關係所必需的條件來

第一部分　媒體效應的發展科學：研究範例

看，這些研究往往無法提出令人信服的理由。

雖然存在局限性，但研究接觸媒體中吸菸畫面的效應十分重要，因為其對青少年開始吸菸的影響程度較為顯著，而且人們普遍都會接觸到這類畫面。例如，幾乎沒有青少年沒看過電影中的吸菸鏡頭（Dalton et al., 2003）。如果接觸電影中的吸菸鏡頭與開始吸菸之間被證明存在因果關係，那麼，解決青少年接觸電影吸菸鏡頭問題就會降低開始吸菸的機率，研究人員發現這一機率可能會降低一半（Dalton et al., 2003）。但是，這一情況可能並不那麼簡單，因為許多因素都會影響對電影的接觸及其對青少年行為的效應。例如，正如我們所見，媒體以何種方式塑造青少年的吸菸觀念以及他們真的會吸菸，同齡人和家庭成員對此可能扮演著重要的角色。接下來我們將目光轉向那些試圖解釋媒體接觸與青少年吸菸行為之間關係本質的研究。

認識媒體對青少年吸菸的效應

有證據顯示，媒體可能對青少年的吸菸行為產生某種效應。我們已經看到，儘管許多努力試圖對直接鼓勵青少年使用菸草產品的廣告進行限制，但媒體可能仍對青少年具有吸引力。然而，得出媒體會使得吸菸行為對青少年富有吸引力這一結論，並不一定能具體解釋為什麼一些青少年選擇吸菸而另一些沒有。為了理解這些差異，我們將簡要分析旨在探究青少年反應差異的主要理論，同時也分析揭示青少年對媒體中菸草畫面的實際反應差異的研究。

眾多理論框架或許有助於解釋媒體行業影響個人健康風險行為的過程，但一個主導性框架強調了媒體的潛在強大作用。模仿理論廣泛地推動了媒體對青少年吸菸影響的研究。回想一下，社會學習理論認為，認知和社會過程影響行為習得；它們評估了當前和過去的行為模式與相關

4 青少年的吸菸行為與媒體

行為獎懲之間的平衡（Akers, 1998）。其觀點為，青少年更有可能學習和模仿榜樣所表現出的行為，以及那些會帶來積極結果（如權力、性、浪漫、社會地位和成功）的行為（參見 Borzekowski, Flora, Feighery, & Schooler, 1999; Escamilla et al., 2000）。這一觀點說明，媒體中的吸菸畫面有可能透過將吸菸描繪成青少年所理解的日常生活中的正常部分，從而潛在地淡化吸菸帶來的嚴重健康後果。這些吸菸畫面也潛在地降低了青少年對吸菸的負面健康影響的敏感性，並隱晦地鼓勵其對吸菸的中立或寬容態度。媒體多大程度上呈現了吸菸的有益形象（由特定觀眾定義），影響著青少年是否更有可能吸菸，甚至可能抵消為減少吸菸行為所做出的努力。

基於上述理論研究發現，大眾媒體中的吸菸畫面是青少年形成或維持吸菸觀念和意願的一個重要因素。電影中的吸菸畫面與青少年吸菸行為的相關性研究獲得了一些重要發現：正如所預期的那樣，對吸菸影星的喜愛與對吸菸的好感有關（Tickle et al., 2001），觀看電影中吸菸畫面的頻率與嘗試吸菸之間關係存在緊密且直接的關係（Sargent et al., 2002），而且，觀看電影的多少與青少年吸菸行為的增多有關（Dalton et al., 2003）。這些方法論上的合理研究，已經引起了相當多的關注。

除了能塑成吸菸的看法並引發吸菸行為之外，媒體還能促使青少年保持對持續吸菸的興趣。大量證據確實支持這樣一種觀點：觀看包含吸菸媒體畫面的青少年，對這些畫面的評價是積極的。雖然青少年意識到吸菸存在不良健康後果，但他們還是將其視為所處社會環境中的正常部分（Watson et al., 2003）。青少年普遍認為，電影中的吸菸鏡頭是正常的和符合預期的，而且它準確地反映了現實生活（McCool, Cameron, & Petrie, 2001, 2003）。研究顯示，如果吸菸畫面關涉到人們熟悉或嚮往的形象、情感狀態或社會背景時，那麼人們就會認為它們是可信的和引人

第一部分　媒體效應的發展科學：研究範例

注目的。對電影中吸菸畫面的評價反映了觀眾在電影和日常生活情境中對吸菸畫面和行為特徵的體驗和期望。這些發現與電影行業的研究相呼應，其說明，製片人非常重視銀幕上的吸菸鏡頭，因為它能夠傳達一系列的情緒、人物特徵和背景（Shields, Balbach, & McGee, 1990）。例如電影製片人知道，青少年欣賞那些表現得壓力重重或性感的吸菸者形象，這些熟悉的形象被視為證明其具有真實性的象徵性線索，如演員的社會地位、生活方式和情緒狀態。該研究補充了其他相關研究，這些研究顯示，媒體在多大程度上將吸菸場景描繪得真實且看似不經意，增加了吸菸行為常態化和在被社會認可的可能性（Hazan, Lipton, & Glantz, 1994）。總之，該項研究充分揭示了電影是如何在傳播有影響力的吸菸者和吸菸形象方面發揮重要作用的。

一個重要的研究方向是，菸草公司努力透過企業形象和責任宣傳活動來推廣反對青少年吸菸的資訊。比如，這些活動包括採用「直接說不」、「學會思考，拒絕吸菸」等口號的反行銷宣傳活動。雖然這些措施被視為針對高中生的反吸菸教育計畫，但它們可能無法達到預期效果。例如，這些宣傳活動向包括兒童和青少年在內的消費者展示菸草公司負責任的形象，增加年輕人對菸草產品的熟悉度。青少年對香菸製造商的熟悉程度，會隨著對菸草品牌的接觸增多而增加。這一點非常重要，因為在一定程度上熟悉和認可是對菸草品牌產生正面聯想的重要前提，反過來又會增加吸菸的可能性（參見 R. G. Lee, Taylor, & McGetrick, 2004）。警告，特別是針對那些尋求社會認可和刺激體驗的人來說，可以激發他們的叛逆行為並實際上鼓勵受警告的人採取抵制行為。研究發現一項「學會思考，拒絕吸菸」運動並未提升青少年的反吸菸態度和信仰，也就不令人奇怪了。而且更重要的是，研究發現接觸這些廣告的青少年在其後一年內更有可能表現出吸菸的意向（Farrelly et al., 2002）。即使是旨在

4 青少年的吸菸行為與媒體

減少青少年吸菸行為的媒體活動，也有可能出現事與願違的結果。

正如上述研究所示，並非每個人都對媒體意象作出類似的解讀。青少年對電影中吸菸描繪的細微差別非常敏感，已有研究開始區分青少年對電影中主要吸菸者形象評價的差異。因此，諸如性別、年齡、吸菸狀況、種族等人口學特徵對解讀電影中的吸菸形象可能具有重要意義，因為它們為哪些群體可能更容易受到特定形象的影響以及如何最好地應對這一問題提供了重要的線索。研究試圖整理出不同的社會人口群體如何評價主流的吸菸形象以及與吸菸易感性相關的各種吸菸者特徵。

雖然存在個體差異，媒體中的吸菸畫面在青春期早期更容易獲得正面感知。低齡青少年關注吸菸者的刻板、迷人形象，而年齡較大的青少年則對這些畫面的評價更具矛盾性，往往將電影中的吸菸畫面與情緒或情境因素連繫起來（McCool et al., 2001, 2004）。對電影中吸菸者形成刻板印象認知的年齡差異也會反映一些因素，如吸菸是正常的，以及從自身或同齡人的吸菸行為中得出對吸菸的期待等（McCool et al., 2003）。然而，那些年齡較小的青少年很容易認可電影中的吸菸者與正面形象特徵之間的連繫，這表示電影提供了一種強而有力的方式，旨在傳遞吸菸的社會可接受性和可取性。年齡較大的青少年特別關注角色的負面情緒狀態。具體而言，年齡較大的青少年比低齡青少年更有可能對吸菸行為產生共鳴，並承認在情緒低落時吸菸會產生放鬆的效果。正如所預期的那樣，低齡青少年更傾向於從形象角度評價吸菸者（如性感、時尚、聰明和健康），而年齡較大的青少年則更有可能作出移情性解讀（如緊張、沮喪、無聊；McCool et al., 2004）。

這些研究結果具有重要意義，因為其他關於青少年吸菸的研究顯示，開始吸菸和持續吸菸與壓力和憂鬱之間存在關聯（Byrne, Byrne, & Reinhart, 1995）。這些情緒狀態似乎與青少年對媒體的認知以及媒體在多

大程度上影響其對吸菸吸引力的看法有關。即使在青春期，關於尼古丁的治療作用的認識似乎也很容易被理解，吸菸被普遍認為是在過渡時期控制壓力的重要而適當的應對策略。此外，隨著青少年年齡的增長，他們對他人情感體驗的敏感性也不斷提高。因此，年齡較大的青少年可能更關注那些基於情感原因而吸菸的人。年齡較小的青少年可能對吸菸具有較少的直接體驗，更關注那些更刻板化的（或物化的）畫面以及吸菸者的具體特徵，例如性感的女人或強壯的警察。要理解這種差異，可以回顧，年齡較大的青少年比低齡青少年更可能成為吸菸者，更可能與吸菸者互動或加入認為吸菸是正常行為的次文化群體（Allbutt, Amos, & Cunningham-Burley, 1995; Nichter, Nichter, Vuckovic, Quintero, & Ritenbaugh, 1997; Michell, 1997）。年齡較大的青少年似乎不太可能認同電影中吸菸者的刻板形象，或許是因為，在年齡較大的青少年的社交生活中，吸菸的那類人更加多樣性。

對媒體中吸菸者的刻板印象的敏感度也因性別而異。吸菸與體重控制、自我形象、自尊和冒險行為有關，而這些都是與青少年吸菸行為的性別相關的預測因素（Allbutt et al., 1995; Nichter et al., 1997）。因此，男孩和女孩可能會對描述某些特質（例如性感、健康、壓力）的媒體意象產生不同的興趣。這些都是意料之中的結果。男性和女性對情感暗示的敏感度不同，女性對他人情感的表達和經歷表現出更高的敏感性（尤其是負面情緒；Else-Quest, Hyde, Goldsmith, Van Hulle, 2006）。性別強化在青春期開始出現，青少年越來越多地從男性和女性特質的視角來定義自己（Lobel, Nov-Krispin, Schiller, Lobel, & Feldman, 2004）。因此，由於銀幕上的吸菸者經常被刻劃成壓力大、焦慮或憤怒的形象，青春期的女孩比男孩更容易辨識電影中吸菸者的情感刻板印象（McCool et al., 2003）。研究證實，壓力和憂鬱是預測青少年開始吸菸和持續吸菸的重要因素，年

4 青少年的吸菸行為與媒體

輕女孩尤其能意識到吸菸和放鬆之間的關係，這一形象很容易在銀幕上得到強化（Byrne & Mazanov, 1999; Lucas & Lloyd, 1999）。

青少年自身對吸菸的易感性，也會使他們對媒體中的吸菸形象持有不同的看法。對電影中吸菸形象的研究評估了青少年對吸菸的易感性，將其作為隨後是否吸菸的預測因素。前瞻性研究顯示，如果從不吸菸的青少年的易感性表現出期望吸菸或支持吸菸態度，那麼他們在日後更有可能吸菸（Pierce et al., 1996; Tyas & Pederson, 1998; Dalton et al., 2003）。對吸菸的易感性反映出一種支持吸菸的態度，是未來是否吸菸的一個極為重要的預測因素（Pierce et al., 1996）。與非易感的學生相比，對吸菸易感的青少年明顯更傾向於認可吸菸形象的刻板印象。對吸菸更為易感的青少年，似乎對諸如「性感」和「時尚」等注重正面形象的刻板印象更為敏感。例如，易感的非吸菸者更可能從正面刻板印象的角度去評價電影中的吸菸者（McCool et al., 2003）。一種解釋可能是，考慮吸菸的青少年對易獲取的（刻板的）、正面的吸菸畫面反應強烈，這些畫面支持他們對吸菸行為產生興趣（Aloise-Young, Shenanigan, & Graham, 1996）。另一種解釋是，經常觀看有吸菸鏡頭的電影和觀看電影中的正面刻板形象，可能會增加吸菸的易感性（Dalton et al., 2003）。雖然青少年對電影中吸菸者的評價有很大不同，但對吸菸易感的青少年更傾向於認同銀幕上的吸菸者形象。這些發現支持了一種普遍的觀點：媒體或許不會以同一種方式影響青少年，但在塑造和回應青少年的行為和態度方面仍發揮重要作用。

正如我們所見，研究揭示了媒體對青少年影響的極度複雜性。與我們考察的所有其他媒體研究領域一樣，重要理論說明媒體行業對青少年產生很大影響，支持這一觀點的研究顯示，媒體畫面往往以出人意料的方式影響青少年。重要的是，這一研究揭示，需要考慮青少年的發展需

第一部分　媒體效應的發展科學：研究範例

求及其社會環境。例如，雖然刻板的「正面」吸菸畫面（如性感的吸菸者）對年齡較小的青少年頗有吸引力，但吸菸的負面畫面（如壓力、無聊和憂鬱）所呈現出的另一種「正面」形象，可能會吸引年齡較大的青少年或特定的次文化群體（McCool et al., 2003）。並不令人奇怪的是，廣告似乎能夠捕捉到青少年的興趣點，青少年對「年輕人品牌」廣告評價很高（Arnett, 2001）。這些畫面透過逼真的方式予以描繪，並允許觀眾根據自身的經驗和期望來解讀其含義。而且，吸菸畫面似乎對那些對吸菸易感的人群具有更大的影響力。

媒體意象對青少年的影響方式多種多樣，揭示了這一研究領域最重大的局限性。媒體影響的多樣性突顯了將媒體置於更廣泛社會系統背景下進行考量的重要性，以及試圖理解在該體系中與青少年發展相關的媒體定位的重要性。如果不了解媒體在青少年更廣泛的資訊環境中所扮演的角色，我們就無法完全理解媒體的作用。

將媒體置於青少年發展的背景下

媒體對青少年吸菸的影響與其他一系列個體、家庭、同伴和社區因素相互作用。如同青少年所面臨的所有其他問題一樣，透過對吸菸流行病學的研究可以發現多種相互關聯的因素，這些因素似乎可以預測青少年採取的策略。本節將探討研究發現這些關鍵因素以及它們與各種媒體在影響青少年對菸草製品的易感性和最終吸菸行為的相對影響力之間的關係。

家庭和同伴的影響

與青少年密切相關的家庭和同伴在媒體對青少年的影響方面發揮何種作用，對此仍存在很多猜測。然而，家庭具有潛在的強大影響力這一

4 青少年的吸菸行為與媒體

結論似乎是合理的。考慮到家庭制定了媒體使用的規則並幫助形成其使用模式，家庭很可能會影響青少年對媒體中吸菸行為的反應。例如，透過施加限制，家庭可以減少青少年接觸可能對其產生影響的媒體。同樣，可以敦促接觸反吸菸活動的兄弟姐妹不要向弟弟妹妹提供香菸。媒體的影響可能來自於其與家庭成員的互動方式，進而影響家庭內部的規範觀念。同樣，我們也知道同伴對青少年的成長有很大影響，而媒體在塑造青少年的發展方面也扮演著重要角色。例如，有說服力的媒體意象可能會引發討論，從而對最終如何評價相關資訊產生影響。誠然，同伴和家庭在媒體對青少年影響方面的作用相當程度上還只是假設，但研究已經得出了一些重要的結論。

大多數關於青少年開始吸菸的研究證據顯示，同伴、父母和兄弟姐妹的吸菸行為與青少年開始吸菸密切相關。例如，即使不考慮家庭與媒體作用之間的連繫，家庭本身對青少年吸菸策略的影響表現得相當強大。也就是說，家庭內成年吸菸者的存在會影響青少年的吸菸行為。例如，一項針對 12～14 歲青少年的重要橫向研究對比了父母從來不吸菸和父母目前吸菸的青少年，發現父母吸菸的情況下青少年未來吸菸的機率增加一倍（Bauman, Foshee, Linzer, & Koch, 1990）。一些研究令人震驚，例如一項研究發現，在父母和最好的朋友吸菸的兒童中，74％的人經常吸菸，只有 11％ 的人從未吸過菸（Lauer, Akers, Massey, & Clarke, 1982）。相反，如果父母均非吸菸者，最好的朋友也不吸菸，那麼這些兒童中 80％ 的人從不吸菸，只有 3％ 成為日常吸菸者（Lauer, Akers, Massey, & Clarke, 1982）。除了這些重要的發現之外，我們知道，特定的家族特徵可以作為降低青少年對吸菸易感性的保護因素。如果父母擁有完整的婚姻、監督孩子的活動、與孩子一起參與活動、採用權威式育兒方式、給予子女支持且自己也不吸菸，那麼青少年吸菸的可能性就會降

第一部分　媒體效應的發展科學：研究範例

低（相關綜述，參見 Kobus, 2003）。

雖然父母的作用很大，但研究仍不斷強調同伴的重要性。事實上，若干研究已經探討了父母和同伴在影響青少年吸菸方面的不同作用。一些研究顯示，同伴對青少年的吸菸行為具有更大的影響 (Hu, Flay, Hedeker, & Siddiqui, 1995; Rose, Chassin, Presson, & Sherman, 1999)。另一些研究發現，二者的影響相對持平 (Chassin, Presson, & Sherman, 1995; Bauman, Carver, & Gleiter, 2001)。然而，還有一些研究發現，父母的影響比同伴更大，因為它們恰當地指出，相關影響在吸菸行為和青少年發展的不同階段各不相同 (Duncan et al., 1995; Flay, Hu, & Richardson, 1998)。然而，當僅關注父母自身和同伴的吸菸行為時，證據往往傾向於支持這樣一種觀點，即同伴對青少年的影響更大 (Avenevoli & Merikangas, 2003)。這一發現可能令一些人感到驚訝，但實際上，該發現與青少年在青春期開始吸菸的其他報告完全吻合，即青春期內青少年會受到同伴的行為和態度以及同伴選擇的重要影響。

大量研究證實，同伴在青少年吸菸行為中發揮著重要作用。在一項具有全國代表性的青少年樣本研究中，同伴始終是吸菸行為的最佳預測因素。持續吸菸的親密朋友的數量始終是衡量青少年是否曾經嘗試吸菸、是否經常吸菸、上個月的吸菸天數以及上個月的吸菸數量的最有力預測因素 (Maney et al., 2004)。其他研究顯示，有三個以上吸菸朋友的青少年的吸菸機率，是那些表示沒有吸菸朋友的青少年的近十倍 (Burns & Johnson, 2001)。擁有吸菸的朋友是青少年開始吸菸 (Jackson, 1997) 和持續吸菸 (Tyas & Pederson, 1998) 的最重要的相關因素之一。當最親密的朋友吸菸時，青少年吸菸和成為經常吸菸者的機率會增加一倍。那些與吸菸同伴往來的青少年，平均「吸菸天數」也明顯多於那些同伴不吸菸的人 (Burns & Johnson, 2001)。這些結果與若干全國性報告相一

4 青少年的吸菸行為與媒體

致（Burns & Johnson, 2001; United States Department of Health and Human Services, 2000, 2001a; Everett et al., 1999），並支持一個假設，即諸如「友誼網路」的反社會路徑會促使青少年開始吸菸並持續吸菸（Catalano & Hawkins, 1996）。大量研究認為，吸菸者往往與吸菸者交朋友，不吸菸者與不吸菸者交朋友，與吸菸者往來的青少年比沒有吸菸朋友的青少年轉變為吸菸者的風險更高（Kobus, 2003）。

與同伴影響一樣，學校關於吸菸的規範要求也可能影響青少年的吸菸行為。學校仍然是可能影響相關行為的重要社會環境，其透過建立和維護社會規範，對青少年的行為產生積極和消極的影響。一些研究發現，學校營造了一個重要的發展環境，其對青少年吸菸的影響值得進一步研究（Allison et al., 1999; Ennett, Flewelling Lindrooth, & Norton, 1997）。例如，最近一項研究進行了多層分級分析，以模擬校內和校際層面上藥物使用的差異情況，將學校反藥物使用規範作為影響個體學生藥物使用的函式來建模。該研究控制了個人對藥物使用的不贊成態度以及學校和個人人口統計學特徵後結果顯示，學校反藥物使用規範與學生對這些藥物的使用之間呈現出負相關性（Kumar, O'Malley, Johnston, Schulenberg, & Bachman, 2002）。這些發現支持了一個結論，即學校規範在青少年吸菸中扮演著重要的角色。

重要的是，青少年往往認為明顯的同伴壓力不是他們決定吸菸的一個因素（Lucas & Lloyd, 1999）。但是，研究者也注意到，最初的吸菸體驗往往發生在與同伴有關的環境中（Michell & West, 1996; Nichter et al., 1997）。這些研究結果顯示，吸菸的壓力似乎更多地表現為社會規範性，而非直接、明顯或強制性的。這一觀點得到了相關研究的支持，即如果周圍的人吸菸，他們會感受到吸菸的內在自我壓力，而且他們嘗試吸菸的決定與為了避免被同伴排斥、獲得社會認可、促進社交互動以及實現

第一部分　媒體效應的發展科學：研究範例

自主感或獨立感（參見 Nichter et al., 1997）。該研究發現，青少年對吸菸流行度的認知會影響他們的吸菸行為：認為吸菸流行度高的青少年，開始吸菸的風險度更高（Sussman et al., 1988; Botvin, Botvin, Baker, Dusenbury, & Goldberg, 1992）。因此，那些從未嘗試過吸菸的青少年表示他們會有意迴避吸菸的場合也就不足為奇了（Michell & West, 1996; Lucas & Lloyd, 1999）。吸菸的青少年本質上調整他們的行為以與其他吸菸者保持一致，這一點再次向我們強調了媒體在塑造青少年預期中的重要作用。

正如我們從上文所見，相關研究試圖比較同伴、家庭和媒體影響的相對重要性。該研究顯示，媒體扮演了潛在的重要角色。但同樣值得注意的是，一些報告指出，同伴和家庭對青少年的吸菸模式具有更大的影響。例如，最近一項研究發現，家庭成員的吸菸行為、同伴的壓力以及先前的吸菸觀念是青少年吸菸程度的重要預測因素，而廣告則不是（Smith & Stutts, 1999）。在一項針對 246 名青少年的研究調查中，將之前不同研究中分析的預測變數（先前的觀念、同伴壓力、家庭成員吸菸、廣告和反吸菸資訊）作了整合。整體而言，家庭成員的吸菸行為、同伴壓力和先前的觀念，在預測吸菸程度方面比廣告和反吸菸資訊更為重要。儘管廣告和反吸菸資訊或許不會產生什麼影響，但它們仍然為媒體中不經意出現的吸菸描繪保留了相當大的空間。這一研究的確說明，媒體能夠扮演重要的角色。雖然我們關於同伴對青少年如何解讀媒體內容的影響了解不多，但同伴確實具有強大的影響力。一定程度上，如果青少年的社會系統接受媒體意象並將其視為自身文化的一部分，則該系統中的個體將或多或少地選擇將這一意象內化為自己的認知，並據此決定是否吸菸。

心理的影響

　　研究者分析了許多理論，以解釋青少年和成人吸菸行為的開始和持續。最有幫助的理論之一認為，青少年吸菸有多種目的，通常與特定的成長發展任務有關（Perry, Murray, & Klepp, 1987）。例如，吸菸可能是應對無聊和挫折的一種應對機制，也可能是對更成熟、成人身分的一種過渡性象徵或宣示，或是獲得同伴群體認可的一種方式。它也可能提供了一種娛樂、減壓、維持和提升個人活力的方式。這些因素更有可能共同發生作用。例如，人們早就了解到，對獨立和個性的渴望以及隨之而來的對權威的否定，都是青春期的特徵。這意味著，試圖將菸草產品想像成有問題的「禁果」的做法可能適得其反，其將吸菸與成年身分連繫起來，反而增強了其吸引力（參見 Willemsen & de Zwart, 1999）。雖然研究者經常孤立地探討這些影響因素，但相關研究的確證實，其中很多因素都會對青少年吸菸產生影響。令人遺憾的是，研究者尚未發現這些因素與媒體對青少年吸菸態度和行為的影響之間的相互作用。但是，即使是粗略地瀏覽一下這些因素也能揭示媒體的潛在作用。

　　關於持續吸菸行為的研究發現，吸菸者認為吸菸習慣具有鎮定作用（Leventhal & Avis, 1976），而且，令人愉悅的放鬆感是最常被提及的吸菸動機，尤其對青少年而言（Klitzke, Irwin, Lombardo, & Christoff, 1990）。對那些自我形象不佳或者時常處於焦慮狀態的青少年來說，吸菸也是一種快速而簡單的應對策略（Semmer, Cleary, Dwyer, Fuchs, & Lippert, 1987）。一些人格因素，如神經質、消極、絕望以及整體心理紊亂，也被認為對持續吸菸產生不可或缺的作用（Breslau, Kilbey, & Andreski, 1993）。有些兒童早在三年級就表現出日後在青春期吸菸的傾向，他們在認知上具有易感性或者對不吸菸沒有堅定的決心（Jackson, 1998）。例如一項研究發現，患有高度注意力不足過動症（ADHD）的青少年，其

第一部分 媒體效應的發展科學：研究範例

吸菸可能性是那些患有低度注意力不足過動症的青少年的十倍（Whalen, Jamner, Henker, & Delfino, 2001）。另一項研究報告指出，早期嘗試吸菸者和吸菸者更容易出現諸如早孕、高中輟學、偷竊和其他違法行為等問題（Ellickson, Tucher, & Klein, 2001）。其他一些研究發現，男孩和女孩在10年級時的情緒壓力與其在12年級時的吸菸行為相關（Orlando, Ellickson, & Jinnett, 2001），而且這一吸菸行為還與12～18歲青少年的睡眠問題有關（Patten, Choi, Gillin, & Pierce, 2000）。

然而，與吸菸有關的所有可能的心理因素中，研究強調了憂鬱在吸菸的開始（Kandel & Davies, 1986）和持續（Anda et al., 1990）中的地位（相關綜述，參見Covey, Glassman, & Sterner, 1998）。研究還發現，憂鬱症也被認為是青少年持續吸菸行為的前兆（Zhu, Sun, Billings, Choi, & Malarcher, 1999）。雖然大量文獻將憂鬱與吸菸行為相連繫，但這種相關性的性質仍不明確，同時，試圖解釋這些相關性的理論有時是相互矛盾的。

提出的理論通常包括憂鬱與吸菸之間的非因果關係和因果關係。一些變數與青少年的吸菸和憂鬱之間均存在關聯。受教育程度較低的青少年的吸菸率最高（Bartecchi, MacKenzie, & Schrier, 1995），而且研究發現，學業成績不僅可以預測吸菸的現狀，還可以預測是否開始吸菸及未來的吸菸意向（Botvin, Epstein, Schinke, & Diaz, 1994）。家庭相關變數也與吸菸和憂鬱存在關聯。例如我們知道，不與父母雙親共同生活的學生嘗試吸菸的風險有所增加（Botvin et al., 1994）。此外，如果父母中至少一個人吸菸，那麼青少年的吸菸風險就會顯著增加（Goddard, 1990; Patton et al., 1996）。父母吸菸也可以預測其子女的嚴重憂鬱程度（Chassin, Presson, Rose, & Sherman, 1998; Kendler et al., 1993）。雖然父母與青少年吸菸和憂鬱之間關係的確切性尚不清楚，但研究至少顯示，諸如心理

4 青少年的吸菸行為與媒體

脆弱性等由共同因素所導致的易感性，促成了我們在青少年中觀察到的吸菸與憂鬱之間的相關性（Koval, Pederson, Mills, McGrady, & Carvajal, 2000）。

之前的研究將憂鬱作為單維變數來研究吸菸與憂鬱之間的關係。此類研究顯示，無論對成年人（C. Brown, Madden, Palenchar, & Cooper-Patrick, 2000）還是青少年（Escobedo, Reddy, & Giovino, 1998）而言，吸菸與憂鬱之間均存在很強的關聯性，但早期研究並沒有對憂鬱的具體方面進行獨立研究。近期研究顯示，一些典型的憂鬱指數——低能量、情緒低落、認知困難、自卑和習得性無助——與青少年吸菸不存在相關性（Vogel, Hurford, Smith, & Cole, 2003）。相反，憂鬱症中更具疏離性的方面——工具性無助和社會內向——與吸菸存在關聯。事實上，後兩者之間存在顯著的相關性（Vogel et al., 2003）。看來，最有可能開始吸菸的青少年，是那些在情感需求得不到滿足時最不可能求助的人。那些令青少年覺得從他人那裡獲取的幫助和同情很有限的經歷，可能會讓青少年感到脆弱和孤立，就可能把吸菸當作獲得社會認可或自我緩解憂鬱情緒的一種方式。

更為複雜的是，最近的研究已經注意到了吸菸和憂鬱之間的生物學連繫（Balfour & Ridley, 2000）。早期開始的經常吸菸習慣對憂鬱症具有高度預測性，而且，藥物使用和憂鬱症之間可能存在一種生物學上的相似性（Hanna & Grant, 1999）。多年來一直有證據顯示憂鬱存在遺傳傳遞現象（例如，Blumenthal & Pike, 1996），但直到最近才有人提出，吸菸成癮也存在類似的遺傳易感性。然而，研究已經證實，憂鬱個體的基因亞群傾向於透過吸菸來自我緩解憂鬱症狀（Lerman et al, 1998）。這一領域的更多研究足以辨識哪些青少年最容易開始吸菸和持續吸菸，但憂鬱的潛在作用增加了媒體影響吸菸行為的可能性，正如我們已看到的，媒體

行業是滿足青少年規範性過渡需求（包括憂鬱的思想和情感）的一個重要機制。

在青少年吸菸研究中經常被忽視的是吸菸之類習慣的實際成癮性。例如，青少年吸菸者一般認為，他們戒菸的難度較小，菸癮也比一般吸菸者小（Weinstein, Slovic, & Gibson, 2004）。並且，青少年往往相信自己能夠戒菸，而實際上不太可能做到；他們（像成年吸菸者一樣）大大高估了自己在未來一年能成功戒菸的可能性（Weinstein, Slovic, & Gibson, 2004）。此外，已有研究證明，吸菸者通常能夠意識到健康風險的增加與吸菸有關，但往往會低估自己對疾病的易感性，也會低估短期吸菸帶來的健康風險（Murphy-Hoefer, Alder, & Higbee, 2004）。另一個需要考慮的因素是，尼古丁成癮通常在開始吸菸的第一年內就會形成（Burns & Johnson, 2001）。顯然，我們正在應對一些潛在的強大成癮習慣，而媒體可能會對其中一些習慣的形成發揮著重要作用。

種族／民族的影響

青少年的吸菸模式在不同種族和民族之間存在很大差別。相關差異在低齡青少年中可能正在消失，但白種人的吸菸率要高於西班牙裔和黑人（Kandel, Kiros, Schaffran, & MeiChen, 2004）。與少數族裔青少年相比，白人青少年開始吸菸的年齡更小，更有可能持續吸菸，並且對尼古丁的依賴程度更高（Griesler & Kandel, 1998; Kandel, Chen, Warner, Kessler, & Grant, 1997; Landrine, Richardson, Klonoff, & Flay, 1994）。不同種族間吸菸率的差異，突顯了探索不同族裔群體對媒體中吸菸者形象的評價差異的重要性。在某些人群中，關於吸菸行為的文化規範和期待，在促成和維持較高的吸菸率方面扮演著重要角色。此外，不同族裔在不同類型的媒體消費上也可能存在文化差異。

令人遺憾的是,我們對種族和族裔差異背後的因素知之甚少。美國衛生總署發表的題為《少數種族／族裔群體中的菸草使用情況》的報告中(United States Department of Health and Human Services, 1998),強調了在青少年吸菸的決定性因素中種族和族裔差異性研究的匱乏,以及此類研究在方法上的局限性。除了少數的例外,大多數研究都是橫向研究,並且混淆了吸菸的前因和後果。基於本地樣本的縱向研究(Landrine et al., 1994; O'Loughlin, Paradis, Renaud, & Gomez, 1998; Bauman, Carver & Gleiter, 2001)報告了不一致的結果。基於全美國縱向樣本的綜述報告,如「全美國青年縱向調查」(Griesler, Kandel, & Davies, 2002)、「青少年健康縱向追蹤調查」(Bauman et al., 2001)、「全美國教育縱向研究」(R. A. Johnson & Hoffmann, 2000)、「青少年態度和行為調查」(Flint, Yamada & Novotny, 1998)等,也報告了一些不一致的結果。但整體而言,研究確實顯示,在各種吸菸行為的預測因素方面,種族和族裔差異並不明顯。例如,全美國青少年健康縱向調查研究顯示,與環境因素(學校)相比,個體因素(青少年自身、家庭和同伴)是吸菸行為更有效的預測因素。其他研究顯示,吸菸行為的預測因素在不同種族和族裔群體中存在很大共性(Kandel et al., 2004)。由於無法確定足夠的預測因素,且不同群體之間明顯存在重要差異,如果我們要想了解青少年的吸菸傾向和習慣,顯然還有很多方面有待研究。

影響力研究的意義和局限性

很多因素都與青少年的吸菸行為有關。青少年開始吸菸相關研究的大部分證據顯示,同伴、父母和兄弟姐妹的吸菸行為與青少年開始吸菸密切相關。此外我們還看到,諸如風險感知和樂觀性偏見之類的重要心理因素,乃至於生物因素,都會影響青少年是否開始吸菸和持續吸菸。

第一部分　媒體效應的發展科學：研究範例

　　雖然已存在大量研究，但一些重要關聯性仍不為人知，甚至被人誤解。例如，其中一項最明確的研究結論是，同伴影響青少年的吸菸習慣。然而，我們對同伴如何促成這一行為習慣的了解仍然有限。我們尚不清楚青少年吸菸的社會化過程，包括他們如何受到朋友的影響以及如何影響朋友的過程。尚不明確的是，吸菸和吸菸相關變數在多大程度上參與了青少年選擇加入或退出同伴關係的決定；同樣未知的還有與之互補的選擇過程，即青少年因吸菸與否被選擇或排除在某一關係之外。除了缺乏對雙向性和同伴關係的理解，我們也還不理解這一關係的潛在短暫性，而且也未能評估友誼模式的變化以及這些變化對青少年吸菸的影響。「同伴」一詞的構成也仍然模糊不清，因為研究通常未能考慮友誼、同伴群體和更廣泛社會系統的本質。這一局限性意義重大，因為朋友和青少年行為之間的相互因果關係意味著，僅僅透過橫向研究考察同伴和青少年吸菸的相關性可能會得出被虛假誇大的影響猜想值。不了解青少年吸菸的最關鍵因素的基本過程，無疑對理解媒體在這些關係中的作用提出了挑戰。然而，考慮到這些因素的重要性，若要理解媒體在青少年發展方面的作用，似乎確實需要更廣泛地審視其對青少年資訊環境的影響。

修正媒體對青少年吸菸策略的影響

　　我們已經注意到，很多因素會增加非吸菸青少年開始吸菸的可能性。但是，要想理解媒體的影響，就意味著同時要在那些旨在控制和限制媒體影響的工作背景下予以理解，比如透過限制獲得菸草製品的途徑、提供健康教育，甚至使用有針對性的反吸菸媒體運動來降低媒體對青少年吸菸行為的促進作用。或許出人意料的是，反吸菸公眾衛生宣傳運動通常都聲稱獲得了成效。例如，這些活動一般會向兒童告知吸菸的

負面後果。低齡兒童表示出不吸菸的意向，對吸菸持負面態度，而且知情程度比以前高得多（Grandpre, Alvaro, Burgoon, Miller, & Hall, 2003）。因此，青少年群體是最了解吸菸負面後果的群體之一。然而，儘管存在反菸的信念、態度、知識和意向，還是有相當多的青少年早在國中時就開始吸菸。顯然，許多成功的藥物濫用干預計畫所獲得的成果會隨著青少年的年齡增長而消失。媒體運動令人驚訝的局限性顯示，有必要考慮其他預防措施的性質，尤其是那些被認為有效的預防措施。

　　吸菸預防計畫主要以學校為依託展開。相關綜述顯示，在過去的十年中，幾乎所有研究都包含以學校為基礎的計畫內容，即使不是完全聚焦於此類計畫（Backinger et al. 2003）。一些研究發現，學校預防計畫在延遲吸菸的開始時間和強化反菸態度方面具有短期效果（即在干預措施實施後立即顯現），但無證據顯示其具有長期的預防效果（Elder et al., 1993; Noland et al., 1998; Eckhardt, Woodruff, & Elder, 1997）。一項針對學校預防計畫的統合分析顯示，計畫效果存在有限性（Rooney & Murray, 1996）。但最近一些綜述指出，透過強調社會影響來遏制青少年吸菸的計畫，比單純強調努力提升青少年自尊或增加其健康風險知識的計畫更為有效（Lantz et al., 2000）。這些發現與已有的成熟研究結果相一致，說明有必要提高青少年抵禦負面社會壓力的能力（Donaldson, 1995）；而且，當把那些行為異常的同伴聚集在一起或者僅傳授他們特定的拒絕技巧來對抗諸如公然吸毒之類的行為時，這些計畫往往沒有效果（Dishion, McCord, & Poulin, 1999）。但一般而言，僅靠社會影響計畫往往無法長期有效地預防青少年的開始吸菸行為（Backinger et al., 2003）。

　　最受歡迎的計畫效果有限，這表示有必要探索其他預防吸菸的措施。在過去的30年裡，儘管大量的吸菸預防計畫已得以制定和實施，但直到最近才有研究系統地檢驗了這些干預措施在社群環境中的效果。一

第一部分　媒體效應的發展科學：研究範例

些證據支持將學校和社群元素相結合的多模態專案計畫。一組研究人員開發並實施了這樣一項針預防青少年吸菸的綜合社群計畫的隨機對照試驗（Biglan, Ary, Smolkowski, Duncan, & Black, 2000）。這一干預措施以導致青少年吸菸的主要社會影響因素為目標，將媒體宣傳、家庭溝通、限制產品銷售和反菸草活動結合在一起，以降低青少年吸菸率。結果顯示，針對青少年吸菸的多重影響因素的綜合社群計畫，可以強化單純依賴學校計畫的效果。干預措施在進行一年和實施結束一年後效果顯著，據報導，該計畫阻止了社群環境中吸菸率的上升。其他研究也發現了相關干預措施的積極效果。研究發現，包括媒體宣傳在內的五個主要的全國性綜合菸草控制計畫，已被證實能減少成人和青少年的吸菸率（Wakefield & Chaloupka, 1999）。但是，這些努力往往以犧牲對媒體本身更細膩的研究為代價，而優先於確定整體計畫影響的目標（Wakefield, Flay, Nichter, & Giovino, 2003）。此類研究可能會揭示綜合的菸草管控措施能夠在多大程度上減少青少年的菸草消費量和降低吸菸率，但它們並未告訴我們媒體在這些措施中的潛在作用。

一些研究將媒體與其他干預措施結合起來，對不同干預措施的相對有效性予以分析。例如，一項縱向研究專門考察了反吸菸廣告對吸菸行為的影響（Siegel & Biener, 2000）。該研究發現，在為期 4 年的追蹤調查中，對反吸菸廣告的記憶程度與發展為慣常吸菸行為的比率顯著相關，但這種連繫只對那些接觸廣告的低齡青少年（12 〜 13 歲）有顯著影響，對年齡較大的青少年（14 歲〜 15 歲）並非如此。這些結果與其他已實施的更綜合干預的研究結果相一致，說明反吸菸廣告對低齡青少年的影響較之大齡青少年更為明顯（Wakefield & Chaloupka, 1999）。

當大眾媒體宣傳活動與學校干預措施相結合時，往往能獲得一定效果。至少有四項實驗研究支持了這一結論：當研究將媒體和學校干預措

施相結合並與無媒體參與的學校干預措施進行對比時，發現大眾媒體的干預對吸菸率有顯著影響（參見 Flynn et al, 1994; 1997; Worden, Flynn, Solomon, & Secker-Walker, 1996）。例如一項研究發現，在 4 年和 6 年的追蹤調查中，同時接受媒體和學校干預的學生，與僅接受學校干預的學生相比較，過去一週內的吸菸率、自我報告的吸菸狀態以及每日吸菸量都明顯更低（Flynn et al., 1994）。這些令人印象深刻的結果顯示，媒體和學校聯合干預措施具有永續性。當針對更高風險的青少年群體 —— 即在研究開始時就吸菸的青少年或者與吸菸的父母、朋友等存在直接社會連繫的青少年時，干預效果更加明顯（Flynn et al, 1997）。此外，結果還顯示，高風險的女孩比男孩從這些干預措施中獲得更大的相對利益。考慮到在證明干預措施的重要性方面所面臨的普遍挑戰，這些結果確實令人印象深刻。

上述發現令人印象深刻，但它們也呈現出了一些重要的局限性，這突顯了解決經常被忽視的青少年發展問題的必要性。最值得注意的是，這些措施未能對被認為處於低風險的青少年產生影響，這表示有必要確保宣傳活動持續進行，以便在青少年迫於壓力做出決定時發揮影響作用。宣傳活動似乎是在保護那些必須儘早做出是否吸菸決定的青少年，而非那些在宣傳活動結束時才不得不做出決定的人。雖然結果如此，研究仍然支持這樣一種觀點，即與僅參與學校吸菸預防計畫的學生相比，同時參與學校吸菸預防計畫和接受大眾媒體干預的學生，每週吸菸的風險可能會降低。同樣，這些結果令人振奮，它們在一定程度上強調受眾的特徵的重要性，並且宣傳活動在考慮資訊傳播的時機、數量和內容時能實現最佳目標。諸如此類的研究結果促使研究者得出結論，透過前期調查研究和相關媒體資訊的開發，認真對待特定的青少年受眾是媒體干預得以成功的關鍵（Backinger et al., 2003）。

第一部分　媒體效應的發展科學：研究範例

　　有研究顯示，媒體宣傳運動與學校計畫之間並無關聯，這也支持了考慮青少年成長背景的必要性。一項結合了學校計畫和大眾傳媒及社群資助的長期而基礎廣泛的計畫顯示，儘管青少年接觸反吸菸資訊的機會增多，但每週的吸菸率並沒有受到明顯影響，這意味著需要進行更為深入的專案規劃（Murray, Prokhorov, & Harty, 1994）。同樣，一項針對三個媒體宣傳活動的實地研究，結合了兩種宣傳方式（電視和廣播）與同伴參與的元素，結果顯示，這些活動僅對吸菸的預期後果和朋友對吸菸的認可度產生適當影響（Bauman, LaPrelle, Brown, Koch, & Padgett, 1991）。兩種宣傳方式的效果並無明顯差異，也沒有發現它們對吸菸的影響。重要的是，這些研究發現干預措施的效果甚微，因而被批評只是流於表面，沒有嘗試強化非吸菸資訊。看來，反菸運動能夠從強化媒體宣傳資訊的舉措中獲益。

　　在預防青少年使用菸草的主要監管策略之外，媒體和學校的努力也不可或缺（Lantz et al., 2000）。直到最近，大多數州的青少年還能輕易買到菸草製品。正因如此，減少香菸和其他菸草製品供應的力度不斷加大，以期減少使用菸草的青少年的數量。關於全州範圍內預防專案計畫的研究顯示，單靠立法舉措似乎不足以對吸菸率產生重大影響。菸草控制政策旨在透過吸菸令、頒布和實施限制青少年獲取菸草製品的法律來降低吸菸率。諸如《西納爾修正案》之類的聯邦重要舉措，現在要求接受聯邦資金贊助用於藥物濫用及治療的各州通過並執行菸草銷售年齡法案，並降低菸草的非法銷售率（參見 Dent & Biglan, 2004）。雖然許多研究對減少非法銷售在多大程度上有助於降低吸菸率存在相互矛盾的結論，但在最近的綜述（Stead & Lancaster 2000）和一個統合分析（Fichtenberg & Glantz, 2002）中並未找到證實減少菸草獲取途徑與降低青少年吸菸率之間存在關聯的確鑿證據。關於青少年菸草獲取的研究顯示，儘

4 青少年的吸菸行為與媒體

管法律禁止向 18 歲以下的個人出售香菸，但青少年仍然能透過非商業管道（如朋友和家人）以及商業管道（如便利商店）獲取香菸（Backinger et al., 2003）。例如，最近一項針對多個社區的大規模研究調查了向未成年人出售菸草的比例與 13～17 歲的青少年吸菸率之間的相關性（Dent & Biglan, 2004）。這些研究結果僅對減少青少年獲取菸草的商業來源的重要性給出了有限的支持，並表示菸草的社會來源（如同伴、兄弟姐妹和父母）是青少年吸菸的一個重要因素。菸草來源使用率的發現與其他研究相一致，表示青少年菸草來源相當程度上具有社會性（DiFranza, Savageau, & Aisquith, 1996; Forster, Klepp, & Jeffery, 1998; DiFranza & Coleman, 2001）。重要的是，從社區非法銷售行為確實與吸菸率相關這一角度來看，相關行為對那些最接近法定年齡界限的青少年影響更大。青少年會根據菸草的商業管道可獲取程度來調整其菸草來源。

然而，不出所料的是，當某個社區採用綜合性方法並通過全面的青年準入條例時，與其他社區相比，該社區可以減少每日吸菸量的增長（Jason, Berk, Schnopp-Wyatt, & Talbot, 1999; Jason, Katz, Vavra, Schnopp-Wyatt, & Talbot, 1999）。關於成本效應的資料顯示，青少年對香菸價格上漲的反應比成年人更為敏感，據估算，香菸價格上漲 10%，青少年的吸菸量會減少 5%，而成年人的減少比例僅為 1%～2%（Backinger et al., 2003）。經濟評估顯示，青少年對價格的敏感度是成年人的三倍，這表示，提高香菸價格將會降低青少年吸菸率並減少其吸菸量（Evans & Farrelly, 1998; Lewit, Hyland, Kerrebrock, & Cummings, 1997）。這些研究非常重要，它們至少說明，解決青少年的吸菸問題存在切實有效的方法，而不需要直接應對媒體意象問題。

綜合措施能否對青少年戒菸產生影響，在相當程度上仍是一個未經研究的問題。雖然絕大多數的戒菸措施主要針對慣常吸菸的成年人，但

第一部分　媒體效應的發展科學：研究範例

那些包括青少年在內的研究揭示了一些重要的觀點。最近一項綜述對66項青少年戒菸研究進行了評估（Sussman, 2002），研究報告顯示，在3～12個月的隨訪中，平均戒菸率為12%，而對照組的平均戒菸率為7%。隨訪的時長從2週到64個月不等。其中的14項研究在計畫結束後就終止了戒菸檢測。而其他52項研究報告了後續隨訪的時長：其中10項研究的隨訪時長是1～2月，16項研究的隨訪時長為3～5月，11項研究的隨訪時長為6～7月，9項研究的隨訪時長為12個月，4項研究的隨訪時長為1～2年，還有2項研究的隨訪時長為3年及以上。採用動機強化干預或應急強化干預的戒菸率分別為19%和17%，比其他干預措施的戒菸率更高。基於干預計畫的類型考察效果時，以課內計畫的戒菸率最高，為19%；基於電腦的計畫和學校診所計畫也頗具成效，其戒菸率分別為13%和12%。這些戒菸率源於每個研究類別中所有戒菸率的平均值。該項研究得出結論認為，整體資料顯示，戒菸干預使得戒菸率提高了一倍。雖然這些研究結果令人振奮，但值得注意的是，媒體干預並未被納入其中，對媒體干預的排除再次突顯了不能只關注媒體宣傳的必要性。

現有研究的意義和局限性值得強調。在青少年吸菸預防領域的新知識方面已獲得了重要進展，但是，後續工作需要關注幾個調查方向。雖然多元模式的菸草預防方法大有作為，但很明顯，吸菸的整個發展過程並非孤立發生，多種社會、心理、生理和環境因素都共同影響著青少年的吸菸行為。媒體努力尋求影響青少年的吸菸行為，就必須考慮自身在這些背景因素中的地位。

雖然許多研究存在方法上的局限性，但仍為我們指明了有希望的方向。干預措施通常至少存在一個主要缺陷，如未使用非隨機化設計、干預乏力、缺乏隨訪或者無法管控其他菸草控制策略中各種因素等，而這

4 青少年的吸菸行為與媒體

些因素本身可能影響青少年的吸菸行為。但是，現有研究支持這樣一種觀點，即，媒體在預防甚至阻止青少年吸菸中發揮著積極的作用。這些研究顯示，反吸菸行動能對青少年開始吸菸的行為產生影響，而且，當媒體宣傳活動與學校吸菸預防計畫相結合實施時效果最佳。那些基於社區和政策的吸菸預防措施的研究顯示，除了學校計畫之外，利用大眾媒體和吸菸禁令等方法也可以有效預防青少年的吸菸行為。這些綜合性菸草計畫考慮到了影響青少年吸菸行為的一系列因素，如無菸政策、父母和社區的積極參與、學校自身計畫、戒菸服務以及媒體反菸草廣告。此外，研究還揭示了重要的年齡效應以及考慮發展階段因素的必要性；對青春期前或青春期早期的影響，較之青春期後期更為明顯。這些發現強調了一個重要觀點，即透過家庭、同伴和社會環境的社會群體互動，既可能抵消媒體宣傳的潛在效果，也可能增強這種效果。有效的措施會利用適合青少年成長階段的、以學校和社區為基礎的預防資訊來輔助媒體宣傳。同樣，旨在引導青少年對媒體呈現內容做出正確反應的工作，不能忽視青少年所處的更為廣泛的資訊環境。

結論

我們所探討的任何一個社會問題，其重要性都不容小覷。然而，儘管我們探討的其他領域備受關注，它們實際上可能並非是最棘手的，當然也不是最致命的。青春期無疑是開始吸菸和最終養成吸菸習慣的一個敏感時期。在這一時期，不吸菸的青少年可能開始吸菸，嘗試吸菸的青少年可能會逐漸養成經常吸菸的習慣，而且他們可能會從一個非成癮性吸菸者轉變為成癮性吸菸者。吸菸對青少年乃至於整個社會而言都是一個重要的公共健康問題，但媒體研究普遍未能像對待青少年面臨的其他問題那樣密切關注青少年的吸菸策略。

第一部分　媒體效應的發展科學：研究範例

　　雖然青少年成長仍然是媒體研究中被了解最少的方面，但新興研究揭示了媒體潛在的強大影響。橫向研究和實驗研究中的一個強而有力的案例顯示，媒體中的吸菸畫面會增加青少年的吸菸可能。媒體為青少年提供了仿效的榜樣，廣告不斷向消費者宣傳新的品牌。電影和電視節目描繪了特定的生活方式和問題，因此，菸草產品的植入，哪怕是偶然性植入，也可能對青少年極具吸引力，甚至比直接的廣告宣傳更具影響力。此外，媒體現在也在反吸菸運動中扮演著重要角色。這些運動之所以出現，是因為政府認為公眾需要充分的資訊、更多的動力和可獲得的幫助來戒菸或避免開始吸菸。研究者尚未系統地探討媒體在培養青少年吸菸行為中扮演角色的諸多複雜性，但幾乎沒有人懷疑，媒體能塑造和反映吸菸的社會價值觀。

　　正如我們所見，這些文獻揭示了大量的生理、心理、社會、經濟、政治和文化因素對青少年吸菸行為的影響。沒有任何一個單一因素能夠獨自導致未成年人吸菸。研究列出了一長串在某些情況下與青少年吸菸呈正相關的因素。其中最顯著的是同伴和其他人對青少年吸菸的社會影響，諸如同伴對吸菸率的認知、同伴的吸菸率、理想同伴的吸菸率、同伴壓力以及對同伴的認同感。此外是家庭問題，諸如父母認同吸菸的看法、父母吸菸、年長兄弟姐妹吸菸和社會經濟狀況等因素。對香菸廣告和行銷活動的接觸程度，也在研究中占據了重要地位。它們如何與其他因素共同作用還有待觀察，但我們已經知道，媒體在塑造行為模式、施加間接壓力以及培養能塑造青少年認知、需求和社會互動的規範性觀念方面扮演著重要角色。當媒體滲透到青少年所處的環境中時，就會影響青少年對菸草產品的反應。

　　對青少年所處環境的關注，突出了讓青少年參與人際互動的必要性。這表示，我們既要考慮諸如憂鬱和行為偏差行為等基本心理需求，

也要考慮同伴壓力和對學業的投入等規範性因素。媒體如何影響這些因素，相當程度上仍然是一個未知的研究領域，但與目前研究媒體在青少年吸菸行為中的作用相比，我們需要從更廣泛的角度考量媒體和大眾資訊的作用。要想有效地應對青少年吸菸和其他菸草使用問題，就必須解決青少年在資訊環境中的工具性和社會有效性問題。

5　青少年的性行為與媒體

與其他任何社會化過程一樣，性社會化涉及青少年獲取知識、態度和價值觀的過程。這一多元過程整合了來自各種不同來源、涵蓋廣泛主題的資訊，包括從外貌和生育資訊，到有關約會、性和戀愛關係的價值觀與態度，再到對婚姻、親子關係、家庭生活和工作的認知。不出所料，媒體為這些種類繁多的訊息提供了一個潛在的強大來源。媒體以言語或非言語的形式傳播這些資訊，方式上常常微妙、模糊和不一致。這種複雜性為研究帶來了相當大的挑戰。這種複雜的資訊本質上難以辨識和評估，也很難將其置於青少年所處的更廣泛的資訊環境中予以定位。此外，性相關資訊無處不在，從而向評估此類資訊來源的工作提出了挑戰。可以說，與我們在前幾章中得出的結論相比，這些現實情況讓我們了解到：必須結合媒體對青少年所處的整個資訊環境的影響來考量其效應。

媒體在青少年的性知識和態度的資訊環境中的定位似乎尤其重要，因為青少年和父母本身（儘管出於不同原因）都高度重視媒體的作用。我們的社會普遍認為，父母是孩子最具影響力的性教育者（Levesque, 2000）。然而，就與性的具體資訊而言，青少年通常表示，他們從同性夥伴和媒體那裡學到的東西比任何其他管道都多（例如，參見 Ballard &

Morris, 1998)。媒體行業（尤其是電視和雜誌）通常位列青少年性資訊來源的前三名，其重要性僅次於同齡人或學校。近期對青少年進行的研究訪談甚至將娛樂媒體列為性和性健康資訊的首要來源（Kaiser Family Foundation and Children Now, 1997）。那些 12～15 歲的青春期早期人群，可能除了利用媒體形成自己關於性和親密關係的概念之外，幾乎沒有其他選擇（Connolly & Goldberg, 1999）。尤其是，考慮到他們很少有機會直接觀察性行為，性關係是難以啟齒的話題（特別是與父母討論時）（Gordon & Gilgun, 1987），而教育計畫也通常側重於性的純生物學方面（Levesque, 2003）。毫不奇怪，主要研究人員現在將媒體視為影響青少年性態度和性行為的「超級夥伴」（J. D. Brown, Halpern, & L'Engle, 2005）。媒體無疑提供了重要的資訊來源，但它未必能提供真正能夠影響行為的資訊。這種區分的意義在於，父母一定程度上不再是提供資訊最多的人，但仍然具有很大的影響力（Levesque, 2000）。即使父母和成年人就媒體對青年的影響表示了極大的擔憂，青少年實際上似乎同意前述觀點，表示自己對媒體的影響漠不關心（Werner-Wilson, Fitzharris, & Morrissey, 2004）。此種「第三人效應」——認為某些事情會影響他人但不會影響自己的觀念——使得青少年和成年人都深受其害，這表示需要讓青少年了解到這些擔憂的合理性，以及需要他們自行判斷相關擔憂本身是否確實合理。

在表面上，引發擔憂的媒體描繪似乎反映了青少年的性行為。正如我們將在下文看到的，媒體專家普遍認為，媒體透過塑造和培育不負責任的態度鼓勵性行為。大量證據顯示，青少年會受到鼓勵而去參與性活動，其中許多行為對他們的健康帶來風險。例如，眾所周知的研究結果顯示，近三分之二的高中畢業生（通常剛滿 18 歲）有過性行為（Centers for Disease Control & Prevention, 2002）。這些統計資料令人印象深刻，

5 青少年的性行為與媒體

但即使如此,它們也低估了性交之外的各種潛在性行為。尚無有效的資料顯示青少年其他類型性行為的發生頻率,但這些行為也對影響性行為的「性認知」的發展具有重要意義(例如,性喚起能力、性自主、禁慾的態度、父母和同伴的認可感和性自尊)。越來越多的研究認為,青少年在開始性交前的性體驗(例如,撫摸乳房)對性發育至關重要,而且與性交相比,這些經歷與性認知的更大變化有關(O'Sullivan & Brooks-Gunn, 2005)。對廣泛的性活動的關注具有重要意義,因為不同群體的青少年的初次性體驗各不相同。青少年的性活動,包括他們在初次性交之前參與的活動類型,與年齡、身體發育、文化背景和許多其他因素有關(Blum et al., 2000; Levesque, 2000)。性活動在青春期明顯增加,也是在這個時期,青少年會密切關注周圍的資訊,從而形成對性和性行為的態度。

對此存在兩種並行的觀念:一是認為媒體鼓勵不負責任的行為;二是認為青少年在參與性活動時確實將自身置於受傷害風險之中。許多青少年很可能參與性活動而不會產生負面後果,但參與性活動顯然會增加產生負面後果的風險。例如,大量研究記錄了導致青少年懷孕率居高不下的性行為所帶來的生理、情感和社會後果。在美國,每年有 80 萬～90 萬 19 歲及以下的青少年懷孕;約 42.5 萬人分娩,其中近一半生育者年齡在 17 歲及以下(Martin et al.,2003)。另外有充分證據顯示,過早生育對青少年及其子女會產生深遠的影響。例如,與晚育的母親相比,青少年母親更可能出現單親家庭、生活貧困和受教育程度低的情況(Levesque, 2000)。大量文獻還記錄了母親早育所生子女遭遇的困境。例如,與年齡較大的母親生育的孩子相比較,年齡較小的母親生育的孩子更容易出現一般違法行為、暴力行為以及被逮捕的情況(例如,Corrado et al., 2002; Pogarsky, Lizotte, & Thornberry, 2003)。沒有證據顯示參與性活動不存在風險。

第一部分　媒體效應的發展科學：研究範例

　　懷孕風險及其後果歷來是性活動引起的主要問題，但日漸無法與感染性傳播疾病（STD）引起的負面結果相提並論。最近一項研究發現，一份包含 921 名青少年的樣本中，至少三分之一的人在過去 90 天內經歷過保險套失效的情況，且這一結果與性別無關。鑒於並非所有受訪者都有性行為且實際上使用了保險套，這一發現十分驚人。但更為重要的是，研究還發現，保險套失敗的頻率與性傳播疾病的診斷結果呈正相關，每增加一例保險套使用失敗的情況，測試陽性的機率增加 22%（Crosby et al., 2005）。這些發現與以下觀點相一致：與那些推遲性行為的人相比，在青春期就開始性行為的人患上性傳播疾病的風險增加，而不僅僅是懷孕風險增加。美國每年發生的超過 1,500 萬例性傳播感染病例中，近 400 萬人是青少年，600 萬人是 20～24 歲的年輕人（Cate, 1999; Weinstock, Berman, & Cates, 2004）。青春期性傳播疾病的高傳播率引發了對愛滋病毒（HIV）感染的關注，但如今人們對其他性傳播疾病的關注度也在不斷提高。最值得注意的是，人類乳突病毒（HPV）是全球發病率和死亡率的一個重要來源，而感染 HPV 的主要危險因素通常與青少年的性行為相關。在特定人群中，青春期女性的累積患病率高達 82%，且幾乎所有性活躍的青少年都處於患上 HPV 的高風險之中（Moscicki, 2005）。這些研究結果無疑為呼籲青少年抵制性行為的努力提供了支持。

　　性活動在危害青少年健康成長方面還扮演著其他重要角色。性活動與遭遇嚴重侵害的經歷相關，這會增加青少年在青春期期間及之後發生負面後果的風險（Kaukinen & DeMaris, 2005）。例如，女性首次發生性行為的年齡越小，就越可能遭受非自願或強迫的性行為。來自全國青少年健康縱向研究的資料顯示，7%的青春期女孩經歷過強迫性交（Raghavan, Bogart, Elliot, Vestal, & Schuster, 2004）。這些數字略低於全國青少年風險行為調查的結果，其顯示高中女生和男生遭受過強迫性行為的比例分

別為 10.2%和 5.1%（Howard & Wang, 2005）。雖然強迫性行為本身就很嚴重，但有過強迫性行為的經歷也與許多其他過去和潛在的傷害相關；青春期的性侵害經歷增加了男性和女性陷入悲傷或絕望情緒、考慮或企圖自殺、成為約會暴力的受害者、酗酒、擁有多個性伴侶以及進行無保護性行為的風險（Howard & Wang, 2005）。此外，相關受害史與多種形式的藥物使用、藥物相關問題以及愛滋病等性傳播疾病存在關聯（Ellickson, Collins, Bogart, Klein & Taylor, 2005）。同樣地，回到性傳播疾病和感染的問題，先前有過強迫性行為體驗經常與其後一生中擁有更多性伴侶相關，而這又與隨後感染人類乳突病毒及其他性傳播感染相關（Kahn, Huang, Rosenthal, Tissot & Burk, 2005）。這些最近研究結果無疑令人印象深刻，說明參與性行為的青少年很可能已經受到重大傷害，並且正在遭受各種相關的損害。

　　青少年的性活動肯定會造成相當大的損害，但媒體如何助長了這些損害仍有待明確。但很明顯，青少年似乎對充斥著性元素的媒體內容很感興趣，而媒體強化了這一吸引力。媒體的強化作用很快就會產生問題，以至於父母、學校和政策制定者仍在爭論青少年應該知道什麼和被教導什麼時，大量媒體卻越來越多地以父母、學校和政策制定者認為有問題且通常令人反感的方式描繪性行為和性關係。令情況更加複雜的是，媒體對於性行為的描述往往十分直白和露骨，而其他的社會化機構對青少年性發展問題不置可否。與其他來源相比，媒體積極支持性活動，因為它通常關注性的積極方面，而非存在的問題和消極後果（JD Brown & Keller, 2000）。其他來源似乎比媒體更不願意討論激情和性樂趣之類的禁忌話題。雖然傳統的社會化機構，如教會和學校，越來越多地投身於引導青少年接受保守的態度、價值觀和觀念，媒體卻積極地為吸引和促使青少年參與性活動開闢不同的道路（Levesque, 2003）。由此產生

第一部分　媒體效應的發展科學：研究範例

的結果是，資訊環境在有關性與兩性關係方面傳遞出矛盾且令人困惑的資訊，媒體似乎在塑造那些被社會認為不正常、不健康且令人擔憂的兩性關係類型中扮演著日漸重要的角色。態度和資訊的兩極分化──缺乏替代性資訊來源，再加上媒體內容具有誘惑性、性化特徵──使得媒體在性社會化中占據主導地位。

　　性在各種媒體中所占的重要地位受到了廣泛關注，再加上青少年生活中性的重要性，使得這一領域的研究對於理解媒體在青少年成長及其後果中扮演的角色至關重要。要明白如何應對充滿性元素的媒體及其影響，就需要仔細研究實證文獻的優缺點，並努力將相關文獻與可能的應對措施結合起來應對有問題的媒體效應。為此，本章將探討媒體性描寫的性質以及對青少年和其性發展的特殊影響。儘管研究者對這一研究領域的關注不及我們探討過的其他領域那樣深入，但越來越明顯的是，媒體可能在青少年的性發展中扮演著重要角色，包括在塑造性傾向、性態度、性行為和性關係中發揮作用。為了理解媒體的社會化力量，本章重點關注那些對媒體效應產生調節和中介作用的因素，雖然相關研究最近才開始涉及這些方面。並且，與前述章節相同，本章的重點是媒體在促進青少年更健康發展及建立更健康的兩性關係方面的潛在作用。綜上，研究結果顯示，有必要重新思考如何使青少年做好準備，以更有效地回應性化媒體以及青少年所處的更廣泛的資訊環境。

媒體中的性元素及其效應

　　一些理論方法和實際情況有助於解釋媒體在青少年性教育中的潛在作用。性內容充斥於媒體之中，從黃金時段的情景喜劇和電視劇到劇情片，媒體向青少年展示了如何處理親密關係、性和約會關係的無數語言和視覺範例。據猜想，青少年每年通常會透過媒體接觸到大約 10,000～

5 青少年的性行為與媒體

15,000 條與性有關的資訊、笑話和暗示（Strasburger & Donnerstein, 1999）。青少年輕而易舉地接觸各類媒體內容。正如我們所見，青少年每週觀看 16～17 小時的電視節目，每週花費 38 個小時使用某種媒體（Roberts, Foehr, Rideout, & Brodie, 1999）。所投入的時間實際上超過了青少年在學校的時間或者與父母直接互動的時間（Hofferth & Sandberg, 2001）。但是，僅僅指出青少年接觸性資訊，並不能說明這些資訊的性質及其對青少年的意義。本節先探討媒體中性的本質，然後檢驗現有研究所揭示的媒體影響。

媒體中的性內容

相關研究通常集中在黃金時段的喜劇和電視劇、音樂影片以及日間肥皂劇所呈現的內容上。在評估電視節目中的性內容時，研究者往往側重於節目編排片段，並分析角色的對話和動作中是否有關於性行為或涉及性行為的暗示。這種方法統計節目中以視覺或言語的方式展示某些身體親密行為的次數，例如親吻、親暱撫摸和性交。除了關注性行為本身之外，這些研究傾向於記錄參與者的性別和婚姻狀況、節目類型以及參與者對此類行為的態度（即正面或負面態度）。綜合以上各種資料分析，研究者能夠確定性描述的頻率並評估其性質。

透過對不同媒體收集的資料分析顯示，若干不同媒體對性的描繪在主題上相當一致。自 1970 年代以來，與性相關的內容和意向已極為普遍，而且其數量和露骨程度不斷增加。針對黃金時段電視節目、肥皂劇、電影和音樂電視的內容的分析發現，按照大多數標準，這些內容中包含大量隱晦的性活動（參見 Donnerstein & Smith, 2001）。由於含有性元素的內容在青少年中很受歡迎，他們可能會接觸到各類含有性元素的內容。青少年接觸被評定為不適合他們的露骨的色情媒體，突顯了性化媒

第一部分　媒體效應的發展科學：研究範例

體的普遍性。絕大多數（超過 85%）的青少年閱讀過成人色情書籍；超過 90% 的 13 ～ 15 歲之間的青少年看過限制級（R 級）電影（Greenfield, 2004）。近一半的青少年在八年級前觀看過包含各種「成人」內容的網站（Malamuth & Impett, 2001）。青少年似乎有一種超乎尋常的能力，能獲取被認為對他們來說存在問題甚至是本不該接觸的媒體內容，即使是那些並不怎麼主動嘗試的青少年，也無法避免媒體在其生活環境中的高度滲透。

雖然青少年可以接觸到一些超出其法定獲取範圍的材料，但值得注意的是，他們日常接觸的材料實際上可能最令人擔憂。青少年常看的限制級（R 級）電影中即包含大量性內容。13 ～ 14 歲的青少年經常有機會觀看限制級電影，而那些渴望獲得此類資訊的人通常可以觀看任何他們想租借的錄影帶（Greenberg, Linsangan, et al., 1993）。青少年構成了電影觀眾中最大的一個群體（Strasburger, 1995），而越來越多的性題材電影實際上將他們作為目標觀眾（Federal Trade Commission, 2004）。劇情片的性內容看起來相當豐富。例如，1996 年票房排名前 50 的影片中，有 60% 至少包含一個性愛場面（Bufkin & Eschholz, 2000）。考慮到這些電影中只有一半被評為限制級，其他的均被評為輔導級（PG 級）或特別輔導級（PG-13 級），這個比例是相當高的。這些電影的內容似乎最有問題，因為與其他電影比較，它們的內容往往更具脅迫性、暴力性、攻擊性和反社會性。例如，限制級（R 級）電影中的暴力行為至少是嚴加限制的 X 級甚至 XXX 級電影的五倍（Yang & Linz, 1990）。這並非說露骨的色情材料沒有問題，而是說不那麼露骨的色情材料可能也會帶來問題。面向成年觀眾的影片分級越低，發生攻擊性行為和暴力性行為的機率就越高，這類電影在青少年中也越容易獲得。

當然，即使青少年可以接觸到某些媒體，也不意味著是他們會主動

5 青少年的性行為與媒體

尋找、實際上收聽或經常觀看這些內容。然而，似乎青少年日常接觸的媒體的確充斥著性話題和性展示，這種性內容的性質和普遍程度在不同類型之間有著顯著差異。例如，雖然肥皂劇比黃金時間節目包含更多的性內容，但黃金時間節目通常包含更多樣化的性活動、更多的婚前性行為且更為露骨（例如，Greenberg, Siemickiet al., 1993）。一項重要的內容分析顯示，從調情到性交的各種性內容，從1997～1998年間占據電視節目的比例略超過一半，到1999到2000年間躍升到三分之二以上（Kunkel et al., 2001）。

　　大量針對這些節目的內容進行分析的研究報告，在相當程度上揭示了相關描述的性質。普遍研究結果顯示，電視節目中的性內容通常並不直接，而是以言語暗示或不那麼露骨的諸如調情、接吻、擁抱和帶有情慾的觸摸等身體動作為主（例如，Kunkel, Cope, & Biely, 1999）。直白展現性交過程的視覺畫面十分罕見。每十個節目中約有一個包含暗示的或露骨的性交描述（Kunkel et al., 2001）。黃金時段節目尤其是情景喜劇中，最常見的性內容類型通常是言語上的暗示或影射（Shidler & Lowry, 1995）；日間肥皂劇和黃金時段節目中的性表達方式主要是激情接吻、帶有情慾的性觸摸以及諸如「有外遇」和「上床」之類提及性交的言語表述（Greenberg & Busselle, 1996）。但是，隨著單純談論性行為的節目數量有所下降，電視上對包括性交在內的性行為進行描繪的節目數量明顯增加（Kunkel, Biely, Eyal, Cope-Farrar, & Donnerstein, 2003）。整體而言，電視節目中的性內容往往是言語性的，當以視覺形式呈現時，所描繪的行為大都是前奏性的（例如調情或接吻）。

　　本研究的意義在於，大部分性行為和性語言某種程度上都發生在承諾關係之外且沒有考慮存在的風險。對電視節目的分析顯示，與已婚人士相比，未婚人士在言語和視覺上涉及的性行為更為頻繁。未婚伴

第一部分 媒體效應的發展科學：研究範例

侶之間的性描述往往更為常見（Greenberg, Brown, & Buerkel-Rothfuss, 1993）。此外，電視節目缺乏對性計畫和性後果的討論和描述，且很少提及性傳播疾病、避孕、預防妊娠和墮胎等話題。從數以百計的性行為和相關表述中，提到性傳播疾病和避孕的內容通常只占總數的 0％～6％（Kunkel et al., 2003; Shidler & Lowry, 1995）。然而重要的是，伴隨著包含性內容的黃金時段節目比例的上升，提及風險和責任的比例也有所增加，目前有 15％的包含性內容的黃金時段節目提及相關風險（如節制性行為、性預防措施、對負面後果的描述），這意味著每 7 個包含性內容的電視節目中就有 1 個包含安全性行為資訊（Kunkel et al., 2003）。然而，即使是這一令人鼓舞統計資料，一定程度上也令人沮喪，因為這類資訊出現得並不頻繁，而且其中近三分之二（63％）在相關情境中的強調程度很低，甚至無關緊要（Kunkelet al., 2003）。這些重要發現突出表示，電視節目中展示的性內容本身似乎比展示的頻率更為重要。

對電影內容的研究結果也顯示，其中存在著具有風險特徵的性行為描繪。最值得注意的是，這方面的研究試圖探究個人處於承諾關係中時參與性活動的程度。這項研究一般聚焦於婚姻關係的存在與否，並發現了相當多的非婚性行為。例如，對 1998 年最熱賣的名列前 25 的電影錄影帶的分析顯示，相較於已婚伴侶，性行為不僅在未婚伴侶中更為頻繁地出現（在全部性行為中未婚伴侶占 85％，而已婚伴侶僅占 15％），而且表現得更為露骨（Dempsey & Reichert, 2000）。在對 16 部流行的 R 級電影的分析中也出現了類似的差異。在這些電影中，未婚伴侶之間的性交行為的描繪占所有統計性行為的 45％，與已婚性行為描繪的比例是 32：1（Greenberg, Siemicki, et al., 1993）。針對年齡較小的青少年喜歡的電影內容的研究也得出了類似的結論（Pardun, L'Engle, & Brown, 2005）。

雖然限制級（R 級）電影一直被認為是有問題的，但音樂影片包含

了更多的性畫面，並將歌曲內容與畫面相結合而增強了影響效果。因此，音樂影片被認為是表現媒體對性行為越來越頻繁、露骨且不負責任的描繪。例如，甚至在音樂影片剛剛開始在青少年中流行的時候就展示了挑逗性衣著和帶有性暗示的舞蹈動作，包括性虐待和性奴役。音樂影片中直接融入了露骨的流行音樂中的性內容及其所包含的一切元素。即使在近二十年前，音樂電視網（MTV）播出的一些概念影片都被認為是有問題的：其中75%的影片講述的故事涉及性意象，超過一半涉及暴力，80%將暴力與性行為相結合描繪了針對女性的暴力行為（Sherman & Dominick, 1986）。由於其形式獨特，人們在研究音樂影片時採用的方法更側重於畫面而非對話或歌詞。報告顯示，超過一半的影片包含以影射和暗示為特徵的性意象（Baxter, De Riemer, Landini, Leslie & Singletary, 1985）。針對1990年的40個音樂影片的研究發現，90%的30秒片段中含有暗示的性畫面（Sommers-Flanagan, Sommers-Flanagan, & Davis, 1993）。與以前的研究一致，在很小比例的（1.6%）的性相關場景中，男性和女性均以露骨的方式呈現了性行為。而且，儘管女性更有可能以隱晦的方式進行性行為，在性相關場景中的比例占據45%，但男性採用隱晦的方式的比例也高達33%（Sommers-Flanagan et al., 1993）。同樣，與MTV專門面向年輕人的露骨性廣告相比，網路電視廣告中少量的直接性訴求和各種暴露性畫面就顯得微不足道了（Signorielli, McLeod, & Healy, 1994）。音樂影片和廣告的性本質仍未減弱。儘管MTV具有領先性，其影片和廣告仍然會提供刻板的性化形象，這使得青少年對性別和性的認知受到限制；男性仍被描繪為更具冒險精神和暴力傾向，而女性被描繪為更為深情、體貼、易成為性追求對象且穿著暴露（Seidman, 1999）。

相較於電視，主流雜誌對性畫面和資訊的描繪更為生動和豐富。針對青少年讀者的雜誌實際上是青少年最容易獲取性資訊的媒體之一。雜

誌的內容露骨而直接，向讀者展示裸體和擺出挑逗性姿勢的模特兒，坦率地討論性技巧，並且提出關於如何改善兩性關係的具體建議（Duffy & Gotcher, 1996; Duran & Prusank, 1997）。與其他媒體相比，雜誌內容對女性性行為的描繪似乎呈現出相互衝突和矛盾的畫面，實際上也很不負責任。雜誌很少花篇幅討論關於愛滋病及其他性傳播疾病的危害及預防方法。青少年雜誌鼓勵青少年成為性對象和人際溝通的主導者，而幾乎不鼓勵年輕女性與男性伴侶討論懷孕、避孕或愛滋病問題（Garner, Sterk, & Adams, 1998）。對青少年雜誌和女性雜誌的分析顯示，讀者越來越傾向於認為自己需要更多地關注性本身，而非性健康問題（Walsh-Childers, Gotthoffer, & Lepre, 2002）。

很多證據顯示，媒體為青少年提供了大量充斥著性內容的材料。必須指出的是，大眾媒體也植入了看似不會影響青少年的性發展和性行為的產品和描述，但對其仔細審視的話發現事實並非如此。最值得注意的是，超過 70% 的黃金時段電視節目和 90% 的電影中都出現過酒精鏡頭；啤酒和葡萄酒是在電視和廣播中廣告投放最多的產品之一（J. D. Brown & Witherspoon, 2002）。同樣，儘管媒體宣稱致力於減少暴力內容的出現頻率並減少對其美化，但這些努力的效果仍有待證實。例如，針對美國電視非新聞類節目的最全面內容分析顯示，僅有少數節目被定性整體上不含暴力性主題（Wilson et al., 2002）。總之，就社會向青少年灌輸保守價值觀和培養其責任意識的努力而言，媒體內容並非是個好兆頭。

性化媒體刻劃的效應

與我們探討過的其他媒體效應研究領域相比，旨在了解性媒體內容對青少年效應的研究數量少得驚人。儘管這一領域的研究匱乏，但研究越來越多地揭示了媒體使用與性態度和性行為之間的重要連繫。直到最

5 青少年的性行為與媒體

近,這些研究仍大多停留在關於性分析的層面,但它們確實顯示了媒體在塑造青少年性態度和性行為發展方面的影響力。本節將簡要介紹這些新的研究成果,其中包含重要的實驗和縱向研究內容。

絕大多數關於接觸性媒體內容的影響的研究使用了橫向研究方法。研究往往聚焦於三大問題。第一個研究領域考察的是,接觸媒體在多大程度上塑成觀眾對社會現實的認知,例如對性行為或其結果的看法。研究顯示,與媒體的接觸程度與觀眾的認知之間存在緊密且一致的連繫。投入更多時間觀看電視的青少年對同齡人的平均性活躍程度做出較高的猜想(Eggermont, 2005)。更多地接觸存在性導向的節目類型(例如肥皂劇、音樂影片),與觀眾對性和某些特定性行為的普遍性假設和預期存在關聯。例如,經常觀看脫口秀的觀眾會高估性活躍青少年的數量以及青少年懷孕的數量(Davis & Mares, 1998)。或許因為動作或冒險節目對性關係的關注較少,經常觀看這種類型的觀眾對離婚和外遇的預估值較低(Potter & Chang, 1990)。不出所料,無論觀看量如何,那些對熱門電視角色認同感更強的年輕女性認為,她們同齡人中有更高比例的人有過性生活(Ward & Rivadeneyra, 1999)。多項研究的確支持一種觀點,即電視對某些性行為的反覆刻劃使得它們看起來更加普遍(Aubrey, Harrison, Kramer, & Yellin, 2003; Buerkel-Rothfuss & Strouse, 1993; Ward, 2002)。例如,259名大學生的樣本調查顯示,肥皂劇的忠實觀眾往往高估現實生活中性行為的普遍程度,而更頻繁地觀看電視會導致對同齡人擁有性經歷的更高預期(Buerkel-Rothfuss & Strouse, 1993)。由此看來,觀看更頻繁、更投入的觀眾很可能會形成一種預期:性行為普遍存在,且兩性關係往往轉瞬即逝(參見 Buerkel-Rothfuss & Strouse, 1993; Larson, 1996; Ward, 2002)。

其次,研究發現所接觸的媒體類型與青少年對性行為和兩性關係的

第一部分　媒體效應的發展科學：研究範例

態度之間存在連繫。調查研究顯示，經常接觸或參與存在性導向的題材內容與更開放和更刻板的性態度相關，特別是對年輕女性而言（Strouse & Buerkel-Rothfuss, 1987; Strouse, Buerkel Rothfus, & Long, 1995; Walsh-Childers & Brown, 1993）。在這方面，觀看更多存在性導向的電視節目的年輕女性，會更為強烈地認同某些關於兩性關係的不當觀念（Haferkamp, 1999）。頻繁觀看電視且認為媒體角色在性方面更有能力、比自己體驗到更多快感的人，也會對保持處女之身持負面態度，並對自身性經歷持有更負面的看法（Courtright & Baran, 1980）。觀看較多充滿大量性愛內容的電視節目的青少年，對隨意性行為持有較少的負面看法（Bryant & Rockwell, 1994）。相關文獻的主要趨勢顯示，頻繁接觸某些電視節目類型會引發對貞操的不滿，支持非戀愛關係性行為且對兩性關係產生刻板印象。更喜愛觀看音樂影片的青少年，往往持有更寬容的性態度（Strouse et al., 1995）。觀看更多肥皂劇的青少年傾向於認為，單親媽媽的生活更容易應對，而且會得到在孩子生活中扮演重要角色的男性的支持（Larson, 1996）。早熟的女孩，無關乎種族，更有可能收聽含有性內容的音樂、閱讀含有性內容的雜誌和觀看限制級（R 級）電影，並會把在媒體中看到的資訊解讀為認可青少年發生性行為（JD Brown et al., 2005）。雖然可能存在種族差異，但相較於較少接觸電視性內容的青少年，經常在電視中看到人們談論性並採取性行為的青少年更有信心（這種自信或許有些盲目），認為自己能夠實施安全的性行為（例如，使用保險套，與可能的伴侶溝通）（Martino, Collins, Kanouse, Elliott, & Berry, 2005）。此外，這些發現似乎在女性中比男性中更為顯著、廣泛且更為一致（Walsh-Childers & Brown, 1993; Ward & Rivadeneyra, 1999）。

再次，初步證據也顯示，更多地觀看電視確實與觀眾的性行為相關。1990 年代初發表的兩篇開創性文章探討了觀看電視中的性行為是否

影響青少年性行為的問題（J. D.Brown & Newcomer, 1991）。相關研究發現，青少年在任何階段的性交行為都與電視觀看之間存在正相關性，但由於方法論上的局限性，這一結果並不確定。大量接觸電視中的性內容可能會導致青少年開始性行為，但另一種合理的解釋是，由於性內容更貼近他們的身分和興趣，性活躍的青少年相較於性不活躍的同齡人會觀看更多的性內容。這種可能性無法排除，因為研究未能解釋這些事件的相對時間順序。這兩項研究也無法將青少年的性行為歸因於電視中性內容接觸的差異，而不是其他密切相關的因素。例如，缺乏監管的青少年會自由地觀看更多的電視節目，選擇含有性內容的節目，也可能有更多的機會參與性活動。最後，以前的研究主要依賴於對內容的不精確評估，難以確定是否接觸性內容本身是所觀察到的相關性的根源，不過這些研究都是近期才進行的。

僅僅在幾年前，相關縱向研究才試圖分析其中的因果關係問題。一項全美國青少年縱向調查顯示，即使是控制了一系列可能解釋這些關係的受訪者特徵之後，在試驗初始階段觀看更多性內容的青少年，在隨後的一年內更有可能開始性行為和發展到更高程度的非性交行為（Collins et al., 2004）。這項發現的影響不可小覷。例如，同齡人觀看更大量性內容的 12 歲青少年，其性行為表現得與比他們大 2～3 歲的觀看性內容較少的孩子相似。這些結果的重要性表現在，青少年透過電視觀看的性內容的平均程度若適度變化，即可能在群體層面上對性行為產生重大影響。最近，針對北卡羅來納州 14 所中學的縱向調查也發現了類似的效應（J. D.Brown et al., 2006）。這些縱向研究都指向相同的方向。

上述研究獲得的重要意義表現在它與早已確立的研究結果相符。長期以來的研究顯示，電視的觀看總量往往與觀眾的性活躍程度無關（JD Brown & Newcomer, 1991; Strouse & Buerkel-Rothfuss, 1987），而當研究

第一部分　媒體效應的發展科學：研究範例

者考察對特定節目類型的接觸情況時，則發現相關性更強。在年輕女性中，頻繁觀看音樂影片與擁有更多的性伴侶（Strouse & Buerkel-Rothfuss, 1987）以及更多的性經歷相關，尤其是家庭環境欠佳的女性（Strouse et al., 1995）。然而，對於男女兩性而言，觀看性內容比例較高的青少年較之觀看比例較低的人更有可能更早地開始性行為。（J. D.Brown & Newcomer, 1991）。關於12～14歲青少年中最受歡迎的電視節目、電影、音樂、報紙和網站的內容分析顯示，在喜愛的節目中更多地接觸性內容與他們未來的性意向以及當前的性活動有關，其中對電影和音樂的接觸的測試顯示出更強的相關性（Pardun, L'Engle, & Brown, 2005）。

並非所有研究報告都得出一致性結果，也並非所有研究的結論都相互契合。一些重要研究已經探討了觀眾參與程度與學生性行為及性經歷之間的關聯性，但它們也提供了不同的結果。例如，認為電視中的典型場景會出現在自己生活中的大學生擁有更為豐富的兩性關係經歷（Ward & Rivadeneyra, 1999）；但同一研究發現，觀眾參與的其他方面無關緊要，如主動觀看的程度和對角色的認同感。證據還顯示，選擇媒體人物或同伴作為性行為的範本，會導致更頻繁的性交行為，但與性伴侶的數量以及使用避孕措施的頻率無關（Fabes & Strouse, 1987）。

未能考慮年齡和發育差異性的研究也會得出不一致的結論。12歲的青少年比15歲的青少年更難理解電視節目中的性暗示（Silverman-Watkins & Sprafkin, 1983）。青春期前的女孩對媒體中的性內容不感興趣或是表示厭惡，而年齡稍大的女孩往往對此很好奇（Eggermont, 2005）。青春期早期的青少年（例如八年級學生）常常領會不到歌詞和影片中的性含義（參見Christenson & Roberts, 1998）；高中年齡層的男生則比其他年齡層的人對露骨性影片的反應更為積極（Greeson, 1991）。然而，在電視對性健康指標的影響方面，那些青春期發育程度較高並且通常花費大量時間看電

5 青少年的性行為與媒體

視的 12 歲女孩，與年齡較大女孩的差異不大（Eggermont, 2005）；早熟的女孩表示自己實際觀看或收聽了更多的性化內容，而且無論年齡和種族如何，這些內容對她們的影響更大（J. D.Brown et al., 2005）。同樣有趣的研究認為，不同種族之間存在極大差異。例如一項有意思的研究發現：對一首關於少女唱歌希望留下自己孩子的歌曲，白人女性將其理解為她要留下一個不想要的孩子，而黑人男性則認為是關於女孩想要留住男朋友的歌曲（JD Brown & Schulze, 1990）。

雖然研究一般側重於黃金時段的電視節目，但似乎其他媒體實際上更具有決定性。觀看限制級（R 級）電影的青春期女孩更可能不支持性傳播疾病或愛滋病的預防、更有可能參與具有性傳播疾病或愛滋病風險的性行為，以及採取存在避孕風險的行為；她們強烈希望懷孕的可能性是（其他人的）兩倍多，並且衣原體檢驗呈陽性的可能性是（其他人的）一點五倍多（Wingood et al., 2001）。觀看含有性侵犯內容媒體（尤其是色情作品）的青春期男孩和成年男性，更有可能接受與暴力侵害婦女有關的文化刻板印象（例如女性活該被強姦或渴望被強姦；Allen, D'Alessio, & Brezgel, 1995; Allen, Emmers, Gebhardt, & Giery, 1995; Weisz & Earls, 1995）。性行為十分複雜，接觸媒體對性行為的潛在影響可能既有直接的也有間接的，其作用途徑包括媒體對觀眾的態度、認知模式和信念體系的影響，以及對其所處的允許或促使他們接觸截然不同的媒體內容的社會環境的影響。

性的本質及其在媒體中的典型表現，為進行實驗研究帶來了挑戰。不足為奇的是，只有少數研究進行了嘗試。這些研究通常讓一組學生接觸性內容，另一組接觸非性內容，在接觸相關內容後立即透過一些測量方式來比較兩組學生的性態度。這也許是進行實驗研究的適當方式，但很難期待出現顯著差異的結果。不過，相關研究確實有一些有趣的發現。

第一部分　媒體效應的發展科學：研究範例

　　媒體效應的資訊處理模式是這類研究中使用的最主要理論模式，其認為，性相關內容中包含的資訊、觀眾對電視內容真實程度的認知以及性內容是以視覺還是語言符號來呈現，這些因素都可能影響媒體效應的性質或程度。最近一項研究中，182 名大學大學生依據指示分別接觸視覺或言語形式的性相關電視內容、中性電視內容或完全不接觸電視內容，隨後對他們的性態度和觀念進行測試（Taylor, 2005）。結果顯示，雖然接觸性內容整體上沒有產生明顯的主要影響，但它的確影響了那些認為電視內容相對真實的人的態度。在同一實驗組中，言語性內容也被發現會影響同一群體對女性性行為的看法。在一項研究中，實驗性地接觸從黃金時段的肥皂劇和電視劇中擷取的性鏡頭，會增加青少年對不當性行為的接受程度（Bryant & Rockwell, 1994）。研究選取了 259 名年齡在 18～22 歲的不同種族的大學生為樣本，將他們分組觀看一組影片片段，其或是觀看描繪三種性刻板印象中的一種，或者觀看中性的、非性相關的內容（Ward, 2002）。研究報告指出，無論他們的日常觀看量和性經歷如何，接觸到黃金時段電視畫面中將男性描述為性衝動者、女性描述為性對象或將約會描述為一場遊戲的年輕女性（而非男性），相較於對照組中的女性，會更傾向於認可這些刻板的觀念。接觸代表特定性刻板印象片段的女性，比接觸非性相關內容的女性更有可能認同這一觀念；即使是控制了人口統計學因素和先前的性經歷後，實驗性接觸也能預測學生的性態度和假設。此外，讓男性大學生接觸將女性描繪成性對象的雜誌廣告，會使他們更強烈地認同性別角色刻板印象和有關強姦的錯誤觀念。但這些研究報告在女性群體中顯示了不同的結果，與對照組相比，她們更加認同（MacKay & Covell, 1997）或更加不認同這些觀念（Lanis & Covell, 1995）。

　　證據的確顯示，接觸音樂影片中的性和性別歧視內容的學生，比接

觸非性內容的學生更傾向於認同對性的隨意、刻板態度（例如，Greeson & Williams, 1986），並且女性觀眾比男性觀眾更容易受到影響（例如，Calfin, Carroll, & Shmidt, 1993）。例如，一項讓女孩接觸 8 部含有性別歧視但無暴力情節的饒舌影片的研究發現，這些女孩比沒有接觸此類影片的女孩更易於接受青少年約會暴力行為，男孩的態度則沒有受到影響（J. D. Johnson, et al., 1995）。儘管偶爾會出現無效和附條件的結果，實驗研究產生的主流趨勢顯示，較之接觸中性或不接觸任何內容的學生，接觸性內容的學生在性關係方面會更加認同兩性關係的隨意性、性別歧視和刻板觀念。

基本上沒有實驗研究就媒體對性行為的效應進行探索。在該領域的一項領先性研究中，男性大學生觀看了 16 部將女性描繪為性對象的廣告後，根據要求採訪並評估一個女性同伴（Rudman & Borgida, 1995）。與對照條件下的年輕男性相比，接觸性別歧視畫面的男性在訪談中提出了更多的性別歧視問題，更多地回想起該女性的外貌，對其個人背景的關注較少，而且認為該女性更友善、更適合被錄用，但其能力欠佳。此外，無論是女性同伴還是獨立觀察者，均認為這些觀看過畫面的男性在訪談中更加性化。例如，有研究檢驗了實驗性接觸性內容是否影響學生對現實生活中遇到的女性的看法，結果顯示，接觸性內容後遇到的普通女性似乎會被賦予相關的性內容特質，看起來更為性感。例如，觀看了以黑人女性表演者為主角、帶有性暗示的嘻哈影片後，白人學生認為隨後遇到的黑人女性具有更少的正面特質和更多的負面特質（Gan, Zillman, & Mitrook, 1997）。另一項研究要求大學生在觀看三部音樂影片後對一男一女兩位求職者的互動錄音進行評價（Hansen & Hansen, 1988）。觀看中性音樂影片的學生其後認為男性針對女性求職者的性示好行為類似於性騷擾，那些觀看具有刻板印象音樂影片的學生卻認為其行為是適當的；如

第一部分　媒體效應的發展科學：研究範例

果女性拒絕了該男性的話，他們會對該女性產生不好的印象。因此，透過對比和比較，觀眾似乎會從虛構的內容中獲取資訊，從而形成對現實生活中性互動的預期。

觀眾對輕浮或性感男女的印象，會受到剛剛觀看的媒體內容性質的影響。實驗研究顯示，與未接觸 X 級電影的人相比，接觸 X 級電影的人更容易接受婚前性行為，更可能高估性活動的普遍程度，更可能將沒有感情承諾的性行為視為是重要的，也不太重視婚姻和一夫一妻制的觀念 (Zillman & Bryant, 1988a, 1988b)。縱觀之，這些研究結果初步支持接觸性內容和各種性行為之間的關聯性。然而，由於缺乏縱向研究或實驗證據，這些關聯性的意義仍然不清楚。這說明媒體接觸塑造著觀眾的性態度和性行為，而具有自由的性態度和性行為的觀眾會被那些符合他們觀念的節目所吸引。

▌影響的重要性與局限性研究

正如我們在前幾章所見，要確定性相關媒體內容的影響，需要進行隨機分配，讓研究對象接觸不同的性相關媒體內容，或者展開縱向調查。此種研究將確定是否先接觸媒體內容還是先實施相關行為，進而歸納出何種媒體內容會引發何種行為。然而，這一領域的絕大多數研究都未達到這些標準。不過，現有的證據仍頗具說服力。

關於接觸性媒體內容與其影響之間關係的相關研究較少，實驗研究則更少，說明媒體至少在三個方面產生影響。媒體透過以下方式產生影響：將性行為置於公眾和個人關注的議程之中；強化了一套相對一致的性觀念和兩性關係規範；忽略了負責任的性行為範本。雖然目前的研究僅僅得出了條件性結果，且結果會因所研究的節目類型和因變數的不同而有所差異，但整體趨勢顯示，對媒體的接觸和參與很可能在塑造青少

5 青少年的性行為與媒體

年的性態度和性期待方面發揮突出作用。頻繁且深入地接觸具有性導向的題材,與更容易接受刻板、隨意的性態度,對性活動的普遍性和特定的性結果抱有更高的期望,甚至偶爾會有更多的性經歷。實驗發現,在實驗室環境中接觸性內容會激發這些態度和預期,從而增強相關性研究結果的說服力。

目前的研究在廣度和深度上仍然存在局限性。最值得注意的是,研究往往像暴力行為研究那樣,只是統計性行為的數量。然而,暴力和性行為在關鍵方面有所不同。最值得注意的是,暴力往往是負面的,兩性關係和性行為則可能既有積極的一面,也有消極的一面。研究尚未調查對性行為和性健康進行正面描繪的普遍性。此外,研究主要集中在黃金時段的喜劇和電視劇、日間肥皂劇、音樂影片和雜誌。研究還遠未充分拓展到青少年日益花費時間接觸的媒體領域,如劇情片、流行音樂、男性雜誌、網際網路,以及像脫口秀、真人秀和有線電視網路等其他形式的電視節目。

研究尚未探究源自媒體的性資訊是如何與出自其他來源的資訊相互作用以塑造性觀念的。因為媒體只是促成性社會化的眾多來源之一,似乎有必要研究媒體資訊如何與其他社會化媒介共同作用。只有這樣,我們才能確定誰傳遞的訊息最有影響力。例如,我們不知道來自於其他方面(如父母)的大量性資訊是否會導致青少年對媒體所傳遞的性觀念的重視程度降低。我們很可能預期為會這樣,但此點尚未得到令人滿意的研究。由於很少有人在同一研究中評估媒體和其他媒介的作用,因此可比較的證據極少。最近一些考察不同影響因素的研究顯示,影響力的其他來源,特別是同伴,還有父母、宗教信仰和學校歸屬感,能夠發揮比媒體更強大的作用(J. D.Brown et al., 2006)。除了研究每個來源的作用之外,還需要考慮參與者對每個來源的依賴強度。目前的研究總結顯示,

第一部分　媒體效應的發展科學：研究範例

與親子關係中普遍存在的溫暖和良好溝通的特質相比，父母與孩子交流的性話題對於青少年性冒險行為的影響可能較小（Miller, Benson, & Galbraith, 2001）。我們對青少年成長的理解表示，媒體行業充斥著性內容並非偶然。媒體在青少年時期扮演著特殊和重要的角色，其內容涉及青少年成長過程中的核心任務和關注點。

理解上的差異對破譯媒體如何影響青少年發展至關重要。當青少年關注並解讀性媒體內容時，他們會以特定的方式對其進行評估，而這種評估方式會影響他們在多大程度上將這些內容融入自身正在形成的性觀念和自我認知之中。青少年有其自身的生活經歷，他們對媒體的認知是透過這些經歷篩選出來的，其包括鄰里生活體驗、家庭生活、友誼、同輩文化、宗教信仰以及青少年所處的各式各樣的環境條件。相關研究支持了一個重要結論：「你是什麼就會聽到什麼」，即你聽到的內容會受到你自身特質的影響，而不是像大眾普遍認為的那樣「你聽到什麼你就是什麼」，即你會被你所聽到的內容所塑造。但是，媒體的影響似乎的確具有遞迴性。如果從現有研究中可以合理推斷出什麼結論的話，那就是性化媒體與青少年性行為之間的連繫遠非線性關係。在整個青春期，觀看此類內容的程度會發生變化，觀看行為與性行為之間的關聯也會有所改變。而且，這些變化既在相當程度上取決於青少年自身的特質，也與媒體內容的性質相關。

理解媒體對青少年性行為的影響

儘管人們一直爭論不休，媒體中的描繪為青少年提供了關於性活動和性態度適當性的強烈資訊，但目前尚無完善的理論視角來指導這一研究領域，特別是在青少年發展背景下。與前幾章論及的研究不同，考察媒體在青少年性發展中作用的研究仍在相當程度上缺乏理論依據。儘管

5 青少年的性行為與媒體

如此,實際上我們能夠辨識出一些理論取向,其與其他研究背景下的取向相呼應。這些方向有助於得出一個重要觀點:觀眾是基於其自身已有的世界觀、思考模式和個人經歷,從媒體內容中建構意義的。這些理論幫助我們了解青少年如何將他們現有的觀點以及來自其他來源(例如同齡人、家人)的資訊融入其個人經歷,從而將媒體內容個性化的。

研究主要從三個一般性理論模式出發,強調青少年會積極融入其所處的媒體環境。涵化理論在關於媒體對青少年性態度和行為作用的研究中尤為重要,特別是在大規模調查研究中(Gerbner, Gross, Morgan, & Signorielli, 1994)。涵化理論提出:媒體持續但有限的意象建構出一個特定的現實形象;當觀眾接觸媒體時,他們形成或接納的世界觀與媒體意象相一致。實際上,涵化理論預測,受眾會以一種塑造他們世界觀的不同方式對某些媒體內容進行不同程度的「涵化」。例如該理論認為,大量觀看電視節目的青少年會將電視所描繪的世界視為是對現實的準確反映(參見 Davis & Mares, 1998; Gerbner et al., 1994)。這一觀點促使研究者關注青少年日常接觸媒體的程度以及「重度」觀眾與「輕度」觀眾之間不同的認知。例如,我們已經看到,對電視中性描繪的內容分析顯示,電視將性描繪得迷人、普遍存在且相對無風險。涵化理論預測,更頻繁地觀看電視的人,特別是觀看性化內容的人,較之不常看電視的人更傾向於贊同和接受此種性形象。

啟動理論的研究提供了另一種理論視角。這一理論借鑑了幾種聚焦於基模活化和可及性的認知理論,主要用於檢驗短期的實驗效應(Jo & Berkowitz, 1994)。這一觀點認為,對特定意義的刺激因素的呈現和處理會活化相關概念,並使得這些概念在腦海中浮現。透過讓基模相關資訊在短時間內極容易被獲取,啟動效應增加了一種可能性,即隨後遇到的人、刺激或事件在被啟動且可獲取的基模背景下得到評估。啟動過程使

第一部分 媒體效應的發展科學：研究範例

得接觸媒體後所觀看或體驗到的與概念相關的材料更容易被接受或顯得更為恰當。人們認為，經常被活化的基模最終會變得很容易獲得，甚至在不受啟動操縱或情境影響的情況下，也會對判斷產生影響。就我們的研究目的而言，這意味著，該理論認為頻繁遇到的相關基模最終會導致形成性刻板印象，並進而塑造性行為和性態度。

班度拉的認知社會學習模型提供了第三個相關性理論觀點（Bandura, 1994）。這一觀點認為，媒體使觀眾了解某些行為的適當性，從而塑造觀眾自身的行為和態度。觀眾將觀察到的結果儲存為行為腳本，以便在個別情況誘發這些腳本時對其進行檢索和應用。該理論強調了範本的相關性和形象的顯著性。它認為人們會觀察重要的角色範本，進行推論和歸因，獲得腳本、基模和規範性信念，並指導他們的後續行為。例如，該理論觀點預測，青少年透過與媒體接觸來學習性行為及其可能的後果，並且更有可能受到相關範本的影響。根據這一觀點，當這些範本受到觀察者的重視且因自身行為得到獎勵時，青少年就會尋求模仿他人的行為。

這些範本突出了媒體使用和媒體效應之間持續存在的相互作用本質；它們假設這些過程相互作用，並與觀眾目前和正在形成的自我認知相互影響。這些理論強調環境因素和其他產生中介及調節因素之間的相互作用（Hogben & Byrne, 1998）。例如，它們假定存在雙向影響，即個體的特徵（年齡和個性特徵）會影響他們對媒體中某些內容的關注方式，以及這些經歷產生影響的程度。重要的是，這些方法說明，特定資訊的影響力將取決於其在多大程度上具有獨特性、實用性和顯著性，同時又不會與其他因素（如同齡人群體和家庭成員）的影響相矛盾。該觀點與青少年的發展尤為相關，因為人們普遍認為年齡與受媒體影響的易感性相關，而這種預期的理論根據是，年齡較小的青少年在分析媒體資訊的真實程度

方面技巧欠佳（Markham, Howie, & Hlvaacek, 1999），對自己的價值觀和觀點也更不自信。青少年對媒體的認知和影響因人而異，並隨著其他各種影響因素的變化而有所不同。

這些用於理解媒體在青少年性行為中作用的理論方法，突顯了在更廣泛的背景下認識媒體影響的必要性。許多因素會影響青少年對媒體的選擇、解讀和使用，諸如年齡、性別和種族，還有青少年正在形成的身分認同及其生活中的各種境遇，如今媒體研究者將其稱為「生活經歷」，包括鄰里關係的影響、家庭生活、友誼、同輩文化體驗以及宗教背景和信仰等（Steele & Brown, 1995）。根據這一觀念，青少年有其獨特的人生經歷，他們對媒體內容的認知會經由這些經歷的過濾（J. D. Brown, 2000）。媒體的個性化影響無疑使得探尋整體趨勢的工作複雜化，實際上也使得整體趨勢不太可能出現。不過，隨著研究變得更加具體且方法上更為嚴謹，它日漸揭示出重要的趨勢。

修正媒體對青少年性行為及成長的影響

出於對媒體影響青少年的擔憂，教育工作者、研究者和決策者紛紛做出回應，並支持為小學到大學階段的學生提供廣泛的媒體教育課程。雖然現有的計畫課程不像預期的那樣普遍，但它們的視角卻大相逕庭。目前，有幾種基本策略強調媒體的使用及其對青少年性態度和性行為的潛在影響。關鍵舉措可歸納為三大類，旨在解決媒體對青少年性觀念的影響問題。第一種方案是進行媒體素養教育計畫，旨在教育青少年了解媒體行業本身而非專注於性畫面。第二組應對措施旨在讓媒體行業自身參與到塑造青少年性觀念的過程中。與媒體素養教育不同，這類措施並非旨在改變或利於媒體，而是有意將其作為一種教育資源。第三種方案涉及媒體宣傳，即利用媒體來影響決策者和媒體製作者本身。每種策略

第一部分 媒體效應的發展科學：研究範例

看起來的確都有自己的優點和缺點，但正如我們即將看到的那樣，幾乎沒有實證研究來評估它們的有效性。但這並沒有妨礙評論者給出建議，即媒體素養課程和媒體計畫可能有助於青少年對遇到的有問題媒體資訊產生免疫力（J. D. Brown & Witherspoon, 2002; Heins, 2001）。本節將探討現有舉措的合理性以及是否存在樂觀的努力空間。

關於媒體素養的不同觀點和結果

正如「素養」一詞在不同語境中有不同的用法，對媒體素養也有多種定義方式。「媒體素養」這一術語可被描述為創作個人多媒體文字的能力、反思大眾媒體帶來的利弊的能力，或在流行文化符號中進行選擇性甄別的能力（參見 Luke, 1999）。這些不同視角為制定滿足青少年需求（包括性觀念發展等需求）的計畫提供了截然不同的出發點。

早期的工作往往採取保護主義立場，旨在使觀眾免受大眾媒體傳播的不良價值觀的負面影響（Kubey, 1998）。這一方法仍然占據主導地位，即通常將媒體素養解讀為使青少年對媒體的不良影響產生免疫力的策略。採用這種方式的媒體教育工作者認為，了解大眾媒體對「現實」的構造，意味著要了解其製作的過程（包括技術、經濟、官僚體制和法律限制）、文字內容、受眾、接收者和終端使用者。這種媒體素養的基本理念包括：媒體是人為建構的，同時它也建構了現實；媒體具有商業、意識形態和政治層面上的意義，接收者從媒體中汲取意義，並傳授媒體素養需要實踐操作和參與的方法等（Hobbs, 1998）。為了盡量減少媒體對個人的影響，這一方法往往側重於與媒體有關的負面問題，例如暴力、操縱和性別角色刻板印象等。

就這一媒體素養觀念與解決青少年性相關問題之間的連繫而言，大眾的期望值很高。評論者認為，媒體素養的作用遠不止讓青少年更了解

5　青少年的性行為與媒體

媒體的意象、敘事（包括性腳本）及使用資源。那些持有這一媒體素養觀念的人認為，它促進了個人的改變，例如提升自尊（例如，對性行為說「不」的能力）、對自己的生活負責（例如，進行安全的性行為）、與其他人分享經驗（例如，協商使用保險套）以及學習自我表達的能力（Kawaja, 1994）。

最近的工作重點在於展現媒體在社會中扮演角色的複雜性。這一方法並未採用媒體研究的視角，而是從文化研究視角出發。從文化研究的視角來看，批判性媒體素養關注社會和政治是如何建構的，它們如何對個人產生有利或不利的影響（Kellner, 1995），以及意識形態、身體、權力和性別問題是如何催生各種文化產物的（McRobbie, 1997）。重點在於，受眾對各種媒體文字意義的解讀是如何根據自身不同的處境和定位（如成人、兒童、青少年、男性、女性、種族、民族、社會經濟階層）以及文化背景進行的（Luke, 1999）。

文化研究方法放棄試圖讓學生批評對其有吸引力的文字和影像，轉而讓他們對「快感政治」以及自身在政治中的定位作出批判性分析（參見 Alvermann & Hagood, 2000）。該方法旨在讓學生們根據自身的社會文化定位，從不同媒體使用者的立場出發分析如何使用或抵制特定的媒體資訊（Luke, 1997）。文化研究方法支持者認為，批判性媒體素養的方法——尤其是那些側重於視覺或批判性地審視素養的方法——因其依賴於受眾被動性這一過時觀念而存在局限性。文化研究尋求超越早期的媒體素養模式，其將媒體視為資訊的創造者，將意義強加給受眾。這一方法認為，青少年在面對媒體資訊時是積極主動的。它試圖追問：這些文字透過文字、影像和聲音向誰傳達資訊？這些文字中有哪些人缺席，又該如何解釋他們的缺席？這些文字為誰的利益服務？我們在文字中處於何種位置？這一方法強調學生自身的媒體體驗，並以家長式作風和保

護主義為由拒絕預設的學習成果（Buckingham, 1998）。文化研究領域提醒我們，同一文字經常引起具有相似文化理解的人的不同反應。此外，與更為傳統的方法不同，文化研究試圖應對技術進步帶來的影響，這些技術進步催生了大量新興的青少年文化形式（如聊天室或電子郵件），而這些新形式不斷湧現並需要多種素養。這些努力旨在解決青少年不斷變化的文化形成和素養實踐，以培養其對青少年文化中相關新發展的批判性認知。

雖然文化研究方法有許多值得稱道之處，但它如何引導青少年應對媒體中含有的性內容仍有待探索。鑒於媒體素養可能具有多種功能，人們對其寄予厚望。與教育的其他方面一樣，它有助於思想、觀點和態度的形成。如果學生能夠培養批判性地看待自身環境的能力，那麼他們就可以更好地利用媒體。我們沒有理由懷疑，知識、意識、態度和觀點可能會以強化未來行為的方式形成，但目前尚不清楚如何證實這一影響。

相關媒體素養的成果

幾乎沒有研究從社會科學研究的視角對相關媒體素養計畫的預期成果予以定義或評估。研究甚至通常不會明確界定或衡量課程的成效。目前尚無國家標準來指導媒體素養教育的發展及評估，對於其產生的後果是否包括知識、技能、行為、態度或價值觀也未達成共識（參見 Christ & Potter, 1998）。最近的工作已經闡述了對預期成果的一些整體看法（Scharrer, 2003）。正如所預期的那樣，這些成果與我們前文概述的媒體素養教育的一般方法相符。最受歡迎的方法之一是，關注參與者在多大程度上參與持續批判性探索以及批判性受眾的培養（J. A. Brown, 1998; Singer & Singer, 1998）。與此相關，其他方法側重於培養對媒體資訊以及相關資訊可能對態度和行為產生的影響的認知的必要性（Silverblatt, 1995）。

5　青少年的性行為與媒體

　　幾乎沒有研究從社會科學研究的視角對這些或其他一些所預期的結果予以界定或檢驗（Singer & Singer, 1998）。很少有媒體素養教育計畫經過實踐評估，更不用說性相關課程。即使不聚焦於性話題的批判性媒體素養教育，也尚未成為大量研究的對象。對其他類型的媒體素養課程的一些早期研究顯示，這些工作是有價值的。辛格和辛格（Singer & Singer, 1998）使用案例對照設計方案，研究了一套包含 8 節課程和 10 分鐘錄影帶的通用媒體素養課程。與對照組的學生相比，參與課程的小學生在電視素養方面獲得了重大進展。在另一項實驗研究中，研究人員發現，針對酒類廣告的媒體素養培訓提升了三年級學生對酒類廣告中蘊含的誘導性意圖和飲酒社會規範的理解（Austin & Johnson, 1997）。同樣，另一組研究人員發現，即使一個非常簡化的媒體干預計畫也能顯著減少攻擊性行為（Robinson et al., 2001）。這些研究結果呈現了重要的趨勢，但需要更多的努力來探究：批判性思考是否得到提升和鼓勵、學生是否對媒體提出質疑以及哪些成果是合適的衡量標準。

　　對更多研究的需求顯而易見，但相關努力可能沒有認真考慮青少年是如何根據自己的喜好來選擇接觸媒體的。最根本的原因在於，媒體素養教育可能聚焦於那些與青少年關聯度日益降低的媒體。媒體素養教育普遍關注於電視，很可能因為它是受到研究最多的一種媒體類型（Strasburger, 1995）。然而，青少年聽音樂的時間多於看電視的時間，並且比任何處於其他人生階段的人看電視的時間都要少（Arnett, 1995）。這些研究結果顯示，素養教育計畫中所使用的媒體形式不一定吸引青少年。第二個根本原因是，即使選定的媒體形式與青少年使用媒體的實際情況更為契合，所做的努力仍然存在局限性。包含露骨性內容的媒體形式及其對青少年態度的影響的研究也存在問題，因為青少年不一定會主動觀看那些影片，也不一定會在日常生活中接觸到它們。

第一部分　媒體效應的發展科學：研究範例

　　雖然缺乏探討媒體素養如何影響青少年包含性內容的媒體反應的研究，但這並不意味著我們不應該推進媒體素養教育工作。然而，在等待研究的過程中，重要的是要提醒自己，對這些工作的潛在影響需要秉承一種現實的態度。鑒於人類行為的多因性，期望透過媒體素養計畫幫助個體抵禦媒體影響似乎是不切實際的。素養課程可能不足以改變個體對媒體資訊的獨特反應這樣複雜的現象。希望對媒體進行批判性理解就能影響媒體的影響力，這在理論上似乎也站不住腳。批判性思考並非必然能夠抵制媒體的負面效應。

　　例如，即使能了解到媒體關於暴力和性行為的描述是虛構的，就那些對性行為感興趣且易受暴力內容刺激的人而言，仍然可能收效甚微。在確定一個人對媒體效應的易感性時，參與素養課程不過是眾多需要衡量的因素之一；媒體也只是塑造我們的觀念、看法和行動的諸多因素之一。事實上，指望參與一個主題有限且時間短暫的課程就能對如何應對媒體產生重大影響，這看起來很不合理。儘管已經具備了批判性思考的技巧，但如何應對青少年接觸到的多種形式的媒體仍然是一項挑戰。我們已經看到，媒體對在不同處境下的不同人的影響也有所不同。可以預料，素養課程計畫對具有不同個性特徵、不同程度地受到其朋友、家庭和廣泛環境的影響的觀眾群體，產生的影響存在差異性。

　　即使我們可以期待參與媒體素養教育會產生影響，但仍然難以設想，此種影響將在何時、以何種形式發生。此種影響可能立竿見影，也可能是長期的；可能二者皆無，抑或二者兼有。同樣，很難想像是哪些媒體資訊在發生作用。正如媒體或許不會以相似方式影響所有觀眾那樣，期望媒體素養教育產生相似的結果也是不明智的。

■ 大眾媒體運動、宣傳活動、植入式干預和網際網路

其他舉措並非側重於學校的傳統教育工作，也包括社會行銷和娛樂教育。公共宣傳活動是為公眾衛生目的而有意利用大眾媒體的最常見形式。有效的健康主題宣傳通常與商業產品推廣活動相似，它們使用了多種媒體管道，意圖在特定期間內對較大數量的人群產生特定的影響（Singhal & Rogers, 1999）。

與青少年性行為有關的公共宣傳活動可能很常見，但其成效仍有待以那種通常經同行評審的系統嚴謹的實證研究來證實。同時，實作中也存在一些問題。由於對大眾媒體宣傳活動進行科學評估具有複雜性且成本很高，大多數大型健康交流計畫依靠自我報告的資料來追蹤其效果。公共衛生專家對所採用的方法提出質疑，認為效果評估至少存在兩項主要缺陷：缺乏隨機抽樣和長期研究。大眾傳媒干預的大規模性使得難以將其與其他社會變數區分開來作出評估（Atkin & Marshall, 1996）。同樣重要的是，對參與者進行長期追蹤研究以發現日漸出現的行為變化，這一工作既困難又昂貴。

許多宣傳活動嘗試了一些關鍵策略，以克服向目標人群——特別是年輕人——提供生殖健康服務的障礙。社區動員可以減少社會的反對和恐嚇（AIDS Alert, 2000; Alstead et al., 1999）。透過受眾分層和資訊客製向特定子群組提供生殖健康資訊，已經被證明可以增加人們獲得衛生服務的機會和克服牴觸情緒（Backer, Rogers, & Sopory, 1992）。使用明確資訊、多媒體管道和正面形象展開的激勵性媒體宣傳活動，能夠提升人們對性行為風險的認知，並教會他們如何採取預防措施（Kirby et al., 1999）。

當媒體宣傳活動與個人、社區和政策層面的其他活動相輔相成且得以長期持續時，其效果最為顯著（McGuire, 1960）。值得注意的是，如

第一部分　媒體效應的發展科學：研究範例

果沒有與健康服務建立連繫，比如提供熱線電話，媒體宣傳活動就不太可能獲得成功。青少年在獲取健康服務時存在許多障礙，其中最重要的一個是服務可獲得性有限（Heath & McLaughlin, 1993）。「行動專案」（project ACTION）就是相關舉措的一個範例，據報導，它使得奧勒岡州波特蘭市的青少年與臨時伴侶發生性行為時使用保險套的比例從72%增加到了90%，並使得該地區青少年中有性行為的人數從82%降至75%。這項宣傳活動利用了公益廣告、關於愛滋病的青少年脫口秀和保險套自動販賣機等形式。就該專案獲得的顯著成效而言，值得注意的是，自動販賣機的使用效果超越了傳統的媒體宣傳活動，這突顯了展開更全面工作的必要性（AIDS Alert, 2000）。

除非服務提供者和公共政策廣泛地重複和強化媒體宣傳活動的資訊，否則這些資訊將被淹沒於眾多相互競爭的資訊海洋之中。大眾媒體的影響似乎是透過間接的中介過程而發生的。相關健康促進的研究，例如旨在改變飲食、運動和吸菸的宣傳活動，主要不是透過直接影響行為，而是透過改變過程而最終改變行為，例如資訊搜尋和人際溝通技巧（Rimal, Flora, & Schooler, 1999）。因此，媒體宣傳可能會影響與同伴之間的交流討論，但如果青少年被允許獲得資訊和服務，它們將會產生最積極的影響。的確，這或許是性教育能夠提高成效的一個領域。一些研究報告指出，某些形式的性教育，特別是關於愛滋病毒和避孕的性教育，會提高青少年與父母討論性問題的能力（Barth, Fetro, Leland, & Volkan, 1992; Levy et al., 1995）。然而，重要的一點是，由於父母本身也持有各種不同的性觀點，即使與他們進行討論也不一定會產生預期的回應（Levesque, 2000）。這些嘗試突顯了除媒體宣傳活動以外的公共政策改革的重要性。

一種常被忽視的方法是，倡導團體和商業媒體相互合作，將微妙的

5 青少年的性行為與媒體

健康資訊植入現有的娛樂節目之中。例如,「全國青少年懷孕預防運動」協助青少年熱門節目的編劇製作了涉及青少年性健康、避孕、約會強姦和愛滋病等各種性話題的節目(Brodie & Foehr, 2001)。這類合作有助於解決政府和非營利機構在製作和傳播長期的親社會資訊方面普遍而存在的實際困難。它也反映了第一修正案所關注的問題以及私人擁有媒體所引發的問題,即政府必須尊重言論表達自由。

雖然這些努力具有潛在的影響力,但仍然存在爭議甚至引發問題。其爭議之處在於,這些微妙的資訊是由政府機構和有目的的倡導團體製作的。雖然這其目的旨在抵制被認為來自商業行業的負面媒體資訊,但並不一定能反映青少年或其父母的需求。這一現實與一項主要缺陷有關。一些媒體不太可能散布得罪廣告商的有爭議的資訊或內容(Wallack, Dorfman, Jernigan, & Themba, 1993),這或許會造成一種錯誤的印象,即現有媒體正在傳遞恰當的資訊,而事實上並非如此。甚至新聞媒體也可能以誤導性的方式報導研究成果,包括相關媒體效應的研究(Bushman & Anderso, 2001),並可能與政治家和倡導團體一同投機取巧,有悖現實地誇大事件的效應。這些舉措仍然存在問題,一定程度上,它們的有效性尚未得到系統評估。一些研究確實顯示,這些宣傳活動可能會使公眾的理解和知識在短期內立即得以提升(Brodie & Foehr, 2001; DeJong & Winsten, 1999),但同樣的研究顯示,此種意識似乎是短期的(Brodie & Foehr, 2001),並且理解和知識可能並不會轉化為實踐。還有諸多問題有待確定,但很明確的是,如果不考慮如何從其他方面影響青少年使用媒體,以及青少年如何應對與媒體相關的危害,這些努力可能無法實現其為自身設定的廣泛目標。

如果改變青少年與媒體之間的相互作用以及轉變媒體的性質仍然是促進更有利於青少年健康成長環境的關鍵目標的話,那麼,最近的技術

第一部分　媒體效應的發展科學：研究範例

變革顯然為其提供了特有的契機。最值得注意的是，網際網路可能會為青少年（及其同伴和家庭）提供獲取性資訊的許多方式。潛在的資訊獲取範圍相當廣泛。網際網路在相當程度上缺乏監管，而限制那些對青少年和兒童不適宜內容的廣泛努力已被認為是違憲的（Levesque, 2000）。顯然，網際網路本質上提供了很多機會，但這些機會可能利弊共存。

網際網路提供了一種特別適合青少年特定情況和社會地位的溝通媒介。與其他媒體不同，網際網路具有能夠按需傳遞資訊並滿足即時需求的優勢。這一特點使得網際網路成為向青少年發送生殖健康資訊的特別重要的服務方式。對於那些可能無法接受醫療健康服務並且可能缺少交通或資源來聯絡相關醫療服務的提供者的青少年而言，這一特點尤其重要。網際網路還可以透過個人風險評估促進個人決策（預防性風險的一個重要因素），並幫助個人結合個案情況評估潛在的後果。網際網路在透過留言板、聊天室和電子郵件提供線上同伴支持和資訊交流方面具有獨特優勢。它還可以幫助青少年自我管理一些健康問題，這對於缺乏健康設施的青少年尤其重要。最後，網際網路可以促進自我效能和示範溝通技巧，這些是健康青少年發展的關鍵組成部分，也是實踐安全性行為與預防性傳播疾病的先決條件。

鑑於學校存在對性教育加以限制的情況，認識網際網路的實用性尤為重要。例如，一些規定要求教育工作者展開禁慾計畫，這可能使得更多的性與健康方面的禁忌話題被忽略，網際網路的這一作用就更為突出。試圖限制性教育工作的影響不容小覷，因為即使存在強制性規定，相關計畫也傾向於迴避爭議，這可能會阻礙青少年獲取即使是其父母都認為他們應該了解的資訊。同樣重要的是，需要考慮如何利用網際網路向廣大受眾傳遞個性化資訊。網際網路在大眾媒體和人際傳播之間占據著獨特的中間地位，這也使得它成為傳播敏感資訊的理想場所。

5　青少年的性行為與媒體

　　儘管網際網路有其優勢，但也並非沒有局限性。首先，尚無確鑿的實證研究來支持網際網路可被用於產生持續、積極效應這一論點。同樣，正如我們所見，僅僅提供資訊是遠遠不夠的，因為知識並不一定能轉化為實踐。青少年在尋求資訊的過程中，分享個人資訊時也面臨隱私被侵犯的風險。網際網路也可能提供不準確或不恰當的資訊。充分資訊的獲取會受到限制，因為父母和圖書館可能使用軟體來封鎖露骨的性資訊。由於色情內容封鎖軟體不能完全區分色情與非色情資料，此類軟體會阻止針對健康資訊網站的存取，特別是那些與性相關的網站。例如研究發現，當使用這些程式的限制性設定時，色情內容的封鎖率有所增加（91％），但健康資訊的封鎖率也大幅提高（24％；Richardson, Resnick, Hansen, Derry & Rideout, 2002）。與此相關的是，不同的青少年上網機會有所不同，而那些可以說最需要健康資訊但獲取資訊管道最為有限的人（例如，被認為「處於高度危險」的人，如無家可歸、離家出走以及一些低收入年輕人），最不可能接觸網際網路。最後，網際網路越來越多地以大眾普遍認為有害的方式為某些群體提供了接觸青少年的途徑，例如仇恨群體使用網際網路來表達他們的觀點、出售他們的相關物品並招募新成員（Lee & Leets, 2002）。即使技術進步為旨在解決媒體潛在危害的努力帶來了龐大希望，但也帶來了重大局限性和風險。

媒體宣傳

　　一些健康維權活動家也開始將大眾媒體作為工具，以使健康問題受到公眾和決策者的關注。他們不是坐等媒體來解決問題，而是主動製造能引起新聞媒體關注的新聞（Wallack et al., 1993）。長期以來的研究揭示了大眾媒體的作用不止是告知人們該思考哪些問題；他們也能設定議程，幫助人們將問題概念化。這種方法通常關注與健康有關的公共政策，而

第一部分　媒體效應的發展科學：研究範例

非個人健康行為。其基本理念是：除非政策和制度層面的變革支持所期望的行為，否則個人無法改變不健康的行為。因此，譬如影響性教育和健康服務的可獲得性和可負擔性的公共政策，可能成為媒體宣傳的重要議題。媒體宣傳活動有助於培育必要的政治意願，以確保媒體素養教育工作的發展。例如，這些努力是必要的，以確保教師獲得培訓，課程得以開發，以及說服學校系統了解到重視媒體在青少年發展中作用至關重要。儘管成年人可能知曉某些媒體的負面影響，但他們仍然需要學習如何確保自己能夠更好地應對媒體對子女生活的影響，並意識到媒體如何成為一種積極的力量。

迄今為止，最常見的媒體宣傳活動是努力限制接觸充斥著性元素的媒體。使用內容分級和篩選工具是最受歡迎的做法。然而，這些工具的價值仍有待商榷，這突出說明了謹慎行事並且將媒體宣傳與其他舉措相結合的必要性。雖然這些舉措使得觀眾（家長）能夠篩選計畫的內容和年齡的適合性，但它們還是存在一些問題以至於家長仍不予使用；而篩選工具無法讓人們對節目、書籍或網際網路媒體內容作出有意義的決策，這一難題越發棘手（Kunkel & Wilcox, 2001）；行業不願將節目標示為不適合特定觀眾（Hamilton, 1998）；一些青少年被不適合其年齡的內容所吸引（Cantor, 2000）；而且，研究普遍發現青少年（與其父母十分相似）很少使用分級系統，而父母對這些分級標準的理解也很隨機（並無規律）（Greenberg & Rampoldi-Hnilo, 2001）。

結論

我們會受到娛樂媒體的影響，即使並非媒體的本意，受眾也未察覺。無論是無意為之還是有意策劃，各種媒體在青少年的性社會化中發揮著舉足輕重的作用。媒體傳遞的性資訊無所不在、令人興奮和充滿魅

5 青少年的性行為與媒體

力,而且被青少年認為很真實。所有這些都是一個強大榜樣所具備的特質。儘管家長、老師和青少年自己都認為媒體發揮此種作用,但實證研究方面的進展很緩慢。然而,我們最近對媒體在青少年性社會化中的作用已有了相當多的了解。到目前為止,證據顯示媒體中的性內容會加速各種青春期性行為的開始,而且媒體接觸與性行為後果有關。除此之外,我們所知甚少。

我們對媒體如何影響青少年性行為和性態度的了解少得驚人。這些因素既包括媒體內容的特徵,如類型、資訊的複雜性和主角的吸引力,也包括觀眾的一些特徵,如年齡、發展程度、性別和認知能力。但是,正如我們所研究的其他領域一樣,我們知道媒體透過青少年所在的社會環境來影響其性觀念。研究一致顯示,青少年對於自己朋友的性觀念和性行為的看法,可以預測他們自己未來的性行為(Kinsman, Romer, Furstenberg, & Schwarz, 1998; Santelli et al., 2004)。但是,媒體在影響這些因素的作用仍需要嚴謹的實證調查研究。我們能夠得出的最佳結論是:青少年的性行為和性態度是多樣而複雜的,並受到內部、人際以及環境等多種力量的驅使。這些力量可能會在確定媒體接觸對青少年性行為的影響方面發揮重要作用。

我們對媒體如何影響青少年的性態度和性行為缺乏了解。同樣令人驚訝的是,我們對旨在改變媒體對青少年性發展的影響的認識和研究也很匱乏。社會對主流媒體(更不用說那些直接面向青少年的媒體)中性知識的滲透程度極為關注,卻未能研究如何解決媒體對青少年性行為的影響,這著實令人費解。然而,我們再次得出這樣的結論:要想解決媒體的影響問題,就不能局限於媒體本身,而必須關注青少年在家庭和社會中的相對地位,尤其是青少年獲取資訊環境並從中受益的能力。

第一部分　媒體效應的發展科學：研究範例

第二部分
《第一修正案》中的言論：法律基礎

6　規制言論

　　社會可以對媒體以及任何言論表達，在多大程度上、以何種方式予以監管，完全屬於以憲法《第一修正案》為基礎的「言論自由」這一高度專業性法學領域。表面上，《第一修正案》及其言論自由條款的措辭相當有力，而且非常明確。透過規定「國會不得立法……剝奪言論自由」，修正案使用簡單明瞭的語言表示，政府不得制定剝奪言論自由的法律。對言論自由的直截了當的保障沒有附加任何限定條件，並且合理產生了一種絕對主義傾向。然而，儘管語言明確，《第一修正案》一直是而且現在仍然是諸多爭議的根源。司法層面上有大量針對這一法律領域的分析，人們也相信《第一修正案》蘊含著美國憲法秩序所推崇的價值觀，儘管如此，相關爭議仍舊層出不窮。因此，我們的法律體系或許宣揚言論自由的根本性和優先性，但這些宣告並不容易轉化為有效的法律，以保護言論自由以及免於受到某些言論侵害的自由。

　　媒體在青少年發展和更廣泛社會中的地位，從根本上證明了《第一修正案》理論法學的潛在意義、力量和局限性。最值得注意的是，我們已經觀察到各種形式的媒體實際上是如何影響青少年的。雖然不斷累積的研究結果揭示了其重要趨勢和一致性，但它們的法律含義遠不夠明

第二部分　《第一修正案》中的言論：法律基礎

確。目前，這些調查結果構成了日益占主導地位的一些應對策略的基礎，它們對未成年人可接觸的媒體的數量或類型施以更嚴格的限制。例如，學者們繼續努力擴大現有的限制青少年接觸媒體的禁令。有人提出，《第一修正案》長久確立的淫穢物品例外規定——《第一修正案》允許限制那些被視為淫穢且沒有社會價值的言論表達——應擴大到包含媒體暴力在內（參見 Saunders, 2003）。此外，正如我們在前幾章所見，主要的醫療和心理健康專業組織也同樣指責，大眾媒體造成了諸多不必要和可預防的危害。他們也主張，有必要對媒體進行監管並限制其使用。

儘管很受大眾歡迎且常常為科學界所廣泛接受，限制青少年接觸媒體和其他可能破壞性言論表達環境的建議在法律層面上尚未獲得認可。限制媒體存取的建議尚未說服法院和更廣泛的法律體系。事實上，正如我們即將看到的那樣，上訴法院朝著相反的方向發展，它們扼殺著限制存取媒體和管控媒體內容的重要努力。拒絕限制言論表達源於這樣一種信念，即包括擔心媒體影響兒童在內的許多合理理由，並不必然成為《第一修正案》保護例外的正當依據。儘管許多提出的限制措施看似合理，而且無論詳細說明各種媒體潛在危害的科學證據是多麼令人信服，我們的政府體制使得為審查正名並非易事。目前的憲法規定甚至並未要求對一些普遍存在的媒體形式去限制那些對兒童來說被視為淫穢的內容，正如試圖控制透過網路傳播的色情內容的許多努力均以失敗告終所顯示的那樣。

法律制度對媒體表達的限制有所克制，並不意味著其對青少年所處的媒體環境沒有施以重大限制。事實上，青少年所處的媒體環境和他們自身的表達在很多方面都受到高度的限制、規制和控制。最值得注意的是，法律制度賦予父母、教師、社會服務人員以及國家本身對青少年的表達權和媒體接觸權進行控制的權力，青少年獲取資訊的途徑一定程度

上受到限制。例如,法律允許學校管理者對青少年的政治、性和宗教表達以及包含此類表達的環境予以約束(Levesque, 2002b)。法律還允許父母確定他們的孩子能否接觸成年人可輕易接觸的各種形式的媒體,父母繼續保留控制子女的言論表達以及接觸表達環境的權利(Levesque, 2000)。法律進一步限制社會服務提供者與尋求特定類型服務的青少年之間的交流內容,正如法律首先要決定青少年是否有權獲得某些服務一樣(Levesque, 2002c)。很難說法律承認青少年享有普遍、迫切和個人的自我表達和獲取資訊的權利,更不用說其接觸媒體以及保護自身免受媒體諸多潛在危害的權利。

除了普遍未能意識到和設想出涉及媒體時尊重青少年自身表達權的方法之外,還須注意的是,法律的限制並不意味著立法機構沒有作出回應和試圖影響青少年接觸到的媒體內容。國會繼續對娛樂媒體和流行文化的內容和形式施加壓力,特別是針對青少年的計畫和產品。例如,在過去的一個世紀中,國會和其他政府機構已經利用聽證會、立法威脅和政治壓力以完成政府無法直接做到的事情:壓制或阻止不受歡迎或令人反感的言論。這導致了自我監管的產生,並透過這一方式影響電影、漫畫書、流行音樂和電視的內容(參見 Paulson, 2004)。雖然立法者在處理媒體內容方面常常手段強硬且具有強制性,但毫無疑問,娛樂媒體為立法者提供了口實,並且不斷突破內容的合理界限。因此,如同其他機構(家庭、學校和社會服務)一樣,不能說媒體行業自身就能使得青少年免受媒體危害的影響。

透過對言論表達和青少年表達環境相關規定的粗略整理可以發現,要想認識和塑造青少年的媒體環境,就必須理解既有的憲法授權。不幸的是,對《第一修正案》的龐大法律體系予以整理後,會發現其中存在諸多複雜之處。此種複雜性遠不止涉及青少年在我們法律體系中的特殊地

第二部分　《第一修正案》中的言論：法律基礎

位，它也表現在非常重要的法學原則以及用以判定如何應用這些原則的標準之上。這些整體原則和標準因《第一修正案》所涵蓋的實體法律領域極為廣泛而變得更為複雜。因此，言論自由法學涉及範圍廣泛的言論和行為，包括從咒罵、身體穿孔、設定著裝規範、紋身、裸體舞蹈、傳教、約會、觀看色情片、進入電子遊戲廳，到焚燒旗幟、挑戰學校言論規範、使用種族侮辱性言語、存取網際網路以及實施口頭威脅，再到在學校和購物中心抗議等。難以想像，我們生活和發展的哪一領域不涉及《第一修正案》。

　　法律數量之多以及潛在應用範圍之廣，使得全面審視這些複雜的案件和圍繞相關案件展開學術探討不切實際。最高法院無法提供明確的法學理論來指導對限制或促進言論表達的相關舉措予以評估，這也進一步加劇了問題的複雜性。正如我們即將看到的那樣，最高法院案例事實上尚未形成一套全面的《第一修正案》理論，以提供令人滿意的工具應對諸多新的發展問題。試圖確立統一首要原則的努力至今未能塑造不斷發展的司法準則。不出所料的是，這一領域提供了一個法學理論大雜燴，某些類型的言論是否受到《第一修正案》的保護並不明確，而法學理論的雜亂無章意味著，保護或不保護相關言論的理由往往未經探究、模糊或者僅僅是一種設想。為了理解為何在最高法院已審理了數以百計的案件之後情況依舊如此，本章將作一個簡要的回顧，著重介紹源自最高法院審理的一些重要「言論自由」案件的規則和裁判結果。分析還突出了一些關鍵的法學方面的關切點，以及由學術評論者們所提出的深刻見解，他們不斷為相關討論設定大概的範圍。同時，分析也會強調最高法院在歷史上為區分言論類型以確定哪些言論應受《第一修正案》保護所做的努力。最後，我們將詳細闡述法律體系在保護言論表達方面所採取方式的發展趨勢。因此，本章勾勒了理論學說的主要脈絡和《第一修正案》保護的整

體輪廓。鑒於案例數量眾多，且評論者常常以不同方式對言論表達形式進行歸類或區分，我們的回顧必然限定於那些與最終的分析結果最為相關的案例，牢記這一限制至關重要。這一爬梳是下一章的必要前奏，下一章中我們的討論將轉向青少年表達、接收和控制各種資訊來源及媒體環境的權利。

言論保護的正當性和擴張性

美國法律體系高度重視保障個人自由和尊重個人自主的必要性。這種自由和自主的願景奠定了我們整個法律體系對個體的看法，以及法律體系在應對個體行為時所秉持的立場。譬如，最值得注意的是，法律假定個人是理性行為者，他們會做出自由選擇；並且，當他們做出錯誤的決策時能夠因其行為自由而對那些行為負責。這一假定深深根植於法律之中。即使有證據顯示我們遠非真正自主的思考者和行為者（參見 Levesque, 2006），對自主性的假定成為憲法關於個體及其在社會中地位的前提基礎。

了解到自主性在法律假定中的重要性，有助於我們理解為什麼《第一修正案》需要確保個人免受審查機構的控制和思想強迫。為了保護此種自由，憲法制定者以絕對性的措辭擬定了服務於雙重核心目的的言論自由條款。言論自由條款旨在保護個人的以下兩種能力：一是控制自身的思想過程，二是根據自身的動機進行表達。思想、良知和言論的完整性是自由和自主地行動這一能力所秉持的理想的核心所在。自由的個體需要按照自己的意願思考和表達，或者依其喜好保持沉默或不予傾聽。人們必須掌控自己的思想和所參與討論的性質，這一信念不可避免地揭示了支持這種自由願景的政府性質的一些根本問題。鑒於言論自由是確立社會秩序的精髓，我們的政府體系假定支持這一願景的最佳方式是限

第二部分　《第一修正案》中的言論：法律基礎

制自身控制言論和表達的企圖。因此，從根本上講，《第一修正案》著眼於促進人類個體的發展，以及推動個體之間更完美結合以促進這種發展。

這兩個目標對於規制媒體及其表達環境的努力具有重要意義，其支持娛樂媒體必須獲得《第一修正案》的有力保護這一既定和公認的原則。最值得注意的是，作為娛樂行業行銷工作重點的相關活動——現實中的電影、音樂或電子遊戲等——都會獲得《第一修正案》的全面保護。法律體系一般將電影、音樂、電子遊戲和其他娛樂概括地視為《第一修正案》所全面保護的「言論」，如同任何藝術作品都受到《第一修正案》的全面保護那樣。正如最高法院在半個多世紀前所指出的：

「在我們的政府體制下，各種品味和想法都能得到包容。什麼是好的文學，什麼具有教育價值，什麼是高雅的公共資訊，什麼是好的藝術，代代相傳且因人而異……要求文學或藝術遵循官方規定的某種標準，這帶有一種與我們的體制格格不入的意識形態的意味。」（Hannegan v. Esquire, 1946, pp. 157-58）

為了遵循這一原則，最高法院隨後認為，《第一修正案》禁止政府官員審查所謂的「冒犯性」（Texas v. Johnson, 1989, p. 414）、「褻瀆性」（Joseph Burstyn, Inc. v. Wilson, 1952, p. 506）、「道德不當」（Hannegan v. Esquire, 1946, p. 149）甚至「危險」（Regan v.Taxation with Representation of Washington, 1983, p. 548）的作品；《第一修正案》甚至會保護那些挑戰「觸動現有秩序核心」價值觀的表達（West Virginia State Board of Education v. Barnette, 1943, p. 642）。最高法院這些廣泛的宣告後來在某種程度上有所緩和、得到細化，甚至在一定程度上被收回。但難以否認的是，我們的法律體系對屬於「公共資訊」這一廣泛範疇內的內容予以嚴格保護。

即使面對激烈的批評和煽動性案件（令人驚訝和經常被忽視的是，

這些案件實際上涉及青少年），透過強而有力的言論自由保護來促進個人成就感和社會繁榮的雙重關切依然存在。具有里程碑意義的「向國旗致敬案」，也即「西維吉尼亞州教育委員會訴巴內特案」（West Virginia State Board of Education v. Barnette, 1943），很可能仍是最高法院關於《第一修正案》禁止觀點歧視的最著名的雄辯和表達（即政府不得審查某些觀點，從而扭曲公共辯論）。在「巴內特案」中，最高法院判決西維吉尼亞州強制向國旗致敬的規定無效，儘管其剛剛支持了一項類似的學校規定，即要求兒童向國旗致敬並背誦效忠誓詞。在新的意見中，微弱多數觀點認為：強迫學童向國旗致敬與羅馬迫害基督徒或其他消除異議的極權主義，僅在程度上有所不同。法官們寫道：「那些開始強制性地消除異議的人，很快就發現自己在消除異己者。觀點的強制性統一只能在墓地裡才能達到一致性」（West Virginia State Board of Education v. Barnette, 1943, p. 641）。法院繼續向立法者保證，民主不必懼怕相反的觀點。法院認為：只有尊重和容忍多樣性和不同意見，才能真正擁有思想和信仰自由，使我們能夠實現個人的成長和國家的共同繁榮。基於這些原因，法院得出結論：「如果我們的憲法星空中有一顆恆定的星星，那麼，任何官員——無論級別高低——均不能規定在政治、民族主義、宗教信仰或其他觀點問題上何者為正統觀念，或者強迫公民透過言語或行為承認他們對這些觀念的信仰」（p. 642）。這些話語極具鼓舞性，也是最高法院至今仍認真踐行的理念。

「R.A.V. 訴聖保羅市案」（R.A.V. v. City of St. Paul, 1992）是一個較新但同樣引人矚目的里程碑式案件，它進一步說明法律制度在相當程度上致力於保護言論表達，哪怕是那些無疑是有害的表達。在「R.A.V. 案」中，一群白人青少年用折斷的椅腳製作了一個十字架，並在一個黑人家庭的草坪上焚燒。這些青少年因違反煽動仇恨犯罪條例而被

第二部分　《第一修正案》中的言論：法律基礎

定罪，該條例特別禁止焚燒十字架以及其他的極端種族主義言論表達。最高法院以一致性意見撤銷了這一有罪判決。法院指出，政府已經對種族主義思想專門予以規制。法院援引的原則是，政府不得對基於對所表達的基本資訊的敵意或偏愛來規制言論。「R.A.V. 案」和許多類似的案例代表了「政府不得壓制哪怕是充滿仇恨和危險的思想」這一基本立場。最高法院後來願意重新審視十字架焚燒事件，並最終在極為有限的情形下允許予以禁止（例如，參見 Virginia v. Black, 2003），但「R.A.V. 案」的整體主旨以及類似的判決在憲法判例中具有穩固的地位。我們的法律體系堅持這樣一種理念：即使是有問題的表達也值得認真考量，包括那些來自青少年的表達。

極端案例對理解青少年媒體環境的規制而言看似無關緊要，然而，這些案例實際上為我們提供了必要的規制框架以及支持法律發展和改革努力的可能理由。當我們試圖理解那些最終必須為應對青少年媒體環境的舉措提供支撐的權利基礎時，深植於我們國家歷史和法律先例中的理由和正當性依據是需要考慮的重要因素。卓越的憲法學家和最高法院本身提出了在憲法治理框架中高度重視言論自由的重要價值。要想最好地理解這一重大價值，需要仔細審視擴大《第一修正案》範圍的法學理論發展。

▌擴大《第一修正案》範圍的司法判例發展

儘管《第一修正案》在思想層面與啟蒙運動有著深厚的連繫，但直到 20 世紀，其對社會和個人發展的重要意義基本上未能得到審視。當《第一修正案》案件最初出現時，它們通常主要關注於非常狹隘的問題，且對言論的保護力度不足。因此，這些案件的意見和裁決幾乎沒有深入探討言論自由對社會或人類發展的意義。例如，最著名的「艾布拉姆斯訴

美國案」（Abrams v. United States, 1919）維持對一些活動人士的定罪，這些人被指控出版批評伍德羅・威爾遜（Woodrow Wilson）總統派遣部隊幫助打擊俄國革命的小冊子。最高法院多數大法官裁定，《第一修正案》並不保護那些在戰時出版這些小冊子的人。在《第一修正案》的早期判例中，憲法甚至不會保護那些被認為是重要政府行為的批評者。早期的判決意見不僅在所涉及問題的範圍上比較狹隘，而且因為無須面對政府與言論在現代社會中不斷變化的角色，其視野也很狹隘。因此，即使在半個世紀前，法律體系也無須關注我們所處的多媒體環境、社會商業化以及聯邦和州政府不斷擴大的權力範圍。法律體系如何處理這些問題，將從根本上改變《第一修正案》的法學理論。

保護政治性和社會性批評

雖然《第一修正案》的豐富內涵、強大力量及廣泛的影響範圍長期被大多數最高法院法官所忽視，其數量足以確立法律先例，但仍有一些大法官提出了強烈的異議。「艾布拉姆斯訴美國政府案」（1919）便是一個例證。「艾布拉姆斯案」之所以能成為所援引的經典判例，並非因其判決結果，而是因其所忽視的內容，以及足以促使人們努力重塑《第一修正案》意義的異議意見的說服力。在相關異議意見中，奧利弗・溫德爾・霍姆斯（Oliver Wendell Holmes）大法官寫道：

「但當人們意識到時間已經推翻了許多曾經激烈交鋒的信仰後，他們或許會越發相信，比自身行為的根本準則更為重要的是，透過思想的自由交流可以更好地實現所追求的終極目標，也就是說，檢驗真理的最佳標準是一種思想在市場競爭中能否被接受，而真理是人們的理想得以安全實現的唯一基礎。無論如何，這就是我們憲法的理論。」（Abrams v. United States, 1919, p. 630）

霍姆斯大力倡導，應藉助《第一修正案》促進思想市場中的言論表

第二部分　《第一修正案》中的言論：法律基礎

達。這一立場表達，如果人們見多識廣並且能夠接觸不同的觀點，就會更好地發揮公民的作用。因此，法院應當對言論給予保護，確保思想的自由交流不受阻礙，以促進民眾所期待的政治和社會變革。總統和其他政府官員不斷受到批評，特別是在戰時，這證明了霍姆斯具有先見之明的言論的影響力。如今很少有人質疑公民批評政府的權利，然而，這項權利曾經長期未能得到認可和保護。

「思想市場」賦予言論自由和新聞自由憲法保護，並非是基於言論不會造成任何傷害這一天真的理念。相反，這一方法基於某種信念，即社會從思想的自由流動和交流中所獲取的利益，超過了社會容忍應受譴責或危險的思想所付出的代價。「對冒犯性言論作出的恰當反應，不是禁止它；而是用相反的言論來與之抗衡」（Abrams v. United States, 1919, p. 630），而非予以審查。允許採用審查制度持續應對社會問題的代價是多方面的，例如，當享有特權的少數群體掌控國家大部分傳播系統時，問題就會出現，這就產生了代價；當審查機構尋求透過壓制言論來解決社會問題時，也會產生代價。相反，根據霍姆斯的這一法學立場，只有堅定捍衛每個人的公開言論權，我們的社會才能確保最佳意見不斷進入公共領域並占據主導地位。這一「思想市場」範疇承認，真理最終將在一個真正開放的思想市場中獲勝，並敦促政府保持中立，只有在極少數緊迫的情況下才能干預和控制言論的內容。

最高法院的異議意見承認有必要保護言論以確保思想的流動，但其通常並不構成指導判例的堅實基礎。然而，正如異議意見本身所表達的那樣，思想可以是強大的，如果依據充分，就可以占據上風並深刻影響社會及其法律。「艾布拉姆斯案」判決 50 年後，最高法院全體法官承認並接受了該案異議意見中基於市場的理由。這一轉變表現在具有里程碑意義的「《紐約時報》公司訴沙利文案」中（New York Times Co. v. Sullivan, 1964)。「沙利文案」備受讚譽，其革新了普通法中的誹謗侵權行為，再次強化了《第一修正案》的影響力，並為其開闢了新的方向。在「沙利文案」中，《紐約時報》刊登了一則基於事實陳述的廣告，結果其中一部分陳述被認為是虛假的。在阿拉巴馬州的一個市警察局長提起的誹謗訴訟中，法庭達成一致意見認為，只有證據顯示被告針對政府官員的公務行為的陳述存在「實際惡意」，即「明知陳述虛假，或者罔顧其是否虛假」，政府官員才能提起誹謗訴訟（New York Times Co. v. Sullivan, 1964, p. 280）。最高法院認為，確立這一標準是必要的，因為當權力已然強大的政府官員被授予更廣泛的權力和利用法院來懲罰批評者時，將會帶來潛在的威脅。在整個「沙利文案」判決中，法院從維護民眾言論權利免受更強大勢力侵犯的迫切需求出發，廣泛闡述了這一基本理由。這個理由意味著，沙利文案將確認《第一修正案》法學中的一項重要因素的必要性，即富有活力的辯論，哪怕是包含虛假內容的辯論。正如法院指出：

「我們認為，這個案件是在國家堅決秉持的一個原則的背景下考量的，即公共問題的辯論應該是不受限制的、富有活力的、廣泛開放的，而且可能包括對政府及公職人員的激烈、苛刻有時甚至是令人不愉快的尖銳抨擊。」（New York Times Co. v. Sullivan, 1964, p. 270）

這一判決大大淡化了普通法中「事實」和「觀點」的區別。即使是虛假的事實陳述，除非基於「實際惡意」而為，否則不會獲得賠償。此種做法為自由言論提供了必要的「喘息空間」。這一案例突出說明，為什麼無論是虛假性、誹謗性，還是二者兼具，都不足以成為壓制自由言論和扼殺對公職行為批評的正當理由。透過強調即使針對政府的完全虛假言論也享有憲法保護，該案為霍姆斯法官在分析不受約束的思想市場的意義時所主張的自由言論的重要性提供了充分的理論支持。最高法院認為：

「《第一修正案》保障公眾對公共問題的言論表達自由，這一普遍主

第二部分　《第一修正案》中的言論：法律基礎

張早已在我們的判決中得到確立。我們所說的憲法保障，是為了確保不受約束地交流思想，以實現民眾所期望的政治和社會變革。」(New York Times Co. v. Sullivan, 1964, p. 269)

「沙利文案」具體應對的威脅是，政府擁有懲罰公民對政府官員的批評的過度權力。雖然「沙利文案」的規則可能看起來範圍狹窄，但其影響極為深遠。這個案例證實，在公共問題的討論過程中，當服務於更大的利益時，保護一些虛假言論具有社會價值。因此，試圖限制言論的要求，必須基於最高法院在「沙利文案」中闡明其判決的方式承受最嚴格的憲法審查，即對涉及「公共問題辯論」的言論給予最充分的保護 (p. 270)。

保護商業言論

「艾布拉姆斯案」和「沙利文案」的意義，遠不止對思想自由交流地位的捍衛；這些案件本身就揭示了重塑整個法律領域的思想力量。它們展示了自由討論中的相互切磋是如何催生和深化思想，以及這些思想如何透過辯論最終被篩選、摒棄或接受為政策或目標的。在「沙利文案」之後不久，又有另一個完整的法律領域開始發生變化，並且大大影響了思想的傳播——這些法律涉及商業交易（也即廣告宣傳）的法律。與誹謗一樣，最高法院早期認為整個商業廣告範疇不屬於《第一修正案》的保護範圍。然而，從1976年開始，旨在提議進行商業交易的言論，只有在符合《第一修正案》理論所確立的檢驗標準時才會受到規制。

提出並最終認定《第一修正案》保護商業言論，這堪稱一項重大發展。在歷史上，商業言論並未被認為是公共問題辯論所必需的，因此沒有獲得《第一修正案》的保護。這是最高法院在「維吉尼亞州醫藥委員會訴維吉尼亞公民消費者委員會案」(Virginia State Board of Pharmacy v. Virginia Citizens Consumer Council, Inc., 1976) 中所持有的立場。在該案中，最高法院對商業言論的界定中包含「僅僅提議商業交易的言論」

(p. 762)。長期以來，法院認為商業言論更具韌性且易於驗證，因此不太依賴於司法保護——這一假設基於這樣一種觀念，也即，既然商業企業依賴於言論，商業本身便能提供足夠的力量來支持相關言論在思想市場的流動。但是，這一案件對相關推理提出了挑戰，並開啟了該法律領域的重大變革。

「維吉尼亞州公民消費者委員會案」判定一項禁止維吉尼亞藥劑師為處方藥價格做廣告的法規無效。該案就我們的討論目的而言意義重大，因為它判定政府「不得僅僅因為擔心某些資訊對傳播者和接收者產生影響，就完全壓制關於完全合法活動的、公認真實的資訊的傳播」(p. 773)。雖然法院明確認定《第一修正案》為商業言論提供一定保障，但法院也意識到商業言論的混合性質，並指出，雖然它「受到保護，但我們當然不認為它絕對不能以任何方式受到規制」(p. 770)。法院特別指出，「虛假或具有誤導性」的商業言論可以被禁止，並且否認相關判決意味著阻止各州將非法交易的廣告認定為非法。那麼，政府仍然可以規制那些歷來不受保護的言論，但不能限制真實思想的交流。因此，那些傳統上被認為不值得《第一修正案》保護的言論被納入了其保護範圍之內，因為政府不能壓制真實的思想，即使是那些不一定對公共和民主話語至關重要的政治或文化理念。

「維吉尼亞州公民消費者委員會案」的處理方式，在一項具有里程碑意義的案件判決中獲得了堅定支持，該判決為評估商業言論在何種程度上獲得憲法保護設定了標準，這就是「中央哈德森燃氣與電氣公司訴紐約公共服務委員會案」判決（Central Hudson Gas & Electric Corp. v. Public Service Commission of New York, 1980）。這一案件涉及限制電力公司某些促銷廣告的一項禁令，旨在防止電力需求的增加。法院在該案中再次承認，憲法賦予商業言論較低的憲法地位，給予的保護較少。然而，最

第二部分 《第一修正案》中的言論：法律基礎

高法院判定限制推銷廣告的行為違憲。根據該案所確立的「中央哈德森測試法」，如果政府利益重大且相關規制會直接推動這一利益，而且規制的範圍也不超過實現該利益所需的程度，那麼真實的言論可以受到規制 (p. 566)。在該案中，政府確實存在禁止相關言論的利益訴求，但該規制被認為超出了實現這一利益所必需的範圍 (pp. 569-72)。因此，該案件表示，最高法院開始朝著保護另一個此前不受保護的言論領域邁進，這對於理解媒體規制和資訊交流非常重要。

「中央哈德森案」保持了其生命力，因為最高法院增強了這一規則的效力。與我們的分析相關的兩個案例揭示了這一發展的重要意義。在「44 酒品公司訴羅德島州案」(1996) 中，法院裁定撤銷一項法律規定，該規定禁止以任何形式對酒精飲料價格進行廣告宣傳，但「在銷售許可的經營場所內，與商品一起展示且不能從街上看到的價格標籤或標識」除外 (44 Liquormart, Inc. v. Rhode Island, 1996, p. 489)。法院指出，「當一個州出於與維護公平交易過程無關的原因全面禁止傳播真實、不具誤導性的商業資訊時，更沒有理由偏離《第一修正案》通常要求的嚴格審查」(p. 501)。正如法院所觀察到的，《第一修正案》指示我們，應對那些為了政府所認為的自身利益而試圖將民眾蒙在鼓裡的監管措施持有特別懷疑的態度，這一原則同樣適用於州政府剝奪消費者關於他們所選產品的準確資訊的企圖」(p. 503)。事實上，政府沒有正當利益讓某些產品或服務的合法使用者蒙在鼓裡，從而操縱他們在市場上的選擇。不出所料，法院在「羅瑞拉德菸草公司訴賴利案」(Lorillard Tobacco Co. v. Reilly, 2001) 中開始保護菸草零售商和製造商，判決麻薩諸塞州對無煙菸草和雪茄的戶外廣告的限制無效。最高法院認為，零售商和製造商「有意傳達關於其產品的真實資訊」，也許對我們的目的而言更為重要的是，指出消費者「消費者在獲取關於菸草製品的真實資訊上有相應的利益訴求」

(Lorillard Tobacco Co v. Reilly, 2001, p. 564)。

這一系列案例的發展令人印象深刻，其原因有三。首先，它們是重要的，因為法院宣布規制商業言論的法律無效，其中甚至包括與食品和藥品法等傳統上受到嚴格監管的活動相關的條款。因此，商業廣告現在屬於《第一修正案》的保護範疇，並似乎向著更強而有力的商業言論原則邁進，有可能轉向更全面的《第一修正案》保護。其次，作為行業行銷工作重點的基本活動，仍受到《第一修正案》的保護。娛樂媒體便是如此，實際的電影、音樂或電子遊戲都受到《第一修正案》的全面保護。透過保護娛樂行銷活動，媒體獲得了相當大的影響力，並得以滲透到青少年的生活中。最後，鑒於這些案件涉及知情權的團體訴訟，其揭示了個人在多大程度上擁有獲取各種思想觀念的權利。當然，人們有權表達有害和具有冒犯性的觀點，並不等同於人們有權獲得這些思想，但往往前者意味著後者。《第一修正案》相關案件通常討論發言者的權利，因為法律經常會懲罰發言者。但是，這一系列案例確認了聽眾獲取資訊的必然權利。最值得注意的是，在「維吉尼亞州醫藥師委員會訴維吉尼亞州公民消費者委員會案」（1976）中，法院支持消費者團體享有挑戰某項規制藥劑師廣告的法律規定的權利，法院認為：「有廣告的權利，即有接收廣告的對等權利」（p. 757）。我們將在下一章討論這一權利的性質，但目前重要的是強調，法院承認公民在不受政府干預的情況下接收資訊的權利，即使是傳統上不受保護的資訊。個人保留接收資訊的權利具有重要意義，因為某種程度上政府可能參與支持言論。要了解州政府多大程度上對言論予以積極支持，我們必須關注另一系列具有里程碑意義的案例。

支持和資助言論

自建國以來，美國各級政府均發生大幅擴張。政府支出對大多數美國人（既包括富人也包括窮人）的影響是不可避免的。因此，許多公民言

第二部分　《第一修正案》中的言論：法律基礎

論要麼發生在政府提供的平臺上，要麼與政府部分資助的企業之間存在關聯。政府的擴張造成了《第一修正案》的兩難困境：一方面，政府當然會利用財政權力來阻止其所不認同的政策或行為；另一方面，國家有時不會終止一項有爭議的舉措，而是對公共資金的使用施加條件，以引導該項目朝著特定的政府目標發展。當政府試圖將限制言論作為其福利套餐的一部分時，《第一修正案》就會受到牽連。

解決政府支持和限制的兩難困境，關鍵在於《第一修正案》中由來已久的觀點歧視概念。在 1940 年前後五年間，最高法院對若干具有里程碑意義的案件做出判決，推動了《第一修正案》在這一領域的利益。第一個案件是「黑格訴工業組織委員會案」（Hague v. Committee for Industrial Organization, 1939），其創設了公共論壇理論，認為作為土地所有者的政府不能完全禁止公民以表達為目的使用公共街道和公園。最高法院指出，提供保護的必要性在於，公共街道和公園歷史上一直被用作公眾集會表達意見的公共論壇。雖然這些傳統集會場所可能在字面意義上屬於政府，但公眾已經獲得了使用它們的保障性權利，此種權利可以受到政府的規制，但不能被任意剝奪。在諸如街道和公園等典型的公共論壇中，政府只有在能夠證明存在重要的國家利益且制定的規制措施嚴格限定於此種目的的情況下，才可以基於內容進行規制。國家也可以透過合理的、內容中立的時間、地點和方式予以規制。法律必須服務於重要的政府利益，並且留出具有開放性和替代性的其他溝通管道。法院闡明了其他類型的論壇，它們可能具有公眾性，但不一定受到法律的保護。如果國家開放或指定某個公共財產作為表達活動的場所，則建立了一個有限的公共論壇。在這種情況下，《第一修正案》原則如同在傳統公共論壇中一樣得以適用。另一方面，如果公共財產並非傳統形成或者指定的公共交流論壇，那麼它就是一個非公共論壇。針對非公共論壇的規制只需

要觀點中立和合理即可。這些被廣泛接受的規則相當程度上得益於「黑格案」的判決。

就「黑格案」的事實而言，其中涉及的觀點歧視程度之深，等同於隨意剝奪公民進入公共論壇的權利。在該案中，澤西市的市長利用許可證要求阻止勞工組織在城內集會、演說或分發宣傳資料，理由為他們是共產黨員或與共產黨組織有關聯。市長確實將工會發言人予以驅逐，逮捕並將他們趕上前往紐約市的渡輪。由於這一許可證令賦予市政當局無限制的自由裁量權來控制城市內的公共交流，最高法院判定其無效，認為它是一項「任意壓制對國家事務自由表達觀點的工具」(Hague v. Committee for Industrial Organization, 1939, p. 516)。由於需要對如此種戲劇性的事實做出回應，一些人可能會將此種情況視為反常的現象。不出所料，隨後的判決明確指出，國家可以對公眾進入傳統公共論壇進行規制；但法院堅定地認為，國家只有遵循合理和內容中立的時間、地點和方式等限制規則時，才能對這些公共論壇予以規制。

公共論壇系列案件中的第二個里程碑式案件，即「西維吉尼亞州教育委員會訴巴內特案」(1943)，很好地補充了「黑格案」的不足。如我們前文所見，在「巴內特案」中，法院認為民主國家的立法者無須懼怕相反的觀點，即使是那些「觸動現有秩序核心」的觀點 (West Virginia State Board of Education v. Barnette, 1943, p. 642)。法院認為，只有尊重和容忍多樣性和異議，我們才能擁有真正的思想和信仰自由，從而使我們作為個體和整個國家蓬勃發展。因此，「巴內特案」揭示了公立學校的雙重功能：它們灌輸基本的資訊，但也必須成為民主自治的訓練場。重要的是，「巴內特案」審理法院明確認為，對學校管理者的行為進行司法審查至關重要，小的地方轄區內的學校官員可能迫於當地的政治壓力無法履行其憲法責任。這些影響深遠的案件共同揭示了在公共場合發表的言論

第二部分　《第一修正案》中的言論：法律基礎

如何獲得《第一修正案》的全面保護以遏制政府實施觀點歧視的衝動，即壓制某一方的論點或觀點。

1940 年代，用於支持「政府在其補貼私人或公開資助的新聞實體時不得進行觀點歧視」的主張的理論依據得到了拓展。例如，最高法院在「漢尼根訴《時尚先生》公司案」（Hannegan v. Esquire, Inc., 1946）中認為，郵政部長不能因《時尚先生》雜誌的色情內容而撤銷其二類郵件投遞資格。法院意識到二類郵件投遞特權是一種「補貼形式」，並認為：即使政府無須為所有出版品提供此種福利，也不能為了審查言論而扣留補貼。法院明確駁回認為使用郵件系統是一種特權、政府可以按其意願設定條件的觀點。法院將取消《時尚先生》的郵件特權視為一種懲罰，而不僅僅是政府拒絕給予一項福利的決定。

《時尚先生》案所確立的原則在最近的一些案件中得到了明確表現。這些案件判定針對新聞媒體的選擇性稅收豁免無效，因為法庭擔心豁免可能被用於懲罰不受歡迎的媒體。例如，在「明尼亞波利斯明星論壇報公司訴明尼蘇達稅務專員案」中（1983），法院判定一項州法無效，該法免除了出版社購買紙張和墨水的首筆 100,000 美元支出的州使用稅。豁免的結果是，只有少數報刊出版商需要繳稅。最高法院指出，繁重的稅收威脅可能會對批評性評論發揮審查作用，因此得出結論，該法律對新聞出版品的差別性對待顯示，其規制的目標與壓制言論之間並非毫無關聯，而這樣的目標被推定為違憲。媒體作為獨立主體受到尊重，從邏輯上源於它作為政府監督者的關鍵作用。最高法院在「明尼亞波利斯明星論壇報公司案」中明確認可了這一作用，聲稱「關於我們政治制度的基本假設是，新聞媒體常常是政府的重要約束力量」（Minneapolis Star & Tribune Co. v. Minnesota Commissioner of Revenue, 1983, p. 585）。法院一直不願讓政府透過對國家福利項目附加條件或進行觀點歧視來損害新聞媒

體的此種制衡功能，哪怕是看似損害。最高法院對新聞媒體的選擇性資助可能帶來的觀點歧視風險一直都很敏感。

在涉及非媒體受贈者補貼的情況下，最高法院採取了截然不同的做法。最高法院在過去十年內判決的兩個最有爭議的案件是「拉斯特訴沙利文案」（Rust v. Sullivan, 1991）和「國家藝術基金會訴芬利案」（National Endowment for the Arts v. Finley, 1998），二者涉及政府資助言論和觀點歧視之間的不明確的憲法關係。這兩個案件均質疑，《第一修正案》是否對政府利用其財政支出的權力影響私人言論的能力予以限制。「拉斯特案」對《美國公共衛生服務法》第十章相關法規的合憲性提出了挑戰，其規定：聯邦資助的家庭計畫診所不得提供墮胎諮詢或轉診服務，但必須為懷孕的客戶提供產前護理轉診服務。這些規定還禁止第十章項下的受資助者以任何方式「鼓勵、宣傳或提倡墮胎」作為家庭計畫的方法，而不限制受贊助者發表反對將墮胎作為一項替代方法的言論的能力。最高法院多數意見駁回了相關第十章贊助者的論點，即這些規定禁止他們傳播將墮胎作為一種合法選擇的事實資訊，卻強迫他們提供關於足月妊娠的資訊，這些規定存在觀點上的歧視，因而是違憲的。多數意見認為：

「政府在不違反憲法的情況下，可以選擇性地贊助某個項目，以鼓勵其認為符合公共利益的某些活動，同時並不資助以其他方式解決該問題的替代項目。政府這樣做並不存在觀點上的歧視，它只是選擇資助一項活動而排除另一項。」（Rust v. Sullivan, 1991, p.193）

幾段文字之後，多數意見承認，「拉斯特案」中被禁止的活動包括言論，但這對其推理和結論並沒有任何影響。政府並不是在「壓制危險性思想」（最高法院仍認為「壓制危險性思想」是違憲的），而是對聯邦資助項目的範圍設定界限。「當政府撥出公共資金設立一個項目時，」法院寫道：「它有權定義該項目的界限」（p. 194）。

第二部分　《第一修正案》中的言論：法律基礎

「拉斯特案」並非個例，這一點在最高法院受理的下一個重大資助言論案件，也即「國家藝術基金會訴芬利案」（1998）中得到了證明。在「芬利案」中，法院以8:1的投票比例支持了聯邦法規，要求國家藝術基金會（NEA）在授予藝術資助時考慮「一般道德標準和對美國公眾多樣信仰和價值觀的尊重」（pp., 572-73）。四位個體藝術家和一個藝術家組織對這一法律提出了表面違憲的質疑，認為其構成觀點歧視。其認為，從表面上看，該法律不恰當地拒絕為那些被國家認為具有冒犯性或偏離主流價值觀但並非淫穢的藝術作品提供資助。多數意見基於三個主要論點否認該法違反了《第一修正案》的中立原則。其一，NEA所解釋的道德條款僅具有建議性，技術層面上並未禁止任何觀點。第二，多數意見稱，由於國會制定該法的動機被法院認為是出於言論保護，所以這個條款不存在觀點歧視。最後，該道德條款並不構成觀點歧視，因為難以想像政府能夠以中立的方式管理其競爭性資助項目；僅僅基於藝術卓越或所要求的道德標準授予資助，仍要求NEA以某種基於內容的方式分配其有限資源。法院多數意見引用「拉斯特案」支持其結論，認為「政府可以依據一些標準分配競爭性資金，但如果這些標準涉及對言論的直接規制或刑事處罰則是不允許的」，並且「國會在設定支出優先次序方面有很大的自由裁量權」（National Endowment for the Arts v. Finley, 1998, pp. 587-88）。

最近，美國最高法院對「美國訴美國圖書館協會案」（United States v. American Library Association, Inc., 2003）做出了判決。這一案件為法院提供了審查《兒童網際網路保護法案》（*Children's Internet Protection Act*）合憲性的機會，根據該法規定，公共圖書館必須在圖書館電腦上安裝網際網路過濾軟體才能獲得聯邦資金。首席大法官倫奎斯特（Rehnquist）代表多數意見撰寫判決書，其指出，國會在聯邦資金的獲取附加條件方面具有廣泛的自由裁量權。他還提到，國會不得對接受聯邦資金施加條件，

要求接受者「參與本身違憲的活動」(United States v. American Library Association, Inc., 2003, p. 203)。然後，多數意見考慮了圖書館在現代社會中的作用，以確定過濾要求是否違反了《第一修正案》。法院指出，圖書館致力於提供大量的資訊，並獲取直接惠及社群的資料。因此，圖書館提供了大量資訊以滿足公眾的需求。法院依據「國家藝術基金會訴芬利案」的邏輯，認為像藝術資助項目的工作人員那樣，圖書館工作人員在選擇資料時會考慮其內容，並擁有廣泛的自由裁量權。法院還以「拉斯特訴沙利文案」為依據，指出政府在設立項目並決定如何將公共資金撥付給該項目時，有權「劃定廣泛的界限」(United States v. American Library Association, Inc., 2003, p. 211)。多數意見認為，「國會當然可以堅持『這些公共資金必須按其授權的目的使用』」(p. 211-12)。多數意見進一步闡述了判決依據，認為國會排除為電子色情資料提供資金的行為完全在其許可權範圍之內，因為圖書館已從其他收藏品中排除了這些資料。此外，法院認為圖書館仍被允許提供未經過濾的網際網路存取，但如果他們這麼做的話，將無法獲得聯邦資助。

　　上述案例揭示了案件的複雜性和考慮豁免的重要性。若干案例顯示，政府不能以觀點為由限制言論。正如我們在「R.A.V. 訴聖保羅市案」中所看到的那樣，法院對觀點歧視有著廣泛的理解，認為《第一修正案》禁止政府官員試圖將不受歡迎或冒犯性資訊從思想市場中排除出去，哪怕是以相對公正的方式進行。「R.A.V. 案」及其一系列相關案例推翻了限制言論的先例，並打擊了政府基於觀點限制言論的能力。最高法院在傳統公共論壇和一般言論領域一直保持警惕，使政府對表達不受歡迎的觀點或者消除特定觀點的言論規制無效。最高法院不斷重申政府可以決定資助什麼以及不資助什麼，只要是以觀點中立的方式行事即可。然而，雖然法院表面上承認政府在分配補貼時不得歧視其不喜歡的

第二部分 《第一修正案》中的言論：法律基礎

觀點，卻給予政府相當大的餘地來界定其補貼範圍。正如我們將在下一章中看到的那樣，這些發展最終在相當程度上與影響青少年的《第一修正案》的諸多方面相呼應，特別是在其教育、醫療和其他服務提供的環境方面。

■ 評論家倡導的概念性發展

司法理論的發展離不開更廣泛的知識討論。雖然法官和評論家會相互引用觀點，但往往難以明確誰對誰產生了影響。不過，評論家有助於我們進一步了解《第一修正案》法學理論，揭示法律體系如何應對緊迫的社會關切，以及如何努力塑造法律在社會中的恰當定位。與司法發展一樣，我們看到一些分析將《第一修正案》的法理範疇從對政治的關切延伸至對自我發展的關切，以及個人在一個既依賴政府支持又可能遭受政府干預的現代公民社會中的恰當定位。這些令人印象深刻的發展值得強調，它們將為我們後續章節的分析奠定理論基礎，並且正如我們將看到的那樣，它們似乎反映並影響了實際法律原則的發展。

霍姆斯關於思想市場的著述所具有的說服力展現了對評論家的依賴。「思想市場」的這一取向深受政治哲學家約翰・史都華・彌爾（John Stuart Mill）的著作《論自由》（*On Liberty*, 1859／1985 年）的影響。正是在這部 19 世紀的論著中，彌爾研究了言論自由與「真理」之間的關係。在他對政治和社會自由的理解中，彌爾呼籲對自由言論採取近乎絕對主義的態度，並對政治言論給予完全保護。彌爾觀點的核心在於，只有透過公開討論才能發現真理。彌爾認為，允許政府基於某個觀點的虛假性來限制言論是不切實際的，原因有三：受到壓制的觀點可能是正確的；所有錯誤的觀點都包含一些正確的成分；錯誤的觀點有助於防止真理淪為僵死的教條。雖然法院從未採用彌爾的絕對主義觀點，但的確不

6 規制言論

斷藉助於類似理由保護言論免受政府的審查和監管。

《第一修正案》法學概念的發展在其他有影響力的評論家的相關著作中早有跡可循。先於 1920 年代至 40 年代的法理學發展，可追溯到澤卡賴亞·查菲（Zechariah Chafee, 1920, 1941）的著作；而 1940 年代末期到 1960 年代初法理學的發展則受到政治理論家亞歷山大·米克爾約翰（Alexander Meiklejohn, 1965）的影響。查菲的著作被認為是 20 世紀初關於《第一修正案》的開創性學術成果。他的著作專門針對煽動性言論以及與 1917 年《間諜法》相關的案例。更廣泛地說，查菲著重於言論保護，並視其為傳播真理的方式。他寫道：「言論自由的真正意義似乎正在於此。社會和政府最重要的目的之一是，發現並傳播關乎公眾普遍關切問題的真理」（Chafee, 1920, p. 34）。查菲批評「申克案」和其他依據《間諜法》作出的判決，因為它們將言論自由視為「僅僅是一種個人利益，一旦其干擾到國家安全的社會利益，就必須像其他個人欲望一樣隨時讓位」（p. 37）。相反，查菲認為，言論自由最重要的服務目的關乎發現和傳播公眾普遍關心主題之真理的社會利益。雖然他將追求真理的社會利益範圍擴展至所有「公眾普遍關心的問題」，但他認為，言論自由在政治領域具有特殊的重要性，「國家不僅可以採取最明智的行動方針，更可以最明智的方式予以貫徹」（pp. 34, 36）。儘管查菲對保護言論懷有如此強烈的情緒，但他並非絕對主義者。他主張，首先要將自由言論與其他諸如維持秩序等社會必要需求予以平衡。這種情況下，他強調了《第一修正案》的重要作用，即不僅保護社會對真理的興趣，而且保護許多個人對「就他們至關重要的事項發表意見，這樣生命才有意義」（p. 36）。

米克爾約翰（1965）明確指出並提出了言論自由中一種更為具體的價值——確保自治的必要性。米克爾約翰被視為「言論自由必須與民主政治相連繫」這一理論的首要倡導者。根據這一觀點，《第一修正案》的

第二部分 《第一修正案》中的言論：法律基礎

核心目標是保護人民集體自治的權利，這種自治理念側重於群體而非個人。他的論斷將彌爾哲學中的真理觀與霍姆斯關於在思想市場中維護言論自由的主張相結合。他寫道：「懼怕思想，懼怕任何思想，就是不適合自治。對於任何此類關乎公共利益的思想的壓制，《第一修正案》都絕不贊成」（p. 20）。他聲稱，言論自由原則來源於自治的必要性，因為一個公民必須充分知情，才能做出明智的決策。儘管這一觀點可能會被廣泛地解讀，米克爾約翰的理論觀點認為，只有服務於民主或政治功能的言論才能得到最充分的保護。最終，這種理論以及其他要求只保護政治言論的理論都暴露出一定問題，因為確定哪些言論對於有效自治必不可少是一項挑戰。重要的是，儘管存在這樣和那樣的問題，一些理論家，如法學家羅伯特‧博克（Robert Bork, 1971），仍堅持主張保護純粹的政治言論。雖然米克爾約翰（1948）最初認為只有與自治有關的政治言論受到《第一修正案》的保護，甚至受到絕對保護，但他後來也主張將更多的言論納入可能與自治相關的政治言論範疇。但是，由於主張近乎所有類型的言論都關乎自治，米爾克‧約翰重新提出了如何區分政治言論與非政治言論的法理學難題。

　　其他理論家雖然並未秉承米克爾約翰那種明顯的絕對主義觀點，但也強調《第一修正案》對保護政治言論的重要性，以促進和維持我們民主政府制度的參與程度。例如，布拉西（Blasi, 1977, 1985）試圖拓展言論自由的概念，認為言論之所以獲得保護，主要是因為它對政府控制發揮制衡作用。即使是近三十年後，布拉西（2004）也堅持認為，在那些擔憂政治權力固化且致力於不斷自我調整的憲政體制中，言論自由必不可少。他秉持自由市場的理想，認為需要保護言論自由，以便從概念和言辭上抗衡那些對權威和變革持有的反自由態度，而審查心態正是滋生於此。言論自由具有制衡功能，作為一種文化力量有助於控制權力濫用，

培養公民適應社會所需的適應性品格特質。

儘管《第一修正案》非常關注政治的特別是民主的政府,一些重要評論家試圖將《第一修正案》的適用範圍擴大到其他社會領域。湯瑪斯·愛默生(Thomas Emerson)也許是最有影響力的理論家之一,他設想了一種更廣泛的《第一修正案》法理學。愛默生在廣度上拓寬了早期的自由言論理論,他認為,除了言論在政治中的重要性之外,言論還帶有一些內在的「人性」價值。他的開創性著作《〈第一修正案〉的基礎理論》(*Toward a General Theory of the First Amendment*, 1963),開啟了《第一修正案》的學術研究的一場理論運動,即認為言論有責任塑造全面發展的個人,不僅使他們能夠參與民主政府治理,而且使他們能夠享有完整的社會生活。愛默生認為,在我們的民主社會中,自由言論的權利價值可以分為四類:(1)作為確保個人自我實現的方式;(2)作為獲取真理的方式;(3)作為一種確保公民參與政治和社會程序的方法;(4)作為維持社會穩定與變革之間平衡的一種方式。愛默生堅信,完全的言論自由至關重要,認為「壓制信仰、觀點和表達」是「對人的尊嚴的侮辱,對人的本質的否定」(p. 5)。

在愛默生分析框架的基礎上,其他的重要憲法學者對言論保護的討論進行了重構,將言論對自我實現和自我成就的核心作用納入其中。例如,貝克(Baker, 1989)認為,《第一修正案》保護的不是市場,而是個人自由的舞臺。他將愛默生的四個類別歸結為兩種:將言論保護作為確保個人自我實現的方式,以及維持社會穩定與變革之間平衡的方式。貝克(1997)捍衛自治即不受約束的自我表達的概念,並堅持認為,當言論是發言者個人自主表達時應當受到保護。他甚至將聽眾的憲法利益描述為自我表達之一。他支持這樣一種觀點,取締言論是沒有將聽眾視為被推定有能力作出負責選擇的主體來對待。他認為,限制獲取言論的途徑是

第二部分　《第一修正案》中的言論：法律基礎

一種家長式作風，剝奪了個人獲取與自我定義相關觀點的機會，即使這些觀點與法律相悖。

瑞蒂施（Redish, 1982）甚至認為，《第一修正案》的言論保護只服務於一個目的，即促進個人的自我實現（p. 591）。他的觀點強調，《第一修正案》的法理學基礎如同民主本身一樣，著重於自由表達對於個人發展的價值。因此，言論自由和獲取思想的權利之所以重要，因為它豐富了個人生活並支持個人的自我實現，而不僅僅是因為它所促進的社會價值。在這方面，自由表達的權利完全來自於個人的能力。它基於一個廣為接受的前提，即人類發展的適當目標是實現作為人的個性和潛能。這種模式將表達視為個人發展和自我實現的途徑。因此，它表達了我們希望成為什麼樣的社會和什麼樣的人。無法獲得廣泛的思想會阻止個人去想像他們生活中的各種可能性。無論對個人的影響多麼有限，言論自由在影響人生重大決策方面與其在政治過程中所產生的作用極為相似。

其他評論家也強調自主性，但同時強調規制所帶來的各種危害。最著名的是，拉茲（Raz, 1991）強調言語規制對個人實現自主權的影響。他將政府言論規制的危害置於其對個人表達的態度上，但只關注政府對個人「善」的觀念的態度，而非政府對個人在不同「善」的觀念之間做出選擇的潛在能力的態度。因為對言論的禁止譴責了與言論有關的一種生活方式，並且因為我們從根本上需要社會對自己生活方式的認可，拉茲將言論規制帶來的危害歸因於不能獲得認可對個人產生的實際影響。那些因言論規制而生活受到非難的個人，會感到與社會疏離，「一個人能夠融入自己所處的社會，通常對其個人的幸福至關重要」（p. 31）。根據拉茲的觀點，政府應該尊重各種生活方式，最大限度地發揮所有人的可能性。這樣一個實踐原則將會促進自主理想的實現，為強而有力的言論自由保護提供堅實的根據。

6 規制言論

其他當代法律學者就言論的價值以及《第一修正案》應有的和實際的意義提出了不同的問題。例如，布林格（Bollinger, 1986）認為，《第一修正案》促進了「寬容」這一民主美德，同時促進言論自由的目的是遏制不寬容。他聲稱，言論自由教會我們自我約束的技巧，讓我們面對那些我們所不同意的觀點：

「言論自由的核心功能……是提供一種社會環境，我們得以在公共和正式場合中共同探討我們可能認為屬於社會知識品格的重要方面。採取這種方法……言論自由規劃的目的不僅包括對一類特別有價值的人類活動進行「保護」，而且還包括選擇對那些公認不良、但可以喚起某些情緒進而讓我們必須學會以緩和與控制的方式行動的行為，進行特別的自我約束」（p. 120）

因此，他提出了一個實用性觀點：保護極端主義言論是有益的，因為極端的案例可以產生警示作用。關於《第一修正案》的這一解讀強調了言論自由對個性發展的益處，同時也有利於社會。這種觀點認為，言論自由基於兩個前提在社會行為主體中培養寬容的特質：一是人們極有可能產生不寬容情緒，並能透過少數服從多數的表決規則表現出來；二是言論代表了一個領域，在這個領域中，強制寬容可以最大限度地激發人類理性認知的傾向。

這些概念發展值得注意的是，每個概念都做了強烈的假設。它們假設權力是政府的，假設個人自治是既定的。這種傳統的自由主義立場以及過去一個世紀或更長時間以來的言論自由案例，似乎指向了一個主要目標：言論必須被視為民主社會最重要的因素之一。學者們傾向於將言論作為自我實現和社會發展的根本工具，並認為應對令人困擾的言論問題的妙方是接納更多的言論，而不是政府對言論的規制。

儘管人們強烈關注在思想市場中支持個人觀點的必要性，一股新的

第二部分　《第一修正案》中的言論：法律基礎

學術潮流提出了關於言論的不同觀點。其中最值得注意的是那些主張政府有必要限制言論的觀點。例如，松田（Matsuda, 1989）對依賴於這樣一種體系提出了質疑，即假定沒有任何思想是絕對錯誤的，且所有思想都應在公共論壇上占有一席之地。相反，她主張允許審查種族主義言論以及具有迫害性、仇恨性和侮辱性的言論。這樣的例外類似於「挑釁言論原則」，即允許政府對那些於探尋真理而言幾乎沒有社會價值的資訊進行規制，因為從這些資訊中可能獲得的任何益處顯然都不及秩序和道德方面的社會利益更為重要。同樣，德爾加多（Delgado, 1982）和他的同事（Delgado & Stefancic, 2004）也呼籲對種族主義言論予以規制。實際上，他們認為種族主義和其他形式的仇恨言論是反民主和加劇不平等的。這些最新發展也突顯了思想在塑造民主、自治、個體性和公民社會的定義方面的作用，同時也突顯了對言論自由保護施加一些限制的切實必要性。鑒於我們的制度對自由的明顯依賴，這些建議並非毫無爭議。然而，正如我們在下一部分所看到的那樣，我們的法律制度在言論規制方面有著悠久且深厚的歷史。

廣泛保護言論自由的例外情形

如我們所見，憲法秩序中言論自由的優先地位使得最高法院對政府規範言論的能力予以限制。儘管受到如此廣泛的保護，言論自由仍然可能面臨嚴格的限制。事實上，雖然最高法院言辭激昂地譴責政府審查的危害，但它始終認為，《第一修正案》並不保護某些言論內容。法院為言論自由設定了重要的例外情形，這些例外性規定越來越細膩。早期的案件曾宣稱某些特定類型的言論不受保護，但隨後的判例顯示，聲稱任何類型的言論不受《第一修正案》保護的說法顯然過於簡單化。本節將概要介紹，傳統上哪些類型的言論不太值得透過《第一修正案》予以保護。正

如我們已經看到且下文還要看到的，即使這些類別都處於不斷變化的狀態，隨著時間的推移，最高法院相關案件對言論保護的力度越來越大，這使得政府對言論的規制更具挑戰性。就我們上述探討的大力保護言論的正當性而言，這些限制往往是可以理解的。我們的研究會考慮法院在多大程度上允許對嚴格保護言論設定例外，以保護我們與政治、文化和個人發展相關的自由。

煽動即將發生的違法行為

《第一修正案》往往不保護煽動即將發生的違法活動的言論。在「申克訴美國案」（Schenck v. United States, 1919）中，最高法院闡明了「明確和現實的危險」標準，以判定應否保護言論免受譴責。根據 1917 年《間諜法》，申克因分發傳單而被定罪，法院認為其行為鼓動抵制徵兵。法院認為，《第一修正案》並沒有使得被告免受起訴，因為其言論不受憲法的保護。最高法院在得出這一結論時指出，當「所用言辭在特定情形下，其性質會引發一種明確和現實的危險，即它們將引發國會有權阻止的實質性危害」時，便滿足了「明確和現實的危險」標準（Schenck v. United States, 1919, p. 52）。重要的是，在維持定罪判決時，法院對「傳單是在國家處於戰爭狀態時分發的」情形進行了認真思考。鑒於案件事實和法院自身對該標準適用範圍的限制性表述，不難發現，這起案件實際上因一種其事實本身並未呈現的情形而聞名。正是在這一案件中，霍姆斯大法官提出了那個著名的例子：有人在劇院裡故意謊報「著火了！」在這種情況下，言論中的威脅性使得其不會獲得《第一修正案》的保護。

最高法院透過諸多案例不斷重塑煽動行為的判定標準。最著名的是「布蘭登堡訴俄亥俄州案」（Brandenburg v. Ohio, 1969），它已成為《第一修正案》關於煽動行為的經典判例，並一直被作為黃金標準沿用。在「布

第二部分　《第一修正案》中的言論：法律基礎

蘭登堡案」中，最高法院認為，當言論旨在「煽動或引發即將發生的不法行為，且有可能煽動或引發相關行為」時，該言論被認定為「不受保護的言論」（p. 447）。在該案中，一名三 K 黨演講者被定罪，其在涉及焚燒十字架活動的某個集會上發表演講宣揚暴力。他的演講包括反對美國政府和少數族裔的言論，聲稱「或許有必要採取一些復仇行動」（pp. 446, 448）。法院駁回了這一有罪判決。當時除了三 K 黨成員、電視臺記者及其攝影師外，沒有其他人出現在三 K 黨這一集會上。紀錄中沒有任何內容顯示，該三 K 黨成員在集會上發表的種族主義言論對任何人構成直接的人身威脅。最高法院認為，這一情形下三 K 黨只對種族主義暴力的「道德正當性」的「抽象說教」負有責任，這與導致一個團體籌備並採取暴力行動有所不同（p. 448）。法院指出：

「對言論自由和新聞自由的憲法保障，不允許一個州禁止或鼓吹使用武力或違反法律，除非此類鼓吹旨在煽動或製造即將發生的違法行動，並有可能煽動或引發這一行動。」（p. 447）

這一引述，即成為《第一修正案》訴訟焦點的這句話，其表述本身就將適用範圍限定於政府試圖「禁止或鼓吹使用武力或違反法律」的情形（p. 447）。對鼓吹使用武力的討論明確表達，這一行為是最高法院判決「布蘭登堡案」時所考慮的唯一背景。最高法院將該判定標準應用於具體案件事實的過程說明，暴力抗議的背景是法院分析的核心。法院指出，「我們在此面對的是一項法律規定，從相關表述及適用情況來看，其旨在懲處單純的鼓吹行為，並透過刑事懲罰來禁止僅僅為了鼓吹相關行為而與他人集會」（p. 449）。根據「布蘭登堡案」法院的理解，三 K 黨在這起案件中行為惡劣，但並不構成煽動。正如「布蘭登堡案」中的種族主義和反猶太主義言論應該受到譴責一樣，法院認為，三 K 黨成員的言論並未對任何人造成切實的危險。法院明確表示，憲法保護的僅僅是集會和表

達仇恨的行為。

「緊迫性」要求已成為「布蘭登堡標準」的焦點。在隨後的案例中，法院聲稱，即將發生的非法行動意味著在數小時內——至多幾天內發生；它並未為時間不確定的行為敞開大門。法院在「赫斯訴印第安納州案」（Hess v. Indiana, 1973）中即如此判決。「赫斯案」解決了反戰抗議期間的言論問題。該案中，一名學生面對一群反戰示威者大喊：「我們稍後要占領這條該死的街道」（Hess v. Indiana, 1973, p.107），因此被判定擾亂治安罪。法院基於《第一修正案》推翻了這一定罪，認為該語言「不針對任何個體或群體，不能說是鼓吹⋯⋯任何行動」，並且它沒有「引發暴力的傾向」（pp. 108-09）。正如這些案件所表示的那樣，言論自由保護例外情形的演變，展現了試圖限制言論自由保護的努力。

真實的威脅與挑釁性言論

「真實的威脅」是禁止言論內容的規制通常無效這一原則的第二個重要例外。真實的威脅不僅僅是鼓吹非法行為，而是涉及即將發生的暴力的實際威脅。最高法院在「牛奶貨車司機工會訴梅多摩爾乳品公司案」（Milk Wagon Drivers Union v. Meadowmoor Dairies, 1941）作出的判決中，生動地闡明了威脅和即將發生的暴力行為在《第一修正案》分析框架中所處的地位。該案中，法院審查了一項禁止（即停止）抗議者在一家乳品廠抗議示威的禁令。雖然法院承認《第一修正案》通常保護抗議活動，但還是依據被告先前的行為維持了這一禁令。紀錄顯示，被告先前的抗議活動伴隨著多起暴力事件，包括毆打、砸窗和搶劫。鑒於抗議活動的暴力性背景，法院認為，哪怕是和平的抗議也染上了脅迫的色彩。法院的結論是，「孤立的和平行為與暴力行為交混在一起時，就可能成為脅迫目的的一部分」（Milk Wagon Drivers Union v. Meadowmoor Dairies, 1941,

第二部分 《第一修正案》中的言論：法律基礎

p.294)。法院認為，《第一修正案》不會僅僅因為抗議構成言論就保護此種表達。相反，法院強調，必須更加細膩地審查背景對於評估言論的價值至關重要，因為「在暴力背景下的言論，可能失去其作為理性訴求的意義而成為暴力工具的一部分」(p. 293)。正因為它們失去了這種理性訴求，憲法便不再保護此類言論。

法院隨後在不同的情況下確認了暴力威脅不受言論保護的一般規則。在「瓦茨訴美國案」(Watts v. United State, 1969, p.705) 中，法院維持了一項法律規定的合憲性，該規定禁止個人故意威脅美國總統的暴力行為。雖然法院推翻了一項基於該法規的錯誤定罪，但仍堅持認為，該規定本身在表面上「當然」合憲，因為此種暴力威脅「必須與憲法保護的言論區別開來」(p. 707)。1992 年，史考利亞 (Scalia) 大法官在「R.A.V. 訴聖保羅市案」判決書中代表多數意見寫道，「暴力威脅不在《第一修正案》的保護範圍之內」，因為政府的利益在於「保護個人免受暴力恐懼、免於恐懼產生的混亂以及暴力威脅」(p. 338)。幾年後，在針對墮胎診所的抗議活動的情境下，法院再次確認「真實的威脅」不受《第一修正案》的保護。在「馬德森訴婦女健康中心案」(Madsen v. Women's Health Center, 1994) 中，法院認為，在墮胎診所的入口和車道周圍建立「緩衝區」的禁令具有合憲性。法院判決，如果抗議者的言論「充滿暴力，以至於難以與身體傷害的威脅相區分」，那麼根據《第一修正案》是可被禁止的 (Madsen v. Women's Health Center, 1994, p.774)。

這一例外涵蓋了通常被稱為仇恨言論的某些形式。更確切地說，《第一修正案》並不保護旨在引起暴力反應的面對面的辱罵性言辭。這一例外情形下，言語往往會即刻引發攻擊行為。這個領域的主要案例是「查普林斯基訴新罕布夏州案」(Chaplinsky v. New Hampshire, 1942, p.571)。作為耶和華見證人的查普林斯基正在新罕布夏州羅徹斯特市的人行道上

分發宗教宣傳資料。雖然他從事的是合法活動，但人們並不認同他的福音並向市執法官投訴，市執法官隨後對查普林斯基予以警告。當天晚些時候，查普林斯基與一名警察發生口角並被逮捕。在被護押往監獄的途中，查普林斯基遇到了那位執法官，並對城市和市執法官使用了冒犯性言辭：「你是個該死的敲詐勒索者……羅徹斯特的整個政府都是法西斯分子」（Chaplinsky v. New Hampshire, 1942, p. 571）。這些言辭導致他被定罪，最高法院隨後維持了這一判決。法院在審理案件時指出，「眾所周知，言論自由並非在任何時候、在任何情況下都是絕對的」（p. 571）。因此，該判決意見認為：

「存在著某些界定清晰且範圍狹窄的言論類別，對其予以制止和懲罰不會被認為引發任何憲法問題。這些言論包括猥褻和淫穢、褻瀆、誹謗、侮辱或『挑釁』性言論──即一經說出就會造成傷害或即可引發破壞和平行為的言論。」（pp. 571-72）

法院裁定，這些特定類別的言論不受《第一修正案》的保護，因為它們並不構成任何觀點的重要組成部分，而且，其對於探尋真理的社會價值微乎其微，相比之下，社會對秩序和道德的利益需求較之更為重要。該判決意見所引用的挑釁性言辭通常涉及面對面的衝突，與「明確和現實的危險」標準不同，它關注於說話者的具體言辭，而不是特定事實情況所帶來的危險。根據「查普林斯基案」的意見，檢驗標準是「具有一般智力的人會認為這些話有可能激怒普通對象從而引發爭鬥」（同上，p. 573）。因為被告查普林斯基說出的話「可能會引起一般人的報復」，它們構成了挑釁性言論，法院認為其不受《第一修正案》的保護（Chaplinsky v. New Hampshire, 1942, p. 574）。

社會對秩序的關注可能優先於對廣泛思想表達的保護需求，但是法院已經縮小了挑釁性言論原則的適用範圍，這在「古丁訴威爾遜案」

223

第二部分　《第一修正案》中的言論：法律基礎

(Gooding v. Wilson, 1961) 中表現得最為明顯。該案中，威爾遜和一群反戰人士被逮捕，因為他們堵住了喬治亞州富爾頓郡美國陸軍總部的門口以至於新兵無法進入。威爾遜對一名正在驅趕抗議者的警察說：「狗娘養的白人，我要殺了你。你這個雜種，我要把你掐死！」(Gooding v. Wilson, 1972, p. 519 n.1)。根據喬治亞州的一項法律規定，威爾遜被定罪，該法禁止使用「侮辱性言辭或辱罵性語言，以免引發破壞和平行為」(p. 519)。最高法院駁回了這一定罪。在此過程中，法院只是概要地提到了挑釁性言論，聲稱「查普林斯基案」的判決適用範圍很窄，它僅禁止「直接有可能導致被針對的個人採取暴力行為」的言辭 (p. 524)。然而，法院推翻有罪判決的主要原因是，這一州法的表述模糊且涵蓋範圍過於廣泛，因為「侮辱」和「辱罵」的定義比「挑釁言語」的定義更廣。

「查普林斯基案」以後半個世紀的許多判例中，法院確認，當言論或行為具有恐嚇意圖時，可予以懲處。在「維吉尼亞州訴布萊克案」中 (Virginia v. Black, 2003, pp. 347, 361)，法院分析了專門禁止燃燒十字架進行威脅的某項維吉尼亞州規定的合憲性，其中該規定的部分內容為：「任何人在其他人的財產、公路或其他公共場所焚燒或致使他人焚燒十字架，旨在恐嚇他人或群體，均屬非法」(pp. 348-349)。最高法院維持了禁止出於恐嚇意圖焚燒十字架的禁令，然而，其在判決多數意見部分推翻了該法規中的某項條款，即公開焚燒十字架本身即構成恐嚇意圖的初步證據。法院認為，禁止某種特定類型的威脅是正當的，因為該法規中所針對的特定威脅類型具有特別的恐嚇性。但是，多數意見反對將焚燒十字架本身作為意圖恐嚇的初步證據。法院駁回了這樣一種觀點，即透過假設每次焚燒十字架均具有恐嚇意圖，進而對該象徵物的使用加以限制，從而實際上會將其完全禁止。焚燒十字架本身並不違法。它在被用於恐嚇時可能被視為一種威脅而被禁止，但在其他方面屬於受到憲法保

護的（象徵性）言論，因此《第一修正案》要求在對特定的十字架焚燒行為進行懲罰之前，需要基於具體情境進行個性化分析。該條款允許聯邦政府僅僅基於焚燒十字架的事實逮捕、起訴某個人或對其定罪。顯而易見的是，如此解釋的條款「將會產生一種壓制思想的不可接受的風險」（Virginia v. Black, 2003, p. 366）。法院多數法官意見認為，禁止將焚燒十字架作為一種恐嚇形式的法律，是在不受保護的言論類別範圍內基於內容作出的可允許的區分對待，因此支持維持該法律的效力。持異議的大法官認為，這是一項基於觀點的不被允許的法律。二者的不同之處在於，多數大法官認為該法律針對的是焚燒十字架的危害（威脅和恐嚇），而持異議的法官則認為基於內容歧視的原因是反對三K黨及其種族主義資訊。儘管在適用禁止煽動暴力的規則時存在分歧，但沒有人質疑該規則本身的有效性。

淫穢言論

最高法院在「查普林斯基訴新罕布夏州案」（Chaplinsky v. New Hampshire, 1942, pp. 571-72）中指出，言論自由的權利不是絕對的；法院在不受《第一修正案》保護的言論簡短清單中列入了猥褻、淫穢和褻瀆性言論。法院給出這一結論的理論根據是，這些言論並非任何思想闡述的必要組成部分。因此，這些言論對於探尋真理而言社會價值如此微小，以至於秩序和道德的利益顯然超過了這些言論可能帶來的任何好處。

直到15年後，最高法院才在「羅斯訴美國案」（Roth v. United States, 1957）中重新審視了淫穢言論法律規制的合憲性。在「羅斯案」中，法院不再只是單純的陳述，而是首次對淫穢問題作出了判決。「羅斯案」實際上涉及兩個不同的定罪：一個是紐約州關於郵寄淫穢廣告和淫穢書籍的定罪；另一個是加州關於持有淫褻和不雅書籍用於銷售並在其中刊登淫

第二部分 《第一修正案》中的言論：法律基礎

穢廣告的定罪。法院首先指出，涉案材料的淫穢性並無爭議；相反，其爭議焦點是「淫穢言論是否屬於受保護的言論和新聞出版範疇」（p. 481）。法院承認，「這是首次將此類問題提交給本法院」，並指出「許多判決意見中的表述顯示，本法院一直認為淫穢內容不受言論和新聞出版自由的保護」（p. 481）。法院指出，關於批准憲法的背景表示，《第一修正案》的無條件表述並不是為了保護每一種言論。法院的理由如下：

「所有哪怕是具有最微不足道的社會重要性的思想——非正統的思想、有爭議的思想，甚至是與主流輿論相悖的思想——都受到充分的保護，除非是因為侵犯了更重要利益的有限範圍而被排除在外。但在《第一修正案》的歷史內涵中所隱含的一點是，淫穢言論因完全不具有任何社會價值而被排除在外。」（p. 484）

法院進而認為，「淫穢言論不屬於憲法保護範圍內的言論或新聞」（p. 485）。

重要的是，「羅斯案」的多數意見縮小了淫穢的定義，它解釋說，「性與淫穢不是同義詞」（p. 487）。法院將淫穢材料定義為「以引起淫慾的方式展示性內容的材料」（p. 487）。僅僅是性描述並不被視為「剝奪材料受言論和新聞自由所享有的憲法保護的充分理由」，因為性「是關乎人類利益和公眾關注的重要問題之一」，理應獲得討論的自由（p. 487）。「淫穢」被定義為「意在激發淫慾思想的內容」（p. 487）。法院還提供了將性與淫穢區相分的標準：如果「對一般人來說，按照當代社會標準，內容的主題整體來看會引發淫慾」，那麼該內容是淫穢的（p. 489）。這樣，「羅斯案」維護了「查普林斯基案」對淫穢的分類，其重點是迎合淫穢的趣味。

在「羅斯案」之後的數年內，最高法院努力界定淫穢的概念，在常常相互衝突的定義之間搖擺不定。為了擺脫對淫穢內容的個案審查困境，最高法院在「米勒訴加利福尼亞州案」（Miller v. California, 1973, pp. 23-

24）中試圖創立一個可接受的淫穢定義。在宣布《第一修正案》不保護淫穢作品之後，法院開始著手提出比「羅斯案」更具限制性的定義。法院的部分表述指出：

「我們現在把此類規定的許可範圍限定於描繪或描述性行為的作品。該行為必須由可適用的州法以書面或權威性解釋的方式作出明確界定。州法規定的違法行為也必須限定於作為一個整體引起對性的淫慾的作品，此類作品以明顯冒犯的方式描繪性行為，而且整體而言不具有嚴肅的文學、藝術、政治或科學價值」。（p. 24）

正如高度被引用但常被誤解的這段節選內容所顯示的那樣，淫穢案件中的關鍵要素當然是「性」。因此，最高法院保留了「查普林斯基案」對淫穢的分類，即將淫穢內容歸為不受《第一修正案》保護的類型，但對淫穢的實際定義已經大大縮小至性行為。

自1973年以來，最高法院在界定足以被禁止的淫穢內容方面，僅對「米勒案」的判定方法有過一次重大偏離。這一禁令始於1982年的「紐約州訴費伯案」（New York v. Ferber, 1982, p. 763）。在該案中，最高法院一致支持紐約州的一項禁止兒童色情製品的法律，並在此過程中宣布兒童色情製品是「《第一修正案》保護範圍以外的類型」（p. 763）。法院維持了一項法律規定，即如果某人明知「所僱傭兒童的特徵和內容，並授權或引誘一名16歲以下的兒童從事性表演」的話，就屬於非法「僱傭兒童進行性表演」（pp. 750-51）。多數意見認為，散布描述青少年性行為的照片和電影與兒童性虐待在本質上相關。由於「防止性剝削和性虐待兒童是政府極其重要的目標」，法院堅持認為，即使兒童色情製品不歸於「米勒案」對淫穢的定義範疇，各州仍有權對其進行規制（New York v. Ferber, 1982, p. 757）。各州在規制對兒童的色情描述方面擁有更大的迴旋餘地，因為它「對兒童的生理、情感和精神健康有害」（p. 758）。

第二部分　《第一修正案》中的言論：法律基礎

　　法院明確表示，對兒童色情製品的例外與「米勒案」所設定的淫穢標準不同。其差異之處在於，「米勒案」提出的標準「並不反映國家對起訴那些助長兒童性剝削的人具有特別的、更為迫切的利益」（New York v. Ferber, 1982, p. 761）。因此，「費伯案」的例外與「米勒案」的例外有所不同，它不要求存在淫穢趣味和具明顯冒犯性的內容，「並且不需要從整體上考量有爭議的材料」（p. 764）。法院判決，兒童色情製品是不受保護的言論，因為「所要限制的危害遠遠超過了其表達利益」（pp. 763-64）。因此，「費伯案」的整體目標是保護未成年人，同時不試圖限制思想的表達。重要的是，法院強調「無論存在何種過度廣泛的情形，都應基於事實情況的個案分析來解決」（pp. 773-74）。法院後來為兒童色情製品的例外新增了更多理由，例如，「兒童色情製品製作者製作的材料永久性地記錄了對受害者的虐待行為」（Osborne v. Ohio, 1990, p. 110）。諸如「費伯案」的其他一些案例也明確指出，法院已將兒童色情製品新增到「查普林斯基案」的可能受規制的言論清單中，但這種規制可能會基於個案予以嚴格審查。

　　「費伯案」對「米勒案」和「查普林斯基案」的明顯擴張看似廣泛，但實際上仍然屬於有限的例外情形。法院一貫拒絕擴大兒童色情製品範圍的嘗試。最近，「阿什克羅夫特訴言論自由聯盟案」（Ashcroft v. Free Speech Coalition, 2002, p.249）法院對虛擬的兒童色情製品，即由成年演員飾演青少年或由電腦修飾影像以使其看起來真的像兒童色情製品，給予其《第一修正案》保護。案件所涉影像「在製作過程中沒有涉及到任何兒童，更不用說傷害到任何兒童」（p. 241）。法院作出了重要的區分，即未成年人在色情作品製作過程中必須實際上處於受傷害風險，相關言論才不受保護；「製造言論本身就是虐待兒童的罪行」（p. 254）。「費伯案」關於兒童色情製品的判定，基於它如何被製作而非其所傳達的內容。使

用虛擬的未成年人當然不涉及到真實的兒童，因此未成年人在製作過程中不會受到傷害（例如性虐待）。法院指出，「犯罪的可能性本身並不能證明壓制受保護言論的法律具有正當性」（Ashcroft v. Free Speech Coalition, 2002, p. 245）。法院重申了一項重要原則，「言論不能因涉及冒犯我們情感的主題即被禁止」（p. 245）。值得注意的是，該案將兒童色情製品的例外情形限制於非常狹窄的案件類別。與我們下一章分析更相關的是，最高法院指出，如果兒童保護可以透過限制性較小的替代方案來實現的話，那麼僅僅以保護兒童為目標則不足以支持全面性禁止。

不雅言論

淫穢案件與最高法院對不雅材料的回應密切相關。雖然這一領域的案件數量眾多，有兩類案件說明了這一例外的重要性。第一類案件涉及兒童保護。在「金斯伯格訴紐約州案」（Ginsberg v. New York, 1968）中，最高法院認為，紐約州可以禁止向未成年人出售對未成年人而言屬於淫穢言論的內容，即使這類言論對成年人來說應受保護。法院認為，「即使存在對受保護自由的侵犯，『州政府對兒童行為的權力控制範圍超出了其對成年人的控制範圍』」（p. 638）。這一控制在涉及未成年人言論的案件中具有決定性意義。在「金斯伯格案」中，兒童色情製品是不受保護的言論，並且紐約州不需要提供「實證」證據以證明接觸色情內容可能會傷害兒童，因為立法者允許基於共同的文化認知來假設存在此類傷害。因此，這一例外使得對兒童色情製品的規制變得相對容易。這一檢驗標準一直飽受爭議，有時甚至遭到嘲笑。但一般規則仍然是，為了某一群體的利益，可以就對其而言屬於淫穢的不雅言論予以限制和管控。

當法院考慮廣播媒體的出現時，不雅言論的例外情形一定程度上有所擴張。這一考量催生了一項規則，即政府可以規制廣播電視臺和廣播

第二部分　《第一修正案》中的言論：法律基礎

電臺的不雅內容，且不會侵犯廣播者的《第一修正案》權利。最值得注意的是，法院在「聯邦通訊委員會訴太平洋基金會案」(FCC v. Pacifica Foundation, 1978, p.750) 中認為，廣播媒體的獨特性證明「對不雅廣播予以特殊處理」是合理的。法院判決聯邦通訊委員會 (FCC) 有權規制不雅但不淫穢的廣播內容，儘管《第一修正案》保護非淫穢性言論。具體而言，法院支持聯邦通訊委員會對一家廣播電臺提起訴訟，該電臺播出了喜劇演員喬治‧卡林題為《髒話》的獨白，這段獨白雖然不雅且粗俗，但並不淫穢。法院以兩個主要理由作為裁判的根據。其一，廣播媒體在所有美國人的生活中「特別普遍」，不僅在公眾場合而且在家庭私人空間也存在 (p. 748)。其二，「廣播對兒童來說特別容易接觸到」(p. 749)。由於某些形式的受保護言論可能不讓兒童接觸，基於廣播媒體的易獲得性，對不雅廣播的特殊限制是合理的。

「金斯伯格案」中為防止兒童接觸而限制受保護言論的裁決，對「獨特易接觸性」這一正當理由提供了主要依據。在解釋這一理由的過程中，審理「太平洋基金會案」的法院描述了「金斯伯格案」的特徵，認為「政府在『年輕人福祉』的關切以及對『家長』在自家權威主張方面的利益」的支持，為規制本應受保護的言論提供了正當性」(FCC v. Pacifica Foundation, 1978, pp. 749-50)。法院除了借鑑「金斯伯格案」的說理之外還指出，廣播作為媒體在傳統上受到《第一修正案》的保護最為有限，主要有四個與該媒體自身技術特性相關的原因。第一，廣播頻譜的稀缺性要求，被允許利用這一資源的使用者以符合公眾利益的方式予以利用。第二，廣播是無處不在的。第三，連續廣播的實際情況使得對即將播出的內容進行預先警告是無效的，從而增加了潛在的冒犯性廣播的入侵性。最後，在很多情況下，對缺乏父母監督的兒童來說，廣播具有獨特的可獲得性。因此，對廣播電臺播放的非淫穢內容的制裁並不違反《第一修正案》。「太平洋基金

會案」判決因此使得聯邦通訊委員會能夠對不雅和粗俗的廣播予以規制，儘管最高法院的先例認為此類言論受到憲法的保護。

最高法院採用了一種基於媒介特性的方法，以此為基礎分析其他審查不雅材料的舉措中所涉及的權利和利益。這一方法承認，每種表達方式往往都有其自身特有的問題。例如，鑒於不同媒介的差異，最高法院一直不願將「太平洋基金案」的限制舉措擴張適用於廣播媒體之外的範疇。在其他情形下，限制舉措往往因範圍過廣而被判定違憲。例如，最高法院在「加州賽伯爾通訊公司訴聯邦通訊委員會案」（Sable Communications of California, Inc., v. FCC, 1989）中駁回了聯邦通訊委員會基於不雅內容作出的規定，該法規涉及對色情電話服務的刑事禁令。法院認為，國會僅概括性地考慮到限制程度較低的規制措施無法保護未成年人免受色情電話資訊的侵擾，這不足以成為實施全面刑事禁令的正當理由。法院的裁決並不令人意外。法院早在「巴特勒訴密西根州案」（Butler v. Michigan, 1957）中即確立了這一原則。「巴特勒案」審理法院判定密西根州的一項法規無效，根據該法，向普通大眾出售不適合於未成年人的作品是犯罪行為。法院指出，「這一法規的結果使得密西根州的成年人僅能閱讀適合於兒童的內容」（Butler v. Michigan, 1957, p. 383）。法院經常訴諸於這一措辭，宣布大量兒童保護性審查法律無效，理由是其對成人發表言論產生了不必要的負擔。（例如，參見 Denver Area Educational Telecommunications Consortium v. FCC, 1996; Bolger v. Youngs Drug Products Corporation, 1983）。

媒介的意義依然存在，涉及有線電視行業的案件很能說明問題。例如，在「美國訴花花公子娛樂集團案」（United States v. Playboy Entertainment Group, 2000, p.813）中，法院特別注意到有線電視這一媒介的特點，「為評估相關利害關係提供參考」。有趣的是，法院指出，特定媒體

第二部分　《第一修正案》中的言論：法律基礎

的性質可以證明，將相關限制措施適用於其他媒介是不可接受的。但在本案中，基於媒介特性的方法卻使得法院取消了那些在其他情況下獲得批准的限制措施。法院對「太平洋基金案」進行區分適用，認為有線電視與廣播之間存在一個關鍵的技術差異——有線電視具備應使用者要求封鎖特定節目的功能——具有決定性意義。更具體地說，有線電視的這一特性使得採取一種看似合理、對爭議性法規限制較小的替代方案成為可能，該規定要求有線電視營運商對播放成人內容的頻道進行完全加密，或僅在特定的時段播放此類內容。

涉及網際網路的案例也很能說明問題，其中最著名的是「雷諾訴美國公民自由聯盟案」(Reno v. American Civil Liberties Union, 1997)。1996年《通訊規範法》(CDA) 生效之後，原告就對其中兩項條款的合憲性提出質疑。第一項受挑戰的條款禁止「在知情的情況下向18歲以下的接收者傳播淫穢或不雅的資訊」(Reno v. American Civil Liberties Union, 1997, p. 859)。第二項條款禁止「在知情的情況下以18歲以下的人士可獲取的方式發送或展示明顯具有冒犯性的資訊」(p. 859)。法院分析了網際網路作為媒介的特質，並將其與廣播媒體區分開來。在其他差異中，法院指出，政府沒有對網際網路進行監督的傳統，而且事實上這一媒介不像廣播那樣具有侵擾性或令人容易意外接觸到不希望看到的內容。法院隨後判定，法規的表述含糊不清，其程度超出了「米勒案」淫穢標準所固有的「模糊性」，這會使發言者產生不確定性，而所施加的刑事處罰將進一步加劇這一「寒蟬效應」。法院認為，對成人言論施加的潛在負擔是不合理的，因為「在實現法規所服務的立法目的方面，限制性較小的替代方案至少具有相同的效果」(p. 874)。因此法院認為，《通訊規範法》對合法的成人言論（包括露骨的不雅言論）施加了過於沉重的負擔，從而使得這些條款的涵蓋範圍過於廣泛。

冒犯性言論

根據「查普林斯基案」判決，褻瀆性言論一直不受《第一修正案》的保護，直到在 1971 年最高法院對「科恩訴加州案」（Cohen v. California, 1971）作出判決。科恩因為穿著一件寫著「去他媽的徵兵」的夾克而被判決擾亂治安 (p. 16)。哈倫（Harlan）大法官代表多數意見寫道，科恩的定罪以「科恩用來傳達其觀點的言辭具有冒犯性」為根據，而非以科恩的行為為根據 (p. 18)。事實上，除了其資訊的內容和表達方式之外，科恩的舉止相當得體。科恩進入法庭時，他站在後排脫掉外套，並疊好後搭在手臂上。一名法官經警察提示後才注意到這件夾克，法官拒絕了警察以藐視法庭罪拘留科恩的請求。科恩直到離開法庭後才被捕，那名警官似乎是唯一一個對夾克有意見的人。鑒於該言論並不屬於「查普林斯基案」的淫穢或挑釁性言論範疇，唯一的問題在於判定對褻瀆性言論予以規制是否符合憲法，進而判定「作為公共道德守護者的各州是否可以恰當地將這個冒犯性詞彙從公共用語中剔除」(pp. 22-23)。哈倫大法官提出否定性回答，其堅持認為：

「國家無權淨化公共辯論，使其讓我們當中最敏感的人在語法上都覺得順耳……相關訴訟中的特定髒話可能比大多數同類詞彙更令人厭惡，但情況往往是，一個人眼中的粗俗之語，在另一個人看來卻是抒情之詞。」(p. 25)

此種反審查規則意味著，政府可能不會因其不贊成某個資訊或認為其具有冒犯性而壓制言論。正如布倫南（Brennan）大法官在「德州訴強生案」（Texas v. Johnson, 1989, p. 414）中所解釋的那樣，《第一修正案》的「基本原則」是，「政府不得僅僅因為社會認為某一觀點……令人受到冒犯或者令人不愉快，就禁止此種觀點的表達。」該案中，最高法院判決在共和黨全國代表大會上焚燒旗幟的定罪無效。最高法院意識到此種

第二部分　《第一修正案》中的言論：法律基礎

冒犯性觀點可能會對人造成情緒上的困擾，但其建議那些感到困擾的人「移開視線」，或者用更多的言論來對抗冒犯性言論。因此，最高法院從「查普林斯基案」的清單中刪除了褻瀆性言論，並將其視為是一類完全受保護的言論表達。

重要的是，國家仍然可以規制其認為具有冒犯性的言論，但只能以迂迴的方式進行，例如透過規制其次生效應達到目的。這在實際上已成為一項規則，在對成人娛樂場所進行分區管理的舉措中體現得尤為明顯。最高法院相關成人娛樂判例法的核心在於，將成人娛樂場所分區條例解釋為基於內容中立而非基於內容本身。內容中立的法律在控制言論時不考慮言論本身或言論的影響。在此意義上，規制言論的時間、地點和方式而非言論內容本身的法律，屬於內容中立的法律。因此，成人娛樂分區條例對經營場所的地點予以規制，僅是針對此類言論的次生效應而並非言論本身。相比之下，基於內容本身的法律挑選出某些資訊、主題或表達形式來進行規制和限制。理論上，判定法律是否內容中立的關鍵問題，應當是該法律的適用是否取決於資訊或言論的內容。然而，最高法院的分析往往與這種做法不一致，其通常考慮立法的意圖或目的，而非從法律的表面來分析其是否將某些言論排除在外。在這些情況下，基於內容本身的法律如果顯然出於內容中立的目的，如僅僅規制言論的時間、地點和方式，就會被認為內容中立，即使法律從表面來看是基於內容本身的。

美國最高法院對這一分析的最詳盡闡述見於「倫頓市訴娛樂時光劇場公司案」（City of Renton v. Playtime Theatres, Inc., 1986）。在該案中，法院維持了華盛頓州倫頓市的分區條例，該條例實際上將所有成人娛樂業集中在城市的某些特定地區。城市條例禁止此類劇院選址在距離住宅區、獨棟或多戶住宅、教堂或公園1,000英尺之內以及距離學校不到1英里的地方。法院認為該法律是內容中立的，因為市議會旨在透過限制

這些企業的經營地點,規制成人娛樂的負面次生效應而非實際的表達內容。換言之,是立法意圖而非法律條文字身促成了該法律內容的中立。

確認該條例內容中立之後,法院轉而對內容中立的法律進行了兩部分檢驗,即法律是否旨在服務於政府的重大利益以及是否提供了充分的替代溝通管道。法院明確認為該條例服務於重大的政府利益。在「倫頓案」中,倫頓市闡述了幾種無形的次生效應,包括「道德標準的下降」、「對配偶關係的不良影響」以及「失去對……非暴力、自願的性關係概念的敏感性」(Renton v. Playtime Theatres, Inc., 1986, p. 59)。倫頓市還提出了幾個可量化的次生效應,包括該地區犯罪、賣淫、強姦、亂倫和襲擊行為的增多等。法院多數意見並未對兩種類型的次生效應進行區分。法院僅指出,該分區條例是在「長時間研究和討論成人影劇院的問題」後通過的(p. 60)。就第二部分的檢驗標準而言,法院指出,這座城市已經對希望投身於受保護言論表達的成人娛樂企業開放了「特定區域」,這些區域為經營相關業務提供了「合理的機會」。那麼,在確定是否存在合理的替代途徑的情況下,法院判定,即使「實際上沒有」將劃給成人娛樂企業的土地用於「出售或租賃」,但仍然存在合理的言論替代途徑(p. 51)。法院並不關心相關土地是否具有商業或經濟可行性,只要求土地在分區方案中理論上可以向成人娛樂業務開放。在評估該案件時,法院特別注意到條例目的的意義。一系列案件駁回了禁止冒犯性言論和類似被劃分為限制行為的舉措。最值得注意的是,在「沙德訴埃夫拉伊姆山鎮案」(Schad v. Borough of Mount Ephraim, 1981)案中,法院判定一項透過分區條例禁止任何現場娛樂活動(無論成人娛樂還是其他娛樂)以禁止脫衣舞表演的規定無效。這一系列案件意義重大,因為它揭示了當某些法律對言論的規制可被視為是對另一個重大關切的附帶性措施時,這些法律實際上能夠對言論加以規制。

第二部分　《第一修正案》中的言論：法律基礎

新興且常被忽視的接收資訊權

　　一般來說，最高法對美國憲法的《第一修正案》的解釋意味著一項消極權利，即阻止政府在憲法保護言論道路上設定障礙。這種解釋與廣為接受的觀點相一致，即憲法側重於不受政府侵犯的權利（消極權利），且一般不賦予要求政府採取行動或提供援助的積極權利。因此，《第一修正案》相關司法判例的重點是言論者的權利，旨在防止政府限制受保護的言論。也就是說，人們有權利表達思想不等同於有權獲得這些思想，但前者往往隱含著後者。這一思路恰如其分地說明，對於那些反對言論規制的人來說，在言論者自身權利足夠強大而不會被削弱的情況下，通常無須將其論點置於接收資訊的權利之上。那麼，不足為奇的是，法院過去限制言論者的權利時往往援引資訊接收權的概念。考慮到這些案件涉及獲得較少保護的言論，這些情況下接收資訊的權利往往不怎麼強大也並不奇怪。正如我們將在下一章看到的，青少年《第一修正案》的權利受到重大限制，因此很可能引發對資訊接收權的擔憂，我們有必要了解涉及這一權利的重要案例。

　　將資訊接收的權利視為言論自由權的必然結果（意味著觀眾的權利來源於言論者的權利）的一系列案件，為獲得資訊接收權提供了最強而有力的保護。這一系列案件中的共同主題涉及政府企圖阻止本應受保護的言論，例如透過特定的刑事法規、審查郵件和限制企業表達等。為了平衡此種情況下的利益衝突，法院認為政府通常無權對資訊傳播進行規制。有幾個重要案件推動了這一發展。

　　接收資訊以防止政府阻礙資訊傳播，這一權利可以追溯至 1940 年代。最高法院第一次考慮接收資訊的權利是在「馬丁訴斯特拉瑟斯城案」中（Martin v. City of Struthers, 1943）。該案涉及一名挨家挨戶按門鈴宣傳

6 規制言論

一場宗教集會的耶和華見證人,他這樣做違反了一項城市法令,即禁止挨家挨戶推銷分發傳單、通告或其他廣告。在宣布判決時,法院強調了言論自由和新聞自由的廣泛範疇,認定它「包含分發資料的權利,也必然保護接收所分發資料的權利」(Martin v. City of Struthers, 1943, p. 143)。為了達成這一結論,法院將言論者的權利、個體住戶的權利和整個社區的利益相平衡。法院認為,這項法令阻礙了受保護訊息的流通,必須給予個體住戶選擇是否聽取言論者資訊的機會,而不是由社區替他們做決定。法院將上門分發資訊者描述為對社會有價值的成員,他們依據自由討論的優良傳統傳播思想。法院強調,「無論他希望在何處接收這些資訊,向每一位市民分發資訊的自由對維護一個自由社會而言至關重要,除了對分發的時間和方式進行合理的治安與衛生健康方面的規定外,這一權利必須得到充分保障」(pp. 146-47)。

儘管在判決中沒有明確以資訊接收權為依據,「馬丁案」象徵著最高法院朝著承認該權利邁出第一步。法院將資訊接收權設想為一種能夠允許思想自由交流、不受政府干預來塑造這些思想的性質或者保護公民免受不良資訊影響的權利。對交流思想的關注是這一時期另一個案件「湯瑪斯訴柯林斯案」的核心(Thomas v. Collins, 1945)。在該案中,德州的一家地方法院禁止一名工會主席兼勞工組織者徵集成員加入工會。這名勞工組織者的行為違反了德州的法律規定,因為他沒有獲得組織者的證件。由於湯瑪斯在該州登記,地方法院阻止他就加入工會的好處公開發表演說。最高法院強調了湯瑪斯的言論權和工人聽取其資訊的權利。最高法院認為,此種限制「對公眾討論的權利具有極大的破壞性」,構成了對自由言論的違憲性限制(Thomas v. Collins, 1945, p. 537)。法院和評論家經常援引「馬丁案」和「湯瑪斯案」,將其作為資訊接收權的先驅性案例,並利用它們來推翻對言論自由的限制。

第二部分　《第一修正案》中的言論：法律基礎

　　直到二十年之後，最高法院才實際上將接收資訊的權利作為保護言論自由的根據。法院在「拉蒙特訴郵政總署署長案」（Lamont v. Postmaster General, 1965）中作了此種判定。「拉蒙特案」的爭議問題是，一項法令要求郵政工作人員分揀並扣留「共產主義政治宣傳資料」，直到收件人要求投遞。法院推翻了對郵件投遞的限制性判決，認為這是對言論自由以及資訊接收權的不必要限制。法院認為，透過要求收件人採取額外的措施以獲得郵件，「該法案在制度上與《第一修正案》所設想的『不受約束、充滿活力和廣泛開放』的辯論及討論背道而馳」（Lamont v. Postmaster General, 1965, p. 308）。法院將政府在「拉蒙特案」中對郵件流通的控制企圖等同於「湯瑪斯案」中對思想傳播的控制企圖，認為政府如同在「湯瑪斯案」中那樣間接地阻礙了資訊的流通。這種負擔導致了對收件人接收資訊權的不當限制。這是第一例由言論的預期接收者（而非言論發表者）以某項法律規定侵犯其《第一修正案》權利為由判定該規定無效的案件，也是最高法院首次判決要求採取積極行動來獲取資訊的傳遞，以違憲方式限制了收件人依據《第一修正案》享有的接收言論的權利。

　　同年，最高法院宣布了一個詳盡闡釋了隱私權本質的最重要案件，此類案件的意義隨之越發突顯。在「格里斯沃爾德訴康乃狄克州案」中（Griswold v. Connecticut, 1965），家庭計畫組織的董事們因向已婚夫婦提供關於避孕的資訊、指導和其他醫療建議，根據一項將使用和傳播避孕藥品定為刑事犯罪的康乃狄克州法律規定被定罪。在做出有利於這些負責人的裁決時，最高法院表達其不僅關注保護醫生和患者的《第一修正案》權利，而且還關注對公民家中行為所涉及的隱私權。法院認為，政府在公民與涉及夫妻私事的受憲法保護資訊之間設定了一個障礙，從而侵犯了公民接收資訊的權利。法院判決：

　　「州政府不能違背《第一修正案》的精神，限制可獲取知識的範

6 規制言論

圍。言論和新聞出版自由的權利不僅包括言論或印刷的權利,而且包括傳播、接收、閱讀的權利以及探究自由、思想自由和教學自由。」(p. 482)

該案中,最高法院將接收受憲法保護且為個人所需求的資訊的權利,視為促進公民在處理個人事務時隱私權的一種形式。

資訊接收權的重要性還展現在它是一些具有重大影響的淫穢案件判決的明確依據。我們已看到,憲法通常不保護符合淫穢的法律定義的內容(Roth v. United States, 1957; Miller v. California, 1973)。然而,最高法院開闢了新的領域,承認在這個通常不保護此類思想的法學領域中獲取思想的權利。在「史坦利訴喬治亞州案」(Stanley v. Georgia, 1969)中,最高法院推翻了一項將「單純私下持有」供個人使用的的合法淫穢材料定性為刑事犯罪的法令。警方從上訴人的臥室中發現了三部淫穢電影,並依據該法令定罪。上訴人提出多項主張,包括辯稱自己擁有「閱讀……自己喜歡的東西的權利」(Stanley v. Georgia, 1969, p. 565)。法院同意這一抗辯。多數意見將該問題限制在是否可以將「單純私下持有淫穢材料」定義為犯罪,並得出了否定性結論,認為個人「閱讀或觀看他所喜歡的東西」的「基本」權利具有優先性(p. 568)。多數意見強調,「這種接收資訊和思想的權利對我們的自由社會至關重要」,「無論其社會價值如何」,此種權利都應適用(p. 564)。法院的判決理由建立在接收資訊的權利,以及「除非在極少數的情況下,個人享有隱私不受政府侵入的……基本權利」(p. 564)之上。鑒於不受憲法保護的言論規制的性質,以及法院關於「如今已經確定憲法保護接收資訊和思想的權利」的表述,最高法院在其通常認為政府限制言論的利益至上的領域,對該權利給予了最有力的支持(p. 564)。因此,法院透過「史坦利案」不斷重申,《第一修正案》所賦予的資訊接收權是一項個人權利,用以對抗政府壓制淫穢言論的利

第二部分 《第一修正案》中的言論:法律基礎

益,甚至是廣泛的「公共利益」。

接收思想的權利也在涉及商業言論的代表性案件中獲得了支持,所有這些案件都突顯了限制政府家長式作風的意義。最典型的是這一領域的一個代表性案件,即「維吉尼亞州醫藥委員會訴維吉尼亞州公民消費者委員會案」(Virginia Citizens Consumer Council, Inc., 1976),該案涉及禁止藥劑師「公布、宣傳或推銷」處方藥價格的一項法令(p. 750)。法院認為,該法令不當限制了商業言論和患者的資訊接收權。這一案件確認了商業言論的保護,也說明法院對資訊接收權利的持續性保護。法院認為,言論自由以願意發言的人為先決條件,並且「正如這一案件那樣,當存在一個發言者時,所給予的保護涵蓋傳播的內容、源頭以及接收者」(p. 756)。法院在思想和資訊自由流動的堅實基礎上得出結論,商業言論受到保護以保障消費者的資訊權。法院不願接受政府將消費者與資訊相隔絕這樣一種家長式作風。政府不是讓消費者去評估法令所禁止的資訊,而是為消費者做決定,令他們處於無知狀態。法院認為,這種限制是政府實現其利益的不可接受的方式,絕對不能容忍政府阻礙對此類資訊的傳播。法院在「第一國家銀行訴貝洛蒂案」(First National Bank v. Bellotti, 1978)中即採用了類似的理由。在這一案件中,法院審議了麻薩諸塞州一項法令的合憲性問題,這一法令禁止企業就選舉投票中提出的問題發表意見。為了保護企業的表達權和傳播資訊的權利,法院判定該法令無效。在討論判決背後的理由時,法院發現,「《第一修正案》遠不限於保護新聞媒體和個人的自我表達,它禁止政府限制公眾可獲取的資訊量」(First National Bank v. Bellotti, 1978, p.783)。公眾有權收集所有可能的資訊,不管其來源如何,以便在私人事務中作出有效的判斷,從而促進和增強自治觀念。

資訊接收權的概念得到了參與最高法院審議「博爾格訴揚斯藥品公

司案」（Bolger v. Youngs Drug Products Corporation, 1983）的每一位大法官的認可，儘管在該案件中這一概念並未被明確提交法庭討論。資訊接收的權利在多數意見和協同意見中似乎都作為一個隱含的主題有所展現。在「博爾格案」中，法庭面臨的確切問題涉及一家避孕產品製造商未經請求向公眾郵寄被描述為「資訊性」小冊子的權利，這些小冊子涉及避孕用品的普遍可得性和性傳播疾病的預防。法院支持了商業言論者的權利，認為傳達「與重要社會問題有關的真實資訊」的重要性超過了政府聲稱的利益（Bolger v. Youngs Drug Products Corporation, 1983, p. 69）。法院審查了父母接收有助於他們履行一些最艱鉅責任的資訊的重要性，其結論是，禁止未經請求郵寄避孕廣告的法律規定存在缺陷，部分原因是它阻止父母獲取重要資訊，而另一部分原因是它阻止青少年獲取關鍵知識（pp. 74-75）。協同意見強調，雖然父母或許有權得到政府的支持而限制進入其家庭信箱的資料種類，但正如政府所辯稱的那樣，爭議中的法律損害了父母的利益，拒絕「父母獲取關於節育的資訊，而這些資訊可能有助於他們就告知其子女何種資訊而做出明智的決定」（p. 79）。因此，法院至少支持獲得某些類型的資訊的權利，其中包括一些對青少年而言可能存在問題的資訊。

　　第二類案件介紹了一種罕見的情況，即由於廣播頻率的限制，政府授權要求新聞界採取積極行動向公眾提供資訊。例如，在少數幾個案件中，法院基於資訊接收權要求言論釋出者採取積極行動。這一領域的代表性案例是「紅獅廣播訴聯邦通訊委員會案」（Red Lion Broadcasting v. Federal Communications Commission, 1969），該案涉及對聯邦條例和法規的憲法挑戰，其要求在廣播電臺上就相關公共議題進行討論，而且對每一個議題進行公正報導，例如要求廣播公司為候選人提供相等的播出時間來闡述他們的觀點。法院高度重視廣播頻率的稀缺性，並維持了這些

第二部分　《第一修正案》中的言論：法律基礎

法規的合憲性。法院認為，相關法律強化了與言論和新聞自由相關的自由。其核心論點基於這樣一種觀念：鑒於廣播頻率的稀缺性，言論自由權並不允許廣播公司忽視他人的言論自由。法院指出，「《第一修正案》的目的是維持一個不受限制的思想市場，在這個市場中真理將最終占據上風，而不是容忍對這個市場的壟斷，無論是政府本身還是私人許可證持有者的壟斷」（Red Lion Broadcasting v. Federal Communications Commission, 1969, p. 390）。政府授權要求廣播公司採取積極行動，實質上是剝奪了廣播公司對相關內容作出某些選擇的權利。法院認為：「公眾有權獲得適當途徑以接觸社會、政治、審美、道德和其他方面的思想和經驗，這一點在此案中至關重要。無論是國會還是聯邦通訊委員會，都不能在憲法層面上剝奪這一權利」（p. 390）。在另一種形式的媒體中，這種分析可能會失敗，事實上也確實不會成立（參見 Miami Herald Publishing Co. Division of Knight Newspapers, Inc. v. Tornillo, 1974）。廣播媒體與其他形式的媒體不同，這種差異使得政府能夠干預和確保所有觀點得到傳播。

　　第三類案件允許受眾行使資訊接收權，要求獲取政府所掌握的資訊。涉及圖書館審查的案例提供了最具說明性的例子。這一領域的領先性案例，即「教育委員會訴比科案」（Board of Education v. Pico, 1982），涉及州政府控制的圖書館。法院在該案中面對的情況是，紐約本地教育委員會決定從國中和高中圖書館中移除某些「令人反感」的書籍。學校董事會決定移除此類書籍，目的是「保護我們學校的孩子免受這種道德性危害」（Board of Education v. Pico, 1982, p. 857）。所有這些書籍都受憲法的保護，且不屬於不受保護言論的任何一類。儘管法院承認學校董事會在基於內容做出教育決定方面擁有廣泛的自主裁量權，但也確認了國高中生透過閱讀獲得資訊的權利，將其視為是一個學生探究自由的重要組

成部分。法院重申，憲法保護接收出版資訊的權利：

「這一權利是憲法明確保障的言論自由和新聞自由權利所固有的結果，具有兩個方面的意義。一是，接收思想的權利必然源自發送者受《第一修正案》保護的發送思想的權利：言論和新聞自由權涵蓋了分發資料的權利，同時也必然會保護接收相應資料的權利。如果願意接收的人沒有接收思想和對其思考的自由，那麼思想的傳播就無法達到任何效果。一個只有賣家而沒有買家的思想市場將是毫無生機的。（p. 867）

而一旦圖書館提供了這些書籍，對它們的移除行為就可能涉及到資訊接收權。一般來說，一旦政府選擇提供資訊，這些資訊的接收權利就會限制政府日後收回該資訊。

雖然上述意見可能代表了資訊接收權的有力實踐，但重要的是應注意其局限性。首先，判決的適用範圍本身往往非常狹窄。例如在「比科案」中，法院對該權利進行了限定，只有當學校董事會因厭惡相關作品中發表的觀點而作出移除書籍的決定時，學生的《第一修正案》權利才受到侵犯。即使異議者也承認在有限的情況下存在接收思想的權利，但法院在「比科案」中的推理卻將其正在探究的這一權利範圍縮小到學校圖書館這一情境。因此，許多不直接涉及表達意見權利問題的案件，有時是脆弱的且受制於具體情境。

此類資訊接收權案件的第二個局限性使得我們重新回到對政府補貼的討論。例如，回想一下，最高法院在「拉斯特訴沙利文案」（Rust v. Sullivan, 1991）中支持了禁止由「第十章」專案資助的診所員工與患者討論墮胎問題的規定。法院駁回了診所及其醫生提出的關於第一修正案和第五修正案的質疑，認為這些規定僅僅是政府在憲法框架內拒絕為墮胎資訊的傳播提供補貼。根據多數意見，政府並非剝奪任何人的福利，而只是堅持將公共資金用於其授權的目的。雖然這些規定隨後被廢除，但

第二部分　《第一修正案》中的言論：法律基礎

「拉斯特案」判決仍然是對政府限制言論的有力辯護。同樣，在「美國訴美國圖書館協會案」（United States v. American Library Association, 2003）中，法院支持了對《兒童網際網路保護法》（CIPA）的合憲性表面審查，該法旨在協助聯邦公共圖書館向讀者提供上網服務。政府將資助條件設定為，圖書館必須安裝過濾軟體，以防止讀者獲取淫穢和任何其他對兒童有害的資訊。這個案件的主要爭議在於，《兒童網際網路保護法》的過濾要求是否侵犯了圖書館進行內容選擇的《第一修正案》權利，以及讀者接收資訊的《第一修正案》權利。最高法院在多數意見中維持了《兒童網際網路保護法》的合憲性，認為其並未對《第一修正案》權利構成不當限制。只有協同意見承認了資訊接收權，但最終認為限制是可被允許的，因為沒有其他方法來過濾不良資訊以實現該法的目標。

最後，在「史坦利案」和「拉蒙特案」之後的幾年裡，最高法院對「克萊因丁斯特訴曼德爾案」（Kleindienst v. Mandel, 1972）作出判決，該案顯示，當言論者沒有權利表達某些觀點時，資訊接收權也會受到限制。在該案中，居住在比利時的學者曼德爾受邀在許多研討會和活動中發表其關於馬克思主義的理論演說。原告，即曼德爾、多位教授和美國公民，對政府拒絕向曼德爾發放簽證的行為提出質疑。主張的核心在於，教授們被剝奪了與曼德爾進行自由開放的學術交流的自由，這違反了他們聆聽曼德爾表達觀點的《第一修正案》權利。最高法院承認公眾接收資訊的權利，但仍支持政府對國界的控制具有絕對權力。政府的利益訴求仍然占了上風，儘管拒絕曼德爾的簽證是因為不喜歡他的政治觀點。最高法院乾脆拒絕在資訊接收權和政府排除外國人的「絕對」權力之間進行權衡。這一判決表示，法院在公共利益與國會絕對權力之間的平衡中更偏向於後者。雖然這一案件似乎對資訊接收權輕描淡寫，但法院確實承認了資訊接收的權利，並駁回了政府的主張，即入境只涉及行動

而非言論，且美國學者也有其他方式獲取曼德爾的觀點。相反，最高法院依據司法部長的決定，認為曼德爾在之前的訪問中濫用了他的特權：「對於毫無正當理由而行使自由裁量權的行為，能依據哪些第一修正案或其他法定理由進行抨擊，這是我們在此案中既未探討也未判定的問題」（Kleindienst v. Mandel, 1972, p. 770）。即使是「克萊因丁斯特案」這樣的案件，也肯定了隱含的知情權與明確的言論權相伴生。

辨識言論自由的方法論

我們已經看到，最高法院在保護不同的言論時程度上存在重大波動。法院的確一貫對某些言論的青睞超過另一些言論，但也經常改變它對特定言論及其媒介的保護程度的看法。法院往往針對不同的問題適用不同的原則。但在概念上，我們可以解讀出兩種廣泛的方法用於界定值得《第一修正案》保護的言論類型：絕對主義和平衡主義。法院了解到每種方法都有其優點和局限性，但判例法似乎將整個言論保護的領域轉向分類平衡。

正如我們在簡要回顧評論人士為發展《第一修正案》判例法所做的努力時所見，絕對主義有著令人信服的擁護者。預先確定言論類別似乎頗具吸引力：它提供了可預測性，並遏制立法者、行政人員和司法機構利用自由裁量權去限制被認為值得保護的言論。然而，最高法院的《第一修正案》司法判例從未保證過任何言論絕對不受侵犯。儘管「法律不能剝奪言論自由」的表述具有明顯的絕對主義特性，法院從未採納過這樣的做法。判例法明確表示，當政府證明存在令人信服的國家利益需求時，即使作為民主生活中最根本言論的政治言論，也可以被政府禁止。例如，最高法院維持了一個州禁止在投票所 100 英尺內進行競選拉票活動的禁令（Burson v. Freeman, 1992），並支持了聯邦對競選捐贈數額上限的

第二部分　《第一修正案》中的言論：法律基礎

規定（Buckley v. Valeo, 1976）。此類案件突顯了即使是最受保護的言論也會受到限制，現實中沒有任何言論能得到絕對的保護。

最高法院並非採用絕對主義，而是採用了平衡的方法來判定哪種類型的言論值得保護。最終，這種方法非常注重法官透過細膩地權衡特定事實的價值來解釋案件，而非受到基於嚴格規則的先例的約束。儘管進行權衡的法官仍須遵循先例原則，但不受約束的平衡使得法官能夠基於具體的事實來區分先前的言論自由案件，這一基於特定事實的方法存在極大的局限性。對於無法了解法官在具體情況下可能做出何種判決的言論者而言，此種方法不能提供足夠的確定性。由於法官個體被賦予了明確的自由裁量權，這種方法也可能導致對言論自由價值的低估。此外，賦予非選舉產生的法官此種自由裁量權，某種意義上存在不民主的弊端。此種批判頗有道理。當沒有規則束縛平衡的過程時，法官和其他管理者就可能將他們自己的意識形態植入言論自由的分析。然而，平衡方法可能會為法官提供準確判決疑難案件所需要的靈活性。同樣重要的是，不強求僵化的決策可以促進民主審議，因為它允許言論進入公民的話語體系。鑒於平衡方法的潛在危險和益處，出現旨在緩和局限性的幾種平衡方法也不足為奇。

最高法院採用了兩種主要的平衡方法：個案平衡和分類平衡。在個案平衡中，法院在某個特定案件中平衡言論的價值與各種相互衝突的利益，如社會秩序、清白的聲譽、公共資源的合理利用、隱私保護或減少犯罪的需求等。根據這一方法，最高法院會確定兩種相互衝突的利益中哪一個在現有情況下需要獲得更大程度的保護。儘管最高法院在解決言論自由的案件時總是要權衡特定事實的價值，但它通常採用《第一修正案》的分類平衡方法。根據這一方法，法院僅在最初的案件中對言論自由的價值與衝突性利益進行平衡，這些案件根據一項在平衡結束時所主

張的規則將某類言論界定為不受憲法保護或受憲法保護的類型。然後，法官們將此規則適用於後續案件，並且不再需要進行個案平衡，因為確立了該言論類別的先例已經對相關價值進行了平衡。因此，處理重要的《第一修正案》案件的法官，必須確定言論是否屬於先前確定的不受保護的類別，但不必根據每一案件的具體事實對該特定言論作出價值評估。審視最高法院的先例可以發現，分類平衡方法獲得了廣泛應用，以至於如我們所見，出現了幾個被認為屬於或不屬於《第一修正案》保護範圍的言論類別。然而，這些類別仍處於不斷變化之中，因為法律制度需要應對和適應技術和社會的發展。

確定政府在限制言論中的責任

某一類言論在多大程度上被認為值得保護，這一點至關重要。如果某類言論受到高度保護，那麼政府在限制言論時就會承受更大的負擔。這一簡單的規則源自於最高法院當前的憲法原則，該原則傾向於將政府和個人之間的爭議描述為個人的憲法「權利」與為了更廣泛的利益而限制這一權利的社會利益之間的衝突。對憲法所保護權利的侵犯越嚴重，政府為這種侵犯進行正當性辯護的負擔就越大。最高法院已經形成了憲法原則，提供一種衡量標準以分析限制不同權利的舉措。一般來說，隨著最高法院逐漸認為受限制的權利更根本或更值得保護，就會要求政府提出更充分的理由為其行動辯護。這一衡量標準支持並發展了一個看起來相當簡單易用的審查標準，但針對最高法院（以及組成最高法院的不同法官）是否系統地適用不同的保護標準，仍存在激烈爭論。

憲法案件中的審查標準

整體而言，憲法司法判例呈現出三個分析層次，每個層次都有其自身的審查標準，旨在指導法院對法律糾紛進行分類，要求政府為限制或

第二部分　《第一修正案》中的言論：法律基礎

改變相關權利提供不同程度的正當理由。首先,「嚴格審查」是最高法院用來評估政府法規有效性的最高標準,也是最嚴格的憲法審查標準。要在嚴格審查標準下承受住憲法挑戰,法規必須經過嚴格推敲以促進重要的政府利益。很少有法律能夠通過這一測試,這代表著對政府的訴求及法律本身採取了非常積極的司法審查和監督。這一審查標準的要求非常難以滿足,以至於其因理論上的嚴苛性和事實上的致命性而聞名。其次與之形成鮮明對比的是最寬鬆、要求最低的檢驗標準,也即「理性依據」檢驗法。基於這一標準,法院只是判定是否可以設想一項法規或分類可能與憲法允許的合法政府目的之間存在合理關聯性。只要可以論證,或者說「合理」地認為政府立法部門制定該分類存在合法依據,法院就會支持這項法律。介於這兩個極端之間的是第三個「中等審查」檢驗標準。根據這一檢驗的條件,政府必須滿足法院的要求,證明一項規定與一項重要的政府目標或社會政策之間存在實質性關聯。雖然描述很模糊,但在結合其他兩種審查標準來觀察時,中等審查標準在概念上變得更加清晰。合理依據審查或嚴格審查標準的適用,幾乎可以預示一個案件的結果。中等審查標準介於這兩個極端之間：它並不假定任何一方一開始就具有很大優勢,而是試圖在政府利益和私人利益發生衝突時營造一個公平的競爭環境。這一方法最終會平衡所謂的國家利益與所聲稱的私人利益。根據此種審查標準,法院擁有很大的自由度,因為它可以在沒有明確規則指導具體方法的情況下自由地平衡所涉及的私人和國家利益。因此,中等審查標準的可能應用,增加了法院在評估一項法律的合憲性方面保留的重大自由裁量權。

言論自由案件的審查標準

法院將採用哪種檢驗標準來解決憲法爭議具有重大意義。在《第一修正案》的背景下,由於我們正在處理的是基本權利(即受憲法保護的權

利），所以嚴格審查標準得以適用。但這並不能完全解決問題。一項法律或法規想要順利通過審查，仍須經過往往頗具難度的定性階段，以確定有爭議的言論是否值得保護。法律也必須經過對政府利益和旨在實現這些利益所設定的機制的嚴格評估。這些都是適用中存在挑戰性的概念。

不出所料，嚴格審查標準只適用於言論被確定為屬於值得保護的言論類別的情形。這正是我們上文所探討過的案件的重要性所在：它們有助於指導我們理解法律制度認定何種言論在《第一修正案》的保護範圍之內。在處理被認為值得保護的自由言論問題時，本質上法院要應對的敏感問題是，如何將審查控制在可以容忍的限度之內。一旦發現一項法律侵犯了值得保護的言論自由，《第一修正案》的標準原則就要求法院確定該法律「基於內容」還是「內容中立」。基於內容的法律規制的是所表達的思想，而內容中立的法律規制的是所表達的時間、地點或方式。基於內容和內容中立的法律之間存在的區別，在確定用於衡量影響言論自由的法律的合憲性審查標準方面發揮了關鍵作用。

與言論內容相關的政府規定受到非常嚴格的司法審查。相比之下，當政府以與內容無關的方式來規制言論時，審查的嚴格程度就會下降。此外，根據現行理論，基於內容的法律的合憲性評估模式與對內容中立的法律的評估模式不同。基於內容的法律的合憲性取決於受規制的言論類別的價值。正如我們所見，政治、藝術、文學和科學的言論被認為是「高價值」的言論，相應地，侵犯此類言論的法律必須符合「嚴格審查」的標準。相比之下，商業言論被認為具有中等的價值，法院通常將限制這種言論的法律訴諸中度審查。最高法院認為其他類別的言論，例如淫穢和挑釁性話語，具有低價值性，它們使得法律限制此類言論本質上是合憲的，不需要作進一步分析（但一個值得注意的例外情況，如下文所強調的，這些法律在實施過程中仍不得在無意中限制受保護的言論）。

第二部分　《第一修正案》中的言論：法律基礎

　　由於對規制言論的審查基於內容進行，法院通常採用「嚴格審查」分析方法，該分析使得法律無效，除非它服務於「重大的」政府利益且採用「對言論限制最小的方式」來促進那一利益。對內容的規制適用嚴格審查標準，反映出法院對限制言論自由等基本權利的規制行為持有懷疑態度。例如，政府若選擇對言論限制最小的方式來推進明確表達的利益，那麼，它可以為了促進重大利益對受憲法保護的言論內容進行規制。最高法院有時要求一項法律必須受到「嚴格限縮」以實現政府的利益。如同最小限制性方式要求那樣，嚴格限縮的要求確保基於內容的規制措施不會對言論造成超出政府目的所需程度的更大負擔。

　　內容中立的法律則以不同的方式進行評估。限制表達的時間、地點或方式的法律的合憲性，本質上要求適用中等審查。「美國訴奧布萊恩案」（United States v. O'Brien, 1968）中宣布了使用這一標準的必要性，其要求進行中度審查，且附加條件為任何內容中立的法律必須「留出充足的替代性溝通管道」。特別是，「奧布萊恩檢驗法」被用於評估規制象徵性言論的法律的合憲性，以及規制「公共論壇」內言論表達的時間、地點或方式的法律的合憲性。一種更低的審查標準，即理性依據檢驗法，適用於對規範非公共論壇表達的法律的規制，但需要滿足必須留出實質性的替代性交流管道的條件，這一條件即使對一些非公開論壇予以規制時也同樣適用。

　　現行原則要求對基於內容的法律以一種方式進行分析，對內容中立的法律則以另一種方式進行分析，因此區分這兩類法律的能力至關重要。有些案件涉及到純粹基於內容或者純粹內容中立的法律。但是，並非總是能將一項法律歸類為純粹基於內容或純粹內容中立。事實上，許多規制言論表達的法律，既可以被認為基於內容也可以被認為內容中立。例如，將存在性取向的商業活動進行分散布局的分區法律、限制一

6 規制言論

個人或政黨對候選人捐助金額的競選資金改革法、限制宗教團體進入公立中小學和大學的政策和法規、禁止在選舉當天的投票所拉票的法律以及規制特定媒體的不雅或色情言論的法律等,在表面上都是既基於內容又內容中立。此外,很多法律在表面上都是內容中立的,事實上也以內容為基礎。這些法律包括限制在醫療機構抗議的法律和禁令、適用於脫衣舞場所的公共裸體法以及禁止燃燒國旗和十字架的法律等。儘管制定了相關規則,但《第一修正案》司法判例問題仍然相當複雜,許多情況下依舊無法確定和預測。

　　法院解決了內容和適當的審查程度問題後,仍可能出現憲法問題。最值得注意的是,如果法律使用模糊或過於廣泛的語言來界定受規制的言論,那麼最高法院會認為該法律是有問題的。雖然這些理論在概念上與最小限制性方式的要求有所不同,但它們也涉及那些不必要地壓制或阻礙言論的規制方式。挑戰法律審查的訴訟當事人,常常會援引模糊或過於廣泛的學說。對過度廣泛學說的質疑聲稱,這一限制不僅是推動一些足夠重要的政府利益,而且將本受憲法保護和不威脅到任何合法政府利益的言論也納入了禁止範圍。這種質疑要麼支持該限制所宣稱的利益並不重要,要麼主張這一限制並非嚴格限定於所聲稱的政府利益。對模糊性學說的質疑認為,在限制言論自由時,限制的範圍缺乏必要的明確性。所有法律都存在一定程度的模糊性,這並不意味著自動宣告一項法律的死亡。然而,當一項法律限制言論自由時,法院規定了更為嚴格的明確標準,以盡量減少選擇性執法、威懾不確定限制範圍的發言者以及避免誤陷無辜者的風險。總之,這些學說再次揭示了法律制度將在多大程度上確保政府不會不適當地審查值得保護的言論。

第二部分 《第一修正案》中的言論：法律基礎

▎確定證據的重要程度

除了使司法機構對保護言論權利承擔責任，《第一修正案》法學還表現了一個特殊的理論要求，即對於國家行為侵犯言論的主張必須做出準確的事實認定，因為當政府將言論置於危險境地時就會提升憲法風險。準確性要求源自於《第一修正案》原則的基於事實的結構之中。雖然言論自由理論有時承認言論自由的內在價值，但它常常取決於工具主義或後果主義目標的推動，對這些目標的實現可以進行實證性評估：促進一個繁榮的「思想市場」，實現自治和政治參與，促進個人發展或者對政府程序發揮監督作用。言論原則同樣要求法院對事實進行實證性評估，以權衡相互競爭的利益。《第一修正案》的平衡檢驗方法，如奧布萊恩檢驗法，要求法院評估社會危害的嚴重程度和合法政府利益的重要性，並預測對言論造成的潛在負擔。對過度廣泛學說的質疑以及對「寒蟬效應」的敏感性，要求法院確定政府行為是否可能禁止第三方受憲法保護的言論。儘管對事先的限制幾乎是絕對禁止的，但法院可能會基於遭受損害程度的情境進行評估，允許某種形式的事先限制。即使在審查基於內容的限制時，法院也必須對存在的重大政府利益以及這些利益與政府應對措施之間的契合性做出事實認定。即使是定義煽動的「明確和現實的危險」規則，也要求確定「緊迫性」和「危險性」。因此，特別是在嚴格審查和中度審查的背景下，採用經驗主義評估的事實認定往往決定著政府行動的合憲性。

準確性規範

由於事實評估在《第一修正案》決策過程中的核心地位，最高法院在許多理論背景下發展出準確性規範。最高法院在「博斯公司訴美國消費者聯盟案」（Bose Corp. v. Consumers Union of United States, 1984）及其

後續案件中對該規則的適用也許最有說明性。在「博斯案」中，一家音響設備製造商起訴一家消費者刊物，聲稱它針對一套原告的揚聲器發表了一篇具有貶損性、不準確且持有偏見的評論。該案中，最高法院施予上訴法院一項憲法「義務」，要求對聯邦或州法院及其行政機構形成的事實紀錄進行獨立審查（Bose Corp. v. Consumers Union of United States, Inc., 1984, pp. 498-511; see also Hurley v. Irish-American Gay, Lesbian and Bisexual Group, 1995, pp. 566-68）。這一義務被下級法院解釋為要求在涉及《第一修正案》的所有案件中進行全面性（有時稱為「重新」、「自由」或「獨立」）審查，以確保判決不構成對自由表達的不當侵犯。對適用憲法標準所依據的這一事實進行審查，通常被描述為對「憲法事實」的審查。根據憲法事實原則，審查法院在確定是否符合憲法標準時，必須全面考慮事實紀錄。當法庭重新審查存在爭議的裁決或判決時，它會進行獨立認定，而不考慮任何先前的同類爭議的解決方案。該標準為法院提供了最廣泛的審查範圍。

對紀錄的獨立審查是預設方法（對普遍接受先決事實的自由裁量標準的濫用）的一個強而有力的例外。這一獨立的判決規則實際上完全基於《第一修正案》所特有的問題。例如，在「地標通訊公司訴維吉尼亞州案」（Landmark Communications, Inc. v. Virginia, 1978, p.843）中，法院指出，「當《第一修正案》權利受到威脅時，對立法結論的參考不能限制司法調查」。在其他情況下，典型的判決規則非常尊重事實調查者（Levesque, 2006）。然而，在《第一修正案》的案件中，法院秉持這樣一種觀念：《第一修正案》的適用範圍最終由其所接觸的事實所界定，法院必須獨立地審查這些事實，「以確信相關言論確實屬於不受保護的類別，並將任何不受保護類別的範圍限制在可接受的狹義範圍內」（Bose Corp. v. Consumers Union of United States, Inc., 1984, p. 505）。

第二部分　《第一修正案》中的言論：法律基礎

基於其他原因，《第一修正案》原則還要求作出嚴格和準確的判決。《第一修正案》相關判例對《第一修正案》訴訟程序施以嚴格限制。最高法院長期以來一直認為，在《第一修正案》相關案件中，「確定案件事實的程序的重要性完全不亞於實體法規則的有效性」（Speiser v. Randall, 1958, p.520）。在這些案件中，「事實認定錯誤的可能性……會造成合法言論受到懲罰的危險」（p. 526）。例如，準確性規範構成了允許對第三方的言論權進行司法審議的程序的基礎。同樣的規範允許法官制定預防性規則，例如那些針對「寒蟬效應」的規則，這些規則為了保護言論而擴大了其保護範圍。對事前限制的近乎絕對禁止，同樣表現了這一規範。最高法院長期以來一直認為，要求發言者在使用公共論壇前獲得批准或許可的法律是「事前限制」，並且不贊成在這些論壇中授予官員廣泛的自由裁量權以規制言論的方案。準確性的要求還表現為《第一修正案》對準確性的需求，以及對官員自由裁量權的持續不信任。最高法院對自由裁量權一直持有懷疑態度，其表現方式是推翻那些標準定義模糊的法律。這些法律實際上賦予公職人員不受約束的自由裁量權，讓他們來決定誰能發言。最高法院從最早的《第一修正案》言論和集會案件中了解到，賦予官員以廣泛的自由裁量權來規制或限制言論的法律，對政府不得因其資訊、觀點、主體或內容而限制表達這一憲法要求構成威脅。對「不受約束的自由裁量權」的顧慮，與法院通常無法容忍法律在對言論定罪或予以規制時的模糊性態度密切相關。

證據的數量

表面上，準確性的規範似乎非常有吸引力且令人安心。它使得我們相信，判決不會取決於法官的個人偏好，而是基於事實，譬如從「中立」或「科學」的資料中得出。但實際上，即使是最高法院在證據的運用上也表現出明顯的不一致。事實上，最高法院在憲法判決中對實證證據的使

用引發了相當大的爭議，其對實證分析的重視程度在不同具體情境下有所不同，甚至在不同法官之間也存在差異。

最高法院在相關《第一修正案》案件中對實證證據的分析顯示出相當大的差異。在某些情況下，法院迴避任何獨立審查，並尊重立法者的事實調查。淫穢領域的案件最清楚地表現了這一極大尊重態度。正如我們所見，最高法院正式認可了「羅斯訴美國案」（Roth v. United States, 1957）中淫穢言論例外情形，但論證依據並不充分。法院聲稱，淫褻言論「完全沒有任何可挽回的社會重要性」，卻沒有進一步解釋為什麼其他類型的低價值言論繼續受到《第一修正案》的保護（p. 484）。法院只是為其結論提供了歷史依據。或許最重要的是，法院宣布淫穢言論不受保護，而不要求任何實證證據表示相關言論的有害性。最高法院忽視了大量提交的附有實證研究的辯護狀。在「羅斯案」判決 25 年後的案件，即「巴黎第一成人劇院訴斯萊頓案」（Paris Adult Theatre I v. Slaton, 1973, p.60）中，最高法院在未要求任何實證證據證明淫穢言論的有害性的情況下作出違憲判決的意願更加顯而易見。在這一案件中，法院維持了一項禁止在成人劇院播放淫穢電影的喬治亞州法律規定，強調「我們無須解決州立法背後的實證不確定性問題」，並且「我們不要求立法機構『科學地確定某些立法標準』」（Paris Adult Theatre I v. Slaton, 1973, p. 60，援引自 Ginsberg v. New York, 1968, pp. 642-43；援引自 Noble State Bank v. Haskell, 1911, p. 110）。事實上，最高法院甚至會欣然遵從立法者的「無法證實的假設」（Paris Adult Theatre I v. Slaton, 1973, p. 61）。

必須強調的是，這些案件涉及複雜的理論變動。最高法院的先例，特別是根據我們前面提到的「金斯伯格案」判決，並不要求州政府提供「實證」證據以證明接觸性露骨的材料可能傷害兒童，因為立法者可以基於普遍的文化認知假設存在此種傷害。這便產生了一個問題，即法院依

第二部分　《第一修正案》中的言論：法律基礎

賴於「金斯伯格案」來支持基於心理傷害證據的兒童保護法律。如前所述，「金斯伯格案」沒有涉及嚴格審查和政府重大利益。此外，最高法院基於對「倫理和道德發展」的擔憂確立了政府保護兒童的獨立利益。倫理道德問題本質上不容易透過實證或科學證據證明；相反，它們的答案取決於觀察者的立場。這顯然是法院在「金斯伯格案」中表達的意思，即關於性露骨材料對兒童的影響的立法認定是否「表達了一項公認的科學事實，這非常值得懷疑」（Ginsberg v. New York, 1968, p. 641）。因此，對政府聲稱保護兒童的獨立利益的實證性攻擊沒有抓住要點，並不能解決法律的真正問題：州政府是否存在合法和重大的利益，透過控制兒童接觸不雅材料，對其灌輸道德和倫理價值，以此邁出培養良好道德公民的一步。

在其他涉及《第一修正案》權利的案件中，最高法院拒絕遵從立法事實作出認定。在「加州賽伯爾通訊公司訴聯邦通訊委員會案」（Sable Communications of California v. Federal Communications Commission, 1989）中，法院駁回了國會全面禁止州際傳輸不雅商業電話資訊的禁令。法院以「嚴格裁量」為理由（最高法院「嚴格審查」檢驗法的第二部分）做出這一決定，毫無疑問地認可了政府「在保護未成年人身心健康方面的重大利益」（Sable Communications of California v. Federal Communications Commission, 1989, p. 126）。在「賽博爾案」中，法院首次將在「金斯伯格案」承認的政府利益提升到重大利益的層面，足以強大到能滿足嚴格審查這一最高審查標準。顯然，法院簡要地採用了這一重要的理論步驟；它沒有詳細說明確定重大利益的標準，並迴避了討論其先例為何不能適用。然而，法院顯然是對材料進行仔細審查後做出的判決，這一審查根據其需求進行，並不輕易遵從政府在《第一修正案》案件中的判定。最近，在「44 酒品公司訴羅德島州案」（44 Liquormart, Inc. v. Rhode

Island, 1997）中，法院再次拒絕在商業廣告問題上採取遵從的態度，商業廣告長期以來一直被法院認為不如其他言論有價值。因此，法院在考慮立法授權時，很容易會考慮那些作為支持限制言論理由的證據的充分程度。

然而，上述描述掩蓋了一些重大爭議。例如，最高法院關於聯邦「必須傳送」規則的合憲性的兩項判決，即 1994 年「透納廣播系統有限公司訴聯邦通訊委員會案」（Turner Broadcasting System, Inc. v. FCC, 1994）和 1997 年「透納廣播系統有限公司訴聯邦通訊委員會案」（Turner Broadcasting System, Inc. v. FCC, 1997），強調在《第一修正案》案件中對立法事實認定予以獨立司法審查以及尊重這一事實認定的必要性。法院指出，在這兩個案例中，進行審查的法院「必須對國會的預測性判斷給予充分尊重」，而且這一「充分尊重並不意味著」國會的判斷「絕對免於有意義的司法審查」（Turner Broadcasting System, Inc. v. FCC, 1994, pp. 665-66; Turner Broadcasting System, Inc. v. FCC, 1997, pp. 195-96）。 然而，「透納案」的突出之處在於，政府關於有線電視對廣播電視影響的證據占據了核心地位。法院將前一個案例發回下級法院重審，以更充分地爬梳證據。法院指出：

「如果地區法院沒有對國會所依據的預測性或歷史性證據進行更充分的闡述，或者引入一些其他證據來證明被撤掉或重新安排的廣播公司將面臨經濟嚴重困難，我們無法確定對廣播電視的威脅是否現實到足以推翻這些上訴人對相關條款提出的質疑。（Turner Broadcasting System, Inc. v. FCC, 1994, p. 667）

當案件返回最高法院時，法官對司法和立法紀錄中討論過的經濟事實進行了詳盡審查（Turner Broadcasting System, Inc. v. FCC, 1997, pp. 197-213）。」

第二部分　《第一修正案》中的言論：法律基礎

　　最高法院在《第一修正案》相關案件中仍糾結於如何運用實證研究結論的問題。例如，儘管法院聲稱事實很重要，但有時會依據存疑或不充分的證據做出裁決，無論是在看似受到高度保護的言論還是保護程度沒那麼高的言論案件中。例如，在「伊利市訴帕普案」（City of Erie v. Pap's A.M.）中，大法官們對於禁止脫衣舞和驅散成人娛樂會減少犯罪並提升周邊社區的房價這一立法判斷的依據是否充分產生分歧。蘇特（Souter）大法官明確指出，他表達異議的「主要原因」是市政當局提供的證據「不充分」。這一爭議相當大，因為援引的研究採用有嚴重缺陷的方法獲得的結論是有問題的；而且更具實證可信性的研究要麼說明成人娛樂並無負面的次生效應，要麼說明實際情況與預設的次生效應相反（Paul, Linz, & Shafer, 2001; Linz, Land, Williams, Paul, & Ezell, 2004）。

　　在本應被認為受到《第一修正案》高度保護的政治言論領域，也存在類似的證據使用情況。這種尊重在「尼克森訴密蘇里州政府政治行動委員會案」（Nixon v. Shrink Missouri Government PAC, 2000）中最為明顯，這是一個具有代表性的案件，它維持了一項將競選捐贈限制在 250 ～ 1,000 美元之間的法律。最高法院實際上沒有要求提供任何證據便維持了密蘇里投票法案所規定的捐款限額。法院維持這些限制的根據是：幾篇報紙的文章援引了選民對政治中金錢相關問題的不滿，密蘇里州選民對該措施表示支持（以此暗示存在腐敗表象），以及一位密蘇里州議員的宣誓書聲稱「大額捐款很可能導致收買選票」（Nixon v. Shrink Missouri Government PAC, 2000, pp. 393-94）。最高法院還考慮了捐款限額是否太低，以至於會妨礙候選人籌集執行有效競選所需的資金，其得出的結論為：這些限制並未低到讓政治團體無法有效存在、讓候選人的聲音難以被關注或者使得捐款毫無意義，從而為針對捐款限制額度提出憲法挑戰設立了一個極高的門檻。該案實際上阻止了下級法院意圖提高維持競選

限制所需的證據標準的趨勢。透過這一做法，法院強調了州政府在言論自由案件中舉證責任的可變性。法庭直言不諱地指出：「對立法判斷進行高度司法審查所需要的實證證據的數量，將隨著判決理由的新穎性和合理性而上下波動」（Nixon v. Shrink Missouri Government PAC, 2000, p. 391）。就我們的目的而言，法院將大幅降低政治競選捐款限額的證據門檻，而政治競選捐款限制可以說是受到高度保護的政治言論的基礎，這意味著對那些期望法院對實證證據的使用保持確定性的人來說，未來仍然存在挑戰。

結論

《第一修正案》法學理論的廣度和深度難以用簡單規則概括。儘管這一法學領域很複雜，但確實揭示並反映了一些被廣泛接受的原則，這些原則指導人們對政府規制言論的應對措施。也許這些原則中最根本的一個是，我們的憲法體系認為言論自由是一種優先性價值，因為自由思想和思想的傳播對於人類能力的發展至關重要。根據最高法院的觀點，言論自由既有助於我們民主社會的平穩運作，又有助於人類個性的蓬勃發展。雖然言論自由最初被狹義地認為是一種促進政府高效運作的機制，但言論自由法學如今了解到，言論自由條款提供了民主用以確定自身目的的主要結構性機制，從而使民眾得以繁榮發展。哈倫（Harlan）大法官在「科恩訴加州案」（Cohen v. California, 1971, p.24）中有一段著名的論述：

「在一個像我們這樣多元化和人口眾多的社會中，自由表達的憲法權利猶如一劑強效良藥。它的設計和目的都是為了消除政府對公眾討論領域的限制，將表達何種觀點的決定權置於我們每個人的手中，希望運用這一自由最終能夠培養出更有能力的公民群體和更完美的政體，並相

第二部分 《第一修正案》中的言論：法律基礎

信沒有其他方式與我們的政治體制所依賴的個人尊嚴和選擇的前提更為契合。

在我們的政府體制下，我們的言論自由法學允許在社會中最直接地表達人類個性，因此，它關注人類個性的發展、尊重人的尊嚴，並塑造一個更有能力和更好的政體。我們的體制假設，法律必須保護我們免於它的傷害，使我們能夠成為有能力的公民，在影響我們自身和周圍環境的事務中擁有強烈的尊嚴感和選擇權」。

言論自由對我們政府和人類發展至關重要，這並不意味著言論必須絕對免於規制，更不是意味著政府積極推動言論傳播的「自由」。憲法關注的是「限制」，而法院將這一要求解釋為對受保護言論的限制不一定違憲。

法院採取各種辦法來判定限制言論自由的妥當性。法院採用一種分類方法，根據法院認為言論應受憲法保護的程度建構起一個保護的連續譜系。儘管存在許多條件限制，一些類別的資訊在憲法層面上是不受歡迎的，並可能在各種情況下受到政府的規制；其他類別的資訊也可以被規制，但其限制基礎更為薄弱。事實上，分析言論自由法律問題需要快速瀏覽我們的「不受保護」類別清單，以確定是否有任何一個類別涵蓋了所討論的言論。然而，確認一項表達活動是否在《第一修正案》保護範圍內，這僅僅是分析的開始。如果這項言論值得保護，法院就會採取一種平衡的方法，即主要衡量兩個相互競爭的利益：政府對特定利益保護的關切以及個人和社會在表達方面的利益。法院透過制定一些規則予以平衡，確定各方在質疑或支持所謂的言論限制時所需承擔責任的程度。當法院認定某一言論缺乏《第一修正案》的保護價值時，可以合乎情理地授予立法機關廣泛的自由裁量權來規制該言論。但是，如果言論具有憲法價值，法院就會獨立判斷該言論是否可以被控制甚至被禁止。因此，

即使法院充分保護言論，政府也可能有權基於表達的方式（如禁止在午夜使用擴音器）或者基於言論內容與周圍環境的綜合因素（例如，言論與某些具體政府活動的關係，如戰場上的軍事人員、監獄中的囚犯或在校學生的言論）來施加某些限制。這些發展說明，言論自由原則傳統上關注受保護的內容，已經發展為同樣關注政府如何制定法規來控制有爭議言論的現代法律原則。儘管這一演變歷經了一百多年，但並不令人意外。像關注言論者一樣強調政府的行為，與第一修正案本身的文字內容相呼應。儘管不可避免地存在複雜性，但我們越來越有可能領會到，法院如何判定某些類型的言論是否獲得保護、如何獲得保護，以及法院在判定是否保護以及如何保護某些類型的表達時通常需要考慮哪些類型的證據。

7　青少年的言論自由權

　　法律制度高度保護人們的言論權利和個人發展其思想的自由，但這一保護可能將青少年排除在外。同時，它對待青少年《第一修正案》權利的態度也存在很大差異。法律有時將青少年和成年人同等對待，授予二者相同的權利。因此，青少年有時可以自由思考，表達其堅守的信仰，並享有與成年人平等的權利。我們已經看到，青少年如何在公眾場所享有發表種族主義和仇恨言論的權利（R.A.V. v. City of St. Paul, 1992），以及在公立學校等監管環境中保留不表達信仰的權利（West Virginia State Board of Education v. Barnette, 1943）。但在另外一些情形下，法律制度又會將青少年視為必須加以控制和保護的兒童。正如我們所見，各州法律可能會限制青少年接觸不雅的言論（FCC v. Pacifica Foundation, 1978），但最為突出的是，各州允許他人限制青少年發展自我思考能力的程度。

第二部分　《第一修正案》中的言論：法律基礎

法律普遍授予父母廣泛的權利，以掌控孩子的教育、指導其日常成長，甚至會向青少年提供政府本身都認為不適當的言論（Ginsberg v. New York, 1968）。另外一些時候，青少年的權利之所以受到保護，僅僅是因為社會更重視成年人的權利，而不是認為需要限制青少年接觸具有潛在危害的資料或約束其表達令人不安的內容。如我們已看到，如果侵害到成年人獲取包括諸如網路色情在內的資訊權利的話，有些對未成年人有害的言論就可能不會受到限制（Reno v. American Civil Liberties Union, 1997）。青少年的《第一修正案》言論權利為原本就頗為複雜的法學理論增添了幾重複雜性和多變性。

對青少年採取的法律方式所產生的結果，說明缺乏明確規則且結果難以預測，但前述差異揭示了一些貫穿於我們對青少年《第一修正案》言論權法理分析過程中的整體原則。一是，聯邦最高法院認為，政府有權審查青少年可獲得的資料。由於政府保留制定兒童保護審查制度的權力，儘管政府權力不能禁止成年人接觸某些言論，但可以禁止未成年人接觸。二是，最高法院認為，未成年人擁有偶爾會超越政府審查利益的言論自由權。三是，最高法院承認，當政府審查無意間阻止成年人接觸言論的機會或侵害到父母權利時，旨在保護未成年人的審查就引發了嚴重的憲法問題。這樣一來，兩股強大的制衡力量就會反對限制青少年對某些言論的權利：青少年自身的權利和成年人的權利。這些潛在的衝突性權利和利益使得涉及青少年《第一修正案》言論自由的主張仍然相當複雜，幾乎無可避免地存在激烈的爭論。

法律對待青少年言論自由權的差異性顯示：無論是以青少年自我表達的方式還是獲取他人表達的方式，法律制度關於青少年權利和成人權利的規制態度是何等不同。這一區分對待並非《第一修正案》所獨有，其根源深植於法律對青少年權利的假定構想方式。僅僅基於青少年的特殊

脆弱性、其在社會中的定位以及成年人所希望建構的社會類型，法律便賦予了青少年的特殊地位。這一地位意味著：在許多方面，法律認為青少年通常沒有能力支配他們自己的權利，在此意義上，法律體系並不將青少年視為完全意義上擁有憲法權利的主體。在法律對青少年能力及其社會地位的概念中，青少年的《第一修正案》自由也不例外。

青少年自身權利在涉及言論自由法學時具有內在複雜性，且人們不斷抱怨這一法律領域缺乏明晰性和可預測性，但我們仍然能夠說明，在保護青少年免於有害言論或不當政府審查方面政府可以採取哪些舉措，又該避免哪些行為。為了達成這一目的，我們首先來探究允許基於兒童保護進行審查的法學觀點；然後探究青少年自身的自我表達權利；最後再來審視青少年在多大程度上有權獲取某些形式的資訊。這一領域的許多方面仍處於嘗試階段，因需要努力適應快速的社會變化而面臨重大挑戰，所以我們的討論必然會涉及多個方面。儘管現有理論仍不完善，但它還是給出了一些重要結論，有助於我們設想如何透過各種方式解決青少年的言論自由權利問題，並引導他們應對多樣化的資訊環境。為了努力了解青少年的言論自由權利，我們有必要分析，法律上如何處理因未成年人的保護需求和促進其健康發展而產生的矛盾。

保護青少年免於有害言論

許多法律專門旨在保護青少年免受傷害。這些規制「對未成年人有害行為」的法律範圍很廣泛。最為突出的是，它們的存在為我們保護兒童免受虐待的大規模保護體系提供了正當性，甚至為少年司法制度提供了基本依據，該制度旨在保護未成年人，使其免於因問題行為而遭受懲罰所帶來的傷害 (Levesque, 2002a)。在言論自由的框架下，保護未成年人免受有害言論的最著名、最公認和爭議最小的法律，當屬那些禁止製

作、銷售和持有兒童色情製品的法律。我們在前一章中已經看到支持審查每個人免於被認為是淫穢材料之害的關鍵理由。然而，更難規制的是那些對成年人來說不雅但對未成年人來說屬於淫穢的材料，這些材料是「對未成年人有害」的一大類法律的典範。對這些資料的審查具有很大意義，它們揭示了一個根本的矛盾：如何在保護未成年人的同時又不會侵害成年人的權利以及青少年自身的權利。這一矛盾表現了對青少年《第一修正案》權利所能施加的限制。

兒童保護理論的發展和影響範圍

從司法判例角度看，政府對未成年人有害材料的審查權力源於一個具有基石意義的兒童保護案例，相關案例阻止了父母控制子女成長的權利的擴張。在「普林斯訴麻薩諸塞州案」（Prince v. Massachusetts, 1944）中，一個9歲女孩的法定監護人（代其父母行使權利的姨媽）允許她到街上散發宗教宣傳手冊。由於那些散發宣傳手冊的人接受了捐贈，該監護人因違反童工法而被定罪。上訴到聯邦最高法院後，最高法院藉此機會首次認定，政府擁有「保護兒童免受有害言論的重大迫切利益」（Prince v. Massachusetts, 1944, p. 160）。最高法院專門為未成年人創設了一個例外規則，因為「國家對兒童活動的管轄權比對成年人的類似活動的管轄權更為寬泛」（p. 168）。法院宣稱：「保護兒童免遭虐待並獲得成長為自由而獨立、全面發展的人和公民的機會，這符合青少年自身的利益，也符合整個社會的利益」（p.165）。與之前的判例不同，該案確認了國家促進青少年健康發展的意義，這不僅僅對於個人自身也對市民社會意義重大。

「普林斯案」遠不僅強調最高法院對各州政府在兒童保護（包括保護其免於有害言論）方面所發揮作用的重視。法院闡明了如此判決的理

7 青少年的言論自由權

由,並強調了相關理由的局限性。因此,雖然「普林斯案」法院承認在父母失職或需要額外幫助時政府的作用,但仍強調父母對兒童成長扮演著核心性角色,政府不應隨意篡奪此種權利。法院告誡,不應賦予政府太多的權力而限制父母的權利。它強調:「在根本上,對孩子的監護、照顧和養育首先歸於父母,父母的主要職責和自由包括為孩子履行政府無法提供幫助也不應加以阻礙的義務做好準備」(Prince v. Massachusetts, 1944, p. 166)。此外,法院和評論者們所普遍忽視的一點是,最高法院強調,這一保護的必要性在於為孩子提供「成長為自由、獨立而全面發展的人和公民的機會」(p.165)。根據「普林斯案」的判決,父母和政府共同承擔培養、塑造青少年發展的責任,但在預設的情況下父母仍保留主導權。

在1968年的開創性判決「金斯伯格訴紐約案」(Ginsberg v. New York, 1968)中,法院重新審視兒童保護法理學,並在審查制度的背景下正視這一問題。該案維持了對一名紐約書商的定罪,其將「女性色情雜誌」銷售給未成年人。儘管對成年人來說,這些雜誌作為一種言論受到完全的保護,但法院判定州政府可以禁止將它們提供給未成年人。法院對「淫穢」採用了一個不同的定義標準,認為禁止向未成年人出售視為屬於淫穢的材料是被允許的。跟「普林斯案」一樣,該案認可政府透過推進兩種不同的利益,為制定一項根據接收者的未成年身分界定何為「淫穢」內容的規則提供正當理由。法院指出,它一直承認父母在家庭內指導撫養孩子的權利的主張,並承認立法機構有能力支持父母努力履行對其子女健康成長所承載的責任。儘管父母的權利至高無上,法院強調了政府自身對青少年健康成長的獨立利益。這一利益賦予了政府控制兒童行為的權力,該權力超出了政府對成年人的權力範圍。正是這一權力,再加上幫助父母履行職責的權力,使得政府有權禁止向未成年人出售可能有

第二部分 《第一修正案》中的言論：法律基礎

害於其「倫理和道德發展」的色情材料（Ginsberg v. New York, 1968, pp. 640-41）。

遺憾的是，「金斯伯格案」中法院未能解釋青少年與成年人究竟有何不同。法院確實推斷，父母對未成年人的管控以及未成年人特有的脆弱性使得未成年人的《第一修正案》權利不像成年人那麼有說服力，但並未提供任何證據分析來支持這一推斷。法院只是駁回了一個觀點，即試圖對此類損害予以規制的州，必須能用「科學的」證據證明相關損害的存在。相反，法院認為，只要「立法機關對接觸該法律規定所禁止的材料對未成年人有害的認定並非不合理」，法院就會支持這一規定（Ginsberg v. New York, 1968, pp. 640-41）。「金斯伯格案」因此確立政府保護兒童免受因接觸性言論造成「損害」（無論是聲稱的還是實際存在的損害）的權力，並承認各州在此方面的利益雙重性。這樣，「金斯伯格案」只是假定兒童不同於成年人，這些差別為加強言論規制提供了正當性。法院並沒有考慮青少年能力和需求方面的廣泛差異性，就直接得出未成年人發育尚未成熟、比成年人更易於受到損害這一結論。

法院繼續援引「普林斯案」和「金斯伯格案」的結論，確認和證明兒童保護審查制度的正當性，以支持兒童保護審查權的合憲性。然而，法院尚未積極探索在言論自由方面青少年為何不同於成年人。的確，這一法學領域除了在不雅、涉及性的言論方面，尚未對成年人與未成年人的差異進行其他方面的探討。要想理解將未成年人予以區別對待的理由，需要轉向另外一個憲法背景，即「金斯伯格案」十年之後法院在「貝洛蒂訴貝爾德案」（Bellotti v. Baird, 1979）案中的立場。「貝洛蒂案」涉及到一個未成年人未經父母同意而墮胎的權利。在這個具有開創性的案例中，法院認為：未成年人「並非不受憲法的保護」，但其憲法權利「不能和成年人的權利等同」（Bellotti v. Baird, 1979, pp. 633-34）。為了解釋這

一差別性對待，法院強調了將未成年人和成年人相區分的三個特徵：「兒童特有的脆弱性；兒童沒有能力以知情或明智、成熟的方式作出重大決定；在兒童養育中父母發揮著重大作用」(p. 634)。法院以限制性的方式就每個特徵作了詳盡闡述。法院指出，「特有的脆弱性」指的是未成年人對「關心⋯⋯同情，以及⋯⋯父母關注」的特別需求 (p. 635)。兒童沒有能力以知情、成熟的方式作出重大決定，反映了他們缺乏「辨識和避免對其不利選擇的經驗、洞察力和判斷力」(p. 635)。父母角色的重要性使得其對未成年人的自由予以限制具有正當性，因為，父母的指導「對於一個年輕人成長為成熟、具有社會責任感的公民是必不可少的」(p. 638)。此種三管齊下的問題分析思路在不同的語境下被廣泛運用，以決定未成年人應否被當作兒童對待而受到特別保護，尤其在近期的死刑案件中表現得最為突出 (Roper v. Simmons, 2005)。同樣重要卻常被忽視的是，法院會使用同樣的問題分析思路來判定未成年人尤其是成熟的未成年人應否獲得和成年人一樣的權利和保護，而非受到兒童所享有的特定保護。這事實上就是「貝洛蒂案」的判決：如果未成年人能夠證明自己具有足夠的成熟度，那麼他們就有權支配自己的權利，而不是由成年人來決定他們能否行使其基本權利。

　　用於判定將未成年人作為兒童還是成年人對待的因素，揭示了法律制度允許兒童保護審查的原因。這些因素當然也揭示了為何一些未成年人不應當被作為兒童對待。未成年人的「特別脆弱性」可能意味著，如果他們因情感或智力上不成熟而更易受到傷害的話，就需要政府保護其免受某些言論的傷害。未成年人「以知情、成熟的方式做出重大決定」的相關能力意味著，如果未成年人不能負責地評估危險思想的話，政府就應當限制他們接觸這些思想。「父母作用在養育子女中的重要性」意味著，父母可能需要政府審查制度的協助，以履行其養育孩子的責任。這些因

第二部分　《第一修正案》中的言論：法律基礎

素結合在一切就有了支持兒童保護審查制度的有力理由。並不令人奇怪的是，這些理論在「金斯伯格案」（1968, p. 639）中存在相似之處，即：政府「在保障青少年福祉方面具有獨立的利益」，而父母有權獲得「旨在幫助履行子女養育責任的法律的支持」。因此，當政府對保護未成年人免於言論的傷害具有獨立利益，以及對幫助父母履行其撫養責任方面也具有衍生利益時，政府便可以透過阻止兒童接觸父母不希望他們看到的材料來進一步實現這一利益，法院就會允許對未成年人區別對待。

儘管法院常常提及國家利益和父母利益，將其視為允許法律對青少年接觸的材料實施審查的兩個獨立理由，對這些理由的實際應用顯示了某種假定的一致性。我們已經看到，「金斯伯格案」甚至不要求州政府提供實證證據以證明色情材料對兒童帶來損害。法院允許立法者基於通常的文化認知來假定存在這一損害。例如，法院注意到大多數父母不想讓自己的孩子看到這些出版品，相應地，立法機構希望對這些父母提供幫助是合理的。當法院提及該州在青少年福祉方面的獨立利益時，並沒有具體說明州政府預防的是何種傷害，並且其引用最富有深度的觀點認為：

「閱讀色情內容本身不太可能造成傷害，但允許閱讀色情內容則可能具有破壞性，兩者之間存在區別。如果孩子知道所閱讀內容是色情的，即不被認可的內容，那麼他就會受到保護。這些內容超出了父母標準，而且並非孩子自我認知過程的一部分。公開許可意味著父母同意甚至誘導性地鼓勵。如果父母的認可如此，意味著社會的認可也會如此——這是對自我發展的另外一個影響。」（Ginsberg v. New York, 1968, p. 642 n.10）

正如法院對相關資料的援引所顯示的那樣，法院本質上認為色情材料本身不會對年輕讀者帶來傷害，相關傷害源於特定語境下提供的材料。在這一情境下，讀者察覺不到道德規範是錯誤的。法律禁止將色情

材料出售給兒童,更多的是為了維護道德立場,而非使得這些東西遠離兒童。否則,父母再也不能自由地為他們的孩子購買此類材料。這一情形下,法律關心的是道德上的傷害,而非不良行為的誘因。道德上的傷害來源於國家未能支持父母的不贊成態度,以及未能堅定地表達它自身的不贊成態度。

我們已經看到,對道德傷害的關注並不利於進行實證評估,法院賦予父母的權利強化了這一觀點的重要性。「金斯伯格案」賦予父母一項權利,如果他們願意,就無須與思想市場爭奪對孩子的影響力。這一觀念不是稍縱即逝的。父母在控制其子女思想市場中的作用問題在「威斯康辛州訴約德案」(Wisconsin v. Yoder, 1972)中被再次提及,相關分歧也獲得徹底解決。「約德案」涉及艾美許父母決定子女念完八年級後退學的權利。艾美許父母的核心訴求中包括了一種擔心,即「高中往往強調智力和科學成就、自我區別、競爭、世俗的成功以及與其他學生社交」,而這些都與艾美許本人的價值觀相悖(Wisconsin v. Yoder, 1972, p. 211)。法院作出了有利於父母的判決,甚至沒有考慮青少年就該問題表達自己觀點的權利。更引人注目的是,法院明確支持父母,是因為子女已經到了青春期容易受到主流思想的影響。「約德案」由此確立一個普遍性原則:父母有許可權制孩子接觸某些思想,即使這些思想是社會透過龐大體系灌輸並被認為有助於個人和公民正常發展的。透過預設和國家支持,憲法理論確保父母擁有完全的權利來決定影響孩子生活的資訊環境。

兒童保護理論的局限性

上述一系列案例給出了極為廣泛的裁決和相當程度上不會遭受實證方面質疑的全面理由。但就《第一修正案》而言,新興的理論至少揭示了以兒童保護為名義對青少年實施廣泛控制的兩大局限性。「金斯伯格案」

第二部分　《第一修正案》中的言論：法律基礎

及其後續案例再次說明了此點。第一個局限性源於這樣的一個事實,「金斯伯格案」僅涉及禁止向未成年人販賣對其而言在憲法上不受保護的言論內容，並未涉及成年人獲取受保護言論的任何限制。對成年人的限制往往引發不同的結果。譬如在 1957 年，最高法院在「巴特勒訴密西根州案」(Butler v. Michigan, 1957, p. 383) 中判定，州政府不得絕對禁止出售可能傷害兒童的「淫穢」材料，因為其不可能「將成年人群體的閱讀範圍限縮到只閱讀適合兒童的讀物」。現代猥褻案件和保護兒童免於有害思想的案件越來越多地涉及成年人的權利，這一區分具有重要意義。第二個局限性涉及法院的審查標準。由於「金斯伯格案」的限制沒有侵害到成年人的權利，支持審查的法律分析並未涉及現代規則框架內的嚴格審查的適用或者在任何程度上強化這一審查。相反，由於該案將受限制的言論置於「淫穢／不受保護的言論」的類別，當法院指出立法機構並未以一種「不合理」的方式行為時，它本質上適用了一種理性審查標準而非嚴格審查標準 (Ginsberg v. New York, 1968, p. 641)。這些常常被忽視的「金斯伯格案」判決的特徵——低審查標準和高度尊重成年人權利——顯示了兒童保護理論的局限性。

　　金斯伯格案所展現的這些局限性的意義，很快就在近期大量涉及更多現代通訊傳媒（尤其是有線電視和網路）中以兒童保護的名義對性言論進行限制的案件中突顯出來。這些案件顯示，法院一般會毫無疑問地接受政府所聲稱的兒童保護的理由。然而，如今法院密切關注的問題是，受到挑戰的規定是否被「嚴格裁量」，這是適用於受保護言論的嚴格審查的必要部分。在「丹佛地區教育電信聯盟訴聯邦通訊委員會案」(Denver Area Educational Telecommunications Consortium v. FCC, 1996) 中，法院面臨對某個國會法案的挑戰，該規定對租用接入和公共接入有線電視頻道上不雅材料的傳輸施加了各種限制。沒有任何一個法院的法官對政府

在保護兒童利益方面的力度和合法性提出嚴重質疑。法院的內部分歧所圍繞的中心問題是，調整和界定合適的審查標準以及確定有線營運商憲法權利的性質。最終，法院推翻了三項限制中的兩項，它駁回了審查言論的企圖，僅支持有線營運商禁止播放冒犯性節目的權利。

同樣，法院在「雷諾訴美國公民自由聯盟案」（Reno v. American Civil Liberties Union, 1997）中推翻了《通訊規範法》（CDA），該法案是一項聯邦法，其有效禁止在網路上傳輸和張貼針對未成年人或向未成年人提供的不雅言論。再次，法院毫無疑問地認為政府擁有「保護兒童免遭有害材料危害的利益」（Reno v. American Civil Liberties Union, 1997, p. 875），但也發現《通訊規範法》的適用範圍並未被嚴格限縮。法院認為該法規未能將其限制範圍嚴格限定於受保護言論，最有說服力的例子是父母向青春期子女提供資訊的權利：

「根據《通訊規範法》的規定，一位家長允許其17歲的孩子使用家庭電腦來獲取她根據自己的判斷認為合適的網路資訊，可能會面臨長期監禁……相似地，一個家長透過電子郵件向其作為大學新生的17歲的孩子發送避孕資訊，也可能會被監禁。」（Reno v. American Civil Liberties Union, 1997, p. 878）

這些案件很好地說明，幾乎無人懷疑國家在保護未成年人方面的利益。然而，當法院追求一種更高級別的審查且必須考慮成年人的權利時，這一利益就可能讓位於其他關切。

正如「金斯伯格案」式的審查理由在對限制成年人權利審查時所呈現的局限性那樣，它們不足以支持審查除了性不雅資料以外的其他資料。一些例子可以說明近期的立法和司法活動，以及法律制度在多大程度上抵制以保護未成年人免受傷害為名的審查行為。第一個令人矚目的例子涉及對暴力性電子遊戲的擔憂，這一擔憂在一系列青少年殺人事件發生

第二部分　《第一修正案》中的言論：法律基礎

後更加強烈。儘管擔憂廣泛存在，但隨後限制未成年人接觸暴力遊戲的努力顯然是不成功的。最近，兩個巡迴上訴法院得出了相同的結論，對限制接觸暴力電子遊戲的試圖予以駁回。重要的是，其中一個有重要影響力的法院認為，如果孩子們是在「知識泡沫」中成長，他們將無法為成年做好準備，並且將暴力性電子遊戲視為「經典文學和藝術」（American Amusement Machine Association v. Kendrick, 2001, pp. 573, 575, 557, 558）。另一個法院則宣布禁止向未成年人出售暴力電子遊戲的某項法令無效，認為現代技術「增強了玩家的控制權」這一點無關緊要，並評論道，「文學最成功之處在於它『將讀者帶入故事⋯⋯令讀者對故事的角色產生共鳴」（Interactive Digital Software Association v. St. Louis County, 2003, p. 957）。正如法院譴責限制接觸暴力電子遊戲的立法努力那樣，法院也拒絕讓電子遊戲經銷商和製造商為了兜售據稱會造成傷害的暴力內容承擔責任。法院認為，《第一修正案》禁止私人當事人試圖對電子遊戲產業施加侵權責任的努力（例如，參見 James v. Meow Media, Inc., 2002; Wilson v. Midway Games, Inc., 2002; Sanders v. Acclaim Entertainment, Inc., 2002）。與暴力傳媒有關的損害不足以支持限制青少年自身的權利，而正如我們所見，青少年的該種權利往往只能得到非常有限的保護。

　　法律制度以兒童保護為名抵制審查的第二個令人矚目的例子，來自對大量試圖限制暴力和不雅電視節目的聯邦立法的回應。早期的案例提供了相當大的支持，但現在隨著情況的變化，法院對監管機構的關注也大不如從前。我們在前章中看到，法院長期以來支持聯邦通訊委員會擁有規制廣播電視中不雅內容的權力。聯邦最高法院關於規制廣播電視中不雅內容的里程碑式判決為「聯邦通訊委員會訴太平洋基金會案」（FCC v. Pacifica Foundation, 1978），法院維持了聯邦通訊委員會對太平洋基金會播放喬治·卡林的《髒話》獨白的處罰。法院認為，儘管《第一修正案》

7　青少年的言論自由權

保護非淫穢言論,但聯邦通訊委員會有權規制雖然「不雅」但不「淫穢」的廣播內容。法院基於兩個原則給出了判決理由:一是,廣播傳媒在所有美國人的生活中無處不在,不僅在公共場所也深入家庭私密空間;二是,廣播對兒童來說觸手可得,鑒於這種獨特的易接觸性,對不雅廣播實施特別限制是合理的,因為某些形式的受保護言論仍可能不應讓兒童接觸。因此,儘管最高法院此前有保護這些形式的言論的先例,「太平洋基金會案」的先例使得聯邦通訊委員會能夠對廣播內容予以規制。

然而,聯邦通訊委員會這一潛在擴張作用在其他情形下受到很大限制。廣播內容受《第一修正案》保護的程度較低,這便會允許對其施以更多限制。這一保護程度的降低源於廣播媒體的獨有特徵,並不必然適用於其他的媒體形式。特別是,國會曾試圖透過對有線電視的嚴格規制來應對傳媒中不雅內容的增多。這些新舉措中的一個典型例子是一項旨在保護兒童免受「訊號洩漏」危害的法律。「訊號洩漏」指的是,在加密有線電視頻道中,未經加密狀態下短暫出現不適宜的影像和聲音的情況。在「美國訴花花公子娛樂集團公司案」(United States v. Playboy Entertainment Group, Inc., 2000)案中,法院判定這一法律違憲。該案中,成人娛樂公司對部分立法內容提出了挑戰,該立法要求有線電視公司對含有性內容的節目進行完全加密或將其播放時間限定於兒童不可能觀看電視的晚上 10 點到次日凌晨 6 點之間。國會原本希望這一「完全加密」要求能夠解決「訊號洩漏」問題。法院認為,這些要求能夠有效阻斷訊號,但由於存在一種有效且限制較小的替代性方案,即家庭可以直接訂購訊號封鎖服務,這些要求侵犯了《第一修正案》權利。這些有針對性的封鎖措施使得政府可以支持父母的監管權,而無須否定成年人言論者以及有收聽意願的人的《第一修正案》權利。既然存在替代性方案以實現立法目標,法院便推翻了這一法律規定。法院發現,這一法律規定並未被「嚴格裁

第二部分　《第一修正案》中的言論：法律基礎

量」以促進父母控制其子女透過「訊號洩漏」獲取性影像或聲音這一公認的迫切目標。因此，該案表示，在涉及到成年人的權利且父母能自主保護孩子的情況下，國家在保護兒童方面的舉措受到嚴格限制。這一情況也極為重要地揭示了法院在多大程度上可能願意摒棄「父母企圖限制孩子的思想市場」這一假設，所有一切都最終保護青少年免於政府審查。

「金斯伯格案」所宣稱的兒童保護理論也促生了一系列旨在規制網路的聯邦法律。儘管兒童保護需求具有說服力，這些聯邦法仍遭受了很多法律挑戰，即往往發現那些基於兒童保護需求的理由不足以支持扼殺成年人的權利。國會對這一領域的首次重大涉足是1996年的《通訊規範法》（2000），該法對向未成年人展示和分發「不雅」材料的行為進行規制。這一法案被聯邦最高法院判定無效，理由是它的條款模糊，而且沒能使用限制最小的方式來實現政府的目的（Reno v. ACLU, 1997）。兩年以後，國會制定了一部更為審慎的立法，即兒童線上保護法案（COPA, 2000）。儘管如此，某一下級法院禁止該法的實施，而且其主張得到了聯邦最高法院的確認（Ashcroft v. ACLU, 2004）。聯邦最高法院重申，批准此種禁令的初審法院必須能認定原告很可能就其訴求勝訴，並認為原告已經達到了合適的標準。多數意見所關注的是，這項法令可能會為一些受保護的成年人言論帶來負擔。法院認為，在進行全面審判之前維持禁令很重要，因為根據《兒童線上保護法》對網際網路材料傳播者進行起訴，可能會壓制受保護的言論，從而造成潛在的危害。法院在發回案件重審時指出：政府有可能（雖然可能性不大）履行其職責，證明《兒童線上保護法》是國會實現保護兒童免受網路有害內容危害這一目標所必要的。

重要的是，「金斯伯格案」相關兒童保護方式存在的局限性，並不意味著法律制度不能動用財政手段來約束言論。實際上，國會透過《兒

童網際網路保護法》（*CIPA*）獲得了少許成功。該法案規定，對未能在其公共電腦上安裝過濾軟體的公共圖書館不予提供聯邦資金。但這一規則依賴於這樣一個結論，即該限制是對國會開支權力的有效行使。透過在「美國訴美國圖書館協會案」（United States v. American Library Association, 2003）對《兒童網際網路保護法》的支持，法院承認國會擁有為獲取聯邦資金附加合理條件的自由裁量權，只要這些條件並未侵犯憲法權利。這一標準得到了滿足，因為圖書館原本就可以自行採用過濾軟件而不會牽涉到憲法《第一修正案》問題；而且，鑒於圖書館可為成年讀者關閉過濾功能，此種過濾軟體並沒有阻止成年顧客訪問受到憲法保護的言論，也沒有侵犯圖書館的《第一修正案》權利。多數大法官拒絕適用更為嚴格的司法審查標準，認為既然圖書館能夠在不予以嚴格審查的情況下將色情印刷品排除在館藏之外，那麼也應該能夠封鎖網路色情內容。正如我們在前述章節中所見，這些對抗政府審查權力限制的方法越來越重要，但一般原則仍認為：法律制度將更密切地審視那些對被認為有害於未成年人的資料的審查措施，特別是當那些措施可能會侵害成年人的權利時。

保護青少年的言論權

我們已經看到，言論自由保護背後的一項代表性原則強調必須允許思想的自由交流，即使那些思想或許令絕大多數人反感或不適。這一信念在於：此種自由有助於人的個性發展、多樣性受到尊重，並為個人參與民主社會做好準備。因此，《第一修正案》通常不允許各州禁止傳播大多數人認為是引發惡果的虛假資訊。不出所料，青少年多大程度上從這一保護中獲益，會因具體情境和言論形式的不同而有所差異。本節的研究對象是：最高法院在司法審查中所涉及到的未成年人權利。相關案件

第二部分 《第一修正案》中的言論：法律基礎

儘管較為零散，但已經圍繞宗教、政治、性和種族等問題進行了廣泛的分析。需要承認的是，這些領域並沒有完全涵蓋解決青少年審查問題的關鍵部分，也往往不能直接解決青少年的媒體權利問題。然而，法律規則由類比和先例共同作用而生，如果我們要想展望青少年的權利並思考法律應如何保護青少年自由的話，理解這一系列判例就很重要。法律如何對待青少年的資訊環境，決定著它如何看待青少年對媒體的使用。從其對青少年與其所處社交世界的關係的潛在影響來看，青少年的言論權利明顯觸及了青少年身分認同發展的核心，這一點在媒體權利分析中常常被忽略。總之，這些案例讓我們了解到判例法在多大程度上保護青少年免受審查，在更深層意義上，承認他們的人格和促進他們的發展——這便是我們將要在後續章節中探討的媒體和資訊權利的核心問題。

政治表達

法院明確地將青少年納入其受到憲法相當程度保護的政治表達框架下。解決青少年政治表達問題的代表性判例是1969年的「廷克訴第蒙獨立社區學區案」（Tinker v. Des Moines Independent Community School District），它有力地確認了青少年確實享有憲法《第一修正案》權利，即使是在權威政府機構中也不會喪失該權利。在「廷克案」中，包括一名13歲、一名15歲和一名16歲學生在內的一些學生，佩戴黑色臂章抗議美國參與越戰。第蒙學區的學校官員因擔心可能發生衝突和混亂，要求那些學生不得在學校佩戴臂章。當學生們表示拒絕時，學校對其予以停課，並告訴他們如果遵守校長命令的話就可以返校。聯邦最高法院並未支持學校官員的做法，而是支持學生以和平的方式表達其政治觀點的權利。法院認為：佩戴臂章表達觀點構成了一種和「純粹言論」密切相關的象徵性行為，因此明確受到憲法《第一修正案》的保護。法院的著名論

7 青少年的言論自由權

述是:「學生或老師不會在校門口就喪失他們的憲法保護的言論自由權利」(Tinker v. Des Moines Independent Community School District, 1969, p. 506)。州政府機構不能僅僅因為青少年處於其管理之中就免於憲法審查。需要強調但常常被忽略的是,法院判定「青少年的憲法權利不會因跨過學校門檻而消失」,這實際確認了青少年在走出公立學校時可能擁有更為強大的權利。

儘管「廷克案」最被銘記的或許是其對學生言論自由的有力支持,這一判決的含義遠不止如此。法院不僅僅強調有必要限制學校官員對學生的政治言論(甚至是以黑臂章形式表現的象徵性言論)的自由裁量權。法院在解釋其判決時強調:顯然,學校似乎只是試圖禁止佩戴象徵反對越戰的臂章,而不禁止其他政治上存在爭議的象徵物。法院認為,對某種特定觀點表達的禁止是憲法上所不允許的,至少在缺乏有力的證據證明其必要性時如此。表面看來,法院為學校官員設定了一個高標準,如果學校希望限制學生表達其政治信仰的話就要遵循這一標準。學校官員試圖以擔心佩戴黑臂章會引發騷亂為由進行抗辯,但法院駁回了這一抗辯。法院承認,無論在課堂內還是課堂外,校內發表的言論可能會擾亂學校的正常秩序。但其仍堅持認為,是憲法要求學校承擔這一風險;只有在發現學生的言論「嚴重且實質性地」妨礙了學校工作、學校紀律或學校社團其他人的權利時,學校官員才可以對這一言論審查(Tinker v. Des Moines Independent Community School District, 1969, p. 509)。法院強調,某種「無差別的恐懼或對騷亂的擔心」不足以壓倒表達自由的權利,懲罰可能不能僅僅是為了「避免某個不受歡迎的觀點帶來不適和不快」(p. 508)。

當然,「廷克案」對青少年憲法權利的有力認可具有重大意義,但其重要性源於支持限制國家審查政治表達的權力的理由。最高法院從國家

第二部分　《第一修正案》中的言論：法律基礎

將青少年培養成為負責的公民這一作用出發設立了限制性框架。法院指出：我們的政府不能將青少年塑造為「僅接收國家選擇傳達的內容的封閉接受者」，青少年「不能限於官方所認可的觀點的表達」，政府不應將學校經營成「培養同質化民眾」的場所（Tinker v. Des Moines Independent Community School District, 1969, p. 511）。在進一步解釋學校不能審查「某些」而並非其他政治上有爭議的象徵物時，法院強調了對不同觀點保持開放性的必要性，因為它把學生的抗議和公民批評模式連繫起來。法院認為，就是這種對不同觀點的開放態度，「成為我們國家的力量，也造就了在這個相對寬容、常常充滿爭議的社會中成長和生活的美國人的獨立精神與活力」（pp. 508-09）。正如法院所指出的那樣，「教育委員會正在教育年輕人成長為公民，這是精心維護個人憲法自由的原因，否則我們就是在扼殺自由思想的泉源和教導年輕人將我們政府的重要原則視為陳詞濫調」（p. 507）。法院的結論是：對憲法自由的謹慎保護，沒有比在美國學校這樣的社區更為重要的地方了（p. 512）。這一觀點將教室當作培育「思想市場」的首選場所。一些案件認為，阻止主張暴力推翻政府的學校員工被任命或留用的做法是違憲的，一個國家的未來取決於透過廣泛接觸激烈的思想交流來培養領導者，因為「真理源自眾多的聲音，而非任何形式的權威選擇」（p. 512，援引自 Keyishian v. Bd. of Regents, 1967, p. 603）。法院以多樣化、個人發展和民主國家建設為名，有力支持了保護青少年言論表達權利的必要性。

對有關青少年表達自由的「廷克案」處理方式的豐富解讀，強調了學生言論所涉及的民主價值，並要求政府對加重言論活動負擔的行為提供充分理由。「廷克案」對「《第一修正案》賦予學生言論活動以有力保護」這一命題提供了強而有力的支持。多數意見強調學生言論的重要性、限制學校權力和司法審查的必要性。法院將保護言論自由作為教育學生了

7　青少年的言論自由權

解憲法基本前提的關鍵部分，而非在概念上將保護學生的表達和學校的使命相對立。然而，將青少年的言論自由權利（尤其是在學校內）與公民參與以及為多元社會生活做準備連繫起來，並非意味著青少年能夠在教育機構內外完全享有自由表達的權利。的確，「廷克案」可能對青少年權利給予了廣泛的保護，但法院對「廷克案」的原則未必會一概從寬適用。

「廷克案」也許會成為保護學生《第一修正案》憲法權利和界定青少年政治權利的最重要判例之一，但即使是「廷克案」判決本身也指出了對青少年權利的關鍵限制。如我們在本章即將看到的那樣，當聯邦最高法院後來援引「廷克案」限縮青少年的《第一修正案》自由時，這些限制更為明顯。「廷克案」判決顯示，考慮到學校的教育使命，法院適用一種檢驗標準將學生和那些在大街上的人擁有的言論權利區分開來。在本質上，法院確立了一種審查標準，旨在將學生的《第一修正案》權利和學校官員維持有序學校環境的需求相平衡。法院強調，學校只有在證明學生言論「實質性地干擾了學校工作或侵犯了其他學生權利時」才能對這一言論實施懲戒（Tinker v. Des Moines Independent Community School District, 1969, p. 509）。因此，法院在擴張學生的《第一修正案》權利的同時，相應地限縮了其判決的適用範圍，強調必須確認「各州政府和學校官員在符合基本憲法保障的前提下，擁有規定和控制校內行為的廣泛權力」的必要性（p. 507）。根據這一觀點，法院在決定何時需要禁止或懲罰表達時，應當尊重學校官員的專業性和權威性。對廣泛權力的關注反映了這樣一種根深蒂固的觀念，即成年人和政府官員在決定青少年自由的程度方面占據了最佳位置。

從自由精神和民主理想的層面理解，「廷克案」顯然並非意在賦予學校官員不受約束的自由裁量權，以努力調和學生的言論權利與學校對這些權利的限制權力之間的衝突，但「廷克案」規則的適用的確賦予了學校

第二部分　《第一修正案》中的言論：法律基礎

相當大的權力。「廷克案」認為，學校官員現在必須將學生言論和學校秩序的擾亂連繫在一起，因此終結了長期以來所確立的一項原則，即學校官員的良好判斷力足以證明其行為的正當性。如今，對學校規則的質疑為行政部門帶來了負擔，要求其規範學生行為時給出憲法上的充分理由。然而，在判定學校官員對發生擾亂情況的「預測」是否合理時，「廷克案」僅僅要求法院查明他們對潛在騷亂的預測並非不合理。當學校的管理規定發揮事先限制作用而排除了預期騷亂的發生時，法院難以查明學校管理層的過錯。在「廷克案」中，州政府（此情形下為公立學校）只須證明規制具有「合法」利益，而非此類情形下必須證明的「重大」利益。

「廷克案」及其後續案件可能恰當地了解到，學生在校內的《第一修正案》權利受到某種程度上的限制，法院區分了發生在校外的言論表達和校門之內的言論表達。法院在界定校內青少年的權利時所揭示的基本要點是：青少年在校外的政治表達應受到保護，因為法院宣稱他們的憲法權利不因其身處政府管理下的學校而喪失。事實上，法院並未正確解決他們在非監管、公共環境中的政治表達權問題。顯然，對成年人言論自由的限制同樣適用，但青少年是否因其未成年的狀態而擁有特殊的權利，在聯邦最高法院層面上仍是未知且未經檢驗的。青少年的校外權利也許看起來很強大，但從言論的其他形式來看，憲法允許許多限制的存在。這些限制之所以被允許，是因為未成年人不同於成年人，但又在某些方面和成年人極為相似。這些限制在我們將要研究的幾種表達中最為明顯。

性表達

性表達是旨在解決青少年不當表達問題的法學理論中最具爭議性的話題之一。就青少年權利的其他領域而言，我們發現存在諸多限制，且這些限制因其所在語境的差異而表現為不同的形式。言論表達所處的不

7 青少年的言論自由權

同語境——諸如公共言論和監管環境下的言論（主要指教育機構）導向了不同的分析結果，但它們在法律對言論表達的規範方式上呈現出驚人的相似結果。的確，這一領域的法律往往將青少年視為事實上的兒童，這給予成年人對青少年的性表達以相當大的控制權。

我們已經看到，兒童色情內容幾乎不受《第一修正案》的保護。與成年人相比，青少年的行為顯然不能被認定為淫穢，甚至不應表達對成年人來說屬於不雅的內容。我們已經探討過這一領域的典型案例，即解決了社會在多大程度上可以抵制對未成年人有害的材料的「紐約州訴費伯案」（New York v. Ferber, 1982）。然而，該案也無意間涉及到未成年人表達其性相關內容的權利問題。「費伯案」不僅認為社會可能限制有害於未成年人的材料，而且主張社會「必須」限制源於未成年人的材料。事實上，正是因為未成年人參與了此類材料的製作，才為法院提供了限制相關表達的最有力的根據。「費伯案」法院很清楚地將兒童色情內容的例外情形與「米勒訴加州案」（Miller v. California, 1973）所宣稱的淫穢標準區分開來。「米勒案」所設定的標準並未反映出州政府具有特別的、更迫切的利益來起訴那些推動對兒童進行性剝削的人。同時，「費伯案」的例外和「米勒案」的要求不同，它不要求存在淫穢興趣和明顯冒犯性的材料，也不要求從整體上考量所涉材料。「費伯案」開創例外的目的是防止以商業為目的對從事性行為的兒童進行虐待。事實上，「費伯案」重申，當言論既不淫穢也不是性虐待的產物時，它就仍處於《第一修正案》的保護範圍內。最高法院駁回一項禁止「虛擬」兒童色情內容（將成年人描繪成兒童）的聯邦法律時（Ashcroft v. Free Speech Coalition, 2002）再次肯定了這一觀點。這些案例重申，言論也許不會僅僅因為其涉及冒犯我們情感的話題而被禁止，但涉及未成年人表達的冒犯性言論會受到限制。總之，這些案例將似乎最容易受到審查的材料——兒童色情內容——限

第二部分 《第一修正案》中的言論：法律基礎

定在一個非常狹窄的範疇內，即只禁止未成年人的相關表達。

除了因為表達者是青少年而非成年人而被認定為淫穢言論並允許對其予以審查的判例之外，一些重要判例解決了青少年發表某些被視為不適當而受到審查的性相關言論的表達問題。這一領域的兩個典型判例又將我們帶回公立學校的場景。在第一個判例「貝瑟爾學區第403號訴弗雷澤案」(Bethel School District No. 403 v. Fraser, 1986) 中，馬修·弗雷澤是一名高中優秀學生，他代表一位同學在學校主辦的某次集會中發表提名演講，為了傳達他所代表的候選人的特徵，弗雷澤使用了粗俗但不乏幽默的具有性暗示的言辭。學校官員發現，他使用的言辭不為學校政策所接受，即「禁止嚴重且實質地干擾教育過程的行為，包括使用淫穢性、褻瀆性語言或手勢」(Bethel School District No. 403 v. Fraser, 1986, p. 678)。弗雷澤被勒令停課幾天，並被禁止按原計畫在畢業典禮上發言。

聯邦最高法院裁定，《第一修正案》並不保護學生在公共場合使用粗俗的、冒犯性的語言。考慮到學校在「灌輸」學生「文明習慣和舉止」方面的重要性，法院支持予以懲罰，並強調需要對教育機構給予司法尊重 (pp. 680-81)。法院的理由是，「在學校和教室裡倡導不受歡迎的和爭議性觀點的無可置疑的自由，必須要和社會教育學生何為得體社交行為的衝突性利益相權衡」(p. 681)。重要的是，法院區分了「廷克案」和「弗雷澤案」，認為前者涉及政治言論，而後者本質上是性相關言論。法院指出：

「在弗雷澤進行演講時，一名學校指導老師觀察到學生們對演講的反應，一些學生起閧和大叫，一些學生用手勢生動地模擬演講人明確提及的性行為，另外一些學生似乎對演講感到窘困和尷尬。一名老師報告說，那天的演講之後，她發現需要放棄一部分既定課程來跟學生們討論那個演講。」(Bethel School District No. 403 v. Fraser, 1986, p. 678)

根據所提供的證據事實，法院本來很容易就能透過「廷克案」的「實

7 青少年的言論自由權

質性干擾」規則證明學生言論不受保護,將問題聚焦於演講的後果上。然而,法院決定將關注點置於言論的性內容上,否定了各州必須密切保護學校中的學生言論這一觀點,認為學校需要規制校園內學生言論的自由。法院的結論是,「高中的集會或者教室不是用於進行露骨的性獨白的地方……學校完全有必要與之劃清界限,需要向學生說明粗俗的言論和猥褻的行為與公立學校教育的基本價值觀格格不入(Bethel School District No. 403 v. Fraser, 1986, pp. 685-86)」。儘管法院指出了允許在學校內表達不同觀點的重要性,但它強調「在學校和教室裡倡導不受歡迎的和爭議性觀點的無可置疑的自由,必須要和社會教育學生如何得體社交的衝突性利益相權衡」(p. 681)。法院毫不猶豫地尊重了學校當局的最終決定,即弗雷澤的言論嚴重干擾了學校的教育活動。學校的主要職責是指導學生遵守「文明、成熟行為的基本準則」,據此,法院認為學校可以壓制那些不直接灌輸此類經驗的言論(p. 683)。多數觀點認為:「禁止在公共討論中使用粗俗和冒犯性的用語,是公立學校教育的非常恰當的功能」,「學校與之劃清界限是極為妥當的」(pp. 683-686)。法院認為,弗雷澤言論中使用的雙關語和「廷克案」中透過學生們的肩章傳遞的政治資訊存在「明顯差異」。

「弗雷澤案」不僅就法院的裁決而言不同於「廷克案」,其在本質上和「廷克案」模式也相去甚遠,認為司法上有必要尊重學校官員的權威性和專業性。尤其是,法院開頭便援引了「廷克案」之前的「國家親權規則」(parens patriae doctrine)及其對管控青少年行為的關注。與「廷克案」中的異議意見一樣,「弗雷澤案」法院希望「否認任何意圖……認為聯邦憲法迫使老師、父母和當選的學校官員將美國公立學校系統的控制權交給公立學校的學生」(Bethel School District No. 403 v. Fraser, 1986, p. 686)。法院認為,學校保護學生聽眾不受下流、粗俗和明顯具有冒犯性

第二部分 《第一修正案》中的言論：法律基礎

的言論影響的合法利益，這強化了學校處分行為的正當性。法院進一步重申，《第一修正案》為成年人所設定的言論保護並不必然適用於兒童，公立學校環境下的校方在規制言論活動時可以考慮學生們的感受。因此，法院極為尊重學校官員在規制學生表達時的權威性和專業性，所需證據無須確鑿有力。「弗雷澤案」法院指出，「弗雷澤演講中無所不在的性暗示，對於教師和學生——實際上對於任何一個成熟的人而言，都明顯具有冒犯性（p. 683）。」同時，在這個案件中，該演講對於許多學生來說可能不具有如此大的冒犯性，因為弗雷澤最終作為一名非原定候選人當選後發表了畢業演講。但再次強調的是，決定學生應否在這些情況下表達自己的觀點將是成年人的意見，而非學生自己的意見。

這一領域的第二個重要判例是「黑澤爾伍德學區訴庫爾梅耶案」（Hazelwood School District v. Kuhlmeier, 1988），該案涉及學校官員在多大程度上能夠對作為學校新聞課程的一部分而製作的官方高中報刊的內容實施控制。根據黑澤爾伍德學區的慣例，新聞課老師在出版之前把即將出版的校報（具有諷刺意味的是名為「光譜」）的列印樣張提交給校長稽核。在未通知學生作者和未給予他們任何回應機會的情況下，校長指示從報紙上刪除兩篇文章（一篇關於青少年懷孕問題，一篇關於父母離異青少年的經歷），理由是它們「不妥當、涉及個人隱私、敏感且不適宜」（Hazelwood School District v. Kuhlmeier, 1988, p. 278）。《光譜報》的三名學生工作人員向聯邦法院提起訴訟，聲稱校長的審查行為侵害了他們的《第一修正案》權利。法院認為，當學生的表達成為與課程相關活動的部分時，學校官員可以就學生言論的「形式和內容」實施編輯控制權，「只要其行為與合法的教學要點存在合理連繫即可」（p. 273）。為《光譜報》寫作被認為是學校教學課程的組成部分，學校有權以任何合理方式進行規制，因此法院遵循「弗雷澤案」的推論並尊重學校當局有關文章

的不妥當性的判定。法院區別了學校支持的言論和附帶的言論表達，認為學校可以對一個理性人認為受學校支持的言論予以規制。法院承認，「學校不需要容忍與其『基本的教育使命』不一致的學生言論，即使政府不能審查校外的類似言論」(p. 273)。法院適用新的標準且並未對「廷克案」中的教學關切這一例外情形的法律界限作出解釋的情況下，認為校長所聲稱的對擾亂的擔憂是合理的，因此對這一威脅的回應是合法的。

在「黑澤爾伍德案」中，法院賦予學校官員審查學校主辦活動中的表達的廣泛權力。為了實現這一目的，法院區分了對學生言論的「容忍」、「促進」，透過「弗雷澤案」表達了對學校當局規制學生言論的尊重。根據法院的意見，《第一修正案》要求學校容忍個別學生偶然在校內發表的與課程無關的言論。另一方面，如果學生的言論活動與課程有關，就可能會被學生、教職員和外界認為是獲得了學校的許可，因此學校有權規制（甚至是禁止）這一言論。然而，根據「黑澤爾伍德案」標準，「廷克案」中學校做出的學生停課決定可能會獲得支持。對「黑澤爾伍德案」標準的合理適用，能夠將包括佩戴肩章在內的教室內的學生言論視為經學校許可或批准的言論，因而可對其予以規範。正如法院在「黑澤爾伍德案」中所宣告的那樣，「無論這些活動是否發生在傳統的課堂活動中，只要他們受到教師的監督並旨在向學生參與者和觀眾傳授特別的知識或技能，就可以被公平地視為學校課程的一部分」(Hazelwood School District v. Kuhlmeier, 1988, p. 271)。事實上，透過嚴格限制「廷克案」裁決的適用範圍，「黑澤爾伍德案」幾乎推翻了「廷克案」。

法院對理性根據標準的援引，意味著對學校當局行為的非常有限的司法審查。根據「黑澤爾伍德案」的判決意見，法院沒有義務權衡或調查政府在排除學生言論方面的利益考量，也無須考慮除了徹底禁止之外是否存在限制更少的替代方法。學校對言論的規範和學校課程之間存

第二部分 《第一修正案》中的言論：法律基礎

在合理的關係，除非它完全不具有「任何有效的教育目的」（Hazelwood School District v. Kuhlmeier, 1988, p. 273），只有這樣，《第一修正案》才會「如此直接和強烈地涉及，以至於需要司法介入以保護學生的憲法權利」（p. 273）。按照「黑澤爾伍德案」標準，如果學生的表達干擾了學校行使權力「以確保參與者習得相關活動旨在傳授的任何知識」，學校官員可以對其予以限制（p. 271）。因此，儘管法院在「弗雷澤案」中宣稱學生「在學校和教室內無可置疑地享有倡導不受歡迎和存在爭議的觀點的自由」（Bethel School District No. 403 v. Fraser, 1986, p. 681），「弗雷澤案」和「黑澤爾伍德案」中司法系統對學校官員的尊重，實際上幾乎沒有為未獲得學校當局認可的學生表達提供真正的保護。

「弗雷澤案」與「黑澤爾伍德案」準則在相當程度上忽視了一個現實情況，即學校實際上是未成年人能夠公開表達言論的唯一場所。根據「弗雷澤案」與「黑澤爾伍德案」對「課程」的寬泛定義及其對學校當局的共同尊重，學校擁有規範和排除學生言論的廣泛權力。很明顯，審理「弗雷澤案」與「黑澤爾伍德案」的法院令那些認為「廷克案」為學生提供有力的自由言論權利的人大失所望。這些判例毫不關心「廷克案」的幾點主張，即：(1) 學生屬於憲法中所規定的「人」，其享有國家必須尊重的根本權利；(2) 學校官員受到憲法的制約，其根據國家權力部門授權行使的裁量權不能超過《權利法案》的限度；(3) 只有在證據顯示學生言論「實質地干擾了學校工作或侵害到其他學生的權利」時，學校才可以實施處罰（Tinker v. Des Moines Independent Community School District, 1969, p. 509）。反之，法院會強調國家親權規則、尊重學校官員以及對學生言論保護給予最低限度的憲法保護。本質上，青少年在學校內和在家中一樣擁有最低限度的權利，而成年人決定著青少年表達的限度。這些判例表示，即使「廷克案」在技術上沒有被推翻，但法院也尚未充分踐行其精神遺產。

宗教表達

關於青少年宗教表達權利，尤其是不表達非自身宗教信仰的權利的法理分析，可以追溯到處理青少年權利問題的幾個重要案例。50多年以前，最高法院在「西維吉尼亞州教育委員會訴巴內特案」（West Virginia State Board of Education v. Barnette, 1943）中確認了保護學生在中小學校內享有憲法《第一修正案》權利的重要性。該案中，耶和華見證會的成員們代表西維吉尼亞公立學校的孩子對要求所有學生向國旗行禮和背誦效忠宣誓的一個州法提出質疑。耶和華見證人認為，這項州法與其宗教信仰相衝突，並使得包括他們自己孩子在內的受教育兒童可能被學校開除。法院認為，要求孩子們向美國國旗行禮違反了《第一修正案》，因為這一要求強行「確認一種信仰或思想態度（West Virginia State Board of Education v. Barnette, 1943, pp. 633, 642）。法院承認學校官員在促進公民意識方面具有重大利益，但拒絕支持學校當局對學生實踐其宗教信仰行為的處罰權力。

儘管評論者們將「巴內特案」視為審視青少年自由言論權和宗教自由的起點，然而，由於需要全面考慮《第一修正案》，這一法學領域很快就變得複雜起來。除了自由言論保護之外，《第一修正案》有兩個條款直接涉及到了宗教：自由活動條款和政教分離條款。特別是，自由活動條款保證了個人的宗教表達自由，而政教分離條款禁止政府介入宗教事務和禁止宗教官員對政府施加不當影響。就本文的討論目的而言，《第一修正案》的宗教條款之所以很重要，在於它們透過維持教會和政府之間的平衡來保護言論自由。在這一平衡中，法院仍然需要處理「巴內特案」案中提出的基本問題，試圖確定政府培養正統觀念的做法會在多大程度上危及信仰和良心自由，因為它們是確保「宗教信仰真實而非強加」的唯一保障。

第二部分　《第一修正案》中的言論：法律基礎

　　最高法院一直在努力完善用於判定違反宗教條款的檢驗方法。法院在一段時間內提到，政教分離條款是區分兩個機構的隔離牆。沒有州政府或聯邦政府可以透過法律來促進宗教，或是偏愛某一宗教，但這一隔離牆最近變得更加具有象徵性，一種模糊的界限已經取代了曾經被認為必然明確的界限。考慮到這一界限的模糊性，最高法院透過三種不同的方式來判定政府相關宗教確立行為的合憲性。最高法院在 1971 年的「萊蒙訴庫爾茲曼」（Lemon v. Kurtzman, 1971）中闡明了首個政教分離條款（p. 625），該案涉及到利用公共資金向私立學校支付教師薪水、教科書和學校用品費用件，其中一些學校具有宗教私立性質。雖然法院一致認定這一資助行為違憲，但提出了各種意見，最終導致了「萊蒙檢驗法（Lemon test）」的產生。根據這一檢驗方法，如果政府行為 (1) 缺乏世俗目的，(2) 有推動或抑制宗教的主要效果，或 (3) 過度地將政府與宗教信仰捆綁在一起，那麼政府活動就違反了政教分離條款。

　　法院在「李訴韋斯曼案」（Lee v. Weisman, 1992）中宣布了另一項檢驗方法。該案以發展出一項「強制檢驗法（coercion test）」而聞名，這一方法被用於判定公立學校多大程度上允許在畢業典禮上進行禱告。根據這一檢驗方法，如果宗教活動傳遞了政府正在確立或至少支持某個特定宗教信仰的資訊，從而隱晦地影響了宗教自由活動權，則政府行為違反了政教分離條款。當政府主導某個正式宗教活動並強制反對者參與時，就會構成違憲性強制行為。第三個方法被稱為「背書檢驗法（endorsement test）」，用以判定政府是否透過其行為支持某個宗教信仰。這一方法略微改變了「萊蒙檢驗法」的前兩個方面，因此有人認為它是對「萊蒙檢驗法」的修正。「背書檢驗法」並非僅僅專注於是否存在世俗目的，而是要求法院嚴格審查政府是否意在支持、譴責、偏袒、優待或促進某個宗教信仰而非其他的宗教信仰。基於這一方法，當政府對宗教的支持向並

7 青少年的言論自由權

非信徒的人傳遞出他們是局外人、並非政治團體的正式成員的資訊,相應地,向信徒表示是局內人和受優待的政治共同體成員的資訊時,政府的行為就是違憲的。這一檢驗方法儘管是在協同意見中提出的,但法院隨後對其予以採納,正如最高法院最近在「聖達菲獨立學區訴多伊案」(Santa Fe Independent School District v. Doe, 2000)中審查公立學校的禱告行為時所說明的那樣。正如我們的簡要回顧所揭示的那樣,法院傾向於根據這三種互補的、偶爾重疊的檢驗方法來分析因違反政教分離條款而受到質疑的政府行為。這種方法顯然使這一領域的法律有些不可預測,使得簡短回顧非常不完整,甚至可能具有誤導性。因此,我們必然將回顧的範圍縮小至那些界定憲法對青少年宗教表達的範圍和限制的代表性案例。

鑒於學校提供了青少年最常與國家機構直接互動的場所,涉及宗教和青少年的法律糾紛大都發生在學校環境中也就不足為奇了。個人和團體都可以向公立學校提出宗教相關的訴求,這些訴求可能尋求禁止或允許宗教表達。學生的個人訴求或反對意見可能涉及到廣泛的問題,例如在非教學時間內允許舉行宗教集會、穿著宗教服裝或標識、發表演講或分發宗教文字資料。學生也可以透過他們的宗教組織提出訴求,這些訴求最常涉及的是在學校設施中提供集會場所、獲取資源和分發宗教資料。除了個體學生外,宗教組織也可以向學校官員提出訴求,例如請求利用學校的場地集會和分發宗教資料。如果學校不能滿足他們的需求,學校的回應可能會遭到這些組織的反對,或者會遭到試圖限制學校為宗教組織提供便利的家長或學生的反對。鑒於這方面的訴訟數量極大,其中相當一部分案件最終已經上訴到最高法院。這些情況為我們的分析提供了必要的出發點。

在「李訴維斯曼案」中,最高法院解決了課堂外的學校禱告問題,即

第二部分　《第一修正案》中的言論：法律基礎

學校畢業典禮中包含神職人員禱告是否違反政教分離條款。在本案中，一位拉比應校長的邀請在國中畢業典禮上進行了非教派性質的祈禱和祝福。因此，參加該典禮的一位學生家長丹尼爾・威斯曼（Daniel Weisman）試圖阻止其他公立學校官員邀請神職人員在任何未來的公立學校畢業典禮上進行祈禱和祝福。最高法院對這一案件進行審查時，將憲法解釋為保證政府不會強制某人參與宗教活動。法院進而查明，學區對公立學校畢業典禮的組織安排對參與該活動的學生施加了相當大的公共壓力和同伴壓力，迫使其集體起立或在祈禱期間恭敬地保持沉默。因此，對於許多參加畢業典禮的學生來說，站立或保持沉默的行為意味著其參與了拉比的禱告。法院認定，一個州在將學童置於此種境地時違反了政教分離條款。儘管各方認可參加畢業典禮和升學儀式的自願性，但最高法院承認：「憲法禁止州以學生參加自己的……畢業典禮為代價實施統一的宗教活動」（Lee v. Weisman, 1992, p. 86）。「實際上，州政府迫使學生在對每個人都非常重要的事件中出席和參與明確具有宗教性的活動，而持有反對立場的學生並沒有其他替代方法予以避免」（p.598）。鑒於州官員在典禮中主導了正式宗教活動的進行，法院判決，政教分離條款意味著禁止將神職人員提供祈禱作為官方學校典禮的一部分，因為學生不能被迫參加宗教活動。

「聖達菲獨立學區訴多伊案」是最高法院最近關於政教分離條款適用於學校祈禱活動問題的裁決。該案涉及在德州一所高中的足球比賽中的禱告活動。為延續賽前祈禱的慣例，學校董事會實施了一項允許學生進行兩輪投票的政策：第一輪投票決定在主場校隊橄欖球賽的賽前儀式中能否進行簡短的祈禱和（或）致辭；第二輪投票從志工名單中選出一名學生，在全年的比賽中進行禱告或致辭。此舉顯然是為了避免被視為是認可宗教。最高法院駁回了學區的觀點，即認為其由學生發起禱告的政

策代表的是私人言論而非支持宗教的政府言論。法院指出,這一禱告是「由政府政策授權、在政府土地上展開、由政府資助的與學校有關的活動」(Santa Fe Independent School District v. Doe, 2000, p. 302)。雖然法院特別指出,並非所有類似情況下發表的言論都會被視為政府的言論,但賽前禱告不能算是政府最低限度參與的公共論壇,特別是當全年中只允許一名學生發言時。

　　對法院而言,一個關鍵因素似乎是為允許祈禱而設計的多數決定程序,以及這一程序對少數派信仰的影響。法院認為,學生的選舉「有效地壓制」了少數人的觀點,使得少數人聽從多數人的擺布,沒有保護多元化的學生言論。實際上,這一選舉嚴重冒犯了少數人,而並非讓祈禱變得可被接受。法院認定,多數人決策過程尤其令人困擾,因為它與該案中的一個因素相結合,即州政府對宗教資訊的引導。賽前禱告顯然帶有州政府的印記:選舉是經學校董事會允許而生的,學校董事會甚至指示學生會在校長的建議和監督下舉行選舉。此外,政策本身也倡導和鼓勵宗教資訊的傳播。禱告是唯一被直接提及的一種資訊類型,政策的目的明確顯示:莊重的、非宗教性的資訊顯得不合時宜。此外,根據這一政策,資訊或禱告必須與政策的目標和目的相一致,這暗示著宗教資訊是必要的。但最為重要的是,學生們清楚這一政策與禱告相關。法院發現,州政府的印記也以其他方式存在:學校的名稱突出地顯示在橄欖球隊的隊服、樂隊和啦啦隊長的制服以及球場上;該禱告是「向聚集在一起的眾多聽眾進行的,是學校在校內舉辦的定期活動的一部分」(Santa Fe Independent School District v. Doe, 2000, p. 307)。州政府的印記,加上用來發起禱告的投票,給觀眾的印象是:禱告是多數人觀點的表達,是由學校董事會批准的。

　　法院還發現,儘管祈禱是在一個課外活動中進行的,但「李訴韋斯

第二部分 《第一修正案》中的言論：法律基礎

曼案」中的第二個因素——強制因素——在「聖達菲案」中同樣存在。法院駁回了橄欖球比賽活動是自願參加的說法。一些學生，即橄欖球運動員、樂隊成員和啦啦隊員，本質上都被要求參加。橄欖球比賽和其他課外活動也是完整教育體驗的一部分。此外，法院還指出，比賽是學生和教師（既包括過去的也包括現在的）的大型集會，也包括家庭成員和朋友，大家都基於共同的目標聚到一起。法院解釋說，憲法禁止學校強迫學生選擇參加（或不參加）社交活動以避免宗教資訊。即使這一選擇是真正自願的，法院仍認為這一政策並不適當，因為它強迫學生參加（或不參加）一項宗教禮拜活動。儘管法院推翻了這一特定政策，但仍然認可公眾禮拜在許多社區中的重要性，以及人們利用公共祈禱來紀念特定時刻的願望。法院重申，並非公立學校的所有宗教活動都是違憲的，自願性的祈禱仍在《第一修正案》的保護範圍之內。法院還注意到公共領域和私人領域之間的區別，強調宗教信仰的責任和選擇是歸屬於私人領域的。透過這項政策，學區將這一爭議引入了公共領域。這樣一來，該政策助長了公立學校環境下宗教的分裂，而這正是《第一修正案》所禁止的。

　　與在畢業典禮或體育賽事中禱告的情況不同，沒有一個最高法院案例直接涉及課堂內的宗教言論，如口頭報告和陳述。在這些情況下產生的爭議，通常適用「廷克案－黑茲爾伍德案」中的二分法來區分個人學生表達和學校發起的言論，而非涉及宗教條款。不涉及宗教條款的原因很簡單，在涉及學生在畢業典禮上發起禱告的案件中，學校通常會為宗教表達辯護，以免被指控違反「政教分離條款」。原告會主張該種言論違反了「政教分離條款」，因為它是由學校發起且認可的宗教言論；學校則會抗辯，這些言論屬於私人表達，而非學校發起的言論。相反，在涉及課堂言論的情況下，學校通常會排除或限制學生的宗教言論，學生則以言

7 青少年的言論自由權

論自由為由對限制行為提出挑戰。這些課堂言論的情形通常涉及高中以下年齡階段的學生，學校通常會辯稱，禁止宗教性言論是必要的，是為了避免學生誤認為學校認可此類言論；相比之下，學生多主張宗教言論屬於私人表達，應當受到「廷克案」規則的保護。正如我們對「廷克案」後續案件的討論所預料的那樣，這些案件中學生們往往以敗訴告終。

涉及校內舉行宗教集會的案例有時取決於它們是否被歸為私人表達，因此提出了一些其自身特有的問題。在「好消息俱樂部訴米爾福德中心學校案」（Good News Club v. Milford Central School, 2001）中，基督教俱樂部尋求利用學校設施舉行包括祈禱、讀經、背誦聖經經文和玩聖經相關遊戲等內容的每週集會，學校董事會對此予以拒絕，認為其活動不局限於從宗教視角探討道德這一世俗主題。最高法院討論了公立學校能否基於該俱樂部的宗教資訊和集會的宗教性質來禁止其使用自己的校舍，法院認為，如果學校允許其他非宗教團體在校舍內集會的話，就不能禁止該俱樂部在此集會；學校的歧視性觀點違反了《第一修正案》所保護的那些希望參加宗教俱樂部活動者的權利。

多數意見聚焦於學校禁止俱樂部在課餘時間集會是否侵犯了俱樂部的言論自由權，以及董事會基於「政教分離條款」作出禁止是否具有合理性。在確認各方已認可學校是一個有限公共論壇後，法院認為，學校基於相關組織倡導基督教資訊為由禁止其使用學校設施或者拒絕提供經費的做法構成觀點歧視；不能僅僅因為言論中包含宗教觀點，就將討論受許可主題的言論排斥在有限論壇之外。學校禁止俱樂部使用其設施的行為構成觀點歧視，侵犯了《第一修正案》所保護的那些希望參加宗教俱樂部活動的人的權利。校董事會辯稱，其作出的限制正是為了避免違反「政教分離條款」所必需的。法院回應，儘管避免違反「政教分離條款」可以為基於內容的歧視提供令人信服的理由，但這一理由在本案中並不成立。

第二部分 《第一修正案》中的言論：法律基礎

　　最高法院提出了五個理由以支持其結論。第一，它認為允許俱樂部在校內集會，實際上確保了學校對宗教團體的中立對待，而非威脅到此種中立性。第二，法院認為，對「政教分離條款」中強制性的正確分析，重點不是針對兒童，而是側重於當地社區。因此，法院審查了當地社區是否感受到強制性壓力或者會誤認為學校支持俱樂部的活動。因為孩子未經父母允許就不能參加俱樂部活動，其能否參加俱樂部的集會是由家長決定的；而家長作為社區的成年人，不太可能混淆學校是否認可宗教。第三，法院認為，在涉及「政教分離條款」的先例中，任何強調兒童易受影響的觀點均不適用於此種情形，其理由為：它從未僅僅因為活動發生在小學生在場的地方，就將「政教分離條款」擴張適用於課餘非教學時間的私人宗教行為。由於放學後沒有教師上課，學生只能經其家長同意後參加，法院發現並未構成對「政教分離條款」的違反。第四，法院駁回了強制的可能性，因為沒有證據顯示孩子們被允許放學後在教室外閒逛。法院基於幾個因素判定孩子們不會誤認為俱樂部的活動為政府所認可：指導者並非學校教師，孩子們的年齡不同，俱樂部集會是在一間資料室而非小學的教室。最後，法院宣告，正如孩子們可能認為接受俱樂部的請求意味著政府認可那樣，他們也可能認為拒絕俱樂部的要求意味著政府對宗教持有敵意。法庭拒絕採用「基於聽眾中最年幼的成員可能產生誤解而禁止某個團體宗教活動」這一標準（Good News Club v. Milford Central School, 2001, p. 119）。法院認為，俱樂部及其成員言論自由權的利益超過了基於「政教分離條款」的任何抗辯。

　　該案一些意見強調了未成年人的特殊處境。雖然同意法院的結論，但其中一個意見並不認同用於分析學校依據「政教分離條款」進行抗辯所採用的標準。根據這一意見，法院應該評估「參加好消息俱樂部活動的孩子是否理性地認為，學校允許俱樂部使用其設施意味著對宗教的認

可」(Good News Club v. Milford Central School, 2001, p. 127)。它同時也指出，法院應審查其他因素，包括集會的時間、孩子的年齡、集會的性質及其他特定情形，以確定孩子們對俱樂部活動的看法。與之相同，另一個意見概述了允許在小學內傳教的相關問題，包括年幼的學生更容易受到影響、更容易誤認為俱樂部的活動獲得政府認可。雖然這些意見看起來很有說服力，但法院的多數意見並不認為它們重要到足以被寫入判決；相反，多數意見忽略了那些感覺被迫表達與自己信仰不一致的宗教觀點的未成年人的特殊處境，而是站到了希望表達和保護自身宗教觀點的未成年人的父母一邊。

不出所料，表達（或不表達）宗教信仰的權利不僅在學校內受到限制，在家庭中也因父母有權指導孩子的宗教教育而受到限制。這一規則源自一些判例，其授權父母將子女送到宗派學校的案例。這一權力隨著基於教育券的擇校計畫的發展而被賦予了新的意義。「皮爾斯訴姐妹會案」(Pierce v. Society of Sisters, 1925, pp. 534-35) 開啟了這一趨勢。在該案中，俄勒岡州試圖透過全民公決的方式要求所有兒童入學公立學校。法院對該法令提出了質疑，裁定俄勒岡的這一法律因違反父母的實質正當程序權利而違憲。

「我們認為，1922 法案完全清楚地說明，它不合理地妨礙了父母和監護人指導其監管下子女成長和教育的自由……根據本聯邦所有政府秉持的基本自由理論，各州不具有任何強迫兒童僅僅接受公立學校教師教導而將其標準化的權力。孩子不僅僅是國家的產物，那些養育和指導其命運的人也有權利和肩負重大責任去認識和幫助其承擔更多的義務做好準備」(Pierce v. Society of Sisters, 1925, pp. 534-35)。

不過，法院確實保留了州政府強制義務教育和管理私立學校的權力，如今父母將孩子送入私立學校已獲得憲法認可：

第二部分　《第一修正案》中的言論：法律基礎

「毫無疑問，州政府有權合理管理所有學校，視察、監督和檢查學校及其教師和學生；要求所有適齡兒童入學；教師具有良好的道德品質和愛國情懷，必須講授對培養良好公民素養至關重要的知識，以及不講授顯然不利於公共福祉的內容。」（p. 534）

法院用了整整五年時間才承認與未成年人直接相關的宗教「自由活動」權。法院在「威斯康辛法院訴尤德案」（Wisconsin v. Yoder, 1972, p. 234）中認為，《第一修正案》和《第十四修正案》禁止州政府迫使艾美許孩子的父母保證其孩子就讀高中直至年滿 16 歲。重要的是，「尤德案」是關於「父母權利」而非「未成年人權利」的案件，並不涉及在學校內的「自由活動」權利。這一案件只是賦予父母將其宗教權利施加於其子女的自由活動權利。

在「澤爾曼訴西蒙斯－哈里斯案」（Zelman v. Simmons-Harris, 2002）案中，法院傾向於授予家長為其子女擇校的更大權力，因此他們可以在學校中行使自己的宗教權利。這一案件允許教育券計畫中包括宗教學校，從而將這一權力賦予家長。在「澤爾曼案」中，俄亥俄州立法機構頒布了「克里夫蘭獎學金和輔導計畫」，允許幼兒園到八年級學生的家長使用價值高達 2,250 美元的教育券來支付所選擇私立學校或宗教學校的學費。法院認為：只要是父母決定如何使用教育券，那麼使用公共資金支付在私立學校和宗教學校的學費並不違反憲法的「政教分離條款」。這一做法終結了長達數年之久的法律紛爭。考慮到選項的範圍廣泛且由家長從中做出選擇，最高法院的結論是：儘管大多數教育券接受者選擇了宗教學校，但克里夫蘭計畫在宗教問題上是中立的。法院寫道：「我們相信，此處受到挑戰的計畫是一個真正的私人選擇性計畫……因此符合憲法……俄亥俄州計畫在涉及宗教的各方面都是中立的」（Zelman v. Simmons-Harris, 2002, p. 651）。這一中立性意味著，如果父母選擇這樣做，

就能掌控其青少年子女的宗教發展、表達及相關權利。這些案例揭示了法律制度授予家長對青少年宗教環境的廣泛控制權的普遍趨勢。

仇恨性表達

涉及仇恨性和暴力性表達的主要案件直接關係到青少年的權利。然而，它們的裁判結果及分析清楚地表示，所涉個體的年齡並未對最高法院的分析產生影響。法律制度同等對待青少年和成年人在公共場所發表的仇恨性表達。在公共市場中規制此種言論問題，當然不同於在學校的規制方式；在學校內，社會化作為必修課之一，與尊重個人觀點和個人主義的需求相平衡。這種差異值得強調，當青少年直接處於成人的權威管轄之下（如在學校內）而非處於街道那樣的公共場所時，我們透過區分處於監管和脫離監管的不同場景來探討仇恨性表達問題。

在「R.A.V. 訴聖保羅市案」中，最高法院面臨解決「仇恨言論」問題的需求。這一開創性案件肇端於羅伯特·A·維克托拉和其他幾個聖保羅青少年，他們用壞掉的椅腳擺成十字架形狀，在對面街道一戶有柵欄圍牆的黑人家庭的院子裡予以焚燒。維克托拉因違反聖保羅《偏見動機犯罪條例》（Bias-Motivated Crime Ordinance）而獲罪，該條例規定：

「任何人將一種包括但不限於燃燒的十字架和納粹黨徽的象徵性符號、物品、稱謂、描述或塗鴉置於公共或私人財產之上，明知或有合理理由知悉此種行為會因種族、膚色、信仰、宗教或性別的差異而激起他人的憤怒、驚恐或怨恨，也即構成擾亂治安行為的，應處以輕罪」（R.A.V. v. City of St. Paul, 1992, p. 330）。

最高法院以違反憲法《第一修正案》為由，一致判定該法規無效。之所以如此，是因為該法規定的是言論內容，而不只是言論的時間、地點或方式。儘管所有大法官都認為該法令違憲，但在理由闡述上存在很

第二部分 《第一修正案》中的言論：法律基礎

大分歧。多數意見認為，條例不能僅僅因為表達的內容便予以禁止。聖保羅市不能選擇性地規制那些基於種族、膚色、信仰、宗教或性別而煽動暴力的挑釁性言論，同時又對其他話題上的挑釁性言論聽之任之。然而，如果內容歧視對實現聖保羅市的重要利益具有合理必要性的話，《第一修正案》允許市政府對那些針對不受歡迎的主題表達觀點的人施加特別禁令。考慮到即使是一項不局限於受歡迎主題的法律規定也會產生相同的有益效果，最高法院並不認為這種歧視或區分對待是必要的。法院發現，基於內容限制的唯一好處是，市議會對專門列出的那些偏見表現出特別的敵意，而此種偏見正是《第一修正案》所禁止的。政府有權表達這一敵意，但並非透過對持有不同意見者（無論其多麼無知）施以特別限制的方式。因此，多數意見根據「範圍過窄原則」推斷：如果要規制某些挑釁性言論的話，所有的挑釁性言論都必須受到規制。許多協同意見提供了認定該法違憲的其他不同理由，譬如，認為《第一修正案》保護傷害性言論（如種族侮辱性用語）。儘管存在分歧，這些意見一致認為，政府通常不會致力於壓制一些仇恨性表達而忽略其他的仇恨性表達。

在涉及威斯康辛州一項法律規定的案件時，最高法院原本有機會澄清基於內容規制言論時存在的嚴重分歧，威斯康辛的這一規定加重了對於那些因種族、宗教、膚色、殘疾、性趨向、國籍或血統的不同而蓄意選擇受害人的犯罪的刑罰。在「威斯康辛州訴米切爾案」（Wisconsin v. Mitchell, 1992）中，威斯康辛州對該州最高法院的裁決提出質疑，該裁決推翻了一項加重刑罰的法律規定。該案中，下級法院推翻了州政府因犯罪動機基於仇恨而更嚴厲地懲罰罪犯的決定。米切爾是個黑人，他與一群年輕黑人一起討論電影《密西西比在燃燒》（*Mississippi Burning*）中某個白人毆打一個正在祈禱的黑人男孩的場景。顯然是因為受到那部電影的影響，米切爾慫恿一群男孩狠狠地毆打了一個只是從街對面路過的男孩。

因為這一法律規定基於被告的思想內容作出懲罰，且會因為言論常常被用於證明存在偏見因素而壓制言論，威斯康辛最高法院根據「R.A.V. 案」判定加重懲罰的規定無效。最高法院推翻了威斯康辛州的判決，認為加重刑罰的規定通過了合憲性檢驗。最高法院對「R.A.V. 案」進行了區分，指出該案中被推翻的規定明確指向了諸如「言論」或「資訊」的表達；而「米切爾案」涉及的法律規定試圖對諸如威嚇之類不受《第一修正案》保護的「行為」加重刑罰。那麼，「R.A.V. 案」的多數意見和「米切爾案」所傳達的資訊是，各州可以禁止挑釁性言論和偏執性行為。如果僅僅試圖禁止某一特定類型的表達，就很可能會因其不當而被法院駁回。

然而，米切爾案並非最高法院對此類問題的最終結論。法院最近審查了一項禁止透過燃燒十字架實施恐嚇的法律規定的合憲性。「維吉尼亞訴布萊克案」（Virginia v. Black, 2003, pp. 347-48）涉及維吉尼亞一項法律規定的合憲性，該法將「任何人……出於恐嚇任何他人或群體的意圖……在他人財產、公路或其他公共場所燃燒十字架……」的行為定為「重罪」，規定任何此類焚燒行為均構成「故意恐嚇一個人或團體的初步證據」。其後 1998 年發生在維吉尼亞某個私人空地上舉行的三 K 黨集會中的十字架焚燒事件中，集會組織者受到審判，並因違反這一規定而獲罪。在維吉尼亞的另一起事件中，兩個人試圖在一個非裔美國人鄰居的院子裡焚燒十字架，二人都被指控企圖焚燒十字架；一人認罪，另一人在審判後被定罪。維吉尼亞最高法院撤銷了相關罪名，根據《第一修正案》判定該規定形式上無效，其理由為：該規定僅僅因焚燒十字架行為所傳達的獨特資訊而對其選擇性地予以禁止，是基於言論的內容進行歧視；而且初步證據顯示，這一規定涵蓋的範圍過於廣泛，因為被起訴可能性的增加「壓制」了受保護言論的表達。從先例來看，最高法院的這一裁決

第二部分　《第一修正案》中的言論：法律基礎

看起來非常合理。

最高法院給出了一個很複雜的回應，認為一個州實際上可以禁止基於恐嚇意圖而焚燒十字架的行為，因為此類行為是一種令人極為憎恨的恐嚇形式，該州可適當選擇性地對此予以規制而非禁止所有的恐嚇性資訊；而且，相關規定禁止基於恐嚇意圖而焚燒十字架，並非僅僅針對某類特定不受歡迎話題的言論進行譴責。焚燒十字架作為恐嚇和暴力的象徵由來已久且影響惡劣，州法選擇對一部分恐嚇性資訊予以規制並無不妥。禁止基於恐嚇的意圖焚燒十字架的做法，與最高法院關於「R.A.V. 案」的裁決完全一致。但與「R.A.V. 案」中存在爭議的法律規定不同，維吉尼亞案中的規定並沒有選擇性地譴責那些不受歡迎話題的特定言論，而且法院推翻的是維吉尼亞州法中將焚燒十字架行為視為存在恐嚇意圖的初步證據的規定。一個人基於恐嚇的意圖焚燒十字架，是因為受害人的種族、性別、宗教，還是受害者的政治派別、工會成員身分或同性戀取向，本身並不重要。此外，「R.A.V. 案」並未認定《第一修正案》在可禁止的言論範圍內禁止所有形式的基於言論內容的歧視。相反，法院明確表示，如果某種特定類型的內容歧視的依據是整個言論類別被禁止的原因，此種歧視並不違反《第一修正案》。例如，僅禁止那些在淫穢方面最為露骨、具有冒犯性的內容是被允許的，也即涉及最淫穢的性活動所展示的內容。同樣，只要焚燒十字架的行為並非必然意味著恐嚇，維吉尼亞規定禁止出於恐嚇意圖焚燒十字架行為就不違反《第一修正案》。根據法院的觀點，即使言論因其造成諸如恐嚇之類的重大危害後果而被規制，州政府也不能僅僅因為它有此種傾向而予以規制：言論者必須存在追求那一後果發生的意圖。法院反對一種觀點，即焚燒十字架行為可以且只能有一種意圖——旨在恐嚇的意圖。法院了解到，人們焚燒十字架有時候是為了宣揚一種意識形態，儘管是仇恨的意識

形態;以及憲法透過「政府不可能僅僅因為社會厭惡某些思想表達就對言論予以審查」這一基本原則來保護相關思想的表達(Virginia v. Black, 2003, pp. 356-57)。因此,正如一個州只能規制內容最為下流淫穢的行為一樣,它也可以選擇性地禁止最有可能引發對身體傷害的恐懼的恐嚇形式。

有關仇恨言論的保護以及父母培養和引導孩子成長的權力說明,只要父母允許,青少年的確可以非常自由地表達仇恨言論。最高法院尚未仔細審查涉及學校中仇恨言論的案件。然而,考慮到仇恨言論具有擾亂秩序的可能且與教學的關切相悖,看起來它並不會獲得「廷克案」或「黑澤爾伍德案」規則的保護,因此對其規制應歸於學校官員的自由裁量範圍。但重要的是,這顯然是一個正在不斷發展的法律領域,應對騷擾和欺凌舉措的不斷湧現證明了此點(參見 Levesque, 2000)。最近為解決此類危害所做的努力,突顯出學校內很可能存在仇恨性表達。但就各州對此類危害的反應而言,學校管理層顯然擁有廣泛的自由裁量權。最高法院的領先性判例證明了此點,並為起訴學校未能確認和應對同伴性騷擾提出訴訟的學生設定了一個很高的門檻(Davis v. Monroe County Board of Education, 1999)。

保護青少年接收資訊的權利

儘管接收資訊的權利很重要,它也仍然是言論自由的一個相對未被深入探討的部分,哪怕是成年人提出相關訴求時。正如第六章所見,我們可以將對其關注度的缺乏歸因於:這項權利往往被視為理所當然,並被包含在言論者表達自己觀點的權利之中。在言論權利人自身權利完整和未被削弱的情況下,那些反對規制言論者沒有必要基於接收資訊權提出其論點。我們所研究的涉及青少年表達權的案件一般沒有考慮聽眾的

第二部分　《第一修正案》中的言論：法律基礎

權利。當法院確實考慮這些案件中聽眾的權利時，它往往是為了限制青少年對自身權利的控制——如同在涉及性、宗教和仇恨的案件中見到的那樣。這一主題在國家管控的情況下尤其突出，其他情況下最常涉及的是父母審查子女並控制其交流的權利。然而，最高法院已經審查和判決了一些涉及青少年接收資訊權的重大案件。這些案例有助於我們更全面地了解青少年言論自由的權利，因為它們讓我們得以窺見法律如何設想青少年的資訊環境以及誰能最有效地控制這一環境。

　　法律制度並不贊成未成年人追求行使憲法權利，與此觀點相一致，法院認為青少年接收資訊的權利較之成人的相應權利更為有限。當年輕人主張言論權利並提出相關的自治權訴求時，對未成年人核心權利的傳統限制就會在其接收資訊的權利中再次突顯。正如我們在那些被視為有害於未成年人的言論案例中所看到的，最高法院毫無疑問地接受這樣一種觀點：國家對規制未成年人接觸某些言論的利益較之成年人更大，也具有更廣泛的權力。這一規制表現為兩種形式：一種是青少年服從父母的權威，另一種是國家限制青少年獲得資訊的權利。除了極少數的情形，未成年人在父母家中相對於父母而言沒有什麼憲法權利，至少部分原因在於他們的父母不是國家行為主體。例如，正如我們在「威斯康辛訴尤德案」（Wisconsin v. Yoder, 1972）中所見，儘管父母可能會強迫子女遵守家庭的信仰和文化傳統，但州政府不能直接這樣做。在家裡，未成年人既不享有言論自由，也不享有與之相對應的接收資訊的權利，除非父母選擇給予他們這些特權。

　　當國家本身對接收資訊予以規制時，青少年實際上獲得了一些權利。青少年接收資訊的權利主要產生於旨在促進思想市場的政府活動情景中。這一法學領域側重於國家審查，實際上也是法院考慮（但不完全承認）青少年具有獨立資訊接收權的唯一領域。然而，正如所預期的那

7 青少年的言論自由權

樣,其他一些承認家長接收資訊權或者州政府有權以犧牲其他觀點為代價而資助特定觀點的案件,也可能會涉及未成年人的權利,儘管這些權利並未獲得重視或受到忽視。

在評估未成年人的被推定為受限的言論自由權利時,接收資訊權的關鍵作用在「教育委員會(長島樹木聯合自由學區第 26 號)訴皮科案」發表的一系列判決意見中清楚地呈現出來。最高法院相當程度上依賴於其長期以來的判決理念,即承認:接收資訊的權利是「言論自由權的一種內在必然結果」,該權利「不可避免地源自發送者基於《第一修正案》擁有的傳播思想的權利」(Board of Education, Island Trees Union Free School District No. 26 v. Pico, 1982, pp. 867-68)。法院還指出,該權利還有第二個來源。它直接來源於接收者的自由主張:「接收思想的權利是接收者有意義地行使自己的言論、新聞和政治自由權利的必要前提」(p. 867)。法院毫無保留地將未成年人接收資訊的權利適用於學生們質疑學校圖書館移除圖書行為的情形。多數人認為,允許在學校圖書館中獲得各種思想,是幫助他們「為積極有效地融入這個多元且時常充滿爭議的社會做好準備的重要方面,因為他們很快就將成為這個社會的成年成員」(p. 868)。法院依據自「巴內特案」開始的一系列先例確立這樣一種原則:儘管學校有責任灌輸價值觀,但不得在有爭議的問題上強加所謂的正統觀念。最高法院將該案發回重審,以便就學校董事會拒絕讓學生接觸某些書籍的動機舉行聽證會。一個公民團體認為這些書籍「反美、反基督教、反猶太,而且簡直骯髒不堪」(p. 853)。

至少在訴訟涉及學校的情況下,「皮科案」判決遠未達成一致立場,從而使得在學校環境中的資訊接收權不那麼穩固。例如,法院協同意見就《第一修正案》是否賦予學生接收資訊的權利存在分歧。一定程度上,它認為該案的矛盾點在於,學校具有向學生灌輸思想的廣泛權力與

第二部分　《第一修正案》中的言論：法律基礎

憲法禁止「國家對不同思想的某些形式的歧視」之間的關係緊張（Board of Education, Island Trees Union Free School District No. 26 v. Pico, 1982, p. 878）。從這一意見得出的結論是，應該透過創制一條規則來緩解這一緊張關係，即政府不得僅僅因為厭惡某些思想，就以壓制思想為目的將書籍從學校圖書館移除。同樣，異議意見有力強調了小學教育和中學教育的固有選擇性，認為這是政府作為教育者和主管者的雙重身分之間的關鍵區別：

「當政府作為教育者行事時，它至少在中小學階段是致力於向易受影響的年輕人灌輸社會價值和知識的。顯然，這一過程中有數不清的決定要做，譬如應該教什麼課程、買什麼書或者應該聘用什麼樣的教師……在管理學區各項繁雜事務的過程中，僅僅決定購買某些書籍就必然排除了購買其他書籍的可能性；決定開設某個特定的學科，會排除開設另一學科的可能性；決定更換一名教學效果不佳的教師，會被認為隱含著對其所講授的學科內容的貶低。然而，在上述每一種情況下，都可以從其他地方獲得相關的書籍或接觸相關的學科知識。學區的管理者並非對全體公民禁止這些內容，而只是確定它不會被納入相關課程或學校圖書館中。」（pp. 909-10）

異議意見承認：一個有政治動機的民主派學校董事會，並不會移除所有由共和黨人撰寫或支持共和黨人主張的書籍；同時，一個有種族主義動機的白人學校董事會，也不會移除所有由黑人撰寫或贊成種族平等的書。但這一讓步被認為主要是理論上的，因為此類「極端的例子」在現實生活中很少發生。因此，儘管學校對學生個人表達的壓制與學區決定從學校圖書館移除書籍之間存在區別，多數意見與異議意見顯然都認為，學校試圖透過壓制的手段來塑造種族或政治觀念是不妥當的。他們的分歧在於：這些壓制行為是否基於「皮科案」的事實已經或能夠得到證實。

7　青少年的言論自由權

「皮科案」在何種程度上明確認可資訊接收的權利，最終會引發相當多的爭論，但最高法院在「博爾格訴揚斯藥品公司案」（Bolger v. Youngs Drug Products Corporation, 1983）的審議中，接收資訊權這一概念獲得了每位大法官的認可。儘管資訊接收權在該案中並非是擺在最高法院面前的明確議題，但它在法院多數意見和協同意見中均成為重要主題。「博爾格案」中的確切問題涉及避孕藥生產商未經請求向公眾郵寄「資訊」小冊子的權利，這些小冊子關係到避孕用品的普遍供應和性傳播疾病的預防。法院支持商業言論者的權利，認為其傳達「有關重要社會問題的真實資訊」的重要性超過政府所聲稱的利益（Bolger v. Youngs Drug Products Corporation, 1983, p. 69）。但與此同時，法院也審查了父母獲取可能幫助其履行某些最困難職責的資訊權利的重要性，認為禁止未經請求郵寄避孕用品廣告的法律存在一定缺陷，一部分原因是它剝奪了父母獲取重要資訊的機會，另一部分原因是它剝奪了青少年獲取關鍵知識的機會。法院也援引了「埃爾茲諾茲尼克訴傑克森維爾市案」（Erznoznik v. City of Jacksonville, 1975, pp. 213-14），該案中，一項禁止露天汽車戲院放映任何包含裸體畫面且從街道上可以看到的電影的一個法令被判定無效。與「博爾格案」一樣，該案所涉及的也是那種「明確剝奪未成年人資訊接收權」的法令，而未成年人有權享有《第一修正案》的一定程度上的保護」（Bolger v. Youngs Drug Products Corporation, 1983, pp. 74-75 n.30 citing Erznoznik v. City of Jacksonville, 1975, p. 212）。協同意見強調，雖然家長可能有權獲得政府的支持以限制進入家庭郵箱的資料類型，但正如該案中政府所辯稱的那樣，涉案法令遏制了家長的利益，因為它不許「父母獲取節育資訊，而此類資訊可能有助於父母在告知子女哪些節育資訊上做出明智決定」（Bolger v. Youngs Drug Products Corporation, 1983, p. 79）。因此，法院至少認可接收某些類型的資訊的權利。

第二部分 《第一修正案》中的言論：法律基礎

「博爾格案」和其他類似案件中認可接收資訊權，但似乎又將這項權利的控制權交給了家長和其他成年人。知情權和言論權本身一樣，是個人僅能用以抵禦政府的一項權利。儘管法院強烈傾向於支持父母控制子女接收資訊的權利，但其否定了無視父母對資訊公開的偏好而使得未成年人完全無法獲得某些資料的政府行動。政府限制未成年人直接獲取有爭議的資料時，父母可以自行決定為孩子提供這些資訊，這一觀點為支持州政府為保護孩子而規制言論的案件提供了司法推理根據。如在「金斯伯格訴紐約州案」（Ginsberg v. New York, 1968, p. 639）中，最高法院強調，禁止向未成年人出售所謂「少女雜誌」的州法規定，並不會導致相關資料完全不能被未成年人獲取。根據這一規定，父母仍然可以自由決定為其子女購買被禁止的雜誌，但是他們並沒有自由禁止其他父母為其子女購買相關資料。無論如何，青少年自己不能直接、無限制地獲取這些資料。

最高法院尚未正視未成年人與父母就言論權持有不同立場的情形，探討未成年人權利的《第一修正案》相關案件所涉及的事實情況都是父母與子女的利益相一致 —— 父母認為他們的子女在與其有共同信仰體系的情況下擁有言論權利。一些相關父母權利的著名案件中，持不同意見者強烈呼籲考慮兒童的獨立權利。一個經典且具有說明性的例子是「威斯康辛州訴尤德案」（Wisconsin v. Yoder, 1972），該案允許父母讓他們的青春期孩子從公立學校轉學；法院明確允許父母這樣做，是因為孩子們已經進入青春期，可能會受到主流文化的強烈影響。一個措辭強烈的異議意見認為，此種情況下應該徵求兒童的意見，但該觀點（與評論者的主張相反）並沒有敦促法院承認青少年在這一情況下有權反對父母。

除了涉及青少年的《第一修正案》相關案件之外，最高法院還在公眾接收資訊權的更廣泛背景下考量青少年的法律權利。對這一權利的分析

7 青少年的言論自由權

出現在「教育場景」這一最基本的獲取資訊的環境中。法院實際上在「邁耶訴內布拉斯加州案」(Meyer v. Nebraska, 1923)及其密切相關的後續案例中(Pierce v. Society of Sisters, 1925)中,首次承認了在教育場景中獲取資訊的權利。在「邁耶案」中,內布拉斯加州頒布一項法令規定以英語之外的其他語言教授任何學科的行為構成輕罪。基於這一法令,邁耶因教他女兒學習德語而獲罪。最高法院最終推翻了這一法令,認為自由的概念中「毫無疑問」包括「個人獲取有用知識的權利……」(Meyer v. Nebraska, 1923, p. 399)。此外,法院表示:

「不得以保護公共利益為幌子或透過專斷的或與州有權實現的某些目的不存在合理關係的立法行為來干涉這一自由……美國人一直把教育和獲取知識視為極其重要的事情,對此應努力予以推動。」(同上,pp. 399-400)

在「邁耶案」中,知情權和言論權之間的關係是共生的。雖然「邁耶案」可能被完全視為圍繞教師言論權展開,「邁耶案」定罪判決的推翻維護了這一自由利益的兩個方面。重要的是,「邁耶案」法院並沒有明確指出教師是否有資格提出學生接受德語培訓的權利。但是,後來的「格列斯伍德訴康乃狄克案」(Griswold v. Connecticut, 1965)不僅解決了這個問題,支持發言者有權代表聽眾提出憲法權利問題,而且實際上將「邁耶案」作為恰當處理該問題的一個案例加以援引。「格列斯伍德案」直接解決了接收資訊權問題,在該案中,個人有權獲得有關避孕措施的資訊。但重要的是,「格列斯伍德案」關於這一討論的價值最終受制於一個事實,即該判決將州政府關於避孕的禁令違憲問題轉化為侵犯隱私問題,而非僅僅是接收避孕資訊權利問題。隱私權和接收資訊權之間的關係不僅對成年人有意義,也對確保青少年的權利至關重要。這些公認存在爭議的案件說明,如果《第一修正案》要賦予思想市場諸多益處(如自

第二部分 《第一修正案》中的言論：法律基礎

我實現和自主）以核心地位，那麼無論法律是豐富還是限制了言論的範疇，個體都需要暢通無阻地獲取資訊和意見來幫助他們做出影響生活的決策、管理自己的生活並維護透過言論條款表達的民主自治目標。

正如教育相關案件所表示的那樣，公眾可能有權接收資訊，但法院的確允許國家對資訊的性質加以管控。這一規則也出現在國家提供資助的情況下。雖然政府似乎鼓勵資訊的流通，但如我們在第六章所見，政府在支持某些觀點時，自身也可能進行觀點歧視，《第一修正案》並未限制政府利用其財政支出權力影響私人或公共言論的能力。我們已經分析了該規則如何限制更廣泛的資訊接收權；該規則適用於青少年時也不例外。最值得注意的是，該規則在國家為青少年提供支持性服務中被接受。有趣的是，相關挑戰出現在「性教育和生殖服務」這一法院已認可的對自我決定非常重要的私人資訊領域。最能說明問題的例子涉及《青少年家庭生活法案》（Adolescent Family Life Act, "AFLA"；1982），它為公共或非營利私人組織在青少年婚前性關係和懷孕方面的服務和研究提供資助。資助的項目從諸如廣告牌廣告的媒體宣傳，到課後輔導計畫以及在公立和私立學校的性教育計畫，形式多種多樣。AFLA明確要求促進家庭支持並鼓勵宗教、慈善和志願組織的參與，明確禁止資金用於資助、推廣或鼓勵墮胎。就目前形式而言，該法案是提供性教育的主要資金來源，並要求受贊助的組織只提供基於禁慾教育而非全面的性教育。政府顯然在進行觀點歧視，但該法案尚未因言論自由受到有力的質疑；這些質疑被消除，僅僅是因為「拉斯特訴沙利文」（Rust v. Sullivan, 1991）及其後續判例允許政府有選擇性地資助計畫，並傳達自己希望傳達的資訊。然而，該法案因違反《第一修正案》的「政教分離條款」而受到質疑，因為有人認為，資金偏向於諸如宗教機構之類秉持禁慾理念的組織。在「鮑恩訴肯德里克案」（Bowen v. Kendrick, 1988）中，最高法

7 青少年的言論自由權

院堅決駁回了這些質疑，認為 AFLA 法案旨在促進某些道德觀念，其預期效果和宗教團體的道德觀念相一致，與宗教團體接受資金以宣揚這些觀念的事實之間也不構成衝突。因此，即使直接涉及像宗教自由之類的潛在重要權利，如果政府像父母一樣不願意向青少年提供不受歡迎的觀點，資訊接收權仍然不足以突破這些限制。

結論

解決青少年的權利問題，意味著將一系列多元價值觀融入並適配到《第一修正案》既有的諸多考量因素構成的體系之中。這些價值觀中最主要的一個普遍性觀點是，青少年的表達權本質上源於成人並受到成年人的保護。我們的法律制度一般透過賦予成年人廣泛控制權的方式來建構青少年的《第一修正案》自由，對青少年自我表達或獲取某些思想的方式和程度實施控制。這一方法僅僅反映了有關青少年權利的一般法學概念，其認為青少年既需要免受成年人現實經驗的影響又需要接觸其中的某些現實，這樣他們才可以發展出參與思想市場的內在導向能力。這一能力是《第一修正案》判例法的核心所在，它塑造並認可這樣一種決策者的形象：他們作為自由、自主、熱忱和自立的個人，參與到思想的自由交流中去。

法律制度對成年人和青少年的認知有所不同，對他們能力的假設指導著不同法律應對措施的發展，而這些對策並不能反映成年人和青少年參與思想的實際情況。對成年人來說，法律上的這些假設所反映的與其說是切實可達成的目標，不如說是讓法律系統能夠處理常常相互衝突的價值觀的願望。基於社會科學對人類發展和能力的理解，有理由質疑，那些所謂的成年人是否足夠成熟、開明、在氣質或文化上有能力抵制腐朽思想或者在自由言論市場中汲取真理。事實上，公民很可能並非能夠

第二部分　《第一修正案》中的言論：法律基礎

真正自主，相反，他們的選擇似乎受到政府、經濟力量、媒體和其他社會化機構的限制或操縱。的確，在許多方面，那些機構的存在是為了指導和約束行為、思想和情感。就此點而言，法律所倡導的自主理想遠未能反映參與言論自由所需要的勇氣和自立精神。法律對青少年的看法並沒有改善，它對青少年的誤解與其對成年人的誤解的程度不相上下。雖然對青少年缺乏能力的廣泛假設不能反映其事實上的多樣性現實，但與成人相比，法律對青少年的認知可能更密切地反映出公民在思想市場交流互動的實際情況。然而，法律仍積極地試圖對青少年加以約束，並認為他們沒有能力在思想市場中發揮作用。

正如我們所見，父母擁有廣泛的權利，法律也普遍認為青少年處於某種形式的監護之下並且由成年人掌控。這一觀點在涉及青少年表達權的主要案件中獲得了支持。青少年在家庭中基本上沒有表達自由的權利。此外，如果父母不願意提供某些資訊的話，青少年一般也沒有權利獲得這些資訊。這並不奇怪，因為憲法旨在保護公民不受政府行為侵犯，而父母的行為不屬此列。只要父母不濫用權利就可以自由行事。儘管有些人可能會認為青少年應在其家庭中保留獨立的權利，但最高法院案件還沒有以任何有意義和具有說服力的方式支持這一觀點，哪怕是在其異議意見中。

當青少年可以被視為公共場所的公共行動主體時，他們仍然很少有獨立的權利來接收或表達思想。關於這一權利的缺失，我們見到的最明顯的例子涉及政府監管下的青少年。最典型的例子是公立學校，但此種權利的缺失顯然也延伸到了由國家監管其他的領域，如兒童福利和少年司法系統。它們在這些領域的管控力度如此之大，以至於相關運作很少受到來自《第一修正案》層面的質疑。儘管確認青少年擁有自主控制權的《第一修正案》權利的主要判例實際上是在政府監管的背景下（如

7 青少年的言論自由權

公立學校)產生的,但最高法院隨後對這一立場的解釋比一些人所期望的要狹隘得多。此後的案例證實,青少年實際上幾乎沒有權利控制自己的表達,甚至更沒有權利控制他們可能尋求和接受的思想。這些判決將學校視為專制機構(很像監獄、軍隊以及青少年和兒童福利系統),並公開表示司法上尊重學校官員的決定。簡單地說,在「廷克案」之後的幾十年內,法院明確裁決,學生在學校門口以及政府設立的任何其他機構門口,都得放棄他們的大部分憲法權利。司法部門需要認可尊重政府權威,這就使得政府監管下的青少年支配自身憲法權利的空間相對較小。儘管學校和其他政府機構享有權力,但相關案件仍然表示,政府官員不應該在一些關鍵領域試圖干預青少年的全面發展,而應將權力留給父母、宗教或文化社群以及其他被認為是不受政府控制的機構。我們在這方面所看到的最明顯的例子為,最高法院設想處於政府監管下的青少年所擁有的宗教權利的方式。此種情況下,法院往往不把青少年視為公共場所的公共行為主體,而是更多地將他們視為公共場所的私人行為主體。但法律體系並沒有將處於這一場景下的青少年視為能夠控制自己權利的私人行為主體,而是越來越多地將他們視為權利和保護源自父母和其他團體的私人行為主體——父母最終控制其子女的教育環境,而社區可以對這一企圖予以支持或忽略。因此,在通常情況下,這意味著青少年對自身權利的控制通常會遭受冷遇。

不同於家庭和國家控制的機構中青少年權利的缺失,當青少年作為私人行為主體在公共的、非政府控制的場所行事時,顯然擁有相當大的言論自由權利。在這些情況下,法院更可能將青少年的權利視為與成年人相同。該規則源於這樣一種信念,即青少年有權參與思想市場。事實上,在此種情形下,無論是在接受思想還是表達思想的意義上,涉及表達的少數案件揭示了法院幾乎只關注所表達的言論本身,而忽略了我們

第二部分　《第一修正案》中的言論：法律基礎

所處理的對象是未成年人。相關仇恨言論的案件就是最明顯的例證。儘管這些權利的範圍看似廣泛，但在國家同樣限制成年人權利的範圍內，青少年的相關權利也受到限制。此外，基於青少年的未成年人身分，他們的權利仍可能受到限制。在許多情況下，青少年被認為需要保護而最終受到國家和家長的控制。這是「普林斯訴麻薩諸塞州案」（Prince v. Massachusetts, 1944）這一重要案件的判決結論，該案以兒童保護理論為依據來控制父母及其子女的權利。同樣的規則也對限制青少年性表達的法律給予支持（Ginsberg v. New York, 1968）。這些限制是切實存在的，但相關情況也顯示，青少年在更廣泛的社會中行動時相當程度上能夠獲得自由。

法律對待和期望青少年在受控制機構（例如學校和家庭）中的行為方式與在不受此控制的更廣泛社會（街頭）中的行為方式之間產生的緊張關係，對《第一修正案》判例法產生了挑戰。我們已經看到，相關法學理論如何正確地看待包括資訊接收權在內的言論自由的內在價值和工具價值。從內在角度看，言論自由促進和反映了人的個性，培養人類尊嚴本質。自主思考、傾聽和自我表達能力對於自由且能自我決定的個體至關重要，也是自由的真正基礎。言論自由也因其所產生的結果具有重要價值。尤其是，言論自由促進了政治意願的形成和建構，指導著民主和公民社會的範圍和宗旨。《第一修正案》相關法律繼續擴展那些值得捍衛的內容，它不再局限於捍衛言論自由在推進我們的民主政治中的作用，如今還承認自由表達在私人和更廣泛公共領域中的作用，包括追求真理、自我實現、自我完善以及社區的組織、轉型與延續等。這些方面構成了人類發展的必要基石。

就我們的討論目的而言，《第一修正案》所保障的表達自由必須被理解為關乎個人能力與力量的發展（比如當一個人充分發揮自身潛力時），

7 青少年的言論自由權

以及個人透過作出影響生活的決策來掌控自己的命運。這反映了《第一修正案》判例法的一個轉變,即承認:雖然民主和社會價值很重要,個人自我實現的基本原則也同樣重要,我們在考慮青少年發展及其在公民社會中的地位時應當關注到此點。也就是說,自我實現的價值支撐著民主和言論自由。同樣地,民主和言論自由也有助於自我的實現:那些擁有相對自由來發展獨特自我的青少年,會成為更好的民主公民。同樣,民主和言論自由互相支持,因為對言論自由的保護也維護了民主進程,這些價值——民主、自我實現等,沒有哪個能孤立存在。當人們透過言論、寫作和獲得思想來充實自己時,他們也在為言論自由的社會公共價值貢獻力量。正如我們所觀察到的那樣,社會現實的複雜性使得無法將言論自由的意義局限於任何一種價值,這一現實情況因青少年在社會中的特殊地位而變得越發複雜。

正如《第一修正案》判例法本身就必然涉及到複雜的層次,在解決青少年法律現實問題時更是如此,而青少年的社會現實卻又帶來了另一個重要的維度。青少年可能比法律評論所披露和公眾輿論所建議的那樣更為自由地表達和接受言論。事實上,正如本書第一部分所示,青少年接觸到大量資訊,而人們卻往往認為他們無法負責任地利用這些資訊,譬如有關性行為和毒品的資訊。這一現實反映在人們關於媒體對青少年影響問題的日益關注上。如果從法律和現實的交織中能得出任何結論的話,那就是,在《第一修正案》框架中為青少年找到安全而妥當的位置,是一項艱鉅而不斷變化的任務。一方面,它可能導致不必要的審查;另一方面,它可能會擴大《第一修正案》的保護範圍,從而超越既定的憲法框架。當理論上試圖回應不斷變化的社會環境時,這些方向會朝著不同的方向發展。這些變化的方向和場景意味著,引導青少年言論自由權利的架構和進程的努力值得關注。即使我們可能還是無法找到解決方案,

第二部分 《第一修正案》中的言論：法律基礎

最後一章將探討這些虛構觀念和現實情況引發的矛盾所帶來的影響，並開始繪製重塑青少年權利的藍圖。

8 結論：認真對待發展科學和言論自由權

令人矚目的媒體研究在數量和品質上快速增長，這充分揭示了青少年對資訊的反應方式以及面向大眾傳播的資訊對青少年發展的顯著影響。儘管對既定結果的意義存在爭議，但現有證據顯示，媒體在青少年的社會化過程中發揮著核心作用。有些媒體效應是直接和即時的，其他一些則是更長期和間接的，所有效應都與青少年的性格及其所處環境中的各種因素相互作用。考慮到各種媒體的廣泛普及性，這些研究結果並不令人意外。媒體確實成為了青少年生活中一直發揮強大作用的資訊環境的組成部分。

研究恰當地強調了考慮媒體對青少年成長的影響的必要性，但正如我們所見，探討媒體消費和影響的研究議程往往局限於狹窄的調查範圍。鑒於方法上的局限性、實際考量因素以及青少年發展的複雜性，將其限於狹窄的調查範圍是可以理解的。但研究仍然關注於特定的媒體內容，尤其是性活動、吸毒、暴力以及更近期的身體意象等。研究尚未系統地解決多種形式的媒體內容如何影響作為多元個體的青少年的問題，他們對已確定問題的處理方式相互影響並與其他的環境因素相互作用。媒體效應研究還普遍忽略了那些建構資訊和塑造青少年處理資訊方式的其他環境因素，也即，研究令人信服地揭示了媒體使用和特定行為結果（如吸毒、性行為和飲食習慣）相關，但直到最近才開始強調青少年如何根據其他資訊來源（如同伴、父母和學校）來思考和處理從媒體獲得的資訊。傳媒的相關研究成果雖然令人印象深刻，但在範圍上往往比較狹窄。

8　結論：認真對待發展科學和言論自由權

這種範圍狹窄的研究具有廣泛的意義。就我們的目的而言，這一意義在於努力扼殺了適當的法律對策。實際上，無論是廣義還是狹義上對媒體的政策回應，都沒有真正致力於確定其與我們當前對青少年成長及其在公民社會中地位的理解之間存在何種關聯性。受關注範圍和結果狹窄的研究的趨動，針對媒體影響的政策應對同樣零打碎敲，未能考慮青少年生活的複雜性。因此，法律對策，包括相應的案件在內，沒有充分考慮到青少年更全面的權利以及憲法未能將言論自由的權利限定於某一特定群體的真正原因。

接下來的討論將整合我們得出的結論，並試圖設想：法律體系若能更為認真地對待發展科學，它將採取何種法學立場。為此，我們將審視為什麼現行政策往往忽視青少年發展的全貌，包括傳媒和資訊環境影響青少年生活的各種方式。這一討論將支撐我們其餘的分析，因為它揭示了採用其他替代方法處理青少年權利問題的必要性。我們對青少年權利的討論從憲法本身入手，強調第六章中確定的言論自由原則如何與青少年生活發生關聯。這一討論將重構第七章所展示的當前針對青少年傳媒和言論自由權的零散的規制方式——這些方式往往將青少年與成年人相提並論。相關分析並非以成年人為基準來確定法律制度應否認可和尊重青少年的權利，而是著眼於規範言論自由權的憲法原則，旨在制定一些促進法律規則發展的原則，這些原則忠於憲法的明確規定，即每個人都應享有憲法的保護。

法律考量青少年資訊環境的必要性與不足

重新審視青少年的言論自由權，首先需要了解如此做的必要性。相關青少年的法律規範史顯示，法律的回應源自對青少年形象和其在社會中所處地位的認知。為我們的法律制度所支持的根深蒂固的社會力量使

第二部分 《第一修正案》中的言論：法律基礎

得這些形象和認知自成一體，嚴重限制了試圖改變它們以及為此制定政策的努力。然而，正如我們將看到的那樣，當改革舉措著眼於青少年的需求、憲法權利基礎以及青少年在公民社會中的特殊地位時，就絕非是徒勞無益的。這些舉措是由於目前未能認可和考慮到青少年需求而形成的。這些失敗必然會成為影響結果的跳板，但尚不足以推動改革。不管青少年的需求如何，法律對這些需求的回應依賴於對這些需求的觀念，以及法律在努力適應這些觀念時所必須考慮的因素。

認知不足的原因

前幾章提出的五個因素有助於解釋為何未能更全面地審視對青少年更廣泛的傳媒和資訊環境的規制。第一個因素涉及一種誤解，即認為某些形式的媒體會直接和不可避免地引發特定的結果。例如，認為某些媒體內容有害的觀念使得相關關注點局限於這一內容，並促使人們努力限制對這些特定媒體內容的接觸。因此，政策舉措側重於特定的需求，並對研究和倡導團體常常宣揚的特別發現做出回應。雖然這種限縮的方法在試圖解決緊迫性社會問題方面有其意義，但不幸的是，它淡化了一個事實，即沒有任何一種特定的媒介或媒體內容會單獨影響到青少年的發展。實際上，媒體只是青少年資訊環境的一個因素且並非決定性因素，這一結論並沒有什麼新奇之處。研究媒體效應的主要評論者謹慎地提出自己的研究發現，以表現和突出實證中的細微差別、限定條件和局限性。令人遺憾的是，政策的回應在證據使用方面往往不夠謹慎，只有當極端事件和事例為推動政策的制定提供契機時，政策制定者似乎才會使用證據。創制法律的法院判決必然會對這些政策作出回應。因此，改革努力仍然採用碎片式方法，因為對研究的法律回應往往自行其是。沒有全面的舉措來推動青少年對媒體和資訊環境的應對。

8 結論：認真對待發展科學和言論自由權

　　第二個因素有助於解釋為何未能更廣泛地審視媒體與資訊環境。這源自於一種錯誤認知，即認為法律制度已經正式解決了青少年的媒體權利問題。然而，正如我們所見，實際上還有許多問題有待確定。有些媒體的「表達」，如電影和音樂的內容，以及來自於網際網路、電話和有線電視等主流媒體的體驗，都在相當程度上缺乏規制。這一規制的不足對資訊系統產生了很大連鎖反應，例如，網際網路使得個人能夠與他人透過電子郵件、自動郵件列表、聊天室和全球資訊網等模式進行即時交流。因此，常常被認為青少年無法接觸到的媒體內容，事實上已經進入了他們的社交世界。即使獲得的資訊可能有限，只要有一個同齡人能接觸到某種類型或內容的媒體，基本上就意味著該社交網路中的其他同齡人也會接觸到這些內容。法律已經解決了媒體環境問題的此種誤解，說明有必要在更廣泛的資訊環境背景下審視媒體的地位。這種誤解非常值得注意。誤以為法律制度已經解決了青少年媒體問題，或者以為如果立法者願意就能輕而易舉地解決問題，這樣的看法在現實面前不堪一擊。現實是，妥當的回應必須從更廣泛的視角審視自由言論權利，考慮法律多大程度上未能普遍解決媒體問題，青少年如何與他們所處的資訊環境互動，以及媒體如何滲透到青少年的生活。

　　第三個因素關乎普遍認知和社會傳統，即認為父母控制、指導甚至決定著青少年的媒體環境。雖然父母能夠而且常常在青少年的生活中發揮著強大作用，但對這一權力的認知會往往高估父母的實際影響，也高估了維護父母對子女媒體環境及各類媒體取向的掌控權的必要性。實際上，我們對媒體環境、媒體影響以及青少年對媒體環境取向的發展的仔細研究顯示，提供了質疑家長直接控制青少年媒體體驗的實際程度的許多理由。當進入青春期時，青少年獲得了大量存取和接觸各種媒體的機會，其中包括獲取父母不願讓他們接觸的內容，或父母在並沒有意識到

第二部分　《第一修正案》中的言論：法律基礎

或沒有充分關注相關媒體影響的情況下允許他們接觸的內容。研究反覆顯示，儘管父母聲稱對孩子的媒體消費有所控制，但實際上他們通常並未施加太多管控（Gentile & Walsh, 2002）。大量證據駁斥了家長掌控青少年資訊環境這一錯誤認知。未能意識到塑成青少年媒體接觸的因素的複雜性，突顯了重新評估影響青少年的各種因素的必要性。

　　第三個因素有助於解釋第四個因素，即法律賦予父母以其認為合適的方式撫養子女的廣泛權利，以及法律上普遍傾向於將未成年青少年當作兒童對待。正如我們所見，父母確實擁有廣泛的自由裁量權，但法律制度仍然根據不同的情境允許青少年行使自身權利，並設法保護這些權利不受國家行為的侵犯。此外，法律如今了解到，為家庭關係蒙上的隱私面紗可能會掩蓋其他值得認可的重要價值和權利，如自由、平等和對受撫養家庭成員的保護。因此，即使在父母擁有很大控制權的情況下，法律仍然允許進行干預以保護青少年的權利，或者解決家長權利與公民社會、當地社區或者與青少年互動的其他人的廣泛利益發生衝突時可能引發的潛在矛盾。當然，在父母沒有直接控制權的情況下，譬如青少年「在街頭遊走」時，法律一般會將青少年視為獨立行為主體而淡化父母的主張，例如當青少年的言論由受保護的言語轉變為應受懲罰的言語活動時。刑事司法系統往往假定青少年與成人掌握相同的資訊，最近嘗試廢除少年法庭系統的舉措以及警察、檢察官與未成年人之間的互動就是典型例證（Levesque, 2006）。同樣重要的是，法律影響著媒體和其他資訊環境，而它們反過來又影響著父母和青少年——從法律對媒體和青少年同齡人的規範來看，對青少年的影響並不一定必然直接經由父母傳遞。認為家長控制和培養青少年的媒體環境這一錯誤假設，對國家在家庭內外如何對待青少年有著深遠影響。摒棄「法律總是把青少年作為未成年人對待」這一誤解，就需要考慮媒體對青少年施加影響的直接和間接的途

8 結論：認真對待發展科學和言論自由權

徑。而要想恰當地處理這些途徑問題，就需要承認影響青少年的成長、所處環境以及生活在文明多元社會所要求的基本社會現實、發展現實和法律的現實。

上述因素共同導致了最後一種錯誤認知的形成，即認為成年人必須保護未成年人免受媒體影響甚至《第一修正案》本身的影響。我們在第七章所探討的「規制對未成年人有害的行為」的法律的增多即說明了此點。評論者和法律往往以兒童保護為名倡導審查制度的必要性。如同成年人一樣，青少年當然可以從多種形式的言論審查中受益，正如我們在第六章所強調的言論自由的一長串例外情況所示。這些例外適用於所有人。但是，青少年在多大程度上需要更具干預性和強而有力的言論保護，實際上存在很大爭議。如果沒有爭議，那麼法律也不會越來越多地賦予家長對青少年的審查控制權，因為這樣做顯然並不能有效地將某些觀念從青少年的資訊環境中剔除。事實上，這種做法存在諸多漏洞。這一舉措的效果顯示，現行法律似乎整體上更注重保護父母的權利而非保護青少年免受傷害。因此，這些法律並沒有很好地保護青少年免受對其構成傷害的言論的影響，也沒有向青少年提供能夠幫助他們應對實際傷害的資訊。這些與正常預期相反的結果尚未消除一種錯誤認知，即認為法律會積極尋求保護青少年免遭侵害，為了有效保護兒童的危害就必須限制青少年的權利。

▌應對不足的需求

人們對法律和政策中定位存在普遍的認知錯誤，更不用說質疑對父母控制自己孩子的資訊環境的看法，這無疑是一種頗具爭議的立場。然而，正是這些誤解突顯了評估媒體對青少年發展的作用以及影響青少年的政策的必要性。不過，這些錯誤認知本身並不足以支持對媒體和青少

第二部分　《第一修正案》中的言論：法律基礎

年的規制作出評估和提出改革建議。法律制度總是對個人及其所處環境作出廣泛的假設，即使社會科學研究結果和現實對這些假設提出挑戰，這一制度仍可以順利執行。但在這種情況下，幾個歷史時刻的特徵與錯誤認知背後的現實相結合，使得我們迫切需要對媒體控制和技術、青少年發展、家庭、社區和法律之間的相互關係予以仔細審視。

青少年在家庭、社區和同伴關係中面臨著有所變化且令人困擾的現實狀況。青少年生活在機會受限的困難家庭和社區中。例如，與在經濟上更為優越的同齡人相比較，生活在貧困中的青少年經歷更多的家庭動盪、暴力、與家人分離、生活不穩定以及家庭缺乏社會支持（Evans, 2004）。貧困的青少年面對無所不在的環境不平等、有限的社區資源、緊張的關係和缺乏集體效能的規範，而這些因素促生了不穩定性，並進而引發負面的行為和情感後果（Leventhal & Brooks-Gunn, 2000）。重要的是，不貧困的家庭也在掙扎於孩子的培育和照顧，甚至難以提供基本的物質生活必需品（Bradley & Corwyn, 2002; Levesque, 2002a）。

很難說青少年正在茁壯成長。大量青少年在成長中缺少思考生活意義的機會，而社群也未能滿足這一需求（Levesque, 2002c）。未能支持青少年發展而產生不良後果的證據比比皆是，尤其是青少年受侵害率、學業失敗率和心理健康需求未得到滿足等情況（Levesque, 2002a）。少數族裔青少年在心理健康和獲得心理健康服務方面面臨著越來越大的差距；這與他們在社會經濟地位方面已面臨的多重挑戰相關，而由於缺乏在他們的文化、家庭和社區背景下滿足其特定心理健康需求的文化適應能力的服務，這種差距在進一步加劇（Pumariega, Rogers, & Rothe, 2005）。即使青少年能夠在穩定的家庭和擁有確定社群的社區中成長，這些具有良好初衷的社群實際上可能會損害青少年的發展，助長對其他個人或群體成員的偏見，由此為更廣泛的社會帶來負擔。青少年、家庭和社區不能

8　結論：認真對待發展科學和言論自由權

忽視那些來自他們自己和其他社區的青少年。如同社區機構本身所面臨的挑戰那樣，青少年也面臨諸多社區層面上的挑戰。這些挑戰不可避免地涉及言論自由，例如接受援助和了解能否獲得援助所需的資訊，以及確定接觸有害社區的潛在危險並有效應對此類威脅。

除了社會關係的變化之外，政府在滿足人類基本需求方面的角色轉變也促使人們重新考慮媒體在青春期發展中的作用。由於社區和私人社區團體難以應對挑戰，相關政策越來越多地將提供社會服務的責任轉嫁給它們。例如，在支持宗教機構提供社會服務的舉措方面，新的嚴格政策日益意味著政府在提供社會服務方面更廣泛的公共責任和問責制的放棄。這一變化不僅可能對青少年帶來潛在問題，而且可能會對社會結構本身造成問題。例如，推動使用公共資金支付私立和宗教學校的費用的做法，挑戰了連接私人生活和公共生活的共享環境。與以往不同的是，當前的改革要求把公共資金集中於普通公立教育體系之外的青少年教育。

這種資源導向破壞了公立學校原本的理念，即能夠融合來自不同背景的學生，並致力於培養具有共同美國傳統觀念的學生 (Levesque, 2002b)。雖然有一些私立學校在讓學生接受與公民身分相符的價值觀方面實際上跟普通公立學校做得一樣好或者更好 (Godwin, Godwin, & Martinez-Ebers, 2004)，但共同教育的理想已不復存在。這也意味著對透過公共教育為學生作為公民有效參與美國憲政民主作準備的這一傳統首要目標的背離。各種媒體傳播的資訊以及塑造青年文化的主流媒體的出現，如今相當程度上承擔發揮著曾經由家長和社區掌控的公立學校的同質化、標準化功能。正如我們所見，媒體傳播的價值可能沒有很好地反映那些更傳統的機構所認可的價值觀，如果沒有針對媒體的新角色調整社會和法律對策的共同努力，尚不清楚新媒體環境如何有助於培養有效的公民意識。

第二部分　《第一修正案》中的言論：法律基礎

在學校教育等更傳統資訊供給領域發生的私有化轉變，也深入到其他社會服務供應領域。而私有化對青少年的資訊環境產生的意外結果，也在這些轉變中找到了共通之處。最值得注意的是，如果從資訊傳播的角度看，將私人選擇引入福利服務供應的做法令人擔憂。例如，從大量兒童福利服務評估中揭示出普遍存在的歧視現象，在接受服務的對象、服務的類型以及接受者必須做些什麼以獲取服務等方面均是如此（Levesque, 2000）。歧視的風險可能會不斷增加，因為對私人團體提供服務的依賴程度的不斷加深會導致無意（或有意）的排斥和脅迫行為，從而侵犯蘊含在國家理想中的自由。這些發展都直接牽涉到青少年的知情權、言論權和發展自身潛力的自由。正如我們所見，私有化意味著政府現在可能會排除其他舉措而支持那些對資訊予以審查的項目，只披露那些國家認為有價值的資訊給必須做出個人選擇的青少年，而這些選擇將會影響他們的人生過程。雖然有一些重要的理由支持這一形式的審查，但很顯然，一些青少年的潛在重要資訊資源將受到剝奪，而另一些青少年將從其他獲取資訊的途徑中受益。因此，雖然私有化可能不會被視為《第一修正案》的關切問題，但其後果顯然涉及資訊權利和資訊環境。

由於規制媒體的法律和政策發生了革命性變化，媒體在青少年更廣泛的資訊環境中的作用也需要予以仔細審視。法律制度歷來樂於接受隨時可用的自助救濟措施，並將其作為證明國家機構沒有任何迫切的利益以限制言論的證據。自助救濟曾經採取簡單而直接的形式（比如遠離冒犯性內容），但這一方法過於簡單，以至於法院從未真正宣揚過他們利用自助救濟來限制國家審查工作這一事實。然而，隨著能夠過濾潛在問題性言論的技術的出現，最近開始鼓勵法院從不同的角度看待自助救濟措施。法院不斷引用此類技術性自助作為證據，證明國家機構為達到其目的採取了不合理的限制手段。例如，最高法院最近確認，它有意願將國

家針對所謂的言論自由弊病所採取的補救措施的限制與替代性自助救濟措施的限制進行比較（United States v. Playboy Entertainment Group, 2000, p. 814）。此外，法院積極自覺地接受了其自助救濟的新角色，從而為修正國家行為的適當限制打開了大門：「技術拓展了選擇的能力，如果我們認為政府最適合替我們做出這些選擇，那就否定了這場革命的潛力」（United States v. Playboy Entertainment Group, 2000, p. 818）。

這些發展與青少年尤其相關。支持自助救濟的案例顯示，父母權威可以作為一種自助形式，足以有效地駁斥國家存在保護未成年人免受有害言論的重大迫切利益的主張。這一趨勢甚至在媒體以外的言論自由語境下亦有所表現，如涉及公立學校中的宗教俱樂部集會的案件（Good News Club v. Milford Central School, 2001）。其結果是，青少年可能獲得的資訊有所增加，這並不一定有助於確保那些接觸資訊的青少年有能力做出有效應對。這一結果引發了新的緊迫感，主要是因為主流評論家們哀嘆大眾傳媒行銷（針對兒童消費產品的廣告和促銷）已經取代了父母的權威，成為影響兒童社會化的主要力量，從而深刻地影響著兒童的社會和文化環境（Woodhouse, 2004）。我們不必採取如此極端的立場也能了解到，媒體和市場行銷如今與家庭和政府之間形成競爭，以創造和操縱青年文化和重塑青春期的生態。但是，媒體的潛在影響力，加上法律對自助原則的日益青睞，凸顯了新興技術和資訊市場對青少年傳統保護方法的挑戰。具有諷刺意味的是，在自助救濟措施或許不再能實現其保護目的之際，對其使用卻越發頻繁。

隨著上述變化不斷改變青少年的生存環境，法律制度本身也發生了變化。法律越來越意識到，青少年就其自身權利而言是值得憲法保護的個體。例如，法律制度在青少年涉足少年司法系統時賦予其程序性權利，還承認青少年在學校內享有權利。正如我們所見，法律制度保護青

第二部分 《第一修正案》中的言論：法律基礎

少年的宗教言論表達，以防止政府官員營造迫使青少年支持或信仰某些宗教信念的環境（Santa Fe School District v. Doe, 2000）。這些認可與我們在家庭背景下研究的情況相類似，即法院承認家庭場景下青少年對隱私擁有獨立主張。在規範青少年私生活和公共生活方面的所有這些發展，反映出已了解到保護青少年免受傷害並使其成為有責任心的公民做準備的必要性。然而，這些發展仍遠未達到系統、連貫的程度，遠未像那些主張更積極維護父母權利的人所理解的那樣具有自由性和令人擔憂（Hafen & Hafen, 1996）。法律體系對青少年問題的應對仍然存在諸多不協調之處，目前的法律和政策發展未必能很好地回應當前對青少年的成長、其在社會中的地位以及所處不斷變化的世界的理解。

然而，法律制度在多大程度上未能回應青少年的特殊需求（以及社會需求），揭示了需要重新審視對媒體和資訊環境予以法律規制的又一理由，並著眼於影響青少年的法律和政策。法律體系在回應當前對青少年成長的認知方面困難重重。從法律的本質來看，這種不足在相當程度上是可以理解的：法律不可能只回應和解決一個問題，而不考慮該問題對其他問題的影響。考慮青少年在很大程度上必須依賴他人來滿足自己的需求，在規範青少年的法學理論中特別需要兼顧其他人的權利和責任。也就是說，法律制度必然對政治問題、社會目標和家庭問題以及青少年的需求作出回應。然而，當法律系統對青少年的生活現實作出假設時，如果它依據的是錯誤認知而非現實，就無法實現更高的效率和確保司法公正。在對青少年的認知中，傳統觀點將青少年視為社會信仰和傳統的被動接受者。雖然這一觀點恰當地強調了社會力量的相對強勢及其對青少年的支配作用，但它沒有考慮青少年如何積極參與他們自身的發展。正如我們已經在第二章至第五章所看到並將會在後文更清楚地看到的那樣，相關研究會強調青少年如何以獨特的方式喚起、解釋和回應其社會

8 結論：認真對待發展科學和言論自由權

環境的研究，不斷革新對青少年發展的研究。這種對青少年時期的新認知以及支持其概念化的研究，進一步說明了審視透過法律規制青少年資訊環境的必要性。

上述誤解、多樣化、不足和複雜性，不僅僅說明當下進行評估的必要性，也使得我們的工作複雜化。然而，由此產生的複雜性既未讓我們的任務變得不可能完成，也沒有讓它變得徒勞無益。前面幾章節確實表達要更關注青少年的基本權利，以及從社會科學角度更深入地理解青少年階段，能夠更好地實現他們安全、健康和負責任的發展，包括實現被視為公民社會基石的自由的發展。重要的是，這種關注包括如何應對青少年自我發現的複雜性。因此，這並非意味著不必要地限制父母和社區影響其子女資訊環境和成長的既定權利，相反，有必要澄清和支持這些權利，並摒棄流行的二分法，即假定青少年的權利與其社區權利之間存在必然的衝突。

這一點值得強調，因為那些堅持父母對青少年權利控制權模式的人，可能會忽視平衡父母權利與他人權利的必要性。儘管接下來的分析中考慮擴展青少年權利方面的創新，這些擴展遠非激進之舉，也並未超越可能的範圍。同樣，雖然分析提出了實現類似目的的其他替代性方向，但這些提議仍然與許多法律原則和授權的要求相符——其方向獲得了現有法律結構的支持，只不過這些架構在相當程度上尚未得到充分發展或只是受到忽視。那麼提議很簡單：法律和政策授權可以被進一步完善，尊重青少年的基本權利，反映青少年的現實生活，並在強調青少年資訊需求和回應其媒體環境時促進個人和社會的健康發展。為了實現這些目標，以下分析提供了可能的前進步驟。

第二部分 《第一修正案》中的言論：法律基礎

言論自由原則在青少年發展中的地位

探討青少年權利時必須遵循憲法原則這一提法看似有些奇怪，沒有評論者和法院公然主張確定青少年權利時應該對憲法置之不理。但在實踐中，他們卻常常在為青少年設定權利時不知不覺地將憲法擱置一旁。目前確定青少年權利的做法往往以成年人作為討論的出發點。即使最近的努力中採納了關注基本需求的兒童權利視角，最終也還是側重於差異性和成年人的權利。這些分析通常先從假定未成年人與成年人之間存在的差異和未成年人的需求入手，然後再考慮如何應對這些差異。就連最高法院也是經常從成年人的具體權利入手，然後再將其縮減以適用於青少年。在此過程中，最高法院通常（但並非總是）會考慮青少年的特殊情況及其如何影響成年人的權利。結果是，有時青少年的情況足以成為否定青少年獲得與成年人同等權利的理由，而在其他情況下又成為對青少年與成年人權利一視同仁的理由。法院在其判決中普遍參照成年人的權利概念，而非賦予成年人憲法權利的那些原則。當法律體系採用這種以成人為中心的方法時，往往無法忠實於青少年自身的憲法權利。而當這一方法應用於青少年在社會中的特殊地位時，就會扭曲分析過程和結果，最終危害青少年以及憲法權利本身。

旨在遵循於憲法原則的青少年權利概念，必須植根於那些賦予憲法所宣稱的人人皆享有權利的相同原則。鑑於這些憲法原則必須指導法律的發展，確定具體權利的性質和範圍時必須考慮如何最好地尊重這些承認青少年特殊情況的原則。所提議的方法從憲法原則出發，並考慮如何將其適用於青少年。該方法承認青少年擁有值得保護的基本權利，並設法確定如何保護這些權利。其核心在於，所提議的相關青少年權利的法學立場摒棄了將未成年人視為權利受限制的弱勢主體這一既定形象。該方法確實會審視青少年與成年人之間存在多大差異，但其目的是為了理

8　結論：認真對待發展科學和言論自由權

解如何制定能尊重指導成年人權利建構的相同憲法原則的方法，而不是為了透過比較得出青少年不如成年人，進而推斷他們不如成年人所以權利也應減少的結論。

認為對青少年憲法權利的分析必須植根於那些賦予憲法所宣稱的人人皆享有的權利的原則，這一提議並沒有形成一種簡單明瞭的法學理論。期望為青少年制定簡單的規則和結果是不合適的。我們已經看到，法院和評論者已為言論自由確定了幾個激勵性原則。將這些一般性原則適用於具體事實，可以為成年人帶來多種結果。原則只產生指導作用，而非發號施令。但正如對憲法原則的忠實保護能平衡成年人與他人的權利，個人和社會從而得以蓬勃發展一樣，忠實於基本原則應當確保青少年的權利分析更加關注於青少年的現實和我們民主公民社會的憲政基石。因此，當我們從發展研究的視角重新審視指導言論自由法律的原則時，我們認同憲法的觀點，即青少年理應享有權利和保護，以確保他們在我們的民主憲政體系中占有一席之地。

言論自由原則和青少年發展

正如我們在第六章中所見，一些原則指導著《第一修正案》項下的言論自由法律，而形成分析結論的傳統原則不斷發生擴展以保護更為廣泛的言論領域。從最狹義、最傳統的意義上看，《第一修正案》對言論自由的有力保護依賴於三項原則：首先，言論自由有助於在思想市場中探尋真理並檢驗各種思想；其次，言論自由透過資訊和觀點的分享，支撐著民主自治；第三，言論自由透過自主表達來促進自我實現。這些緊密交織的理由並沒有在每個案例中都導向相同的結果，因為它們的相關性因個案而異。然而，這些理由共同成為推動法院對成年人言論權利進行憲法分析的核心原則。法院和主流評論者尚未將這些原則適用於青少年，

第二部分 《第一修正案》中的言論：法律基礎

相反，他們把重點放在父母的權利和保護青少年不受某些言論影響的必要性上，正如我們在「有害於未成年人」的法律中所看到的那樣。但實際上，三項言論自由原則很容易適用於青少年。的確，這些原則似乎與促進青少年的發展息息相關，而且實際上必須協同作用，以塑造有責任心的個人和公民發展──這正是最高法院所闡釋的立法宗旨，即透過法律使個體適應現代公民社會的生活。

參與思想市場

如果言論必須自由才能確保對真理的追求，那麼青少年對言論自由的訴求就顯得尤為強烈。青少年時期實際上被打上了某種印記，即年輕人積極地投入時間去探尋真理及其意義 (Levesque, 2002c)。青春期時期是一個快速發展的時期，教育的目的是培養青少年探尋和評估資訊的方法。無論是有意還是無意，青少年都把他們日常注意力的一大部分投入到知識的獲取和信念的形成上。這些新的認知和信念的形成，依賴於青少年之間以及青少年和成年人之間的交流。在發育過程中，青少年已具備與他人接觸和互動的能力，從根本上說，他們對思想市場持有甚至可以說是比大多數成年人還要開放的態度。青少年接納、拒絕和思考各種觀點，以此確定他們當下和可能的自我認知。理解身分認同的主流框架，即艾瑞克森 (Erikson) 的身分發展理論 (identity development theory) (1966, 1968)，強調兒童的內驅力、能力、信念和個人經歷會動態、漸進地整合，促使青少年形成被稱為身分認同的內部自我結構。青少年積極參與解決自身身分認同問題的過程，會向他人尋求對潛在選擇方案的看法 (B. B. Brown, 2004)。當青少年分享自己的想法和感受並學會對他人的需求、欲望和想法保持敏感性時，他們對自己和他人的理解就會加深。專家認為，這一探索是成功發展身分認同的必要前提；健康的青少年在探索身分認同的過程中，會積極尋找資訊並檢驗有關自我認知的假

8　結論：認真對待發展科學和言論自由權

設（Dunkel & Lavoie, 2005）。

以上身分認同探索和形成的過程，實際上成為青春期的中心任務。身分認同的形成涉及到青春期間對各種活動和人際關係的成功協調，包括學業成績、與他人的社會互動、職業興趣的培養和選擇，以及對不同活動和角色的大量探索（Harter, 1999）。相關活動和規則有助於形成一個人的性別、種族和性取向，所有這些都對青少年身分認同的發展至關重要。在整個青春期內，身分認同的發展會經歷不同的階段，將這些經歷和特徵整合成連貫的自我意識對身分認同的形成至關重要（Berzonsky & Adams, 1999）。身分認同發展的過程取決於個人對社會環境的積極參與。

青少年對身分認同的關注，可能部分源於認知的變化以及他們對成年即將到來和童年即將結束的認知。身分認同感的形成是人格、品味、價值觀、技能和行為的綜合表現，它在青春期逐漸形成，部分原因在於它依賴於某些特定的認知進步和不斷變化的社會角色。到了青春期中期，青少年越來越多地進行抽象思考，既考慮假設情況也考慮現實，採用更複雜精細的資訊處理策略，對自身和複雜性問題進行反思（Keating, 2004）。這些思考過程實際上並不是在青春期出現的，但青少年不斷增強的組織和反思現有資訊的能力，使得他們能夠更輕鬆地參與這些高階思考過程。青少年有能力參與抽象思考和多種觀點的協調，這使他們能夠考慮整體原則和假設的情境。這些新的能力與不斷變化的社會角色相互交織並推進身分認同的形成。即將脫離父母的獨立以及隨之而來的對工作、友誼、生活方式和家庭做出重要決定的需求，促使青少年將注意力集中於探索「我是誰」和「我想成為什麼樣的人」的問題。雖然父母在指導青少年探索和成長方面發揮突出的作用，但他們越來越多地依靠同伴和媒體互動來完成身分認同發展的任務。那些同伴是誰以及他們互動的資訊環境如何，必然影響著青少年最終成為什麼樣的人（Reis &Youniss,

第二部分　《第一修正案》中的言論：法律基礎

2004; J. D. Lee, 2005）。

雖然對個人身分認同問題的解決是一個貫穿一生的任務，但自我概念在青春期得以最為全面且自覺地形成，並影響著人生的軌跡。參與思想市場對青少年的意義重大，因為沒有哪個年齡層像青春期那樣，身分認同的形成會如此關鍵和強烈。青春期身分認同的形成極大程度地影響著其整個人生歷程（Côté & Levine, 2002）。發展一種充滿活力的、具有自我同一性和連續性的主觀認知，對於青少年的健康成長和確立其在公民社會中作為負責個體的社會定位至關重要。面對和確立堅定的自我認同感，使得個人能夠做出滿足其獨特需求和才能的重要人生選擇，給予他們一種穩定性和安全感，使他們能夠忠於自己的承諾並應對生活的變幻無常，並為他們進入親密關係做好準備。健康而負責的成長源自積極的決策過程，以及基於現有資訊和資源去面對、評估和作出選擇的必要性。這種探索對於獲得自我認知是至關重要的，它使得青少年能夠基於真正的個人偏好而非外部強加的義務和期待做出決策。

言語本身在身分認同發展中發揮著不可或缺的作用，實際上對青少年具有一種對大部分成年人而言所沒有的特殊價值。參與身分認同的形成過程，意味著釐定自己在事實和原則問題上的信念。儘管父母教養在塑造這個身分認同方面產生了很大的作用，但青春期意味著轉向獨立於父母的資訊來源。青春期的成長本質上是促使青少年走向思想市場，以確定自己是誰以及自己思考什麼。青少年參與思想市場是為了對真理的真正探尋（Levesque, 2002c）。他們進入市場，思考各種觀點和事實特徵，並從參與中獲益。

如果由此得出結論，認為青春期言論價值的提升不會帶來潛在的危險，那就太天真了。法律常常把青少年對思想的開放態度解釋為一種獨特的脆弱性。如同成年人一樣，未成年人也會犯錯誤。但從市場的角度

8　結論：認真對待發展科學和言論自由權

來看，這種犯錯的可能性本身並不會貶低青少年參與思想市場的價值。健康的青少年成長實際上有賴於有機會實踐和參與犯錯過程的機會。這些經歷有助於自我認知的發展，有助於更容易理解世界和增進道德認知。從言語的角度來看，與言語錯誤相關的潛在危害似乎比其他情境中產生的傷害更為輕微。性行為和違法行為顯然是我們最可能想到的導致危害的兩個錯誤情境。然而，法律制度並不能保護青少年免於性行為和違法行為的傷害（Levesque, 2000, 2002a）。事實上，研究清楚地顯示，應對這些危害意味著改變青少年獲取資訊的方法（Levesque, 2003）和接受教育的方式（Levesque, 2002b），將青少年視為塑造其環境的積極參與者。即使上述例子不存在，而且法律確實保護青少年避免不當決策，但重要的是要記住法律制度力求區分的是思想交流和行為。遵循法律通常保護言論但不一定保護其引發行為的原則，青少年的言論權利似乎理應受到相當程度的保護。從言論自由原則的角度來看，言論對青少年具有特殊的價值，是一個相對安全的選擇實踐場所，這正是保護言論的思想市場理論的精髓所在。

促進自治和公民參與

　　如果政府必須保護言論自由以確保自治和促進公民參與，那麼青少年同樣強烈需要言論自由。當然，如果自治僅僅是指投票的話，將這一理由適用於青少年群體將面臨困境。投票是憲法文字中唯一提及未成年人法律地位的條款，而該條款本身又構成了憲法將個體排除在普遍公民參與原則之外的唯一身分條件。然而，正如我們所見，保護言論以實現自治的理由大大超越了狹隘的政治參與觀點。法院如今更廣泛地理解這一理由，將保護範圍擴大至間接服務於自治目的的言論，以及意在直接影響民主程序的言論。只有當公民具備智慧、正直、敏感性和對公共福利的無私奉獻精神時（投票大概就展現這些品格的一種方式），自治才能

第二部分　《第一修正案》中的言論：法律基礎

實現。青少年的言語體驗對其未來、當下的言語習慣及作為民主參與者的期待，都有著至關重要的影響。

政治和公民社會化的現代模式採用發展性研究方法，強調青少年為其所在社區做貢獻中的積極作用以及突出同齡人、媒體和成年人的社會化作用（Sapiro, 2004）。這些方法與早期的模式存在很大不同，早期模式主要認為，這一「社會體系」透過家庭和學校相對完整地從一代傳承到下一代。除了摒棄社會化的縱向傳承觀點之外，新的觀點也拓展了政治的含義，從其關注於選舉領域擴展到包括公民和社區生活在內的領域。發展性模式注重青少年加入當地團體、組織和機構而獲得成員體驗的機會，以及實踐現代社會公民所需技能的機會。發展性模式還突出強調媒體和資訊環境對公民參與的影響。不同的調查領域（如政治學、傳播學、教育學、社會學和發展心理學）現在共同揭示了公民參與的三個基本要素，它們都具有深刻的發展根源，即源自於青少年獲取和處理關於其自身社會地位的資訊的能力。

公民參與的基本要素

對成為有責任感的公民和參與公民事務而言，所必需的第一個發展要素直接以資訊和公民知識的累積為核心（Galston, 2001, 2004）。很少有人對生活在現代民主社會中所需的公民知識的性質提出質疑。這一知識涉及公民應知曉的知識，以及為確保資訊和思想的來源不被政府或一個單一領導團體（如政黨或宗教組織）壟斷而制定的流程。有用的公民知識包括理解政府的宗旨和了解到政府對我們日常生活的重大影響。公民知識使得個人意識到其在公民社會中自願但負責任的角色，這種角色能對政府權力發揮制衡作用。它包括承認政府作為社會控制的工具，既能促進正義，也能促進不公正。它讓人們知曉民主自治的作用，並知道知識淵博的公民可以採取單獨和集體行動保護權利，確保民主價值觀的遵守

8 結論：認真對待發展科學和言論自由權

和促進公共利益。因此，公民參與現代公民社會的核心在於累積有關成為好公民的知識。

公民技能構成了負責任公民的第二個發展要素，它們為有效利用公民知識所必需（Verba, Schlozman, & Brady, 1995）。公民作為自治社區的成員行使權利和履行責任時，均需要知識技能和參與技能。這兩種技能使得公民能夠運用知識與現行體制進行協商。所需的知識技能中最為突出的是應對積極交流思想的部分，即磋商、交流和說服。這些能力使得有效行動成為可能，並帶來更大的自主感。鑒於有效的公民參與有賴於集體決策，參與技能也成為公民參與的一套重要技能，例如與其他公民互動以促進個人和共同利益所需的技能。以此種方式參與的能力必然依賴於一些知識技能，此類技能使得公民可以辨識和描述、解釋和分析以及評估、採取和捍衛關於公共事務的立場。這兩種技能都必然涉及學習辨識和處理資訊。能夠有機會在青春期練習這些技能，會讓他們將自己視為參與政治的個體，並有助於激勵他們更大程度地參與政治（Kirlin, 2002）。

促進公民參與的第三個必不可少的發展要素源於培養參與技能。參與技能有助於培養價值觀和自我概念，而這些價值觀和自我概念所支撐的公民素養對於維護和改善民主社會不可或缺。這些素養包括個體和集體兩種形式。公民社會依賴於每個人的道德責任感、自律和對每個人的價值和人格尊嚴的尊重。從集體角度，公民社會寄託於公共精神、文明禮貌、尊重法治、批判精神以及傾聽、協商和妥協的意願。民主生活的特質取決於在何種程度上支持民主的主張伴隨著更深層次發展的寬容、信任和參與觀（Carpini, 2004）。這些取向越深刻，社會層面上實現有效民主的機會就越多。公民群體本身的特徵——公民的共同意向或承諾，是民主生活品質的晴雨表。公民的個人主義和集體主義傾向均嚴重依賴

第二部分　《第一修正案》中的言論：法律基礎

於資訊。當民主能夠提供資訊並幫助公民培養夠深思熟慮處理資訊的能力時，民主就會蓬勃發展。而當民主蓬勃發展時，深思熟慮的公民會促進對每個人的尊嚴和價值的尊重、對差異的容忍，以及願意參與投票行為之外的公共政策問題，公民權利受到威脅時有意願行使權利，並致力於文明和理性的話語交流和關心公共利益。這種意願只有在作出深刻承諾時才會出現，而這種承諾只有在充分接觸各種思想之後才會產生。因此，公民素養的發展保證了有效的公民參與這一指導言論自由保護的基本原則。

促進公民參與

公民參與的三個基本要素——知識、技能和意向——強調法律制度若想促進積極的公民參與，就必須採納發展性的觀念。這些關鍵要素隨著時間的推移，在家庭、學校、社區以及更廣泛的資訊環境的實踐中慢慢發展，隨著青少年對自身身分和在社會中的地位的認知而形成。毫不奇怪，青少年最初認為公民身分意味著良好行為、遵守法律、做被期望之事（Conover & Searing, 2000）。這種服從性觀點隨著青少年的成長而發生改變。青春期階段恰好與青少年對公民身分更具批判性評價的發展相契合，這種評價可以讓人們進行良好的判斷，而所有這些都依賴於資訊的獲取和整理。相關轉變源自非正式和正式的討論和辯論，它們將青少年引入公民參與的過程，教授給他們了解資訊和擁有觀點的重要性，並為他們提供參與的機會（Eccles & Barber, 1999; Flanagan, Gill, & Gallay, 2005）。參與青少年活動與心理力量的發展和積極的公民身分認同直接相關（Markstrom, Li, Blackshire, & Wilfong, 2005; Youniss, McLellan, Su, & Yates, 1999）。正如我們所見，這種身分認同包含對他人的道德承諾以及為了更大利益而行動的意願，這與參與公民活動相關，使得青少年能夠體驗到集體感（Perkins, Brown, & Taylor, 1996; Youniss et al.,

1999)。這些闡述與艾瑞克森（1966）的發展理論相一致，認為對身分認同的探索始於青春期早期，童年和青春期的內部和外部經驗的不斷累積，最終導致對特定價值觀和信仰的堅守。

鑒於上述研究結果，似乎可以合理地得出結論：社區組織的存在仍然是影響參與的一個主要因素。這些組織透過提供親社會的參照群體來培養公民責任感，讓青少年了解什麼是社區歸屬感，什麼是對社區成員的重要意義。有效的青少年活動為青少年提供了有關主動性、身分認同探索和反思、情感學習、培養團隊技能以及與社區成員建立連繫的經驗（D. M. Hansen, Larson, & Dworkin, 2003）。此外，這些活動還提供了與他人建立連繫的機會，以培養集體認同感，令其走上終身參與公民事務的道路（Smith, 1999）。透過參與當地社區組織和機構和在這些群體中行使權利並履行義務，青少年意識到，當群體目標實現時，他們自己的目標也得以實現。這樣，青少年開始把自己視為對共同利益有共同興趣的社會成員（Menezes, 2003; Villarruel, Perkins, Borden, & Keith, 2003）。毫不奇怪，大量關於成年人的重要回顧性研究和針對青少年的前瞻性研究顯示，參與課外活動和社區組織活動能夠預測成年後的公民參與度，但體育運動可能是這一規則的例外，同時種族和社會經濟地位會造成一些重要的差異（Verba et al., 1995; Flanagan, Bowes, Jonsson, Csapo, & Sheblanova, 1998; Frisco, Muller, & Dodson, 2004）。這些關聯與社會資本理論相一致，認為社會連繫和社會組織能夠建立規範和基礎設施來支持公民參與（Putnam, 2000）。這些研究結果的一致性顯示，增加公民參與度的舉措若是關注於青少年將會從中受益，這一關注將增加青少年積極參與社區的機會。

父母和同齡人也在培育公民參與方面發揮著重要作用。研究者早就注意到，父母在價值觀傳播中發揮了重要作用（Grusec & Kuczynski,

第二部分　《第一修正案》中的言論：法律基礎

1997）。公民價值觀的社會化也不例外。積極參與公民事務的青少年，其父母往往也有同樣的積極參與行為（Flanagan et al., 1998）。研究者如今承認，孩子和父母之間存在一種辯證關係，影響著二者關於公民責任的看法（McDevitt & Chafee, 2000）。即使父母自己不參與社區活動，他們的支持也會強烈增加孩子的參與性（Fletcher, Elder, & Mekos, 2000）。重要的是，不僅這些機構中的成年人很重要，同齡人也有可能成為促進公民參與的強大社會化力量（Flanagan et al., 2005）。無論他們的互動發生在一個有組織的計畫中還是在更為非正式的場合，朋友都能發揮支持性作用。與同齡人建立良好關係有助於培養公民行為，比如有更大可能性參與社區服務活動（Wentzel & McNamara, 1999; Yates & Youniss, 1998）。以參與服務性學習的青少年為例，當他們對計畫擁有高度話語和掌控權時，就會顯示出更為積極的自我認知和更高的政治參與度（Morgan & Streb, 2001）。重要的是，家庭和同齡人關係不必非要處於公民活動中才能影響青少年對公民生活的關注。許多與官方政治以及政治過程有關的內容，都能和青少年的日常夥伴和家庭關係經歷產生共鳴：被接納和被排斥的經歷、刻板印象與偏見、對某個群體的歸屬感和認同感、權利和責任、自我決定和對差異的包容、地位和權力、信任和忠誠、程序公正和結果公正等。青少年每天都在體驗著政治。

　　媒體是青少年群體的另一個重要方面，其在資訊傳播方式、有效利用資訊的能力方面日益發揮積極作用，並成為公民參與的基礎。資訊媒體的使用，如閱讀報紙、收看新聞節目、透過網路收集和交換資訊，都與「親公民」結果相關聯，因為這有助於促成廣泛的參與行為（Norris, 1996; McLeod, Scheufele & Moy, 1999）。甚至那些描述現實生活爭議的社會題材劇目也有助於促進公民參與（Shah, 1998）。這些媒體共同促進公民參與，因為它們讓使用者獲取知識、加強社會連繫和協調行動。與他

8 結論：認真對待發展科學和言論自由權

人的連繫越緊密，交流越能為個人提供一種路徑，將社區資訊與討論、反思和招募機會連繫起來（Shah, Cho, Eveland, & Kwak, 2005）。重要的是，為娛樂和消遣使用媒體——如使用網際網路進行娛樂和匿名社交，以及利用電視觀看以現實生活為基礎的節目，這些節目將世界描述為充滿欺騙、不法行為和背叛——似乎並不會促進公民利益，甚至可能產生不良後果（Shah, Kwak, & Holbert, 2001）。像所有其他的媒體那樣，媒體內容以及青少年使用這些媒體的方式也很重要。青少年接觸媒體時所秉持的態度及其有效參與的能力，都具有重要的影響。促進公民參與需要考慮法律將如何塑造媒體在青少年資訊環境中的作用，從而推動公民參與。

從公民參與的發展視角來看，多重社會環境影響和個人層面上的因素有助於發展我們的法律制度理想所設想的公民參與。現有最佳證據顯示，對民主生活至關重要的公共和私人特質必然源於青少年時期形成的素養。一個人對生活的重要取向形成於青春期，一個人的公民取向也是如此。意識形態的形成是青少年身分認同過程的一部分。當青少年在思考他們是誰以及他們所渴望的未來時，就不可避免地想到自己的立場，並對他們所處的社會進行評估。在青少年時期，政治觀點與個人價值觀相融合，形成了解釋社會問題的話語體系。大量的政治社會化研究顯示，一些重要的政治行為和態度早在幼年時期就已形成，並在生命週期中日益穩定（Stolle & Hooghe, 2004）。文獻說明，對身分認同的探索往往在隨後的決策中產生更大的自主意識。也就是說，那些在參與身分認同探索過程後做出承諾的人，更有可能將選擇視為一種深思熟慮的、自我反省的選擇，並將自己視為是自我選擇的主導者。國家可能會努力培養公民的這種自決意識，以促使他們直接作為選民有效地參與民主或透過行使個人權利而間接地參與民主。在歷經探索過程和抉擇過程後再信奉

第二部分　《第一修正案》中的言論：法律基礎

某種信念或其他價值觀，更符合我們對在憲法體系中行使公民權利的概念，而非出於草率的義務感而擁有同樣的信念或價值。一個明確致力於確保公民參與的法律制度會十分重視青少年，視其為一個有權參與思想交流從而促進實現憲法對個人和社區生活願景的重要群體。

促進自我實現

研究者和理論家尚未直接解決青少年自我實現的性質問題。對青少年積極心理健康和最佳功能的研究，通常以獲取能順利過渡到成年期所需的必要技能和經驗為視角來建構研究方法。這個立場很重要：它以未來為導向，並且隱含地使用另一個年齡群體來衡量成功的標準。雖然將青少年的幸福觀念建立在他們成年後的狀態之上，這一方法並不罕見；幸福必然涉及到延遲滿足、不愉快的經歷和磨練技能以增加長期幸福的機會（Seligman & Csikszentmihalyi, 2000）。因此，一個人處理和控制當前經歷的方式和對這些經歷的歸因，相當程度上決定了心理健康狀況。從這個角度來看，青少年的最佳心理健康包括擁有適當的應對技能、保持積極的自我形象，並維持對自我的認知，以便能夠積極主動地參與到決定自身發展並與他人互動的過程中。這些最佳功能的要素和促進其實現的因素，揭示了資訊以及接觸不同觀點的自由所發揮的重要作用。

積極適應的基本要素

無論處於哪個年齡階段，自我實現都取決於積極的心理健康和對自身環境的適應。這一取向從根本上涉及一種能動性意識（agency），它意味著將個體自己的思想和行動視為發自內心的自願行為（Ryan, 1993）。這種能動性意識對內在動機至關重要，內在動機就是想要做某事和投入某項活動的體驗。對動機的研究說明了能動性對積極心理健康的意義。青少年之所以能被激勵，可能是因為他們重視某些活動，或者為強大的

8　結論：認真對待發展科學和言論自由權

外部壓力所推動；也就是說，他們可能有內在動機，也可能有外部壓力帶來的動機。自我驅動的動機可以帶來更多的興趣、信心和興奮感，進而提升表現、毅力、創造力和整體幸福感（Ryan & Deci, 2000）。基於內在動機的行動表現了對同化、掌握知識、產生自發興趣和進行探索的傾向，這被認為是對認知和社會發展的關鍵因素，也是包括青春期在內的整個人生的快樂和活力的主要來源（Csikszentmihalyi & rathunde, 1993）。

第二個因素從根本上與第一個因素密切相關，也即全身心參與所處的環境。這種參與要求密切關注相關環境中的限制條件、規則、挑戰和複雜性。與那些時常感到無聊的青少年不同，對日常生活經歷始終保持濃厚興趣的青少年會體驗到更強烈的幸福感，例如透過整體的自尊感、對自身生活的掌控感和對未來前景的情感態度中得以證明。青少年對事物普遍而長久的興趣體驗，是一種與生俱來的生理功能，實際上是他們心理健康的象徵；而長期無聊感則說明其心理功能存在障礙（Hunter & Csikszentmihalyi, 2003）。這種參與感，即對環境的有效適應，通常以個人的「能力水準」來衡量。判定能力的標準至少有兩個方面。能力可以被廣泛定義為，在個人所處文化、社會和時代背景下，在完成主要發展任務方面獲得的合理成功。或者可以更狹義地從特定領域的成就來定義，如學業、同伴接納程度或體育運動方面。但一般來說，能力指的是良好的適應力，而非卓越的成就和對社會環境的深度參與。能力具有雙重含義，一是個人有獲得成就的過往紀錄，二是影響其表現能力的因素將在未來持續存在。機能處於最佳狀態的青少年具有一種能力感，這使得他們能夠與其所處的環境融為一體。

實現最佳機能的第三個要素是朝著目標努力，其中可能包括應對挫折、重新評估和調整策略。在相當程度上，這個因素涉及一種心理韌性（resilience）。雖然對心理韌性並無統一的定義，但這一術語一般是指在

第二部分 《第一修正案》中的言論：法律基礎

適應或發展面臨重大挑戰的背景下表現出來的能力。心理韌性強的人是那些能夠成功地應對和克服風險和逆境的人，或者是面臨龐大壓力和困難時培養出能力感的人（Rutter, 1987）。因此，認定一個人是否具有韌性需要做出兩個判斷。首先，個人必須受到某種威脅，例如他們在多大程度上生活在高風險環境中。其次，個人必須在逆境中以勝任的方式適應或發展。那些能自我實現的青少年所具備相應的特質和技能，使他們即使在看似勝算渺茫的情況下仍能獲得個人成功。

總之，這三個因素充分揭示了對自我實現至關重要的積極心理健康的概念。積極健康的定義往往採用以成人為中心的標準。例如，風險被認為不一定在青少年時期引發問題，但可能在青少年成年後引發更多問題。因此，心理健康的概念是有未來導向的，定義也注重特定情境中的個體。心理健康往往是根據對社會環境的反應來衡量的。儘管對最佳機能的評估是從自我決定和個人主動能動性的角度進行的，但仍必須考慮社會互動。積極的心理健康本質上是個體與其所處環境的積極互動。健康的青少年被認為是那些積極參與建構自己社交世界的人。自我感覺良好、充滿熱情、自豪、善於交際且積極主動，是幸福感特質的最強預測因素（Csikszentmihalyi & Hunter, 2003）。最後，儘管在理解積極心理健康的性質方面獲得了令人印象深刻的進展，但相關研究仍處於起步階段，尚未吸引到與其在人類發展中的核心地位相稱的研究數量。

培養令人滿意的適應力

鑒於人們對積極心理健康的性質一直缺乏關注，青少年積極發展的促進工作也很少受到關注且缺乏研究。然而，關於青少年和兒童發展的現有研究確實提供了重要的起點。值得關注的是，一些研究試圖探索培養心理韌性的條件（Luthar, Cicchetti, & Becker, 2000）、內在動機以及一些被部分人視為「心流」的積極情感體驗（Csikszentmihalyi & Rathunde, 1993），還有一些近期研究聚焦於塑造社區以培育其少年的積極發展（Larson, 2000）。

關於心理韌性的研究集中於心理和社會力量，這些力量幫助青少年克服逆境並成功地適應本來可能導致功能障礙的狀況。雖然這項研究並沒有直接關注於最佳功能，但它確實指出了能讓青少年積極適應其所處環境的重要因素。心理韌性研究的核心發現顯示，青少年對逆境的韌性既取決於青少年成長的重要環境（家庭、學校、社區）的特點，也同樣取決於青少年自身的特點（Garmezy, 1991; Radke-Yarrow & Brown, 1993）。與韌性行為相關的最重要因素突出了個人和社會力量之間的必要互動。良好的認知發展或智力功能經常是能力（即應對挑戰的能力）的最廣泛、最突出預測因素。例如，一般來說，良好的認知技能所預測的不僅僅是學業成就；它們也能預測能力的其他方面，如遵循規則、集中注意力和控制衝動的能力。能力更具有社會性的一面揭示了青少年社會互動對培養能力的重要性。它也說明，成人承擔的看護角色能夠培養能力，並為青少年克服生活可能施加給他們的一些困難提供重要潛力，這一點透過制定政策和展開計畫以保護和促進良好的認知發展作為建構人力資本的方式的努力得以突出表現（即早期干預的努力獲得龐大的人氣和相對成功；參見 Ramey & Ramey, 1998）。總之，心理韌性的結果依賴於特定的機制和過程，這些機制和過程有助於在各種情況下將韌性行為與成年人親社會反應連繫起來。

除了對心理韌性的研究之外，對青少年如何成為有動力、有方向、具備社交能力和心智堅毅的成年人的研究也提供了重要的見解。這一方面的研究並非僅僅關注個人，而是關注個人如何應對各種情況，以及必須具備哪些具體的支持條件才能維持和促使個體以積極、投入、有能力和基於內在動力的方式與自身環境互動。整體研究顯示，社會情境事

件,如回饋、獎勵和溝通,有助於在行動中產生能力感並能提高內在動機;但如果行為是自我決定,才會產生內在動機的體驗。因此,最佳的挑戰和促進自治行為和信念的有效回饋,有助於激發內在動機和促進積極心理健康(Ryan & Deci, 2000)。

眾多的研究領域支持上述觀點。選擇、認可個人感受和自我調整的機會可以增強內在動機和促進積極適應,因為它們可以培養自主感。例如,支持自主型(與控制型相比)的教師能激發學生更強的內在動機、好奇心和對挑戰的渴望,這些都能讓學生更有效地學習(Utman, 1997)。同樣,支持自主型的父母相對於控制型父母,所提供的環境可以讓孩子們表現出更強烈的內在動機(Grolnick, Deci, & Ryan, 1997; Assor, Roth, & Deci, 2004)。這些研究結果也適用於其他領域,如音樂和體育,家長和導師對自主性和能力的支持可以激發孩子更強烈的內在動機,並獲得更大的成功(Grolnick et al., 1997)。

毫不奇怪,父母採用溫暖而有條理的育兒方式,加上對孩子能力抱有合理的高期望,與孩子多個領域獲得成功以及處於危險中的兒童具備心理韌性緊密切相關。在一般情況下,青少年從父母那裡獲得的參與機會、有條理的引導和自主決策的機會越多,他們越積極地評價自己的行為、社會心理發展與心理健康(Gray& Steinberg, 1999; Kerr & Stattin, 2000),而兄弟姐妹關係中若是缺乏此類機會,也會導致青少年出現適應問題(Conger, Conger, & Scaramella, 1997)。這一情形同樣適用於學校內學生的成功,例如,這些機會被認為有助於學生提高參與度、獲得更好的成績、降低輟學率以及實現更高品質的學習(Ryan & Deci, 2000)。無論在學校還是在家庭中,那些獲得支持、感受挑戰且體驗到自主感的青少年,在最佳發展的衡量指標上得分更高(Hektner, 2001)。甚至在青少年參與社區活動方面也有類似發現。統合分析顯示:有條理的青少年活

8　結論：認真對待發展科學和言論自由權

動在培養獨立性、自我效能感、自信、決策能力以及內部控制力時，能夠有效地促進他們的積極成長（Hattie, Marsh, Neill, & Richards, 1997）。社區具有培養青少年對其社交世界參與感的能力，在此方面甚至可能比學校和一些家長還有效，這使得一些頂尖的研究者重點關注社區計畫和青年活動，以增強青少年的積極心理健康（例如，Larson, 2000）。這些努力的一個主旨在於，運用我們前面提到的結果和原則來塑造青少年的健康發展（Lerner & Castellino, 2002）。不出所料，經研究發現，教師、家長和社區可以透過營造一種充滿人際支持、自主性以及追求與未來目標相關挑戰機會的環境，來促進青少年的積極發展（Hektner, 2001）。那些表現出自身具有最強內在動機和最佳動機狀態的青少年，是在支持自我決定的環境中成長的。

多樣性的意義

將一些行為、思想和情感確定為促成自我實現的最佳發展的基礎，這容易引發偏見問題。顯然，對於什麼是最佳發展，可能會因潛在的種族／民族、性別、性取向和文化多樣性而有所不同。上述研究顯示，研究人員可能已經確定了潛在的發展因素，這些因素可能會以不同的方式表現出來。文化和發展的影響在某些目標和經歷的重要性方面存在差異，進而導致基本需求的滿足程度以及幸福感和自我實現程度的不同。這一現實意味著，對自我實現的任何理解（和促進）都必須考慮到情境因素。

雖然青少年時期可能與其他年齡組相比具有獨特性，但青少年絕不是一個單一同質的群體。青少年之間存在差異，並且生活在不同的環境中。值得強調的是，這些差異和不同的環境決定了青少年心理健康所面臨的各式各樣的挑戰。最重要的一個考量因素涉及到生活在與主流社會不同的文化或社區環境中的影響。典型的例子是生活在高度危險的內城

第二部分　《第一修正案》中的言論：法律基礎

區的青少年，在那裡，生存可能依賴於被主流社會認為不合適的觀念（Coll et al., 1996）。例如，有人認為，成長在貧民區的青少年被排除在主流社會的機會之外，他們可能在以非法活動為代表的其他經濟和社會結構中尋求成就（例如，Ogbu, 1981; Bourgois, 1995）。同樣，來自這些環境的青少年和家長可能會使用不同的標準來衡量成功的發展結果，例如，由於機會嚴重受到限制而產生的「修正版美國夢」（Burton, Obeidallah, & Allison, 1996）。這項研究發現與相關公民參與的研究存在有趣的相似之處，即城市青少年較少參與傳統的公民活動，但仍然對公民事務（儘管關注的內容不同）非常關注（Sherrod, 2003）。

如果從心理健康的角度考慮自我實現，那麼很明顯，對不同環境因素的應對必然影響青少年的自我實現。最顯著的是，少數族裔青少年的健康狀況通常比主流文化背景下同齡人的健康更糟糕（McLoyd & Steinberg, 1998; D. K. Wilson, Rodrigue, & Taylor, 1997）。更為複雜的是，經歷極端壓力的青少年（例如，生活在暴力城市環境中的少數族裔）似乎違背了現有的心理韌性理論。長期暴露於壓力源並被認為對這些壓力源具有韌性（透過學業成績和相對較少的外部化行為判斷）的青少年，並沒有表示自己擁有更高程度的諸如感知自我價值、能力和社會支持等假定的保護性資源；他們也沒有表現出具低程度的憂鬱或焦慮情緒（D'Imperio, Dubow, & Ippolito, 2000）。雖然潛在的保護性資源本身會受到長期處於不利社區環境的損害，但這些環境確實有助於塑造保護性因素。例如，少數族裔青少年表現為更加篤信宗教信仰和關注改變社會的不平等，往往幸福指數更高（Moore & Glei, 1995）。儘管這些發現更為積極，相關研究仍不斷證明，青少年對社區威脅性的感知與其多種負面結果增加之間存在關聯，特別是他們的憂鬱、對立違抗性障礙和品行障礙症狀（Aneshensel & Sucoff, 1996）。毫不奇怪，環境因素塑造了自我實現的體驗和表達。

8 結論：認真對待發展科學和言論自由權

　　青少年的經歷也因性別不同而存在龐大差異，這不可避免地影響到自我實現的表現。性別差異表現在行為、對健康及健康相關行為的認知、健康相關知識和行為的決定因素等方面。此外，性別差異與文化、種族、少數族裔／移民身分以及社會經濟地位相互影響，為不同青少年群體帶來了獨特的心理健康風險。這些差異是重要的，因為它們揭示了群體內部的差異比群體之間的差異更為顯著（Eccles, Barber, Jozefowicz, Malenchuk, & Vida, 1999）。這些差異顯示，心理健康相關因素的下降並非青春期或性別發展的必然後果；這些差異也說明，一些使某些群體面臨風險的因素卻可以緩解其他問題。例如，女孩有很多優勢可以幫助她們度過青春期。在傳統女性性別角色領域，如一般社交技能和綜合學術能力，女孩比男孩更為自信。這些優勢使她們比男孩更好地適應學校生活，而男孩更有可能輟學或陷入困境（Eccles et al., 1999）。然而，為女孩性別角色確定的狹隘標準，使得大多數女孩面臨亞臨床飲食問題、對自己的身體不滿意以及被研究人員視為正常的不滿情緒風險，這些使她們更容易患上憂鬱症（Striegel-Moore & Cachelin, 1999）。性別在青少年發展中的作用，很好地強調了考慮青少年相對於其他青少年的處境的必要性。

　　青少年的不同亞群體也暴露出與心理健康有關的不同問題。雖然許多青少年表現出不同的心理健康需求，特別是無家可歸的青少年（Berdahl, Hoyt, & Whitbeck, 2005）、移民青少年（Harris, 1999; McLatchie, 1997）或非異性戀青少年（Meyer, 2003），但寄養青少年和那些被拘留的青少年仍然受到最多的關注。即使與後兩類群體相關的文獻是有限的，但它們還是提供了這些群體所面臨的獨特患病風險的重要例證，這種風險往往很大。儘管大多數關於寄養青少年健康的研究往往將青少年與幼兒混為一談，但已有的調查提供了有關青少年對心理健康服務需求的

第二部分 《第一修正案》中的言論：法律基礎

重要資訊。一項關於剛進入寄養家庭的青少年的典型性研究發現：他們中的四分之三需要緊急心理健康轉診服務 (Chernoff, Combs-Orme, Risley-Curtiss, & Heisler, 1994)。因違法犯罪行為被監禁的青少年也表現出心理健康方面的需求。來自拘留所的報告表示：一半以上的青少年患有憂鬱症，五分之一的人實際上具有自殺或自殘傾向，三分之一具有破壞性行為，五分之一存在思考障礙 (Snyder & Sickmund, 1995)。此外，被監禁的青少年存在高風險的性行為和藥物濫用行為，三分之一被拘禁的青少年至少對一種違禁藥物檢測呈陽性 (Snyder & Sickmund, 1995)，近乎四分之一的人被報告有性傳播疾病史 (Canterbury et al., 1995)。因此，一些青少年的狀況（綜合起來實際上開始占據大多數）加劇了與其他青少年所體驗到的正常狀況的差異。就我們關切的問題而言，重要的是，青少年地位的多樣性使得越來越需要考慮如何促進自我實現，並需要重新審視他們所處的資訊環境。

忠於言論自由原則

如果說發展科學能讓我們了解到任何保護《第一修正案》所賦予的言論自由背後的價值觀的話，那肯定與青少年健康成長息息相關。我們的研究發現，支撐《第一修正案》自由言論理論的價值觀，與說明什麼因素構成和促進青少年健康成長的新出現的研究結果之間存在密切相似性和關聯性。鑒於發展科學研究的發展過程中似乎沒有明確考慮自由言論理論，而自由言論理論顯然也沒有藉助相關研究，這多少有些令人吃驚。然而，正如我們所看到的那樣，這些相似之處不應該讓我們感到意外。我們社會秉持著尊重個人發展的民主原則和對負責任的公民意識的關注，這無疑滲透到我們的為人和相關健康發展的觀念中。法律制度能否從充分認真對待發展研究成果中獲益，從而重塑法律對青少年資訊環境

8 結論：認真對待發展科學和言論自由權

的回應，這仍有待觀察。

毫無疑問，法律制度在回應青少年言論權利（包括媒體權利）時需要考慮很多因素，發展科學能在多大程度上提供幫助也懸而未決。不同類型的言論和媒體問題的法律處理方法存在多樣性，自由言論問題與深刻道德和政治關切息息相關，同時長期以來對發展研究結果的忽視均說明，實證研究可能不會對影響青少年經歷的言論規制作出很大貢獻。然而，無論政策制定者、現有法律的解釋者和執行者持有何種政治和道德立場，都必須正視青少年在社會中的特殊地位，以及青少年的權利如何與其父母、社區和公民社會的權利之間作出平衡。這一現實表示，青少年、家長和社會仍然有希望從現有關於青少年及其資訊環境的發展科學研究結果中獲益。希望在於，我們能否將社會科學研究成果融入現有法學和政策所蘊含的價值觀中，並且這些價值觀可以擴張適用於青少年。在更實際的層面上，以符合社會科學建議的方式重新建構有關青少年的法律規制，需要仔細審視青少年在不同情境和不同關係中的權利。

更加微妙的平衡需求和前面章節討論所提出的一些基本原則可作為制定政策和改革的基礎，從而更有效地平衡青少年、家長、社區和更廣泛社會的權利。這些原則的基礎是必須給予青少年尊重，並確保他們成為一個認真考慮青少年利益並培養認真對待自身及社會利益的公民的社會中的一員。以下討論將審視這些原則。此外，相關分析列舉了這些原則與現行法律和政策誤解之間的差異，評估了關於這些原則適當性的社會科學建議，並回應了對旨在更為認真地對待相關原則的努力的潛在批評。

雖然以下原則在我們之前的討論中得出並獲得了支持，但隨著我們從更具描述性的角度轉向更具規範性的分析，就會立即出現兩個需要注意的事項。第一，所強調的這些原則只是作為指導性工具。沒有一條原

第二部分　《第一修正案》中的言論：法律基礎

則具有特殊的神奇效力，因此所有原則都值得考慮，其內容必須根據情境要求以及在平衡青少年權利與他人利益和公民社會利益時所產生的特殊緊急情況作出不同權衡，沒有任何一項原則具有特殊的護身符性質。第二，所提出的這些原則均相互關聯甚至存在重疊。理論模型當然可以在概念上更加簡潔，其因素可以被塑造以保持最大限度的獨立性，但是這種刻意建構的模型和努力不一定能提供很多實際效用。法律、媒體和青少年世界之間的衝突和相互作用呈現出複雜的結果，當需要新的平衡時，就會高度依賴於具體情境。考慮到這些現實情況，我們現在重新審視之前的討論，以詳細說明法律在應對青少年資訊環境（包括媒體接觸）方面的未來發展方向。

認可青少年的能力

重新審視青少年自由言論權利，就需要重新評估父母、社會和法律應該在多大程度上重視青少年做出重大人生選擇的能力和權利，以及做出決定其自身特定發展軌跡的選擇的能力（這一點常被忽視）。正如我們在第六章和第七章中所看到的，關於青少年權利的傳統法學趨勢通常賦予父母對青少年權利的控制權，例如，父母通常掌控著家庭生活的環境。在父母無法掌控的情況下，通常由國家控制青少年的權利。成年人對青少年權利的普遍控制，使得難以設想一種制度也能賦予青少年對自身權利的控制權。然而，現代法學越來越多地給予青少年對自身權利的更多控制權，並認可青少年的自主行動的能力。這些創新性發展緊緊依附於傳統法學，並繼續為賦予父母和政府如此多的權力提供基本理由——保護青少年和培養對社會負責的公民（Levesque, 2000）。所以從法律角度來看，認真對待青少年的能力可能意味著開始更多地直接賦予青少年對自身權利的控制權（比如增加獲得媒體和資訊的機會），而不是

8 結論：認真對待發展科學和言論自由權

繼續將這些權利的控制權交給父母或國家。這一轉變將以保護青少年發展和公民社會的名義進行。

關於未成年人決策能力的假設，決定了法律對某些青少年的決策是否應該如同對成年人的決策那樣同等對待這一問題的態度。根據不同的情境，從家庭、學校、街道、商店、診所、劇院和撞球場到醫生辦公室，法律有時必須明確或隱含地判斷未成年人做出有關其生活走向的重大決策的能力。一定程度上，未成年人表現出的決策能力並不比成年人弱，所以似乎應該尊重他們做出這些決策的能力，尊重程度至少不應低於那些處於類似情況的成年人的決策能力。與對待成年人一樣，尊重青少年的決策可能意味著剝奪他們從決策中獲得的有益後果，因為無論對決策者還是他人而言，決策帶來的負面性後果超過了正面後果。尊重他們的決定也可能意味著允許他們承受可能產生的負面後果。鑒於所涉及的風險，確定適當的能力無疑仍然非常棘手。然而，在確定一般規則和發現一般假設時，發展科學大有作為。

青少年和成年人的決策能力之間的相似之處多於不同之處。決策中的認知因素支持這樣一個結論，即年齡較大的青少年的決策能力與成年人的決策能力並無太大差異（Scott, Reppucci, & Woolard, 1995）。就非認知因素而言，年齡較大的青少年和年齡較小的青少年之間的差異，比年齡較大的青少年和年齡較小的成年人之間的差異更為突出（Steinberg & Cauffman, 1996; Scott, Reppucci, & Woolard, 1995）。青少年對風險的認識能力也可能不像原來所設想的那樣存在缺陷。事實上，與年輕成年人相比，青少年可能不太容易受到風險的影響，也不會認為自己會無懈可擊。最近針對自然災害和行為相關風險的研究認為，青少年比年輕的成年人更不可能認為自己無懈可擊，而且他們對自身遭遇負面結果的個人風險程度的認知能力實際上會因青春期的終結而退化（Millstein & Halpern-Felsher, 2002）。因此，成年人可能在「不成熟」程度上與青少年不相上下。

然而，青少年並非成年人。儘管青少年的決策能力程度獲得了許多觀點的肯定，但相當數量的研究文獻充分顯示，青少年在明知存在高風險的情況下仍然參與有問題甚至危險的活動。第二章至第五章有力地證明了青少年無法做出恰當決策的情況，以及他們易受社會影響的脆弱性。這項研究輔以日益增長的證據，說明大腦的成熟過程會持續貫穿整個青春期（Keating, 2004; Dahl & Spear, 2004）。這項研究無疑突顯了青少年在神經系統的局限性，並說明了他們在「熱認知」方面的困難，即需要在強烈情感或高度興奮狀態下（如同伴的壓力下，Steinberg, 2005）進行思考。雖然這一系列研究仍然比大眾評論所認為的那樣更具推測性，但它對青少年腦部成熟的可塑性與其行為和情感發展之間的連繫提供了大量的推測依據。甚至一些評論家因此建議，必須保護青少年免受媒體的影響，以免這些影響對青少年的神經生物學層面的發育產生不利影響（Saunders, 2005）。然而，我們對青少年發展以及其所受影響的更廣泛的了解，並不一定支持採取激進措施來限制青少年獲得生活體驗的機會；原因很簡單，青少年至少在某種程度上不是兒童，就像他們不等同於成年人一樣。

強調青少年決策能力存在局限性的研究，並不會否定那些得出相反結論的研究結論，即與「冷認知」更有關的研究結論。而關注青少年能力局限性的政策建議，也同樣面臨忽視青少年能力的風險，特別是他們做出正確決策的能力以及學習如何做出此類決策的需求。總之，這兩類研究（一類突出局限性，一類展示出令人印象深刻的能力）表示，理解決策過程意味著需要關注決策的具體情境。我們知道，不同的背景可能需要相當多的技能，這對任何人做出正確決策的能力都是一種挑戰；而其他

8 結論:認真對待發展科學和言論自由權

情境中則可能表示,青少年並非特別缺乏所需的技能,也並非在能力上如此缺乏以至於無法做出決策並影響自己的行為。更具綜合性的觀點認為,作為一個重組心理、社會和神經生物學調節系統的時期,青春期既充滿風險,也為培養有效能力提供了必要的機會。這種綜合性觀點強化了一種主張,即我們的社會,包括我們的法律制度,需要以促進青少年發展合理決策能力的方式來建構他們的生活體驗。

涉及媒體和資訊事項的決策也不例外,需要在青少年的其他依賴關係背景下審視其決策能力和其他能力。就青少年的媒體環境而言,現有研究揭示了許多複雜情況和重要結論。首先,父母高度影響著青少年的成長經歷,但這一影響會逐漸衰退。正如我們所見,在青春期,父母對子女接觸媒體和發表言論的控制會有所下降。身邊的同齡人群體和資訊環境(如學校和社會服務提供者)也影響著青少年的發展、態度和行為。因此,無論我們是否願意,青春期意味著青少年有更多的自由去探索媒體和資訊。其次,理解包括媒體影響在內的社會影響對青少年的作用,需要了解到與青少年互動的各方之間存在許多相互影響的關係,例如同齡人和更廣泛的社區會影響父母,進而影響青少年,而青少年反過來又會影響社區、同齡人和父母自身的態度。這意味著,如果我們要研究媒體如何影響青少年的決策,那麼我們必須將重點置於媒體本身之上,並且考慮包括父母、同齡人、文化以及許多其他社會和個人因素的影響。第三,我們已經了解到,發展(包括能力的發展)是一個積極主動的過程,是在現有社會環境中進行積極探索的一個過程。的確,最健康的身分和能力形式是透過積極探索各種選擇和確立自己的自我認知形成的。積極的探索有助於發展更充分的自我意識、自我導向和自我調節的思考。青少年實際上會參與和塑造他們的社交世界,包括他們的社會環境;他們在多大程度上能夠做到此點,不僅有助於促進他們能力的發展,也

第二部分　《第一修正案》中的言論：法律基礎

揭示了他們的能力程度。

上述研究結果顯示，相關媒體和資訊環境的事宜可能並不涉及能力問題，正如試圖對法律決策中的能力進行指數化的研究中所描述的那樣。但研究確實表示，在賦予青少年對自身權利更多控制權時，以及在青少年回應可能受他人媒體接觸影響的媒體環境和情境時，至少需要考慮法律制度應如何更好地滿足青少年的需求。仔細審視規範青少年媒體環境和身分發展的現行法律就會發現，更加尊重青少年在資訊方面的決策能力不僅可行，也絕非激進。事實上，為青少年提供更多的機會，讓他們有能力做出自己的選擇，特別是那些涉及「冷認知」的選擇，遠沒有那些將青少年視為家長和他人能夠行使權力和控制的所屬物的傳統趨勢那麼極端和激進。

法律制度已經認可了青少年的能力，並透過確保他們獲取資訊來滿足其能力發展的需求。在父母或其他人以過度控制青少年決策和資訊資源的方式侵犯其權利時，創新性政策已經為他們提供了退出選項，例如透過司法救濟或社會服務來維護自身權益。父母控制子女生育自由權（即子女從醫療提供者那裡獲取資訊和服務的權利）的這一備受爭議的例子，最鮮明地表現了法律在處理青少年權利與父母權利的衝突時，如何繞過父母權利為青少年提供行使自身權利的途徑（Levesque, 2000）。我們還看到了其他的例子。一些看似乎常卻普遍存在的例子包括學校管理人員管制資訊環境的權力，以及以青少年資訊權利的名義對這些學校管理人員所施加的重要限制（West Virginia State Board of Education v. Barnette, 1943; Tinker v. Des Moines Independent Community School District, 1969; Board of Education, Island Trees Union Free School District No. 26 v. Pico, 1982）。所有這些發展直接保護了青少年的言論自由權利，使其免受侵害這些權利的環境的影響。重要的是，這些發展顯示，青少年有能力堅持

8　結論：認真對待發展科學和言論自由權

自己的信念，而法律制度也認為這些信念值得尊重。這些法律可能仍然存在爭議，但它們仍然尊重傳統關切，在一定程度上認真對待幫助青少年發展的社會利益，並意識到需要證明僅僅因為青少年並非成年人而剝奪他們獲取資訊資源和利益的正當性的重要性。

除了一般的資訊權利之外，能力因素可能在法律制度審查青少年媒體接觸的核心方式中占據重要地位。我們已經看到，在控制可能影響青少年的媒體內容的《第一修正案》相關判例中，對危害的擔憂占據顯著地位。早期的判例，尤其是「金斯伯格系列案件」，允許國家對媒體進行審查，而其審查的基礎立足於一個具有說服力的論點，即某些形式的性化媒體可能會對未成年人造成道德性傷害。最高法院甚至在缺乏實證證據的情況下採用這一方法。更重要的是最高法院認為，這種證據無須考慮，因為這一情況下構成的損害是基於一種不便於實證調查的道德標準來認定的。我們已經看到，對危害的擔憂實際上很難處理。但看起來很明顯的是，如果從一種考慮青少年在社會中的地位、他們的能力和其對《第一修正案》保護的迫切需求的道德立場來評估這一審查，將會產生不同的結果。這種類型的損害與所有其他可能因媒體使用而造成的潛在損害（從暴力、毒品等的描繪）似乎不存在太大區別，但不會導致同樣嚴格的媒體審查。因此，更認真地對待青少年的能力，將會從早期既定案件允許審查的立場轉向近年來在其他情況下拒絕審查的立場，正如我們在保護製作暴力甚至不雅色情內容的媒體相關案件中所看到的那樣。可見，法律已經允許司法機構減少對青少年接觸可能被認為是有害材料的審查。對限制接觸的猶豫並不直接涉及能力問題，但顯而易見的是，如果保護青少年的利益更為迫切，如果真的認為青少年會受到傷害且沒有能力應對媒體，那麼就為審查提供了正當理由。這些案例對審查制度的抵制程度，揭示了法律制度在多大程度上認為青少年並非那麼容易受到

第二部分 《第一修正案》中的言論：法律基礎

影響、脆弱和無力應對被審查的媒體內容。

雖然法律制度越來越意識到青少年獨特的法律需求以及他們潛在的能力，但承認青少年具有重要的能力並未消除因保護他們免受傷害、促進其健康社會發展而持續存在的挑戰。例如，我們發現很少有案例直接涉及青少年的媒體權利，這些案件的判決往往範圍狹窄，而且是對政府已進行掌控的資訊進行審查的結果。在這些情況下，青少年面臨著與成年人類似的限制；資訊獲取權尚未得到發展。對於青少年媒體權利的這一重要限制，不過是法律制度對言論自由施加的眾多限制中（如第六章和第七章所述）的一個例子。這些限制揭示了法律理論和訴訟即使在處理涉及成年人的類似問題時也必須解決的複雜性問題。這些限制是重要的，因為它們顯示，隨著青少年成為權利主體，其對自身權利有了更多的控制，這並不意味著他們完全自行其是地行使權利。與成年人一樣，青少年仍然是負有社會責任的社會人。要讓青少年擁有更大的自主權來行使言論自由權，就必須接受國家對青少年和成年人的合法控制。接下來的問題就變成：需要幫助確定青少年何時、何種情況下應被允許以合適的方式表達、體驗言論環境，並表達自己的信念。

▌支持青少年的動態自決權

了解到青少年可能有足夠的能力持有值得保護的信念，並且他們在某些情況下可能被法律認為能夠控制自己的權利，這僅僅強調，當我們認真對待青少年的言論自由權利時法律制度所需要考慮的部分問題。認真對待青少年的權利意味著法律制度應尊重他們的自我決定權，並以促進自決的方式來建構其社會環境，這是因為大多數情況下不太可能、也不適合賦予青少年對其權利的完全控制權。青少年的權利和義務需要與他人的權利義務相平衡。在考慮這一平衡時，加強動態自決的必要性提

8 結論：認真對待發展科學和言論自由權

供了一個關鍵原則，旨在為規制青少年資訊環境（包括青少年接觸媒體的機會）的政策發展提供指導。

與前述其他法律的發展情況一樣，法律制度已經嘗試促進自我決定。成熟度標準的使用說明了此種方法的可行性。例如，這一標準已被用於決定青少年是否可以獲得醫療服務，包括墮胎、醫療檢查和治療。法院最初不願意干涉父母養育子女的職責，但在本世紀下半葉，儘管遭到家長的反對，法院在強制兒童接受醫療護理方面發揮了更為積極的作用。在某些案例中，只要醫療有望實現兒童的最大利益——換句話說，只要醫療有可能讓兒童走向正常生活和幸福——法院都願意下達拯救生命甚至是改善生命的醫療指令，無論死亡的威脅多麼遙遠，醫療過程多麼危險（Levesque, 2002a）。這些發展使得對父母基本權利的侵犯成為可能。因此，隨著青少年的權利被視為基本權利，青少年已經能夠決定從這些權利中所產生的結果，法學理論和立法也越來越多地允許青少年獲得服務、訴諸法律訴訟和獲得額外的程序保護，以更好地尊重其基本權利。

雖然法律制度越來越多地認可青少年的自我決定權，但這一原則的應用範圍仍然比較狹窄，且局限於特定的情境。例如，對現有成熟度標準的理解通常不允許更直接地干預家庭動態，也不允許根據青少年的成熟程度重新分配家庭動態關係。這個原則通常未被專門適用於規範青少年的教育環境和他們接觸這種環境的情形。在這些情形下，明確的界限決定了青少年群體如何獲得權利。在尊重青少年個體權利的努力中，很少有司法管轄區廣泛認可有必要提升青少年的自我決定意識。

由於青少年自我決定權受到的正式關注有限，研究法律制度在哪些情況下較少地區分青少年與成年人而更多地區分其與公民，這似乎卓有成效。此類實例突出了一個關鍵點，即尊重青少年自決需求並不意味著

第二部分　《第一修正案》中的言論：法律基礎

青少年的權利必然會超越其父母和社區的權利，但這的確意味著青少年可以被視為能夠決定自己對重要事項的態度的個體，並在相關態度為自己或他人帶來損害時能夠承受相應的後果。

最高法院對最近一系列旨在遏制仇恨犯罪的法規的回應，揭示了自我決定權的限制範圍。確立相關標準的兩個主要案件都涉及到青少年，有趣的是，青少年的參與對憲法問題的解決並無實質性影響。第一個案例是「R.A.V. 訴聖保羅市案」（R.A.V. v. City of St. Paul, 1992），其推翻了對幾名白人青少年的定罪，他們將折斷的椅腳拼成十字架，並在一對非裔美國夫婦有圍欄的院子內予以焚燒。該案支持了在基於內容的表達行為的背景和限制範圍內，個人表達其觀點並付諸行動的自由。第二個案例是「威斯康辛訴米切爾案」（Wisconsin v. Mitchell, 1993），其支持該州對仇恨犯罪加重懲罰的法規，支持該州規制被禁止行為的自由，以及出於思想和信仰動機的犯罪處以更重刑罰的自由。這兩個案件之間的區別很重要，因為仇恨犯罪的實施者為了表達對某個群體的仇恨而犯罪時，不能援用《第一修正案》的言論自由保護為自己開脫。「米切爾案」判決對那些屈從於這些受保護的偏好而犯罪的人施以更嚴厲的懲罰。這種處理方式相當重要——它允許個人表達自己，並且假定他們能夠決定自己的行為——無論他們是否為青少年。這種方式還因其所依據的一個關鍵性法學原則而具有重要意義，即對思想市場的信任。雖然「R.A.V. 案」支持思想市場中的那些滋生仇恨犯罪觀點和信仰，但最高法院強調，多元化社區即使沒有強制性義務（obligation），也有責任（responsibility）對抗有偏見動機的仇恨資訊，對抗這些資訊將會確保仇恨不會在思想市場上占據上風。在這些案件中，毫無疑問，社會有義務保護青少年的思想市場，有義務保證支持青少年負責任地行使自我決定權。

雖然上述案例很好地突顯了為支持青少年發展而賦予思想市場的重

8 結論：認真對待發展科學和言論自由權

要意義，而在其他場合也同樣重視這一點。例如，公立學校是最早認可青少年言論自由權的場所之一，而且這種認可是基於思想市場理論，同時也考慮到將青少年培養成為有責任感的公民的需求。儘管這一原則在學校的發展經歷了不同的轉變，但在最近的一些案例中，這一原則仍然有所體現。最明顯的是一些允許學生向其他學生傳教的案件。在這些案件中，法院對基於年齡進行區分表達出更多的意願，並且隨著孩子逐漸成熟，對家長保護孩子免受潛在不同思想影響的意願的尊重程度有所降低。這些情況反映出對青少年不斷變化的需求和角色給予了更多關注。案例指出，在青少年接近成年時，與同齡人之間的思想討論所帶來的困惑或創傷會有所減少，而這些互動的價值則有所增加。法院了解到，青少年有能力參與同齡人的思想市場。

涉及青少年媒體的案例也揭示了青少年自我決定權的重要性。這些案例所認可的遠不止青少年參與同齡人思想市場的能力；它們認可青少年有能力，甚至有必要參與某些成年人的資訊市場。一位頗具影響力的法學家理查·波斯納（Richard Posner）法官最近在一個案例中發表了對這一問題的看法，該案涉及是否允許青少年接觸州政府認為不適合未成年人的電子遊戲。他以更為明確的措辭得出了基本相同的結論，認為必須為兒童提供一些獲取資訊——甚至是有爭議的資訊——的機會，因為「如果人們在知識泡沫中長大的話，他們就不可能成為機能健全、有獨立思考能力的成年人和有責任感的公民」（American Amusement Machine Association v. Kendrick, 2001, p. 577）。另一個聯邦巡迴上訴法院也遵循類似的推理，駁回了一項旨在保護未成年人免受「血腥恐怖片」的不利影響的法律（Video Software Dealers Association v. Webster, 1992, p. 689），而且該法院最近判定一項禁止未經家長同意向未成年人出售或出租暴力電子遊戲的法令違憲（Interactive Digital Software Association v. St. Louis

County, 2003）。或許更具爭議性的是，另一個巡迴上訴法院支持了下級聯邦法院的一項判決，認為有必要保護未成年人在網路論壇上討論諸如避孕、禁慾、性行為、懷孕、性傳播疾病和強姦等性問題的權利（Cyberspace Communications, Inc. v. Engler, 1999）。

這些發展相當引人矚目，它們是在最高法院處理媒體暴力和《第一修正案》問題的重要案件，即「溫特斯訴紐約州案」（Winters v. New York, 1948）的基礎上確立的。正是在這一案件中，最高法院推翻了一項禁止分發含有犯罪新聞和血腥故事的雜誌的法律規定，因為這些雜誌被認為是「煽動針對他人的暴力和墮落犯罪的工具」（Winters v. New York, 1948, p. 518）。法院指出，這些雜誌「與最優秀的文學作品一樣，有權受到言論自由的保護」，同時提出了一個著名的論斷，即「對一個人來說是娛樂，但對另一個人來說或許是教義」（p. 510）。最高法院本身從未認為含有暴力情緒或意象的言論不受《第一修正案》為成年人或兒童所提供的保護，這一立場無疑會促使其他法院處理類似問題時朝著這個方向發展。不限制人們獲取某些資料，即使是那些「對社會可能毫無價值」的資料，以便個人能夠形成自己的「教義」（p. 510），這揭示了自我決定權在我們法律體系中的意義及其對人類發展的願景中所發揮的重要作用。

重視青少年參與的核心地位

下一項原則是確保青少年參與影響其生活的決策和事務。這一原則源於言論自由的基本理念，這一理念敦促我們認真對待青少年的公民參與和自我決定權。參與原則的核心在於，它挑戰了傳統觀念，即認為應由他人控制青少年的決策，而忽視青少年在影響自身的決策中的潛在作用。這一努力旨在促進青少年參與決策過程，培養他們的決策技能並使其成為有責任感的社會成員。

8　結論：認真對待發展科學和言論自由權

　　我們已經看到，現有的社會科學證據強調，有必要透過促進青少年的參與決定結果來推進他們的發展。這一發現反覆出現於家庭生活和管理青少年的其他社會機構，尤其是學校和少年司法系統。研究結果一致顯示，青少年的健康發展源於支持自主性、提供有序架構並擁有熱情和參與社交動機的社會和家庭環境。這些環境提供資訊回饋、合理解釋，並給出一致的後果。同時它們鼓勵主動性，盡量減少使用控制手段並採納青少年的觀點。自主性帶來的積極結果是，青少年能夠根據自己的意願採取行動，同時仍可以依靠他人的支持。這與常被混淆的「獨立」概念不同，「獨立」意味著脫離他人且極少依賴他人。雖然這個過程貫穿於整個人生，但我們已經看到，參與的需求似乎對青少年階段來說尤其重要。青少年表現出很強烈的歸屬感，即需要依附於他人，而這正是媒體所促成的。參與的性質會隨著年齡的增長發生變化，這在相當程度上決定了青少年與周圍環境互動的方式，而其中最明顯的是脫離父母影響而同伴影響有所增強的成長過程，這改變了媒體的性質和重要性。那麼，了解媒體和資訊環境在青少年經歷中的作用，需要仔細審視青少年是如何被允許參與他們所處的社區、同齡人群體和家庭的。

　　法律越來越多地允許青少年的參與，儘管程度仍然有限。對參與原則的尊重，最常見的是在干預過程中提供充分資訊並促進青少年融入社會。法律在相關教育條款中已經貫徹了這一原則，例如注重包容、尊重文化和宗教差異以及認可學生的言論自由權等。同樣，法律在其他情形下也為青少年提供了表達和探索不同選擇的機會，如在醫療決策過程中，要求提供服務或資料之前進行諮詢。另外，正如我們上文所見，法律為一些青少年在感到受虐待、忽視或凌辱時提供了真正的申訴管道。概言之，正當程序中所表現的基本原則——被傾聽、被認可以及參與影響自身權利的政府程序的權利——越來越多地適用於青少年及其生活的

第二部分　《第一修正案》中的言論：法律基礎

不直接涉及法院的各個部分。

　　社會科學意識到青少年參與其所處社會環境的核心需求，但涉及資訊的法律環境沒有像研究顯示的那樣充分促進青少年的參與。一個關鍵的例子涉及到最近對服務提供者（包括學校輔導員）與尋求生殖健康服務並接受性教育的青少年之間討論內容的性質的限制。我們知道，患者很可能會重視醫生對病情偏好的表達，並非因為他們被資訊說服，而只是因為資訊由醫生提供（Levesque, 2002c）。醫患關係中這種不對稱的、高度情緒化的特點，使得患者——特別是那些非白人、貧窮、老年、女性或青少年患者——很可能會被醫生對病情表達的觀點嚇倒，並作出困惑和順從的反應。雖然青少年可能在互動能力上存在不足，無法達到最高法院所設想的程度，但青少年確實具有一定能力釐清資訊方面的差異。如我們所見，的確有證據支持這樣的論點，即青少年並非如此缺乏複雜思考的能力以至於國家需要為了他們的幸福預先篩選資訊。重要的是，與最高法院所承認的成熟青少年的技能相比，青春期時期評估資訊所需的技能似乎更容易獲得，比如他們在沒有國家或父母參與的情況下做出墮胎和避孕決定的能力。

　　儘管參與原則沒有獲得應有的高度重視，它實際上在多個層面上發揮作用，並且許多權利為其概念化提供了支持。譬如，這個原則獲得了公認的青少年權利的支持，這些權利包括接收充分資訊，以及在相關問題上發表意見並行使言論自由。它也得到了我們已經討論過的一些原則的支持，比如鼓勵制定政策的原則，允許青少年參與決策過程並隨著他們獲得法律上的獨立而逐步控制重要決策的結果。就青少年媒體權利的更核心方面而言，我們已經看到，提高青少年對媒體做出健康反應的最有效方法，是讓青少年參與相關媒體的決策並促進其處理媒體資訊的技能。

8 結論：認真對待發展科學和言論自由權

　　令人驚訝的是，利用法律體系來培養青少年負責任地參與媒體的能力的嘗試少之又少。認真對待這一原則的最顯而易見的方法是鼓勵在教育機構中予以落實。我們已經看到，教育舉措可以培養健康的媒體使用習慣，減少被認為有問題的媒體的影響。然而，儘管聯邦政府的《2000年目標：美國教育法案》—— 一項確立國家教育目標的里程碑式立法 —— 要求學校將媒體素養納入課程，但各州仍然未作出反應。的確，現在美國所有五十個州都擁有包含某種媒體素養要求的教育標準。各州將媒體素養要求納入語言、社會研究、衛生健康以及其他一些內容領域的標準中，而且媒體素養標準本身常常隱藏在其他標準和要求之中。然而，審視各州法律規定發現，各州往往只是鼓勵各學區展開媒體素養教育，這種措施遠遠不夠全面（J. A. Brown, 2001）。因此，媒體教育尚未蓬勃發展，仍然缺乏結構性支持，這限制了媒體課程實施的範圍和持續時間。各種計畫（如果確實存在的話）的差異很大，其成因在於美國採用分散的教育方式，擁有超過 15,000 個相對自治的學區和教育系統，將媒體研究課程的開發工作留給了具有開拓精神的教師或校長（J. A. Brown, 2001）。由於缺乏法律強制性規定，學校只能自行其是，增加了學校將資源、教師培訓和課程開發投入到其他領域的可能性（Levesque, 2002b）。儘管案例仍不多，但現有的要求仍然揭示了一個基本要點：各州可以制定法律，以培養青少年應對有問題的媒體和資訊環境所必需的技能。

　　重要的是，要求學生具備媒體素養，可能不如學校為青少年提供處理資訊的方式那麼重要。正如在第七章所見的那些著名學校案例所認可的那樣，學校必須被允許對學生進行公民教育，並灌輸基本的社會價值觀。學校有義務讓學生為積極參與公開話語和遵守基本的社會價值觀做好準備。我們已經看到，判定在課堂內或在校園集會中何種言論不妥當，這一權力應歸屬於學校董事會。但是，培養有責任感的公民這一廣

第二部分 《第一修正案》中的言論：法律基礎

泛目標突出說明，即使學校的權力看起來幾乎無所不包，但其對言論的監管權力仍面臨著重要的限制。即使學校可以在建構青少年的資訊環境方面擁有廣泛的自由裁量權，但並不意味著這一權力無法被用於確保青少年培養處理資訊的技能。

法律制度明確允許學校保留相當大的權力，並且可以促進青少年參與思想市場。例如，儘管法律高度尊重家長的權利，學校仍然保留相當大的控制權，並可能提供一些甚至可能家長覺得令人反感的露骨資料。「布朗訴『火辣、性感與更安全產品公司』案」（Brown v. Hot, Sexy & Safer Prods., Inc., 1995）說明了學校可能發揮的重要作用。該案中，學生被強制參加一個關於愛滋病防治意識的學校集會計畫，該計畫描述並示範了某些性行為，原告學生和家長認為這些內容極具冒犯性。第一巡迴上訴法院駁回訴訟，裁定原告學生和家長未能提出有效的救濟請求。法院的理由是，最高法院此前的判決賦予父母為子女選擇學校的權利，但並未賦予父母對子女就讀所選公立學校的課程的控制權利。法院指出，父母沒有告知公立學校應為他們的子女教授什麼內容的基本權利，結合某些公立學校課程具有冒犯性和令人反感的性質，突顯了學校在培養青少年獲取和理解那些有爭議的資訊（即使他們的父母也不願意其接觸）的能力方面具有潛在的強大作用。

▌確定青少年最大利益的重要性

重新審視保護青少年言論自由權的資訊環境類型，即使在青少年無法支配這些權利的情況下，也必然需要考慮經常用來指導法律如何對待青少年問題的「最大利益」標準。無論是傳統還是創新性舉措均遵循一個規則，即那些掌控青少年成長和青少年權利的人應該依其最大利益行事。若是沒有這個基本規則，賦予他人的權利就會失去合法性，因為如

8 結論：認真對待發展科學和言論自由權

果一個民主政權為了謀取私利而支持剝奪他人的權利，卻不給他人任何發言權的話是十分怪異的。這個規則可能顯而易見，但是，如果予以認真對待會產生奇特和意料不到的結果，即使得通常會逃避責任的機構和個人承擔法律責任。然而，正如我們所見，證明社會和個人實際上遵循了「最大利益」的要求是艱難的，且難免有不實之嫌。

在青少年資訊環境背景下，未能遵守「最大利益」原則的情況尤為明顯。例如，各州在允許或鼓勵教育中存在歧視、忽視青少年的醫療需求、放任問題家庭關係甚至家庭暴力的情況下，並未基於青少年的最大利益原則採取行動，而所有這些情況都直接關係到青少年獲得資訊的機會。同樣，即使尊重言論有時也意味著助長不容忍、偏見和仇恨活動，社會也可能會袖手旁觀，即使法律體系如我們所看到的那樣希望社會有助於促進對有問題的言論表現形式做出適當回應，但並未對此做出強制要求。當各州在這些情況下否認青少年的基本利益時，其所追求的是父母、社區和機構行為者的最大利益，他們否認青少年權利並非是因為青少年的身分，而是這些權利本應是青少年所享有的。然而，當各州允許這些情況持續存在，無論從傳統還是現代法學理論的角度，其行為會越來越難以自圓其說。因此，在一個旨在保護全體公民權利的公民社會中，青少年的利益理應被優先考慮，關注「最大利益」遠不如未能將其置於首位的行為更為反常。社會、法律和政策通常將上述情況中青少年遭受的損害簡單歸結於一種制度的附帶成本，即由公民個人（父母）負責撫養子女，且無法解決個人受到的所有傷害問題。

我們回顧了為應對接觸媒體帶來的負面後果所做的努力，發現人們在關注青少年的最大利益方面存在明顯的不足。媒體素養教育和其他與媒體有關的舉措不斷湧現，旨在應對青少年如何接收和回應媒體的正面和負面影響問題。然而，這些努力往往受到忽視。研究已經成功確定了

第二部分　《第一修正案》中的言論：法律基礎

青少年接觸媒體的潛在問題，但尚未證明和推動施行全面的措施來解決這些錯綜複雜的問題。法律制度和評論者對這一工作的推動也有所不足。事實上，我們現在知道，無論是在校內、校外、家庭、社區或同伴關係中，都沒有針對青少年媒體權利進行全面分析。此外，令人驚奇的是，儘管人們普遍認為青少年更值得保護和規範，但現有法律更多地保護成年人的權利而非青少年的權利和最大利益。

儘管存在種種不足，我們已經看到法律制度如何更有效地應對我們目前所了解到的與尊重言論相關的危害。「最大利益」標準最有前景的一點在於，它有望解決私人行為和公共行為的問題，而這正是言論自由法學和立法的主要局限之一。並非說法律制度將徹底改變《第一修正案》法學，而是說，例如當青少年處於國家機構的管理下並被保護免於國家不當行為的侵害時，對其予以認真對待會影響他們的私人關係。這些私人關係往往不受干預，除非受害者受到的傷害嚴重到需要兒童福利機構或刑事司法系統的介入。

學校在青少年資訊環境中所扮演的角色再次說明了這一問題。鑒於媒體對塑造青少年環境的社會資訊貢獻龐大，而且這些資訊往往與旨在確保青少年負責任成長的其他舉措相衝突，學校似乎需要更為系統地考慮媒體在青少年生活中的作用。人們長期以來認為，學校有義務傳遞適當、準確和有用的資訊和技能，使得青少年為建立負責任的人際關係做好準備，這一使命也得到了我們法律制度的認可和推動（Levesque, 2002b）。將這一設想變為現實，至少應包括努力解決各種媒體在青少年社會化過程中所產生的重要作用。這一做法的合理性越來越明顯，並在社會對性相關資訊的處理方式上得到了證實。青少年依靠同伴和媒體獲取資訊和指導；同伴又依賴於媒體；媒體尚未遏制其在性相關問題上呈現的相互矛盾的形象；而父母在青少年的性教育中的作用也在逐漸減弱。

8　結論：認真對待發展科學和言論自由權

如果學校能夠將媒體對青少年性觀念的影響納入教學內容，就會在提供更有效的性教育和培養青少年建立負責任的人際關係方面大有作為。但如我們所見，性教育計畫越來越忽視強大的社會化機構對青少年的影響。因此，努力解決媒體在青少年性教育中的作用問題，不僅需要重新思考性教育專案，還要重新思考媒體教育計畫、青少年的媒體權利以及參與社會和家庭的更廣泛權利。

服務提供計畫也顯示，有必要考慮多大程度上為青少年的最大利益採取行動。評論者們哀嘆聯邦政府未能展開更全面的性教育計畫。他們經常強調聯邦政府如何不負責任，因為面對性傳播疾病發病率的飆升以及青少年因對性的認識不當而遭受的其他傷害，聯邦政府的做法是增加對「婚前禁慾」的性教育和相關服務的資金投入（Brindis, 2002）。但如我們所見，青少年可以透過普遍缺乏監管的媒體獲得大量資訊。然而，這些資訊是有問題的。最明顯的是，所提供的資訊有失偏頗，並不是那種能引導「負責任」性行為的資訊類型。更麻煩的是，許多因素顯示，媒體短時間內不會做出任何改變，這一現實源於媒體需要提供刺激性的性內容來銷售產品和吸引消費者，同時也需要迴避可能會疏遠觀眾和廣告商的有爭議或令人不快的話題。因此，這個問題不一定是青少年獲取資訊的問題，而是無法獲取「適當」資訊的問題。此外，問題不僅在於獲取適當資訊，而且還在於獲取各種技能和環境，使得青少年能夠利用適當資訊和基於自身的最大利益行事。

當前性教育計畫的主要缺陷之一在於，沒有考慮到學校以外的流行文化以及課堂經驗和課外經驗之間的脫節。大眾媒體所創造的社會規範不僅沒有強化學校講授的教育內容，反而常常與之發生衝突。諸如那些看似不負責任的社會規範，其影響範圍不僅局限於媒體。與其試圖限制青少年接觸媒體，倒不如努力讓他們了解到自己是我們社會中的重要一

第二部分　《第一修正案》中的言論：法律基礎

員，在日常生活的各個方面都應負責任地行事，而不僅僅在性行為方面。我們應該遵循這一見解，考慮為青少年提供相應的教育、工具和服務來實現這些目標。因此，要應對存在問題的媒體影響，就需要處理青少年的生活結構問題，尤其是他們在社會中的定位及其最終所扮演的角色。較為間接的社會背景因素，諸如種族、性別、年齡和社會階層等，在決定青少年獲取資訊的機會和受影響程度方面發揮著重要作用。不同的青少年擁有不同的機會結構，眼中的社會結構也有所不同，例如他們是否打算上大學、尋求務實的職業、結婚等。此外，這些社會背景也受到許多機構的影響，如同伴、學校和家庭。因此，各種形式的媒體所提供的性內容可能會限制青少年的學習和回應，但這些內容的效應取決於青少年在使用媒體時的身分認知，而青少年的權利觀念塑造了其身分認知。

家庭控制範圍內的事務顯然是一個更根本的挑戰。目前對兒童最大利益的關注，為直接干預家庭生活的努力設定了極大障礙：青少年必然遭受或可能遭受某種公認的傷害（例如兒童虐待）。重要的是要牢記，將國家干預視為直接介入家庭，是對國家干預家庭生活的多餘且狹隘的理解，其忽略了大量法律在規範家庭生活。例如我們看到，改變學校環境和同伴關係意味著對家庭產生影響，改變社會服務的性質也是如此。意識到家庭以外的社會力量（特別是媒體）的強大作用，並不意味著政策上必須切斷父母與青少年之間的強大紐帶。相反，承認家庭以外的社會力量的作用，僅僅意味著必須考慮這些力量，以確保青少年在家庭關係未能基於他們的最佳利益運作時存在其他選擇，並幫助確定什麼對他們的人格發展如此重要和核心。

雖然家庭控制範圍內的事務帶來了重要挑戰，但需要牢記的是，以青少年最大利益為由對其進行管控的努力存在局限性。例如我們已經看

8 結論：認真對待發展科學和言論自由權

到，最高法院承認審查制度符合政府保護兒童的重大迫切利益。法院在最近一份意見中認為，「保護圖書館的年輕使用者免受不適合未成年人的資料影響的利益是合法的，甚至是令人信服的，全體大法官似乎都認同這一點」(United States v. American Library Association, Inc., 2003, p. 215)。保護未成年人身心健康的迫切利益相當重要，但它仍為言論自由（甚至是為保護未成年人的言論自由權利）留下了很大餘地。事實上，希望從《第一修正案》中為未成年人開闢例外的努力大多以失敗告終。最高法院已經很明確地指出，國家並不擁有無限制的權力來保護未成年人免於接觸其不認可的思想的影響。在「厄茲諾茲尼克訴傑克森維爾市案」(Erznoznik v. City of Jacksonville, 1975) 中，法院透過推翻一個禁止露天汽車戲院播放從街上可以看到的包含裸露鏡頭的電影的法令，明確地提出了此點：

「不能僅僅為了保護年輕人免受立法機構認為不適合的思想或影像的影響，就壓制那些對年輕人來說既非淫穢內容、也非受到其他法律禁止的言論。在大多數情況下，當政府試圖控制向未成年人傳播資訊時，《第一修正案》所保護的價值依舊適用。」(pp. 213-14)

《第一修正案》的基本理念強化了這些觀點的正確性。如果《第一修正案》的核心目的之一在於防止政府利用審查制度將其政治和道德價值觀強加給民眾的話，那麼完全將青少年排除在這一保護之外將為這一目的製造出一個龐大漏洞，特別是考慮到青春期的成長特性。無論國家保護兒童免遭傷害和為其最大利益而行事的權力有多大，當這一問題涉及到《第一修正案》對國家壓制言論權力的限制性質時，很多情況都不能被認定為相關的「傷害」。

第二部分　《第一修正案》中的言論：法律基礎

結論

　　媒體及其思想傳播塑造著我們以及我們的民主制度的未來。如同美國歷史所展現的，媒體在決定社區性質、家庭動態、人際關係甚至社會政策方面都扮演著關鍵角色。正如我們所見，儘管人們努力將某些形式的媒體排除在青少年的生活之外，媒體在塑造每個人的文化和個人身分認同方面扮演著核心角色，但這種作用卻又常常被掩蓋起來。我們不斷見證著青少年媒體和更廣泛的資訊環境的法律基礎的快速變化，相關證據顯示我們已經到了一個關鍵時刻。媒體規制的迅速變化以及這些變化對青少年的影響令我們得出結論：如果我們不能更審慎地回應青少年在法律中的地位，就無法滿足青少年和社會的需求。我們不能盲目相信，在處理那些控制青少年資訊環境的人的權利和需求時，青少年的利益也能得到充分保障。鑒於法律的廣泛影響，我們不能固守傳統的正規化和言論本質上具有私密性的假設。這一假設導致了對言論的放任態度，而對青少年來說，則只能任由那些傳統上控制他們的人的擺布。我們不能這樣做，僅僅是因為法律制度需要嚴格審查以確保它促進自由而非扼殺自由。

　　若是仔細審視法律制度如何處理青少年的媒體和資訊環境的話，就會發現許多不足之處。在我們考慮到如下兩點時，就會對未能更直接地處理青少年的需求、能力及其在家庭、社區和法律中的特殊地位的做法產生懷疑。首先，與言論自由有關的問題顯然涉及到應獲得最高級別保護的權利。儘管我們已經看到，最高法院的最近案件並未賦予言論自由權利絕對凌駕於其他潛在競爭權利和社會利益之上的地位，但這些權利仍然受到高度重視和尊重。其次，最高法院承認，即使權利主體是青少年，各州也必須尊重其言論自由權利。法院不斷將重要的正當程序權利擴展至青少年，確認其基本（但頗有爭議）的隱私權，甚至承認其權利中

8 結論：認真對待發展科學和言論自由權

包含宗教自由。法院也認可青少年擁有自我表達的權利，並拒絕以「各州必須這樣做才能保護未成年人免受有害媒體的侵害」這一理由限制成年人接觸媒體的機會。媒體可能對青少年有害這一事實，不再足以限制成年人和所有人接觸媒體。然而，對青少年權利的擴展尚未完全成型，它們僅在有限的情境下被探討。事實上，我們已經看到，關於青少年權利的諸多分析涉及對其他群體的權利，即對成年人的權利的分析。

更直接地解決青少年言論自由權利問題的需求，使得剛剛提出的此類分析非常重要。現有的發展科學表示，傳統上被接受和經常得到肯定的支持強而有力言論自由的原則，實際上與青少年的生活息息相關。研究的確顯示，這些原則對青少年而言可能比對成年人具有更大的意義：青少年渴望獲取思想，並且樂意參與資訊市場，透過參與思想交流來發展自我意識，以及塑造將引導他們未來參與社會和家庭的公民責任感。同樣，現有的發展科學證據和創新性法律顯示，有必要重新思考青少年的權利並提供獲得更多法律認可的途徑。同樣重要的是，現行法律已經提供了與青少年權利的新觀念相一致的機制，而且一些解決青少年權利問題的創新努力也說明其絕非徒勞。正如我們所見，有效的舉措使得青少年真正參與到相關工作和法律的規畫和實施中，並了解到群體和社區是如何引導和約束行為的。這些進展顯示，確保「人人享有自我決定權、以尊重個人基本利益的民主方式參與社會並對令其受益的權利施以更多的控制」這一基本民主原則變得日益重要。所有這些要素都被認為對個人積極實現自我和有效融入公民社會至關重要，二者正是支持強而有力的言論自由保護的核心理由，也是真正民主社會的基礎。

雖然發展科學可能建議而且法律也會支持甚至要求上述各種原則的發展，但我們也看到，此種努力會引發諸多爭議。鑒於在青少年權利發展問題上一直存在許多爭議，這並不令人意外。我們也看到，對於極度

第二部分 《第一修正案》中的言論：法律基礎

重視家長決定子女成長權利的社會來說，認可青少年的資訊權利或許是一個艱鉅的挑戰。我們的分析顯示，有必要接受這些挑戰並對它們做出適當的回應，而不是無視那些試圖給予青少年更多尊重的反對意見。應對這些挑戰的能力突顯了一個關鍵考量因素，即法律在青少年生活中所扮演的角色，以及法律在處理青少年所面臨的資訊問題中的作用。法律制度能夠幫助辨識問題和建構應對措施。法律制度也能在規範媒體時指導對青少年生活的干預，正如其在保護青少年免受公然侵犯和歧視方面的舉措（現在已被視為兒童福利法以及教育和少年司法系統的常規事項）一樣，都是改革與研究的關鍵領域。事實上，對現行法律規則予以審視後發現，一些既有的法律可被用於促進青少年健康和有利的發展，包括支持他們身分認同的發展以及這種認同對其社會性格的影響。如我們在第六章結尾部分所見，自由言論是現代公民社會中青少年健康發展所必需的權利的核心要點。

仔細審視法律可以幫助實現什麼目標，也突顯了法律的局限性。鑒於公民社會的需求，以及一個致力於促進和尊重言論自由的社會的需求，法律不能全盤接納那些試圖利用政府資源限制青少年獲取資訊的人所提出的許多建議。儘管社會科學確實支持這樣的說法，即媒體對社會，甚至對青少年本身都產生了一系列令人印象深刻的負面影響，但法律制度卻無法做到這一點。雖然媒體確實與一些負面結果相關，但我們已經看到，這些相關性並不像目前討論所示的那樣直接。事實上，青少年對媒體的反應包括許多潛在的積極結果。可能出現的任何一種結果都會揭示法律潛在的應對措施的局限性，但也說明了法律的核心挑戰：法律如何能夠且必須能夠建構青少年的資訊環境。

對法律的潛在作用的理解，意味著我們的研究必將超越現行的憲法、法理和立法授權。這意味著首先要了解媒體在青少年生活中的作

8 結論：認真對待發展科學和言論自由權

用。研究顯示，這在相當程度上取決於青少年的內部和外部資源。沒有任何單一的心理、社會或文化因素能夠解釋青少年的意向及其對青少年發展結果的影響。相反，是一系列力量共同作用促成了積極和消極的發展結果。對探索青春期本質以及媒體對青少年發展的可能影響的現有科學發展的借鑑，促使我們提出法律原則以幫助指導如何回應青少年在社會和法律中的特殊地位。在我們對青少年作出回應的努力中考慮這些原則，有助於確保我們以一種能夠增強對青少年自身需求尊重的方式，認可他們的能力和特殊社會狀況。

或許有人天真地認為，更多地認可青少年的個人需求和關切可能會帶來積極的結果，其中不僅僅包括讓青少年能夠探索自己通往有意義生活的道路，並對通常被認為有害的資訊進行爬梳。傳統上，是父母而非社會承受了這一重任。但時代、社會、家庭和法律在不斷變化。我們對這些變化的認知說明，迫切需要超越簡單的因果模型以全面了解青少年的成長以及媒體對青少年成長結果的影響。媒體滲透到青少年所處的環境中，從而影響著其成長的結果。當前社會科學對這些環境的理解促使我們制定重要指導原則，這些原則與我們的法律制度所認為的參與現代公民社會的基本原則驚人地相似。雖然媒體和資訊選擇以及提供有助於支持和促進選擇的環境，出人意料地沒有成為關於青少年權利和青年政策討論的一部分，但我們已經看到，法理學和立法的發展，加上影響青少年的迅速變化的社會情勢，使我們處於一個無法忽略的關鍵時刻。為了實現我們這個民主、多元化社會的目標，需要意識到，每個人都應該有真正的機會來發展和踐行自己的信念，而社會也應該理解並回應這些信念在每個人生活中的潛力。

各州負責教育事務、規範家庭生活並監督青少年的成長。在培養健康、全面發展的年輕人並使其成長為成熟的公民方面存在政府利益。儘

第二部分　《第一修正案》中的言論：法律基礎

管存在這些利益，目前對待青少年媒體權利的處理方式試圖限制青少年接觸媒體的機會，結果卻徹底失敗，而且也沒有為青少年提供保護自己免受潛在危害的方法。正如我們所見，媒體不僅僅塑造個人，它也塑造了社會、社會認知和對文化的定義。如果運用得當，媒體可以讓青少年理解生活的複雜性，並可以被用於確保青少年參與社會事務。這一對待媒體的方法，較之不讓青少年接觸資訊、使其成為本應屬於他們自己的文化生活的局外人和非參與者的做法更為有效。對於令人不安的言論所造成的社會弊端，美國的憲法一直都有一個簡單明瞭的政策回應：《第一修正案》針對問題言論的解決方法是，鼓勵更多的、多樣化的表達。《第一修正案》的核心是積極鼓勵言論，要求包括青少年在內的人們參與社會生活，最大限度地追求自己確定的發展軌跡。

參考文獻

Abrams v. United States, 250 U.S. 616 (1919).

Ackard, D. M., Neumark-Sztainer, D., Story, M., & Perry, C. (2003). Overeating among adolescents: Prevalence and associations with weight-related characteristics and psychological health. *Pediatrics, 111*, 67–74.

Ackard, D. M., & Peterson, C. B. (2001). Association between puberty and disordered eating, body image, and other psychological variables. *International Journal of Eating Disorders, 29*, 187–194.

Adolescent Family Life Act, Pub. L. No. 97-35, 95 Stat 578 (codified as amended at 42 U.S.C. 300z-300z-10) (1982).

Agliata, D., & Tantleff-Dunn, S. (2004). The impact of media exposure on males' body image. *Journal of Social and Clinical Psychology, 23*, 7–22.

AIDS Alert. (2000). Youth programs take pop-culture approach. *AIDS Alert, 15*, 88–89.

Akers, R. L. (1998). *Social learning and social structure: A general theory of crime and deviance*. Boston: Northeastern University Press.

Allbutt, H., Amos, A., & Cunningham-Burley, S. (1995). The social image of smoking among young people in Scotland. *Health Education Research, 10*, 443–54.

Allen, M., D'Alessio, D., & Brezgel, K. (1995). A meta-analysis summarizing the effects of pornography II: Aggression after exposure. *Human Communication Research, 22,* 258–283.

Allen, M., Emmers, T., Gebhardt, L., & Giery, M. A. (1995). Exposure to pornography and acceptance of rape myths. *Journal of Communication, 45,* 5–26.

Allison, K. W., Crawford, I., Leone, P. E., Trickett, E., Perez-Febles, A., Burton, L. M., et al. (1999).

Adolescent substance use: Preliminary examinations of school and neighborhood context. *American Journal of Community Psychology, 27,* 111–141.

Aloise-Young, P., Shenanigan, K., & Graham, J. (1996). Role of self-image and smoker stereotypes in smoking onset during early adolescence: A longitudinal study. *Health Psychology, 15,* 494–497.

Alstead, M., Campsmith, M., Halley, C. S., Hartfield, K., Goldbaum, G., & Wood, R. W. (1999). Developing, implementing, and evaluating a condom promotion program targeting sexually active adolescents. *AIDS Education and Prevention, 11,* 497–512.

Alvermann, D. E., & Hagood, M. C. (2000). Critical media literacy: Research, theory, and practice in "new times." *Journal of Educational Research, 93,* 193–206.

American Academy of Pediatrics (2000). Joint statement on the impact of entertainment violence on children: Congressional Public Health Summit. (2000, July 26). Retrieved January 29, 2006, from http://www.aap.org/advocacy/releases/ jstmtevc.htm.

American Amusement Machine Association v. Kendrick, 244 F.3d 572

(7th Cir. 2001).

American Psychiatric Association. (2000). *Diagnostic and statistical manual of mental disorders* (4th ed., text revision). Washington, DC: Author.

American Social Health Association. (1996). *Gallup study: Teenagers know more than adults about STDs*. Durham, NC: Author.

Amos, A., Currie, C., Gray, D., & Elton, R. (1998). Perception of fashion images from youth magazines: Does a cigarette make a difference? *Health Education Research, 13*, 491–501.

Anda, R., Williamson, D., Escobedo, L., Mast, E., Giovino, G., & Remington, P. (1990). Depression and the dynamics of smoking: A national perspective. *Journal of the American Medical Association, 264*, 1541–1545.

Anderson, C. A. (1997). Effects of violent movies and trait irritability on hostile feelings and aggressive thoughts. *Aggressive Behavior, 23*, 161–178.

Anderson, C. A., Berkowitz, L., Donnerstein, E., Huesmann, L. R., Johnson, J. D., Linz, D., et al. (2003). The influence of media violence on youth. *Psychological Science in the Public Interest, 4*, 81–110.

Anderson, C. A., & Bushman, B. J. (2001). Effects of violent video games on aggressive behavior, aggressive cognition, aggressive affect, physiological arousal, and prosocial behavior: A meta-analytic review of the scientific literature. *Psychological Science, 12*, 353–359.

Anderson, C. A., & Bushman, B. J. (2002). Media violence and the American public revisited. *American Psychologist, 57*, 448–450.

Anderson, C. A., Carnagey, N. L., & Eubanks, J. (2003). Exposure to violent media: The effects of songs with violent lyrics on aggressive thoughts and feelings. *Journal of Personality and Social Psychology, 84*, 960–971.

Anderson, C. A., & Dill, K. E. (2000). Video games and aggressive thoughts, feelings, and behavior in the laboratory and in life. *Journal of Personality and Social Psychology, 78*, 772–790.

Anderson, C. A., Flanagan, M., Carnagey, N. L., Benjamin, A. J., Jr., Eubanks, J., & Valentine, J. C. (2004). Violent video games: Specific effects of violent content on aggressive thoughts and behavior. *Advances in Experimental Social Psychology, 36*, 199–249.

Anderson, C. A., & Huesmann, L. R. (2003). Human aggression: A social-cognitive view. In M. A. Hogg & J. Cooper (Eds.), *Handbook of social psychology* (pp. 296–323). London: Sage.

Anderson, R. E. (2002). Youth and information technology. In J. T. Mortimer & R. W. Larson (Eds.), *The changing adolescent experience: Social trend and the transition to adulthood* (pp. 175–207). Cambridge, MA: Cambridge University Press.

Aneshensel, C. S., & Sucoff, C. A. (1996). The neighborhood context of adolescent mental health. *Journal of Health and Social Behavior, 37*, 293–310.

Archibald, A. B., Graber, J. A., & Brooks-Gunn, J. (1999). Associations among parent-adolescent relationships, pubertal growth, dieting, and body image in young adolescent girls: A short-term longitudinal study. *Journal of Research on Adolescence, 9*, 395–415.

Arnett, J. J. (1995). Adolescents' uses of media for self-socialization. *Journal of Youth and Adolescence, 24*, 519–534.

Arnett, J. J. (2001). Adolescents' responses to cigarette advertisements for five "Youth Brands" and one "Adult Brand." *Journal of Research on Adolescence, 11*, 425–443.

Ashcroft v. ACLU, 542 U.S. 656 (2004).

Ashcroft v. Free Speech Coalition, 535 U.S. 234 (2002).

Assor, A., Roth, G., & Deci, E. L. (2004). The emotional costs of parents' conditional regard: A self-determination theory analysis. *Journal of Personality, 72*, 47–88.

Atkin, C., & Marshal, A. (1996). Health communication. In M. B. Salwin & D. W. Stacks (Eds.), *An integrated approach to communication theory and research* (pp. 479–497). Englewood Cliffs, NJ: Prentice-Hall.

Attewell, P. (2001). The first and second digital divides. *Sociology of Education, 74*, 252–259.

Attie, I., & Brooks-Gunn, J. (1989). Development of eating problems in adolescent girls: A longitudinal study. *Developmental Psychology, 25*, 70–79.

Avenevoli, S., & Merikangas, K. R. (2003). Familial influences on adolescent smoking. *Addiction, 98*, 1–20.

Aubrey, J. S., Harrison, K., Kramer, L., & Yellin, J. (2003). Variety versus timing: Gender differences in college students' sexual expectations as predicted by exposure to sexually oriented television. *Communication Research, 30*, 432–460.

Austin, E., & Johnson, K. (1997). Immediate and delayed effects of media literacy training on third graders' decision making for alcohol. *Health Communication, 9*, 323–349. Backer, T., Rogers, E., & Sopory, P. (1992).

Designing health communication campaigns: what works? Newbury Park, CA: Sage Publications.

Backinger, C. L., Fagan, P., Matthews, E., & Grana, R. (2003). Adolescent and young adult tobacco prevention and cessation: current status and future directions. *Tobacco Control, 12*, iv46–iv53.

Baker, C. E. (1989). *Human liberty and freedom of speech*. New York: Oxford University Press.

Baker, C. E. (1997). Giving the audience what it wants. *Ohio State Law Journal, 58*, 311–417.

Balfour, D. J. K., & Ridley, D. L. (2000). The effects of nicotine on neural pathways implicated in depression: A factor in nicotine addiction? *Pharmacology Biochemistry and Behavior, 66*, 79–85.

Ballard, S. M., & Morris, M. L. (1998). Sources of sexuality information for university students. *Journal of Sex Education and Therapy, 23*, 278–287.

Bandura, A. (1965). Influence of models' reinforcement contingencies on the acquisition of imitative response. *Journal of Personality and Social Psychology, 1*, 589–595.

Bandura, A. (1977). *Social learning theory*. Englewood Cliffs, NJ: Prentice Hall.

Bandura, A. (1994). Social cognitive theory of mass communication. In J. Bryant & D. Zillmann (Eds.), *Media effects: Advances in theory and research* (pp. 61–90). Hillsdale, NJ: Erlbaum.

Bandura, A. (2001). Social cognitive theory of mass communication. *Media Psychology, 3*, 265–299.

Barker, E. T., & Galambos, N. L. (2003). Body dissatisfaction of adolescent girls and boys: Risk and resource factors. *Journal of Early Adolescence, 23*, 141–165.

Barongan, C., & Nagayama Hall, G. C. (1995). The influence of misogynous rap music on sexual aggression against women. *Psychology of Women Quarterly, 19*, 195–207.

Bartecchi, C., MacKenzie, T., & Schrier, R. (1995). The global tobacco epidemic. *Scientific American, 1995*, 44–51.

Barth, R. P., Fetro, J. V., Leland, N., & Volkan, K. (1992). Preventing adolescent pregnancy with social and cognitive skills. *Journal of Adolescent Research, 7*, 208–232.

Barthel, D. (1992). When men put on appearance: Advertising and the social construction of masculinity. In S. Craig (Ed.), *Men, masculinity, and the media: Vol. 1: Research on men and masculinity series* (pp. 137–153). Thousand Oaks, CA: Sage Publications.

Bartholow, B. D., & Anderson, C. A. (2002). Effects of violent video games on aggressive behavior: Potential sex differences. *Journal of Experimental Social Psychology, 38*, 283–290.

Bartholow, B. D., Anderson, C. A., Benjamin, A. J., & Carnagey, N. L. (2005). Individual differences in knowledge structures and priming: The weapon priming effect in hunters and nonhunters. *Journal of Experimental Social Psychology, 41*, 48–60.

Bartholow, B. D., Dill, K. E., Anderson, K. B., & Lindsay, J. J. (2003). The proliferation of media violence and its economic underpinnings. In I. E.

參考文獻

Sigel (Series Ed.) & D. A. Gentile (Vol. Ed.), *Advances in applied developmental psychology: Media violence and children* (pp. 1–18). Westport, CT: Greenwood Publishing.

Basil, M. (1997). The danger of cigarette "special placements" in film and television. *Health Communication, 9*, 190–98.

Bauman, K. E., Carver, K., & Gleiter, K. (2001). Trends in parent and friend influence during adolescence: The case of adolescent cigarette smoking. *Addictive Behaviors, 26*, 349–361.

Bauman, K. E., Foshee, V. A., Linzer, M. A., & Koch, G. G. (1990). Effect of parental smoking classification on the association between parental and adolescent smoking. *Addictive Behavior, 15*, 413–22.

Bauman, K. E., LaPrelle, J., Brown, J. D., Koch, G. G., & Padgett, C. A. (1991). The influence of three mass media campaigns on variables related to adolescent cigarette smoking: Results of a field experiment. *American Journal of Public Health, 81*, 597–604.

Baxter, R. L., De Riemer, C., Landini, A., Leslie, L., & Singletary, M. W. (1985). A content analysis of music videos. *Journal of Broadcasting and Electronic Media, 29*, 333–340.

Beebe, T. J., Asche, S. E., Harrison, P. A., & Quinlan, K. B. (2004). Heightened vulnerability and increased risk-taking among adolescent chat room users: Results from a statewide school survey. *Journal of Adolescent Health, 35*, 116–123.

Belch, M. A, Krentler, K. A., & Willis-Flurry, L. A. (2005). Teen Internet mavens: Influence in family decision making. *Journal of Business Research, 58*, 569–575.

Bellotti v. Baird, 443 U.S. 622 (1979).

Belson, W. A. (1978). *Television violence and the adolescent boy.* Hampshire, England: Saxon House, Teakfield.

Berdahl, T. A., Hoyt, D. R., & Whitbeck, L. B. (2005). Predictors of first mental health service utilization among homeless and runaway adolescents. *Journal of Adolescent Health, 37,* 145–154.

Berkowitz, L. (1984). Some effects of thoughts on anti- and prosocial influences of media events: A cognitive-neoassociational analysis. *American Psychologist, 45,* 494–503.

Berkowitz, L. (1993). *Aggression: Its causes, consequences, and control.* New York: McGraw-Hill.

Berndt, T. J. (1996). Exploring the effects of friendship quality on social development. In W. M. Bukowski, A. F. Newcomb, & W. W. Hartup (Eds.), *The company they keep: Friendship in childhood and adolescence* (pp. 346–365). Cambridge, UK: Cambridge University Press.

Berzonsky, M. D., & Adams, G. R. (1999). Reevaluating the identity status paradigm: Still useful after 35 years. *Developmental Review, 19,* 557–590.

Bethel School District No. 403 v. Fraser, 478 U.S. 675 (1986).

Biener, L., & Siegel, M. (2000). Tobacco marketing and adolescent smoking: More support for a causal inference. *American Journal of Public Health, 90,* 407–11.

Biglan, A., Ary, D. V., Smolkowski, K., Duncan, T., & Black, C. (2000). A randomized controlled trial of a community intervention to prevent adolescent tobacco use. *Tobacco Control, 9*, 24–32.

Biocca, F., Brown, J., Shen, F., Bernhardt, J. M., Batista, L., Kemp, K., et al. (1997).

Assessment of television's anti-violence messages: University of North Carolina at Chapel Hill study. In *National Television Violence Study* (Vol. 1, pp. 413–530). Thousand Oaks, CA: Sage.

Blasi, V. (1977). The checking value is First Amendment theory. *American Bar Foundation Research Journal, 1977*, 521–582.

Blasi, V. (1985). The pathological perspective and the First Amendment. *Columbia Law Review, 85*, 449–514.

Blasi, V. (2004). Holmes and the marketplace of ideas. *The Supreme Court Review, 2004*, 1–46.

Blum, R. W., Beuhring, T., Shew, M. L., Bearinger, L. H., Sieving, R. E., & Resnick, M. D. (2000). The effects of race/ethnicity, income, and family structure on adolescent risk behaviors. *American Journal of Public Health, 90*, 1879–1884.

Blumenthal, S., & Pike, D. (1996). Ten things every woman should know about depression. *Ladies Home Journal, 208*, 132–138.

Blyth, D. A., Simmons, R. G., Bulcroft, R., Felt, D., Van Cleave, E. F., & Bush, D. M. (1981). The effects of physical development on self-image and satisfaction with body-image for early adolescent males. *Research in the Community and Mental Health, 2*, 43–73.

Blyth, D. A., Simmons, R. G., & Zakin, D. F. (1985). Satisfaction with body image for early adolescent females: The impact of pubertal timing within different school environments. *Journal of Youth and Adolescence, 14,* 207–225.

Board of Education, Island Trees Union Free School District No. 26 v. Pico, 457 U.S. 853 (1982).

Bolger v. Youngs Drug Products Corporation, 463 U.S. 60 (1983).

Bollinger, L. (1986). *The tolerant society: Freedom of speech and extremist speech in America.* New York: Oxford University Press.

Bork, R. (1971). Neutral principles and some First Amendment problems. *Indiana Law Journal, 47,* 1–35.

Boroughs, M., & Thompson, J. K. (2002). Exercise status and sexual orientation as moderators of body image disturbance and eating disorders in males. *International Journal of Eating Disorders, 31,* 307–311.

Borzekowski, D., Flora, J., Feighery, E., & Schooler, C. (1999). The perceived influence of cigarette advertisements and smoking susceptibility among seventh graders. *Journal of Health Communication, 4,* 105–118.

Borzekowski, D. L. G., Robinson, T. N., & Killen, J. D. (2000). Does the camera add 10 pounds? Media use, perceived importance of appearance, and weight concerns among teenage girls. *Journal of Adolescent Health, 26,* 36–41.

Bose Corp. v. Consumers Union of United States, Inc., 466 U.S. 485 (1984).

Botta, R. (1999). Television images and adolescent girls' body image disturbance. *Journal of Communication, 49,* 22–41.

Botvin, G. J., Botvin, E. M., Baker, E., Dusenbury, L., & Goldberg,

參考文獻

C. J. (1992). The false consensus effect: Predicting adolescents' tobacco use from normative expectations. *Psychological Reports, 70*, 171–178.

Botvin, G. J., Epstein, J., Schinke, S., & Diaz, T. (1994). Predictors of cigarette smoking among inner-city minority youth. *Developmental and Behavioral Pediatrics, 15*, 67–73.

Bourgois, P. (1995). *In search of respect: Selling crack in el barrio*. New York: Cambridge University Press.

Bowen v. Kendrick, 487 U.S. 589 (1988).

Bradley, R. H., & Corwyn, R. F. (2002). Socioeconomic status and child development. *Annual Review of Psychology, 53*, 371–399.

Brandenburg v. Ohio, 395 U.S. 444 (1969).

Breslau, N., Kilbey, M., & Andreski, P. (1993). Vulnerability to psychopathology in nicotine-dependent smokers: An epidemiologic study of young adults. *American Journal of Psychiatry, 150*, 941–946.

Breslau, N., & Peterson, E. L. (1996). Smoking cessation in young adults: Age at initiation of cigarette smoking and other suspected influences. *American Journal of Public Health, 86*, 214–20.

Brindis, C. (2002). Advancing the adolescent reproductive health policy agenda: Issues for the coming decade. *Journal of Adolescent Health, 31*, 296–309.

Brodie, M., & Foehr, U. (2001). Communicating health information through the entertainment media. *Health Affairs, 20*, 192–200.

Brown, B. B. (2004). Adolescents' relationships with peers. In R. M. Lerner & L. D. Steinberg (Eds.), *Handbook of adolescent psychology* (2nd ed., pp. 363–394). New York: Wiley.

Brown, C., Madden, P. A. F., Palenchar, D. R., & Cooper-Patrick, L. (2000). The association between depressive symptoms and cigarette smoking in an urban primary care sample. *International Journal of Psychiatry in Medicine, 30,* 15–26.

Brown, J. A. (1998). Media literacy perspectives. *Journal of Communication, 48,* 44–47.

Brown, J. A. (2001). Media literacy and critical television viewing in education. In D. G. Singer & J. L. Singer (Eds.), *Handbook of children and the media* (pp. 681–697). Thousand Oaks, CA: Sage Publications.

Brown, J. D. (2000). Adolescents' sexual media diets. *Journal of Adolescent Health, 27,* 35–40.

Brown, J. D. (2002). Mass media influences on sexuality. *Journal of Sex Research, 39,* 42–45.

Brown, J. D., Halpern, C. T., & L'Engle, K. L. (2005). Mass media as a sexual super peer for early maturing girls. *Journal of Adolescent Health, 36,* 420–427.

Brown, J. D., & Keller, S. N. (2000). Can the mass media be healthy sex educators? *Family Planning Perspectives, 32,* 255–256.

Brown, J. D., L'Engle, K. L., Pardun, C. J., Guo, G., Kenneavy, K., & Jackson, C. (2006). Sexy media matter: Exposure to sexual content in music, movies, television, and magazines predicts black and white adolescents' sexual behavior. *Pediatrics, 11,* 1018–1027.

Brown, J. D., & Newcomer, S. (1991). Television viewing and adolescents' sexual behavior. *Journal of Homosexuality, 21*, 77–91.

Brown, J. D., & Schulze, L. (1990). The effects of race, gender, and fandom on audience interpretation of Madonna's music videos. *Journal of Communication, 40*, 88–102.

Brown, J. D., & Witherspoon, E. M. (2002). The mass media and American adolescents' health. *Journal of Adolescent Health, 32*, 153–170.

Brown v. Hot, Sexy & Safer Prods., Inc., 68 F.3d 525 (1995).

Browne, K. D., & Hamilton-Giachritsis, C. (2005). The influence of violent media on children and adolescents: A public-health approach. *Lancet, 365*, 702–10.

Bryant, J., & Rockwell, S. C. (1994). Effects of massive exposure to sexually oriented prime-time television programing on adolescents' moral judgment. In D. Zillman, J. Bryant, & A. C. Huston (Eds.), *Media, children and the family: Social scientific, psychodynamic, and clinical perspectives* (pp. 183–195). Hillsdale, NJ: Erlbaum.

Buckingham, D. (1998). Media education in the UK: Moving beyond protectionism. *Journal of Communication, 48*, 5–15.

Buckley v. Valeo, 424 U.S. 1 (1976).

Bucy, E. B., & Newhagen, J. E. (2004). *Media access: Social and psychological dimensions of new technology*. Mahwah, NJ: Erlbaum.

Buddeberg-Fischer, B., Klaghofer, R., Gnam, G., & Buddeberg, C. (1998). Prevention of disturbed eating behaviour: A prospective intervention study in 14- to 19-year-old Swiss students. *Acta Psychiatrica Scandinavica, 98*, 146–155.

Buerkel-Rothfuss, N., & Strouse, J. S. (1993). Media exposure and perceptions of sexual behaviors: The cultivation hypothesis moves to the bedroom. In Greenberg, B. S., Brown, J. D. & Buerkel-Rothfuss, N. L. (Eds.), *Media, sex and the adolescent* (pp. 225–247). Cresskill, NJ: Hampton Press.

Bufkin, J., & Eschholz, S. (2000). Images of sex and rape: A content analysis of popular film. *Violence Against Women, 6,* 1317–1344.

Bukowski, W. M., Hoza, B., & Boivin, M. (1993). Popularity, friendship, and emotional adjustment during early adolescence. *New Directions for Child Development, 60,* 23–37.

Burns, D. M., & Johnson, L. D. (2001). Overview of recent changes in adolescent smoking behavior. In D. M. Burns, R. H. Amacher, & W. Ruppert (Eds.), *Smoking and tobacco control monograph 14: Changing adolescent smoking prevalence, where it is and why.* (NIH Publication No. 02-5086, pp. 1–8). Washington DC: U.S. Department of Health and Human Services.

Burson v. Freeman, 504 U.S. 191 (1992).

Burton, L. M., Obeidallah, D. A., & Allison, K. W. (1996). Ethnographic perspectives on social context and adolescent development among inner-city African-American teens. In R. A. Jessor, A. Colby, & R. A. Shweder (Eds.), *Ethnography and human development: Context and meaning in social inquiry* (pp. 395–418). Chicago: University of Chicago Press.

Bushman, B. J. (1995). Moderating role of trait aggressiveness in the effects of violent media on aggression. *Journal of Personality and Social Psychology, 69,* 950–960.

Bushman, B. J. (1998). Effects of television violence on memory of commercial messages. *Journal of Experimental Psychology: Applied, 4*, 291–307.

Bushman, B. J., & Anderson, C. A. (2001). Media violence and the American public: Scientific facts versus media misinformation. *American Psychologist, 56*, 477–489.

Bushman, B. J., & Anderson, C. A. (2002). Violent video games and hostile expectations: A test of the general aggression model. *Personality and Social Psychology Bulletin, 28*, 1679–1686.

Bushman, B. J., & Cantor, J. (2003). Media ratings for violence and sex: Implications for policymakers and parents. *American Psychologist, 58*, 130–41.

Bushman, B. J., & Huesmann, L. R. (2001). Effects of televised violence on aggression. In D. G. Singer & J. L. Singer (Eds.), *Handbook of children and the media* (pp. 223–254). Thousand Oaks, CA. : Sage Publications.

Butler v. Michigan, 352 U.S. 380 (1957).

Byely, L., Archibald, A. B., Graber, J., & Brooks-Gunn, J. (2000). A prospective study of familial and social influences on girls' body image and dieting. *International Journal of Eating Disorders, 28*, 155–164.

Byrne, D., Byrne, A., & Reinhart, I. (1995). Personality, stress and the decision to commence cigarette smoking in adolescence. *Journal of Psychosomatic Research, 39*, 53–62.

Byrne, D., & Mazanov, J. (1999). Sources of adolescent stress, smoking and the use of other drugs. *Stress Medicine, 15*, 215–27.

Calfin, M. S., Carroll, J. L., & Shmidt, J. (1993). Viewing music-videotapes before taking a test of premarital sexual attitudes. *Psychological Re-*

ports, 72, 475–481.

Calvert, S. (1999). *Children's journeys through the information age*. Boston: McGraw Hill.

Calvert, S., Jordan, A. B., & Cocking, R. R. (2002). *Children in the digital age: The role of entertainment technologies in children's development*. Westport, CT: Praeger.

Calvert, S. L., & Tan, S. (1994). Impact of virtual reality on young adults' psychological arousal and aggressive thoughts: Interaction versus observation. *Journal of Applied Developmental Psychology, 15*, 125–139.

Campbell, A. J. (1999). Self-regulation and the media. *Federal Communications Law Journal, 51*, 711–772.

Canterbury, R. J., McGarvey, E. L., Sheldon-Keller, A. E., Waite, D., Reams, P., & Koopman, C. (1995). Prevalence of HIV-related risk behaviors and STDs among incarcerated adolescents. *Journal of Adolescent Health, 17*, 173–7.

Cantor, J. (2000). Media violence. *Journal of Adolescent Health, 27*, 30–34.

Cantor, J. (2001). The media and children's fears, anxieties, and perceptions of danger. In D. G. Singer & J. L. Singer (Eds.), *Handbook of children and the media* (pp. 207–221). Thousand Oaks, CA: Sage.

Cantor, J., & Wilson, B. (2003). Media and violence: Intervention strategies for reducing aggression. *Media Psychology, 5*, 363–404.

Capaldi, D. M., Dishion, T. J., Stoolmiller, M., & Yoerger, K. (2001). Aggression toward female partners by at-risk young men: The contribution of male adolescent friendships. *Developmental Psychology, 37*, 61–73.

Carpini, M. X. D. (2004). Mediating democratic engagement: The impact of communications on citizens' involvement in political and civic life. In L. L. Kaid (Ed.), *Handbook of political communication research* (pp. 395–434). Mahwah, NJ: Erlbaum.

Carver, C. S., Ganellen, R. J., Froming, W. J., & Chambers, W. (1983). Modeling: An analysis in terms of category accessibility. *Journal of Experimental Social Psychology, 19*, 403–421.

Cash, T. F., & Pruzinsky, T. (2002). *Body image: A handbook of theory, research, and clinical practice.* New York: Guilford Press.

Catalano, R. E., & Hawkins, J. D. (1996). The social development model: A theory of antisocial behavior. In J. D. Hawkins (Ed.), *Delinquency and crime: Current theories* (pp. 149–197). New York: Cambridge University Press.

Cates, W. (1999). Estimates of the incidence and prevalence of sexually transmitted diseases in the United States. *Sexually Transmitted Diseases, 26*, S2–S7.

Cattarin, J. A., & Thompson, J. K. (1994). A three-year longitudinal study of body image, eating disturbance, and general psychological functioning in adolescent females. *Eating Disorders, 2*, 114–125.

Cattarin, J. A., Thompson, J. K., Thomas, C., & Williams, R. (2000). Body image, mood, and televised images of attractiveness: The role of social comparison. *Journal of Social & Clinical Psychology, 19*, 220–239.

Centers for Disease Control and Prevention. (1998). Tobacco use among high school students —— United States, 1997. *Morbidity and Mortality Weekly Report, 47,* 229–233.

Centers for Disease Control and Prevention. (2000). CDC surveillance summaries. *Morbidity Mortality Weekly Report, 49,* SS-10.

Centers for Disease Control and Prevention. (2002). Trends in sexual risk behaviors among high school students —— United States, 1991–2001. *Morbidity and Mortality Weekly Report, 51,* 856–859.

Centers for Disease Control and Prevention. (2005a). *WISQARS* (Web-based Injury Statistics Query and Reporting System). Retrieved June 17, 2005.

Centers for Disease Control and Prevention. (2005b). *Targeting tobacco use: The nation's leading cause of death 2005.* Atlanta, GA: Author. Retrieved February 2, 2006, from http://www.cdc.gov/nccdphp/publications/aag/osh.htm.

Central Hudson Gas & Electric Corp. v. Public Service Commission of New York, 447 U.S. 557 (1980).

Chafee, Z. (1920). *Freedom of speech.* Cambridge, MA: Harvard University Press.

Chafee, Z. (1941). *Freedom of speech in the United States.* Cambridge, MA: Harvard University Press.

Champion, H., & Furnham, A. (1999). The effect of the media on body satisfaction in adolescent girls. *European Eating Disorders Review, 7,* 213–228.

Chaplin, L. N., & John, D. R. (2005). The development of self-brand connections in children and adolescents. *Journal of Consumer Research, 32,*

119–129.

Chaplinsky v. New Hampshire, 15 U.S. 568 (1942).

Chassin, L., Presson, C. C., Rose, J. S., & Sherman, S. J. (1998). Maternal socialization of adolescent smoking: Intergenerational transmission of smoking-related beliefs. *Psychology of Addictive Behaviors, 12*, 206–216.

Chassin, L., Presson, C. C., & Sherman, S. J. (1995). Social psychological antecedents and consequences of adolescent tobacco use. In J. L. Wallander & L. J. Siegel (Eds.), *Adolescent health problems: Behavioral perspectives advances in pediatric psychology* (pp. 141–159). New York: Guilford Press.

Chernoff, R., Combs-Orme, T., Risley-Curtiss, C., & Heisler, A. (1994). Assessing the health status of children entering foster care. *Pediatrics, 93*, 594–601.

Child Online Protection Act, Pub. L. No. 105–277, 112 Stat. 2681 (codified at 47 U.S.C. § 231) (2000).

Children's Internet Protection Act, Pub. L. No. 106-554, 114 Stat. 2763 (2000). Christ, W. G., & Potter, W. J. (1998). Media literacy, media education, and the academy. *Journal of Communication, 48*, 5–15.

Christenson, P. G., & Roberts, D. F. (1998). *It's not only rock & roll: Popular music in the lives of adolescents*. Cresskill, NJ: Hampton Press.

City of Erie v. Pap's A.M., 529 U.S. 277 (2000).

City of Renton v. Playtime Theatres, Inc., 475 U.S. 41 (1986).

Clarke, G. N., Hawkins, W., Murphy, M., & Sheeber, L. (1993). School-based primary prevention of depressive symptomatology in adolescents: Findings from two studies. *Journal of Adolescent Research, 8*, 183–

204.

Cockerill, I. M., & Riddington, M. E. (1996). Exercise dependence and associated disorders: A review. *Counseling Psychology Quarterly, 9*, 119–129.

Cohane, G. H., & Pope, H. G., Jr. (2001). Body image in boys: A review of the literature. *International Journal of Eating Disorders, 29*, 373–379.

Cohen v. California, 403 U.S. 15 (1971).

Coll, C. G., Crnic, K., Lamberty, G., Wasik, B. H., Jenkins, R. G., Vasquez, H., et al. (1996). An integrative model for the study of developmental competencies in minority children. *Child Development, 67*, 1891–1914.

Collins, R. L., Eilliott, M. N., Berry, S. H., Kanouse, D. E., Kunkel, D., Hunter, S. B., et al. (2004). Watching sex on television predicts adolescent initiation of sexual behavior. *Pediatrics,* 114, e280–e289 (doi:10.1542/peds.2003-1065-L).

Communications Decency Act of 1996, Pub. L. No. 104-104, 110 Stat. 133 (codified at 47 U.S.C. § § 230, 560–61) (2000).

Comstock, G. A., & Paik, H. (1991). *Television and the American child.* San Diego, CA: Academic Press.

Comstock, G. A., & Strasburger, V. C. (1990). Deceptive appearances: Television violence and aggressive behavior. *Journal of Adolescent Health Care, 11*, 31–44.

Conger, K. J., Conger, R. D., & Scaramella, L. V. (1997). Parents, siblings, psychological control and adolescent adjustment. *Journal of Adolescent Research, 12*, 113–138.

Connolly, J., & Goldberg, A. (1999) Romantic relationships in adolescence. The role of friends and peers in their emergence and development. In W. Furman, B. B. Brown, & C. Feiring (Eds.), *The development of romantic relationships in adolescence* (pp. 266–290). Cambridge, UK: Cambridge University Press.

Conover, P. J., & Searing, D. D. (2000). A political socialization perspective. In L. M. McDonnell, P. M. Timpane & R. Benjamin (Eds.), *Rediscovering the democratic purposes of education* (pp. 91–124.). Lawrence, KS: University of Kansas Press

Corrado, R. R., Roesch, R., Hart, S. D., & Gierowski, J. K. (Eds.). (2002). *Multi-problem violent youth: A foundation for comparative research on needs, interventions, and outcomes*. NATO Science Series. Amsterdam: IOS Press.

Coête, J. E., & Levine, C. G. (2000). Identity formation, agency, and culture: A social psychological synthesis. Mahwah, NJ: Erlbaum.

Courtright, J. A., & Baran, S. J. (1980). The acquisition of sexual information by young people. *Journalism Quarterly, 57*, 107–114.

Covey, L. S., Glassman, A. H., & Sterner, F. (1998). Cigarette smoking and major depression. *Journal of Addictive Diseases, 17*, 35–46.

Coyne, S. M., Archer, J. A., & Eslea, M. (2004) Cruel intentions on television and in real life: Can viewing indirect aggression increase viewers' subsequent indirect aggression? *Journal of Experimental Child Psychology, 88*, 234-253.

Coytaux, R., Altman, D. G., & Slade, J. (1995). Tobacco promotions in the hands of youth. *Tobacco Control, 4,* 253–257.

Crosby, R. A., DiClemente, R. J., Wingood, G. M., Salazar, L. F., Rose, E., Levine, D., et al. (2005). Condom failure among adolescents: Implications for STD prevention. *Journal of Adolescent Health, 36,* 534–536.

Csikszentmihalyi, M., & Hunter, J. (2003). Happiness in everyday life: The uses of experience sampling. *Journal of Happiness Studies, 4,* 185–199.

Csikszentmihalyi, M., & Rathunde, K. (1993). The measurement of flow in everyday life: Towards a theory of emergent motivation. In J. E. Jacobs (Ed.), *Nebraska symposium on motivation* (Vol. 40, p. 57–97). Lincoln, NE: University of Nebraska Press.

Cusumano, D. L., & Thompson, J. K. (1997). Body image and body shape ideals in magazines: Exposure, awareness and internalization. *Sex Roles, 37,* 701–721.

Cusumano, D. L., & Thompson, J. K. (2001). Media influence and body image in 8- to 11-year-old boys and girls: A preliminary report on Multidimensional Media Influence Scale. *International Journal of Eating Disorders, 29,* 37–44.

Cyberspace Communications, Inc. v. Engler, 55 F. Supp. 2d 737 (1999), aff' d, 238 F.3d 420 (2000).

Dahl, R. E., & Spear, L. (Eds.). (2004). Adolescent brain development: Vulnerabilities and opportunities. *Annals of the New York Academy of Sciences* (Vol. 1021). New York: New York Academy of Sciences.

Dalton, M. A., Sargent, J., Beach, M., Titus-Ernstoff, L., Gibson, J. J., Ahrens, M. B., et al. (2003). Effect of viewing smoking in movies on adolescent smoking initiation: A cohort study. *Lancet, 362*, 281–285.

Dalton, M. A, Tickle, J. J., Sargent, J. D., Beach, M. L., Ahrens, M. B., Heatherton, T. F. (2002). The incidence and context of tobacco use in popular movies from 1988–1997. *Preventive Medicine, 34*, 516–523.

Davis, S., & Mares, M.-L. (1998). Effects of talk show viewing on adolescents. *Journal of Communication, 48*, 69–86.

Davis v. Monroe County Board of Education, 526 U.S. 629 (1999).

DeJong, W., &. Winsten, J. A. (1999). The use of designated drivers by U.S. college students: A national study. *Journal of American College Health, 47*, 151–6.

Delgado, R. (1982). Words that wound: A tort action for racial insults, epithets, and name-calling. *Harvard Civil Rights-Civil Liberties Law Review, 17*, 133–181.

Delgado, R., & Stefancic, J. (2004). *The boundaries of free speech: Understanding words that wound*. Boulder, CO: Westview Press.

Dempsey, J. M., & Reichert, T. (2000). Portrayal of married sex in the movies. *Sexuality & Culture: An Interdisciplinary Quarterly, 4*, 21–36.

Dent, C., & Biglan, A. (2004). Relation between access to tobacco and adolescent smoking. *Tobacco Control, 13*, 334–338.

Denver Area Educational Telecommunications Consortium v. FCC., 518 U.S. 727 (1996).

Dietz, W. H. (1998). Health consequences of obesity in youth: Childhood predictors of adult disease. *Pediatrics, 101*, 518–525.

DiFranza, J. R., & Coleman, M. (2001). Sources of tobacco for youths in communities with strong enforcement of youth access laws. *Tobacco Control, 10,* 323–8.

DiFranza, J. R., Savageau, J. A., & Aisquith, B. F. (1996). Youth access to tobacco: The effects of age, gender, vending machine locks, and "it's the law" programs. *American Journal of Public Health, 86,* 221–224.

D'Imperio, R. L., Dubow E. F., & Ippolito, M. F. (2000). Resilient and stress-affected adolescents in an urban setting. *Journal of Clinical Child Psychology, 29,* 129–142.

Dishion, T. J., McCord, J., & Poulin, F. (1999). When interventions harm. Peer groups and problem behavior. *American Psychologist, 54,* 755–764.

Distefan, J. M., Gilpin, E. A., Sargent, J. D., & Pierce, J. P. (1999). Do movie stars encourage adolescents to start smoking? Evidence from California. *Preventive Medicine, 28,* 1–11.

Distefan, J. M., Pierce, J. P., & Gilpin, E. A. (2004). Do favorite movie stars influence adolescent smoking initiation? *American Journal of Public Health, 94,* 1239–1244.

Dodge, K. A., Pettit, G. S., Bates, J. E., & Valente, E. (1995). Social information processing patterns partially mediate the effect of early physical abuse on later conduct problems. *Journal of Abnormal Psychology, 104,* 632–643.

Donaldson, S. I. (1995). Peer influence on adolescent drug use: A perspective from the trenches of experimental evaluation research. *American Psychologist, 50,* 801–802.

參考文獻

Donnerstein, E., & Smith, S. (2001). Sex in the media: Theory, influences and solutions. In D. S. Singer & J. L. Singer (Eds.), *Handbook of children and the media* (pp. 289–307). Thousand Oaks, CA: Sage.

Doolittle, J. C. (1980). Immunizing children against possible antisocial effects of viewing television violence: A curricular intervention. *Perceptual and Motor Skills, 51*, 498.

Downs, A. C., & Harrison, S. K. (1985). Embarrassing age spots or just plain ugly? Physical attractiveness stereotyping as an instrument of sexism on American television commercials. *Sex Roles, 13*, 9–19.

Drewnowski, A., Kennedy, S. H., Kurth, C. L., & Krahn, D. D. (1995). Effects of body image on dieting, exercise and anabolic steroid use in adolescent males. *International Journal of Eating Disorders, 17*, 381–387.

Duffy, M., & Gotcher, J. M. (1996). Crucial advice on how to get the guy: The rhetorical vision of power and seduction in the teen magazine YM. *Journal of Communication Inquiry, 20*, 32–48.

Duncan, T. E., Tildesley, E., Duncan, S. C., & Hops, H. (1995). The consistency of family and peer influences on the development of substance use in adolescence. *Addiction, 90*, 1647–1660.

Dunkel, C. S., & Lavoie, J. C. (2005). Ego-identity and the processing of self-relevant information. *Self & Identity, 4*, 349–359.

Duran, R. L., & Prusank, D. T. (1997). Relational themes in men's and women's popular magazine articles. *Journal of Social and Personal Relationships, 14*, 165–189. Durant, R. H., Rich, M., Emans, S. J., Rome, B. S., Alfred, E., & Woods, B. R. (1997).

398

Violence and weapon carrying in music videos: A content analysis. *Archives of Pediatrics and Adolescent Medicine, 151*, 443–448.

Durant, R. H., Romes, E. S., Rich, M., Allred, E., Emans, J. S., & Woods, E. R. (1997). Tobacco and alcohol use behaviors portrayed in music videos: A content analysis. *American Journal of Public Health, 87*, 1131–1135.

Eccles, J. S., & Barber, B. L. (1999). Student council, volunteering, basketball, or marching band: What kind of extracurricular involvement matters? *Journal of Adolescent Research, 14*, 10–43.

Eccles, J., Barber, B., Jozefowicz, D., Malenchuk, O., & Vida, M. (1999). Self-evaluations of competence, task values, and self-esteem. In N. G. Johnson, M. C. Roberts & J. Worell (Eds.), *Beyond appearance: A new look at adolescent girls* (pp. 53–83). Washington, DC: American Psychological Association.

Eckhardt, L., Woodruff, S. I., & Elder, J. P. (1997). Related effectiveness of continued, lapsed, and delayed smoking prevention intervention in senior high school students. *American Journal of Health Promotion, 11*, 418–421.

Eder, E., Evans, C. C., & Parker, S. (1995). *School talk: Gender and adolescent culture*. New Brunswick, NJ: Rutgers University Press.

Eggermont, S. (2005). Young adolescents' perceptions of peer sexual behaviors: The role of television viewing. *Child: Care, Health and Development, 31*, 459–468.

Elder, J. P., Wildey, M., deMoor, C., Sallis, J. F., Eckhardt, L., Edwards, C., et al. (1993). The long-term prevention of tobacco use among junior high students: Classroom and telephone interventions. *American Journal of Public Health, 83*, 1239–1244.

Ellickson, P. L., Collins, R. L., Bogart, L. M., Klein, D. J., & Taylor, S. L. (2005). Scope of HIV risk and co-occurring psychosocial health problems among young adults: Violence, victimization, and substance use. *Journal of Adolescent Health, 36*, 401–409.

Ellickson, P. L., Tucher, J. S., & Klein, D. J. (2001). High-risk behaviors associated with early smoking: Results from a 5-year follow-up. *Journal of Adolescent Health, 28*, 465–473.

Else-Quest, N. M., Hyde, J. S., Goldsmith, H. H., & Van Hulle, C. A., (2006). Gender differences in temperament: A meta-analysis. *Psychological Bulletin, 132*, 33–72.

Emerson, T. (1963). Toward A General Theory of the First Amendment. New York: Vintage.

Ennett, S. T., Flewelling, R. L., Lindrooth, R. C., & Norton, E. C. (1997). School and neighborhood characteristics associated with school rates of alcohol, cigarette, and marijuana use. *Journal of Health and Social Behavior, 38*, 55–71.

Epel, E. S., Spanakos, A., Kasl-Godley, J., & Brownell, K. D. (1996). Body shape ideals across gender, sexual orientation, socioeconomic status, race, and age in personal advertisements. *International Journal of Eating Disorders, 19*, 265–273.

Erikson, E. (1966). Eight ages of man. *International Journal of Psychiatry, 2, 281–300. Erikson, E. H. (1968). *Identity, youth, and crisis*. London: Farber.

Eron, L. D., Huesmann, L. R., Lefkowitz, M. M., & Walder, L. O. (1972). Does television violence cause aggression? *American Psychologist, 27*, 253–263. Erznoznik v. City of Jacksonville, 422 U.S. 205 (1975).

Escamilla, G., Crdock, A. L., & Kawachi, I. (2000). Women and smoking in Hollywood movies: A content analysis. *American Journal of Public Health, 90*, 412–414.

Escobedo, L. G., Reddy, M., & Giovino, G. A. (1998). The relationship between depressive symptoms and cigarette smoking in U.S. adolescents. *Addiction, 93*, 433–440.

Evans, G. W. (2004). The environment of childhood poverty. *American Psychologist, 59*, 77–92.

Evans, N., Farkas, A., Gilpin, E., Berry, C., & Pierce, J. P. (1995). Influence of tobacco marketing and exposure to smokers on adolescent susceptibility to smoking. *Journal of the National Cancer Institute, 87*, 1538–1545

Evans, W. N., & Farrelly, M. C. (1998). The compensating behavior of smokers: Taxes, tar, and nicotine. *Rand Journal of Economics, 29*, 578–95.

Everett, S. A., Schnuth, R. L., & Tribble, J. L. (1998). Tobacco and alcohol use in top-grossing American films. *Journal of Community Health, 23*, 317–24.

Everett, S. A., Warren, C. W., Sharp D., Kann, L., Husten, C. G., & Crosset, L. S. (1999). Initiation of cigarette smoking and subsequent smoking behavior among U. S. high school students. *Preventive Medicine, 29*, 327–

333.

Fabes, R. A., & Strouse, J. (1987). Perceptions of responsible and irresponsible models of sexuality: A correlational study. *Journal of Sex Research, 23*, 70–84.

Fairburn, C. G., Cooper, Z., Doll, H. A., Norman, P. A., & O' Connor, M. E. (2000). The natural course of bulimia nervosa and binge eating disorder in young women. *Archives of General Psychiatry, 57*, 659–665.

Farrelly, M. C., Healton, C. G., Davis, K. C., Messeri, P., Hersey, J. C., & Haviland, M. L. (2002). Getting to the truth: Evaluating national tobacco countermarketing campaigns. *American Journal of Public Health, 92*, 901–907.

FCC v. Pacifica Foundation, 438 U.S. 726 (1978).

Federal Trade Commission (2004). *Marketing violent entertainment to children: A fourth follow-up review of industry practices in the motion picture, music recording & electronic game industries: A report to congress.* Retrieved January 9, 2006, from http://www.ftc.gov/opa/2004/07/040708kidsviolencerpt.pdfFerguson, C. J., (2002). Media violence: Miscast causality. *American Psychologist, 57*, 446–447.

Feshbach, S., & Singer, R. D. (1971). *Television and aggression: An experimental field study*. San Francisco: Jossey-Bass.

Fichtenberg, C. M., & Glantz, S. A. (2002). Youth access interventions do not affect youth smoking. *Pediatrics, 109*, 1088–92.

Field, A. E., Camargo, C. A., Jr., Taylor, C. B., Berkey, C. S., Frazier, A. L., Gillman, M. W., et al. (1999). Overweight, weight concerns, and bulimic behaviors among girls and boys. *Journal of the American Academy of Child & Adolescent Psychiatry, 38,* 754–760.

Field, A. E., Camargo, C. A., Jr., Taylor, C. B., Berkey, C. S., Roberts, S. B., & Colditz, G. A. (2001). Peer, parent, and media influences on the development of weight concerns and frequent dieting among preadolescent and adolescent girls and boys. *Pediatrics, 107,* 54–60.

Field, A. E., Cheung, L., Wolf, A. M., Herzog, D. B., Gortmaker, S. L., & Colditz, G. A. (1999). Exposure to the mass media and weight concerns among girls. *Pediatrics, 102,* E36.

Finkelhor, D., Mitchell, K. J., & Wolak, J. (2000). *Online victimization: A report on the nation's youth.* Alexandria, VA: National Center for Missing and Exploited Children.

Fischer, P. M., Schwartz, M. P., Richard, J. W., & Goldstein, A. O. (1991). Brand logo recognition by children aged 3 to 6 years. *Journal of the American Medical Association, 266,* 3145–3148.

First National Bank v. Bellotti, 435 U.S. 765 (1978).

Flanagan, C., Bowes, J., Jonsson, B., Csapo, B., & Sheblanova, E. (1998). Ties that bind: Correlates of adolescents' civic commitments in seven countries. *Journal of Social Issues, 54,* 457–475.

Flanagan, C. A., Gill, S., & Gallay, L. S. (2005). Social participation and social trust in adolescence: The importance of heterogeneous encounters. In A. Omoto (Ed.), *Processes of community change and social action* (pp. 149–166). Mahwah, NJ: Erlbaum.

Flay, B. R., Hu, F. B., & Richardson, J. (1998). Psychosocial predictors of different stages of cigarette smoking among high school students. *Preventive Medicine, 27*, A9–A18.

Fletcher, A., Elder, G., & Mekos, D. (2000). Parental influences on adolescent involvement in community activities. *Journal of Research on Adolescence, 10*, 29–48.

Flint, A. J., Yamada, E. G., & Novotny, T. E. (1998). Black-white differences in cigarette smoking uptake: Progression from adolescent experimentation to regular use. *Preventive Medicine, 27*, 358–364.

Flynn, B. S., Worden, J. K., Secker-Walker, R. H., Pirie, P. L., Badger, G. J., Carpenter, J. H., et al. (1994). Mass media and school interventions for cigarette smoking prevention: Effects 2 years after completion. *American Journal of Public Health, 84*, 1148–1150.

Flynn, B. S., Worden, J. K., Secker-Walker, R. H., Pirie, P. L., Badger, G. J., & Carpenter, J. H. (1997). Long-term responses of higher and lower risk youths to smoking prevention interventions. *Preventive Medicine, 26*, 389–394.

Forster, J. L., Klepp, K. I., & Jeffery, R. W. (1998). Sources of cigarettes for tenth graders in two Minnesota cities. *Health Education Research, 4*, 45–50.

44 Liquormart, Inc. v. Rhode Island, 517 U.S. 484 (1996).

Fouts, G., & Burggraf, K. (1999). Television situation comedies: Female weight, male negative comments, and audience reactions. *Sex Roles, 42*, 925–932.

Fowles, J. (1999). *The case for television violence*. Thousand Oaks, CA:

Sage.

Fox, J. A., & Zawitz, M. W. (2001). *Homicide statistics calculated from data provided in homicide trends in the United States*. Washington, DC: Bureau of Justice Statistics.

Freedman, J. L. (2002). *Media violence and its effects on aggression*. Toronto: University of Toronto Press.

Freedman, R. (1990). Cognitive-behavioral perspectives on body image change. In C. F. Cash & T. Pruzinaky (Eds.), *Body image: Development, deviance, and change* (pp. 273–295). New York: Guilford Press.

French, S. A., Leffert, N., Story, M., Neumark-Sztainer, D., Hannan, P., & Benson, P. L. (2001). Adolescent binge/purge and weight loss behaviors: Associations with developmental assets. *Journal of Adolescent Health, 28*, 211–221.

French, S. A., Perry, C. L., Leon, G. R., & Fulkerson, J. A. (1995). Changes in psychological variables and health behaviors by dieting status over a three-year period in a cohort of adolescent females. *Journal of Adolescent Health, 16*, 438–447.

French, S. A., Story, M., Remafedi, G., Resnick, M. D., & Blum, R. W. (1996). Sexual orientation and prevalence of body dissatisfaction and eating disordered behaviors: A population-based study of adolescents. *International Journal of Eating Disorders, 19*, 119–126.

Frisco, M. L., Muller, C., & Dodson, K. (2004). Participation in voluntary youth-serving associations and early adult voting behavior. *Social Science Quarterly, 85*, 660–676.

參考文獻

Funk, J. B., Bechtoldt-Baldacci, H., Pasold, T., & Baumgardner, J. (2004). Violence exposure in real-life, video games, television, movies, and the Internet: Is there desensitization? *Journal of Adolescence, 27,* 23-39.

Funk, J. B., Flores, G., Buchman, D. D., & Germann, J. N. (1999). Rating electronic games: Violence is in the eye of the beholder. *Youth & Society, 30,* 283-312.

Furnham, A., & Calnan, A. (1998). Eating disturbance, self-esteem, reasons for exercising and body weight dissatisfaction in adolescent males. *European Eating Disorders Review, 6,* 58-72.

Galston, W. A. (2001). Political knowledge, political engagement, and civic education. *Annual Review of Political Science, 4,* 217-234.

Galston, W. A. (2004). Civic education and political participation. *PS: Political Science & Politics, 37,* 263-266.

Gan, S.-L, Zillman, D., & Mitrook, M. (1997). Stereotyping effect of Black women's sexual rap on White audiences. *Basic and Applied Social Psychology, 19,* 381-399.

Garmezy, N. (1991). Resiliency and vulnerability to adverse developmental outcomes associated with poverty. *American Behavioral Scientist, 34,* 416-430.

Garner, A., Sterk, H. M., & Adams, S. (1998). Narrative analysis of sexual etiquette in teenage magazines. *Journal of Communication, 48,* 59-78.

Gentile, D. A. (2003). *Media violence and children: A complete guide for parents and professionals.* Westport, CT: Praeger.

Gentile, D. A., & Anderson, C. A. (2003). Violent video games: The newest media violence hazard. In D. A. Gentile (Ed.), *Media violence and children: A complete guide for parents and professionals* (pp., 131–152). Westport, CT: Praeger.

Gentile, D. A., Lynch, P. J., Linder, J. R., & Walsh, D. A. (2004). The effects of violent video game habits on adolescent aggressive attitudes and behaviors. *Journal of Adolescence, 27*, 5–22.

Gentile, D. A., & Walsh, D. A. (2002). A normative study of family media habits. *Applied Developmental Psychology, 23*, 157–178.

Gerbner, G., Gross, L., Jackson-Beeck, M., Jeffries-Fox, S., & Signorielli, N. (1978). Cultural indicators: Violence profile no. 9. *Journal of Communication, 28*, 176–207.

Gerbner, G., Gross, L., Morgan, M., & Signorielli, N. (1994). Growing up with television: The cultivation perspective. In J. Bryant & D. Zillmann (Eds.), *Media effects: Advances in theory and research* (pp. 17–41). Hillsdale, NJ: Lawrence Erlbaum.

Gilpin, E. A., Choi, W. S., Berry, C., & Pierce, J. P. (1999). How many adolescents start smoking each day in the United States? *Journal of Adolescent Health, 25*, 248–55.

Ginsberg v. New York, 390 U.S. 629 (1968).

Glantz, S. A. (2003). Smoking in movies: a major problem and a real solution. *Lancet, 362*, 258–259.

Glantz, L. H.. (1997). Controlling tobacco advertising: The FDA regulations and the First Amendment. *American Journal of Public Health, 87*, 446–451.

Goddard, E. (1990). *Why children start smoking*. London, England: HMSO (Her Majesty's Stationery Office).

Godwin, R. K., Godwin, J. W., & Martinez-Ebers, V. (2004). Civic socialization in public and fundamentalist schools. *Social Science Quarterly, 85,* 1097–1111.

Goldstein, A. O., Sobel, R. A., & Newman, G. R. (1999). Tobacco and alcohol used in G-rated children's animated films. *Journal of the American Medical Association, 281,* 1131–1136.

Good News Club v. Milford Central School, 533 U.S. 98 (2001).

Gooding v. Wilson, 405 U.S. 518 (1972).

Gordon, S., & Gilgun, J. F. (1987) Adolescent sexuality. In V. B. Van Hasselt & M. Hersen (Eds.), *Handbook of adolescent psychology* (pp. 147–167). New York: Pergamon Press.

Gostin, L. O., Arno, P. S., & Brandt, A. M. (1997). FDA regulation of tobacco advertising and youth smoking: Historical, social, and constitutional perspectives. *Journal of the American Medical Association, 277,* 410–418.

Graber, J. A., Brooks-Gunn, J., Paikoff, R. L., & Warren, M. P. (1994). Prediction of eating problems: An 8-year study of adolescent girls. *Developmental Psychology, 30,* 823–834.

Graber, J. A., Lewinsohn, P. M., Seeley, M. S., & Brooks-Gunn, J. (1997). Is psychopathology associated with the timing of pubertal development? *Journal of the American Academy of Child & Adolescent Psychiatry, 36,* 1768–1776.

Grandpre, J., Alvaro, E. M., Burgoon, M., Miller, C. H., & Hall, J. R.

(2003). Adolescent reactance and anti-smoking campaigns: A theoretical approach. *Health Communication, 15,* 349–366.

Gray, D., Amos, A., & Currie, C. (1996). Exploring young people's perception of smoking images in youth magazines. *Health Education Research, 11,* 215–230.

Gray, D., Amos, A., & Currie, C. (1997). Decoding the image —— consumption, young people, magazines and smoking. An exploration of theoretical and methodological issues. *Health Education Research, 12,* 505–517.

Gray, M. R., & Steinberg, L. (1999). Unpacking authoritative parenting: Reassessing a multidimensional construct. *Journal of Marriage and the Family, 61,* 571–587.

Gray, N. J., Klein, J. D., Noyce, P. R., Sesselberg, T. S., & Cantrill, J. A. (2005). Health information-seeking behavior in adolescence: The place of the Internet. *Social Science & Medicine, 60,* 1467–1478.

Greenberg, B.S., Brown, J. D., & Buerkel-Rothfus, N. (Eds.). (1993). *Media, sex and the adolescent.* Cresskill, NJ: Hampton Press.

Greenberg, B. S., & Busselle, R. W. (1996). Soap operas and sexual activity: A decade later. *Journal of Communication, 46,* 153–160.

Greenberg, B. S., Linsangan, R., Soderman, A., Heeter, C., Lin, C., Stanley, C., et al. (1993). Adolescents' exposure to television and movie sex. In B. S. Greenberg, J. D. Brown & N. Buerkel-Rothfuss (Eds.), *Media, sex and the adolescent* (pp. 61–98). Cresskill, NJ: Hampton Press.

Greenberg, B. S., Siemicki, M., Dorfman, S., Heeter, C., Stanley, C., Soderman, A.et al. (1993). Sex content in R-rated films viewed by adolescents. In B. S. Greenberg, J. D. Brown, & N. Buerkel-Rothfuss (Eds.), *Media, sex, and the adolescent* (pp. 45–58). Cresskill, NJ: Hampton Press.

Greenberg, B. S., & Rampoldi-Hnilo, L. (2001). Child and parent responses to age-based and content-based television ratings. In D. S. Singer & J. L. Singer (Eds.), *Handbook of children and the media* (pp. 621–634). Thousand Oaks, CA: Sage.

Greenfield, P. M. (2004). Inadvertent exposure to pornography on the Internet: Implications of peer-to-peer file-sharing networks for child development and families. *Applied Developmental Psychology, 25*, 741–750.

Greeson, L. (1991). Recognition and ratings of television music videos: Age, gender, and sociocultural effects. *Journal of Applied Psychology, 21*, 1908–1920.

Greeson, L. E., & Williams, R. A. (1986). Social implications of music videos for youth: An analysis of the content and effects of MTV. *Youth and Society, 18*, 177–189.

Griesler, P. C., & Kandel, D. B. (1998). Ethnic differences in correlates of adolescent cigarette smoking. *Journal of Adolescent Health, 23*, 167–180.

Griesler, P. C, Kandel, D. B., & Davies, M. (2002). Ethnic differences in predictors of initiation and persistence of adolescent cigarette smoking in the National Longitudinal Survey of Youth. *Nicotine Tobacco Research, 4*, 79–93.

Griswold v. Connecticut, 381 U.S. 479 (1965).

Groescz, L. M., Levine, M. P., & Murnen, S. K. (2002). The effect of experimental presentation of thin media images on body satisfaction: A meta-analytic review. *International Journal of Eating Disorders, 31,* 1–16.

Grolnick, W. S., Deci, E. L., & Ryan, R. M. (1997). Internalization within the family: The self-determination theory perspective. In J. E. Grusec & L. Kuczynski (Eds.), *Parenting and children's internalization of values: A handbook of contemporary theory* (pp. 135–161). New York: Wiley.

Gross, E. F., (2004). Adolescent Internet use: What we expect, what teens report. *Journal of Applied Developmental Psychology, 25,* 633–649.

Grunbaum, J. A., Kann, L., Kinchen, S., Ross, J., Hawkins, J., Lowry, R., et al. (2004). Youth Risk Behavior Surveillance —— United States, 2003, *Morbidity and Mortality Weekly Report,* May 21, 2004 / 53(SS02);1–96.

Grusec, J. E., & Kuczynski, L. (Eds.) (1997). *Parenting and children's internalization of values: A handbook of contemporary theory.* New York: Wiley.

Gunter, B., Oates, C., & Blades, M. (2005). *Advertising to children on TV: Content, impact, and regulation.* Mahwah, NJ: Erlbaum.

Hafen, B. C., & Hafen, J. O. (1996). Abandoning children to their autonomy: The United Nations Convention on the Rights of the Child. *Harvard International Law Journal, 6,* 449–491.

Haferkamp, C. J. (1999). Beliefs about relationships in relation to television viewing, soap opera viewing, and self-monitoring. *Current Psychology, 18,* 193–204.

Hague v. Committee for Industrial Organization, 307 U.S. 496 (1939).

Hamilton, J. (1998). *Channeling violence: The economic market for violent television programming.* Princeton, NJ: Princeton University Press.

Hanna, E. Z., & Grant, B. F. (1999). Parallels to early onset alcohol use in the relationship of early onset smoking with drug use and DSM-IV drug and depressive disorders: Findings from the National Longitudinal Epidemiologic Survey. *Alcoholism: Clinical and Experimental Research*, 23, 513–522.

Hannegan v. Esquire, 327 U.S. 146 (1946).

Hancox, R. J., Milne, B. J., & Poulton, R. (2004). Association between child and adolescent television viewing and health: A longitudinal birth cohort study. *Lancet, 364*, 257–262.

Hansen, C. H. (1989). Priming sex-role stereotypic event schemas with rock music videos: Effects on impression favorability, trait inferences, and recall of subsequent male-female interaction. *Basic and Applied Social Psychology, 10*, 371–391.

Hansen, C. H., & Hansen, R. D. (1988). How rock music videos can change what is seen when boy meets girl: Priming stereotypic appraisal of social interactions. *Sex Roles, 19*, 287–316.

Hansen, C. H., & Hansen, R. D. (1990). Rock music videos and antisocial behavior. *Basic and Applied Social Psychology, 11*, 357–369.

Hansen, D. M., Larson, R. W., & Dworkin, J. B. (2003). What adolescents learn in rganized youth activities: A survey of self-reported developmental experiences. *Journal of Research on Adolescence, 13*, 25–56.

Hargreaves, D., & Tiggemann, M. (2002a). The effect of television commercials on mood and body dissatisfaction: The role of appearance-schema activation. *Journal of Social and Clinical Psychology, 21*, 287–308.

Hargreaves, D., & Tiggemann, M. (2002b). The role of appearance schematicity in the development of adolescent body dissatisfaction. *Cognitive Therapy and Research, 26*, 691–700.

Hargreaves, D., & Tiggemann, M. (2003). The effect of "thin ideal" television commercials on body dissatisfaction and schema activation during early adolescence. *Journal of Youth and Adolescence, 32*, 367–373.

Haridakis, P. M., & Rubin, A. M. (2003). Motivation for watching television violence and viewer aggression. *Mass Communication & Society, 6*, 29–56.

Harris, K. M. (1999). The health status and risk behaviors of adolescents in immigrant families. In D. J. Hernandez (Ed.), *Children of immigrants: Health, adjustment, and public assistance* (pp. 286–347). Washington, DC: National Academy Press.

Harrison, K, & Cantor, J. (1997). The relationship between media consumption and eating disorders. *Journal of Communication, 47*, 40–67.

Harrison, K., & Cantor, J. (1999). Tales from the screen: Enduring fright reactions to scary media. *Media Psychology, 1*, 97–116.

Harter, S. (1999). *The construction of self: A developmental perspective*. New York: Guilford.

Hartup, W. W. (1996). The company they keep: Friendships and their developmental significance. *Child Development, 67*, 1–13.

Hattie, J., Marsh, H., Neill, J., & Richards, G. (1997). Adventure education and Outward Bound: Out-of-class experiences that make a lasting difference. *Review of Educational Research, 67*, 43–87.

Hazan, A. R., & Glantz, S. A. (1995). Current trends in tobacco use in prime-time fictional television. *American Journal of Public Health, 85,* 116–117.

Hazan, A. R., Lipton, H. L., & Glantz, S. A. (1994). Popular films do not reflect current tobacco use. *American Journal of Public Health, 84,* 998–1000.

Hazelwood School District v. Kuhlmeier, 484 U.S. 260 (1988).

Hearold, S. (1986). A synthesis of 1043 effects of television on social behavior. In G. Comstock (Ed.), *Public communication and behavior* (Vol. 1., pp 65–133). San Diego, CA: Academic Press.

Heath, S. B., & McLaughlin, M. W. (Eds.). (1993). *Identity and inner-city youth: Beyond ethnicity and gender.* N.Y: Teachers College Press.

Heffernan, K. (1994). Sexual orientation as a factor in risk for binge eating and bulimia nervosa: A review. *International Journal of Eating Disorders, 16,* 335–347.

Heinberg, L. J., & Thompson, J. K. (1992). Social comparison: Gender, target importance ratings, and relations to body image disturbance. *Journal of Social Behavior and Clinical Psychology, 14,* 325–340.

Heinberg, L. J., & Thompson, J. K. (1995). Body image and televised images of thinness and attractiveness: A controlled laboratory investigation. *Journal of Social & Clinical Psychology, 14,* 325–338.

Heins, M. (2001). *Not in front of the children: "Indecency," censorship and the innocence of youth.* New York: Hill and Wang.

Hektner, J. M. (2001). Family, school, and community predictors of adolescent growth-conducive experiences: Global and specific approaches. *Ap-*

plied Developmental Science, 5, 172–183

Hellenga, K. (2002). Social space, the final frontier: Adolescents and the Internet. In J. T. Mortimer & R. W. Larson (Eds.), *The changing adolescent experience: Social trend and the transition to adulthood* (pp. 208–249). Cambridge, MA: Cambridge University Press.

Henke, L. L. (1995). Young children's perceptions of cigarette brand advertising symbols: Awareness, affect, and target market identification. *Journal of Advertising, 24,* 13–28.

Hess v. Indiana, 414 U.S. 105 (1973).

Hobbs, R. (1998). The seven great debates in the literacy movement. *Journal of Communication, 48,* 16–32.

Hoek, J. (1999). Effects of tobacco advertising restrictions: Weak responses to strong measures? *International Journal of Advertising, 18,* 23–39.

Hogben, M., & Byrne, D. (1998). Using social learning theory to explain individual differences in human sexuality. *Journal of Sex Research, 35,* 58–71.

Hofferth, S. L., & Sandberg, J. F. (2001). How American children spend their time. *Journal of Marriage and the Family, 63,* 295–308.

Howard, D. E., & Wang, M. Q. (2005). Psychosocial correlates of U.S. adolescents who report a history of forced sexual intercourse. *Journal of Adolescent Health, 36,* 372–379.

Hu, F. B., Flay, B. R., Hedeker, D, & Siddiqui, O. (1995). The influences of friends' and parental smoking on adolescent smoking behavior: The effects of time and prior smoking. *Journal of Applied Social Psychology, 25,*

2018–2047.

Huesmann, L. R. (1986). Psychological processes promoting the relation between exposure to media violence and aggressive behavior by the viewer. *Journal of Social Issues, 42,* 125–139.

Huesmann, L. R. (1988). An information processing model for the development of aggression. *Aggressive Behavior, 14,* 13–24.

Huesmann, L. R. (1999). The effects of childhood aggression and exposure to media violence on adult behaviors, attitudes, and mood: Evidence from a 15-year cross-national longitudinal study. *Aggressive Behavior, 25,* 18–29.

Huesmann, L. R., & Eron, L. D. (1986). *Television and the aggressive child: A cross-national comparison.* Hillsdale, NJ: Erlbaum.

Huesmann, L. R., Eron, L. D., Berkowitz, L., & Chaffee, S. (1991). The effects of television violence on aggression: A reply to a skeptic. In P. Suedfeld & P. Tetlock (Eds.), *Psychology and social policy* (pp. 191–200). New York: Hemisphere.

Huesmann, L. R., & Guerra, N. G. (1997). Children's normative beliefs about aggression and aggressive behavior. *Journal of Personality and Social Psychology, 72,* 408–419Huesmann, L. R., Guerra, N. G., Zelli, A., & Miller, L. (1992). Differing cognitions relating to TV viewing and aggression among boys and girls. In K. Bjorkqvist & Niemela (Eds.), *Of mice and women* (pp. 77–87). New York: Academic Press.

Huesmann, L. R., Lagerspetz, K., & Eron, L. D. (1984). Intervening variables in the TV violence-aggression relation: Evidence from two countries. *Developmental Psychology, 20,* 746–775.

Huesmann, L. R., & Miller, L. S. (1994). Long-term effects of repeated exposure to media violence in childhood. In L. R. Huesmann (Ed.), *Aggressive behavior: Current perspectives* (pp. 153–186). New York: Plenum Press.

Huesmann, L. R., Moise-Titus, J., Podolski, C. L., & Eron, L. (2003). Longitudinal relations between children's exposure to TV violence and their aggressive and violent behavior in young adulthood: 1977–1992. *Developmental Psychology, 39*, 201–221.

Hunter, J. P., & Csikszentmihalyi, M. (2003). The positive psychology of interested adolescents. *Journal of Youth and Adolescence, 32*, 27–35.

Hurley v. Irish-American Gay, Lesbian and Bisexual Group, 515 U.S. 557 (1995).

Institute for Social Research, University of Michigan. (1999). *Monitoring the future study, 1999*. Ann Arbor, MI: University of Michigan.

Interactive Digital Software Association v. St. Louis County, 329 F.3d 954 (2003).

Irving, L. M. (1990). Mirror images: Effects of the standard of beauty on the self- and body-esteem of women exhibiting varying levels of bulimic symptoms. *Journal of Social and Clinical Psychology, 9*, 230–242.

Irving, L. M., DuPen, J., & Berel, S. (1998). A media literacy program for high school females. *Eating Disorders: The Journal of Treatment and Prevention, 6*, 119–132.

Irwin, R., & Gross, A. (1995). Cognitive tempo, violent video games and aggressive behavior in young boys. *Journal of Family Violence, 10*, 337–350.

Jackson, C. (1997). Initial and experimental stages of tobacco and alcohol use during late childhood: Relation to peer, parent, and personal risk factors. *Addictive Behavior, 22,* 685–698.

Jackson, C. (1998). Cognitive susceptibility to smoking and initiation of smoking during childhood: A longitudinal study. *Preventative Medicine, 27,* 129–134.

Jackson, L. A., von Eye, A., Biocca, F. A., Barbatsis, G., Zhao, Y., & Fitzgerald, H. E. (2006). Does home Internet use influence the academic performance of low-in-come children? *Developmental Psychology, 42,* 429–435.

James v. Meow Media, Inc., 300 F.3d 683 (2002).

Jansz, J. (2005). The emotional appeal of violent video games for adolescent males. *Communication Theory, 15,* 219–241.

Jason, L. A., Berk, M., Schnopp-Wyatt, D. L., & Talbot, B. (1999). Effects of enforcement of youth access laws on smoking prevalence. *American Journal of Community Psychology, 27,* 143–160.

Jason, L., Katz R, Vavra J, Schnopp–Wyatt, D. L., & Talbot, B. (1999). Long term follow-up on youth access to tobacco law's impact on smoking prevalence. *Journal of Human Behavior in the Social Environment, 2,* 1–13.

Jo, E., & Berkowitz, L. (1994). A priming effect analysis on media influences: An update. In J. Bryant & D. Zillman (Eds.), *Media effects: Advances in theory and research* (pp. 43–60). Hillsdale, NJ: Erlbaum.

Johnson, J. D., Adams, M. S., Ashburn, L., & Reed, W. (1995). Differential gender effects of exposure to rap music on African-American adolescents' acceptance of teen dating violence. *Sex Roles, 33,* 597–605.

Johnson, J. G., Cohen, P., Kasen, S., & Brook, J. S. (2002). Eating disorders during adolescence and the risk for physical and mental disorders during early adulthood. *Archives of General Psychiatry, 59,* 545–552.

Johnson, J. G., Cohen, P., Smailes, E. M., Kasen, S., & Brook, J. S. (2002). Television viewing and aggressive behavior during adolescence and adulthood. *Science, 295,* 2468–2471.

Johnson, J. D., Jackson, L. A., & Gatto, L. (1995). Violent attitudes and deferred academic aspirations: Deleterious effects of exposure to rap music. *Basic and Applied Social Psychology, 16,* 27–41.

Johnson, R. A., & Hoffmann, J. P. (2000). Adolescent cigarette smoking in US racial/ethnic subgroups: Findings from the National Education Longitudinal Study. *Journal of Health and Social Behavior, 41,* 392–407.

Jones, D. C. (2001). Social comparison and body image: Attractiveness comparison to models and peers among adolescent girls and boys. *Sex Roles, 45,* 645–664.

Jones, D. C. (2004). Body image among adolescent girls and boys: A longitudinal study. *Developmental Psychology, 40,* 823–835.

Jones, D. C., Vigfusdottir, T. H., & Lee, Y. (2004). Body image and the appearance culture among adolescent girls and boys: An examination of friend conversations, peer criticism, appearance magazines, and the internalization of appearance ideals. *Journal of Adolescent Research, 19,* 323–339.

Jordan, A. (2004). The role of media in children's development: An ecological perspective. *Journal of Developmental & Behavioral Pediatrics, 25,* 196–206.

參考文獻

Joseph Burstyn, Inc. v. Wilson, 343 U.S. 495 (1952).

Josephson, W. L. (1987). Television violent and children's aggression: Testing the priming, social script, and disinhibition predictions. *Journal of Personality and Social Psychology, 53*, 882–890.

Kaiser Family Foundation and Children Now (1997). *Talking with kids about tough issues: A national survey*. Palo Alto, CA: Henry J. Kaiser Family Foundation.

Kahn, J. A., Huang, B., Rosenthal, S. L., Tissot, A. M., & Burk, R. D. (2005). Coercive sexual experiences and subsequent human papillomavirus infection and squamous intra-epithelial lesions in adolescent and young adult women. *Journal of Adolescent Health, 36*, 363–371.

Kandel, D. B., & Davies, M. (1986). Adult sequelae of adolescent depressive symptoms. *Archives of General Psychiatry, 43*, 255–262.

Kandel, D. B., Chen, K., Warner, L. A., Kessler, R. C., & Grant, B. (1997). Prevalence and demographic correlates of symptoms of last year dependence on alcohol, nicotine, marijuana and cocaine in the U.S. population. *Drug and Alcohol Dependence, 44*, 11–29.

Kandel, D. B., Kiros, G.-E., Schaffran, C., & Mei-Chen, H. (2004). Racial/ethnic differences in cigarette smoking initiation and progression to daily smoking: A multilevel analysis. *American Journal of Public Health, 94*, 128–135.

Kaukinen, C., & DeMaris, A. (2005). Age at first sexual assault and current substance use and depression. *Journal of Interpersonal Violence, 20*, 1244–1270.

Kawaja, J. (1994). Process video: Self-reference and social change. In P. Riano (Ed.), *Women in grassroots communication: Furthering social change* (pp. 131–148). Newbury Park, CA: Sage Publications.

Keating, D. P. (2004). Cognitive and brain development. In R. M. Lerner & L. D. Steinberg (Eds.), *Handbook of adolescent psychology* (2nd ed., pp. 45–84). New York: Wiley.

Keel, P. K., Fulkerson, J. A., & Leon, G. R. (1997). Disordered eating precursors in pre- and early-adolescent girls and boys. *Journal of Youth and Adolescence, 26,* 203–216.

Keel, P. K., Heatherton, T. F., Harnden, J. L., & Hornig, C. D. (1997). Mothers, fathers and daughters: Dieting and disordered eating. *Eating Disorders, 5,* 216–228.

Keel, P. K., Klump, K. L., Leon, G. R., & Fulkerson, J. A. (1998). Disordered eating in adolescent males from a school-based sample. *International Journal of Eating Disorders, 23,* 125–132.

Kellner, D. (1995). *Media culture*. London: Routledge.

Kendler, K., Neale, M., MacLean, C., Health, A., Eaves, L., & Kessler, R. (1993). Smoking and major depression. *Archives of General Psychiatry, 50,* 36–43.

Kent, S. L. (2001). *The ultimate history of video games*. Roseville, CA: Prima Publishing.

Kerr, M., & Stattin, H. (2000). What parents know, how they know it, and several forms of adolescent adjustment: Further support for a reinterpretation of monitoring. *Developmental Psychology, 36,* 366–380.

Keyishian v. Bd. of Regents, 385 U.S. 589 (1967).

Killen, J. D., Taylor, C. B., Hayward, C., Haydel, K. F., Wilson, D. M., & Hammer, L. (1996). Weight concerns influence the development of eating disorders: A 4-year prospective study. *Journal of Consulting and Clinical Psychology, 64*, 936–940.

Kinsman, S. B., Romer, D., Furstenberg, F. F., & Schwarz, D. F. (1998). Early sexual initiation: The role of perceived norms. *Pediatrics, 102*, 1185–1192.

Kirby, D., Brener, N., Brown, N., Peterfreund, N., Hillard, P., & Harrist, R. (1999). The impact of condom availability [correction of distribution] in Seattle schools on sexual behavior and condom use. *American Journal of Public Health, 89*, 182–187.

Kirlin, M. (2002). Civic skill building: The missing component in service programs? *PS: Political Science & Politics, 35*, 571–575.

Kirsh, S. J. (1998). Seeing the world through "Mortal Kombat" colored glasses: Violent video games and the development of a short-term hostile attribution bias. *Childhood, 5*, 177–184.

Kleindienst v. Mandel, 408 U.S. 753 (1972).

Klitzke, M., Irwin, R., Lombardo, T., & Christoff, K. (1990). Self-monitored smoking motives. *Journal of Substance Abuse, 2*, 121–127.

Kobus, K. (2003). Peers and adolescent smoking. *Addiction, 98*, 37–55.

Koval, J. J., Pederson, L. L., Mills, C. A., McGrady, G. A., & Carvajal, S. C. (2000).

Models of the relationship of stress, depression, and other psychosocial factors to smoking behavior: A comparison of a cohort of students in grades 6 and 8. *Preventive Medicine, 30,* 463–477.

Kubey, R. (1998). Obstacles to the development of media education in the United States. *Journal of Communication, 48,* 59–69.

Kumar, R., O' Malley, P. M., Johnston, L. D., Schulenberg, J. E., & Bachman, J. G. (2002). Effects of school-level norms on student substance use. *Prevention Science, 38,* 55–71.

Kunkel, D, Biely, E., Eyal, K., Cope-Farrar, K., & Donnerstein, E. (2003). *Sex on TV 3: A biennial report to the Kaiser Family Foundation.* Menlo Park, CA: The Henry J. Kaiser Family Foundation. Retrieved January 20, 2006, from http://www.kff. org/entmedia/3325-index.cfm.

Kunkel, D., Cope, K. M., & Biely, E. (1999). Sexual messages on television: Comparing findings from three studies. *Journal of Sex Research, 36,* 230–236.

Kunkel, D., Cope-Farrar, K., Farinola, W., Biely, E., Rollin, E., & Donnerstein, E. (2001). *Sex on TV: A biennial report to the Kaiser Family Foundation.* Menlo Park, CA: The Henry J. Kaiser Family Foundation.

Kunkel, D., & Wilcox, B. (2001). Children and media policy. In D. S. Singer & J. L. Singer (Eds.), *Handbook of children and the media* (pp. 589–604). Thousand Oaks, CA: Sage.

Kuntsche, E. N. (2004). Hostility among adolescents in Switzerland? Multivariate relations between excessive media use and forms of violence. *Journal of Adolescent Health, 34,* 230–236.

Labre, M. P. (2002). Adolescent boys and the muscular male body ideal.

Journal of Adolescent Health, 30, 233–242.

Lakkis, J., Ricciardelli, L. A., & Williams, R. J. (1999). The role of sexual orientation and gender-related traits in disordered eating. *Sex Roles, 41*, 1–16.

Lamkin, L., Davis, B., & Kamen, A. (1998). Rationale for tobacco cessation interventions for youth. *Preventive Medicine, 27*, A3–A8.

Lamont v. Postmaster General, 381 U.S. 301.

Landmark Communications, Inc. v. Virginia, 435 U.S. 829 (1978).

Landrine, H., Richardson, J. L., Klonoff, E. A, & Flay B. (1994). Cultural diversity in the predictors of adolescent cigarette smoking: The relative influence of peers.*Journal of Behavioral Medicine, 17*, 331–346.

Landry, D. J., Kaeser L., & Richards, C. L. (1999). Abstinence promotion and the provision of information about contraception in public school district sexuality education policies. *Family Planning Perspectives, 31*, 280–286.

Lanis, K., & Covell, K. (1995). Images of women in advertisements: Effects on attitudes related to sexual aggression. *Sex Roles, 32*, 639–649.

Lantz P. M., Jacobson, P. D., Warner, K. E., Wasserman, J., Pollack, H. A., Berson, J., et al. (2000). Investing in youth tobacco control: A review of smoking prevention and control strategies. *Tobacco Control, 9*, 47–63.

Larimer, M. E., & Cronce, J. M. (2002). Identification, prevention, and treatment: A review of individual-focused strategies to reduce problematic alcohol consumption by college students. *Journal of Studies on Alcohol, 14*, 148–163.

Larson, M. (1996). Sex roles and soap operas: What adolescents learn about single motherhood. *Sex Roles: A Journal of Research, 35,* 97–121.

Larson, R. W. (2000). Toward a psychology of positive youth development. *American Psychologist, 55,* 170–183.

Lauer, R. M., Akers, R. L., Massey, J., & Clarke, W. (1982). Evaluation of cigarette smoking among adolescents: The Muscatine Study. *Preventive Medicine, 11,* 417–428.

Lavin, M. A., & Cash, T. F. (2001). Effects of exposure to information about appearance stereotyping and discrimination on women's body images. *International Journal of Eating Disorders, 29,* 51–58.

Lavine, H., Sweeney, D., & Wagner, S. H. (1999). Depicting women as sex objects in television advertising: Effects on body dissatisfaction. *Personality & Social Psychology Bulletin, 25,* 1049–1058.

Lawrence, S., & Giles, C. L. (1999). Accessibility of information on the web. *Nature, 400,* 107–109.

Lee, E., & Leets, L. (2002). Persuasive storytelling by hate groups online: Examining its effects on adolescents. *American Behavioral Scientist. Special Issue: Cyberterrorism in the 21st Century, 45,* 927–957.

Lee, J. D. (2005). Do girls change more than boys? Gender differences and similarities in the impact of new relationships on identities and behaviors. *Self and Identity, 4,* 131–147.

Lee, R. G., Taylor, V. A., & McGetrick, R. (2004). Toward reducing youth exposure to tobacco messages: Examining the breadth of brand and non-brand communications. *Journal of Health Communication, 9,* 461–479.

Lee v. Weisman, 505 U.S. 577 (1992).

參考文獻

Lefkowitz, M. M., Eron, L. D., Walder, L. O., & Huesmann, L. R. (1977). *Growing up to be violent: A longitudinal study of the development of aggression*. New York: Pergamon Press.

Leiberman, D. A., Chaffee, S. H., & Roberts, D. F. (1988). Computers, mass media, and schooling: Functional equivalence in uses of new media. *Social Science Computer Review, 6*, 224–241.

Lemon v. Kurtzman, 403 U.S. 602 (1971).

Leon, G. R., Fulkerson, J. A., Perry, C. L., & Early-Zald, M. B. (1995). Prospective analysis of personality and behavioral vulnerabilities and gender influences in the later development of disordered eating. *Journal of Abnormal Psychology, 104*, 140–149.

Leon, G. R., Fulkerson, J. A., Perry, C. L., Keel, P. K., & Klump, K. L. (1999). Three to four year prospective evaluation of personality and behavioral risk factors for later disordered eating in adolescent boys and girls. *Journal of Youth and Adolescence, 28*, 181–195.

Lerman, C., Caporaso, N., Main, D., Audrain, J., Boyd, N. R., Bowman, E. D., & Shields, P. G. (1998). Depression and self-medication with nicotine: The modifying influence of the dopamine D4 receptor gene. *Health Psychology, 17*, 56–62.

Lerner, R. M., & Castellino, D. R (2002). Contemporary developmental theory and adolescence: Developmental systems and applied developmental science. *Journal of Adolescent Health, 31*, 122–135.

Leventhal, H., & Avis, N. (1976). Pleasure, addiction, and habit: Factors in verbal report or factors in smoking behavior? *Journal of Abnormal Psychol-*

ogy, *85*, 478–488.

Leventhal, T., & Brooks-Gunn, J. (2000). The neighborhoods they live in: The effects of neighborhood residence on child and adolescent outcomes. *Psychological Bulletin, 126*, 309–337.

Levesque, R. J. R. (2000). *Adolescents, sex and the law: Preparing adolescents for responsible citizenship*. Washington, DC: American Psychological Association.

Levesque, R. J. R. (2002a). *Child maltreatment law: Foundations in science, law and policy*. Durham, NC: Carolina Academic Press.

Levesque, R. J. R. (2002b). *Dangerous adolescents, model adolescents: Shaping the role and promise of education*. New York: Plenum/Kluwer Academic.

Levesque, R. J. R. (2002c). *Not by faith alone: Religion, law and adolescence*. New York: New York University Press.

Levesque, R. J. R. (2003). *Sexuality education: What adolescents' rights require*. Hauppauge, NY: Nova Science Publishers.

Levesque, R. J. R. (2006). *The psychology and law of criminal justice processes*. Hauppauge, NY: Nova Science Publishers

Levine, M. P. (1999). Prevention of eating disorders, eating problems and negative body image. In R. Lemberg (Ed.), *Controlling eating disorders with facts, advice, and resources* (2nd ed., pp. 64–72). Phoenix, AZ: Oryx Press.

Levine, M. P., Piran, N., & Stoddard, C. (1999). Mission more probable: Media literacy, activism, and advocacy in the prevention of eating disorders. In N. Piran, M. P. Levine, & C. Steiner-Adair (Eds.), *Preventing eating disorders: A handbook of interventions and special challenges* (pp. 3–25). Philadelphia: Brunner/Mazel.

Levine, M. P., & Smolak, L. (1996). Media as a context for the development of disordered eating. In L. Smolak, M. P. Levine & R. Striegel-Moore (Eds.), *The developmental psychopathology of eating disorders: Implications for research, prevention, and treatment* (pp. 235–257). Mahwah, NJ: Erlbaum.

Levine, M. P., & Smolak, L. (1998). The mass media and disordered eating: Implications for primary prevention. In G. Van Noordenbos & W. Vanereycken (Eds.), *The prevention of eating disorders* (pp. 23–56). New York: New York University Press.

Levine, M. P., & Smolak, L. (2001). Primary prevention of body image disturbances and disordered eating in childhood and early adolescence. In J. K. Thompson & L. Smolak (Eds.), *Body image, eating disorders, and obesity in youth: Assessment, prevention and treatment* (pp. 237–260). Washington, DC: American Psychological Association.

Levine, M. P., Smolak, L., & Hayden, H. (1994). The relation of sociocultural factors to eating attitudes and behaviors among middle school girls. *Journal of Early Adolescence, 14*, 471–490.

Levine, M. P., Smolak, L., Moodey, A. F., Shuman, M. D., & Hessen, L. D. (1994). Normative developmental challenges and dieting and eating disturbances in middle school girls. *International Journal of Eating Disorders, 15*, 11–20.

Levy, S. R., Weeks, K., Handler, A., Perhats, C., Franck, J. A., Hedecker, D., et al. (1995). A longitudinal comparison of the AIDS-related attitudes and knowledge of parents and their children. *Family Planning Perspectives, 27*, 4–10.

Lewinsohn, P. M., Striegel-Moore, R. H., & Seeley, J. R. (2000). Epidemiology and natural course of eating disorders in young women from adolescence to young adulthood. *Journal of the American Academy of Child & Adolescent Psychiatry, 39*, 1284–1292.

Lewit, E., Hyland, A., Kerrebrock, N., & Cummings, K. M. (1997). Price, public policy and smoking in youth people. *Tobacco Control, 6* (Supp. 2), 17–24.

Linz, D., Fuson, I. A., & Donnerstein, E. (1990). Mitigating the negative effects of sexually violent mass communications through preexposure briefings. *Communication Research, 17*, 641–674.

Linz, D., Land, K. C., Williams, J. R., Paul, B., & Ezell, M. E. (2004). An examination of the assumption that adult businesses are associated with crime in surrounding areas: A secondary effects study in Charlotte, North Carolina. *Law & Society Review, 38*, 69–104.

Littleton, H. L., & Ollendick, T. (2003). Negative body image and disordered eating behavior in children and adolescents: What places youth at risk and how can these problems be prevented? *Clinical Child and Family Psychology Review, 6*, 51–66.

Lobel, T. E., Nov-Krispin, N., Schiller, D., Lobel, O., & Feldman, A. (2004). Gender discriminatory behavior during adolescence and young adulthood: A developmental analysis. *Journal of Youth and Adolescence, 33*, 535–546.

参考文献

Lock, J., Reisel, B., & Steiner, H. (2001). Associated health risks of adolescents with disordered eating: How different are they from their peers? Results from a high school survey. *Child Psychiatry and Human Development, 31*, 249–265.

Long, J. A., O'Connor, P. G., Gerbner, G., & Concato, J. (2002). Use of alcohol, illicit drugs, and tobacco among characters on prime-time television. *Substance Abuse, 23*, 95–103.

Lorillard Tobacco Co. v. Reilly, 533 U.S. 525 (2001).

Lucas, K., & Lloyd, B. (1999). Starting smoking: Girls' explanations of influence of peers. *Journal of Adolescence, 22*, 647–655.

Luke, A. (1997). Texts and discourse in education: An introduction to critical discourse analysis. In M. Apple (Ed.), *Review of research in education* (Vol. 21, pp. 3–48). Washington, DC: American Educational Research Association.

Luke, C. (1999). Media and cultural studies in Australia. *Journal of Adolescent and Adult Literacy, 42*, 622–626.

Lunner, K., Wertheim, E. H., Thompson, J. K., Paxton, S. J., McDonald, F., & Halvaarson, E. S. (2000). A cross-cultural examination of weight-related teasing, body image, and eating disturbance in Swedish and Australian samples. *International Journal of Eating Disorders, 28*, 430–435.

Luthar, S. S., Cicchetti, D., & Becker, B. (2000). The construct of resilience: A critical evaluation and guidelines for future work. *Child Development, 77*, 543–562.

Lyubomirsky, S., & Ross, L. (1997). Hedonic consequences of social comparison: A contrast of happy and unhappy people. *Journal of Personality and Social Psychology, 73,* 1141–1157.

McCabe, M. P., & Ricciardelli, L. A. (2001a). Body image and body change techniques among young adolescent boys. *European Eating Disorders Review, 9,* 1–13.

McCabe, M. P., & Ricciardelli, L. A. (2001b). The structure of the Perceived Sociocultural Influences on Body Image and Body Change Questionnaire. *International Journal of Behavioral Medicine, 8,* 19–41.

McCabe, M. P., & Ricciardelli, L. A. (2003a). A longitudinal study of body change strategies among adolescent males. *Journal of Youth and Adolescence, 32,* 105–113.

McCabe, M. P., & Ricciardelli, L. A. (2003b). Sociocultural influences on body image and body changes among adolescent boys and girls. *Journal of Social Psychology, 143,* 5–26.

McCabe, M. P., Ricciardelli, L. A., & Finemore, J. (2002). The role of puberty, media and popularity with peers on strategies to increase weight, decrease weight and increase muscle tone among adolescent boys and girls. *Journal of Psychosomatic Research, 52,* 145–153.

McCabe, M. P., & Vincent, M. A. (2003). The role of bio-developmental and psychological factors in the prediction of body dissatisfaction and disordered eating in adolescents. *European Eating Disorders Review, 11,* 315–328.

McCool, J., Cameron, L., & Petrie, K. (2001). Adolescent perceptions of smoking imagery in film. *Social Science and Medicine, 52,* 1577–1587.

參考文獻

McCool, J., Cameron, L., & Petrie, K. (2003). Interpretations of smoking images in film among older teens. *Social Science and Medicine, 56,* 1023–1032.

McCool, J., Cameron, L., & Petrie, K. (2004). Stereotyping the smoker: Adolescents' appraisals of smokers in film. *Tobacco Control, 13,* 308–314.

McDevitt, M., & Chafee, S. (2000). Closing gaps in political communication and knowledge: Effects of a school intervention. *Communication Research, 27,* 259–292.

McGuire, W. J. (1960). Cognitive consistency and attitude change. *Journal of Abnormal & Social Psychology, 60,* 345–353.

McIntosh, W. D., Bazzini, D. G., Smith, S. M., & Wayne, S. M. (1998). Who smokes in Hollywood? Characteristics of smokers in popular films from 1940 to 1989. *Addictive Behaviors, 23,* 395–398.

McIntyre, J. J., & Teevan, J. J., Jr. (1972). Television violence and deviant behavior. In G. A. Comstock & E. A. Rubinstein (Eds.), *Television and social behavior: Vol. 3. Television and adolescent aggression* (pp. 383–435). Washington, DC: U.S. Government Printing Office.

McLatchie, R. (1997). Psychological adjustment and school performance in immigrant children. *Journal of Psychological Practice, 3,* 34–46.

McLeod, J. M., Atkin, C. K., & Chaffee, S. H. (1972). Adolescents, parents, and television use: Adolescent self-report measures from Maryland and Wisconsin samples. In G. A. Comstock & E. A. Rubinstein (Eds.), *Television and social behavior: A technical report to the Surgeon General's Scientific Advisory Committee on Television and Social Behavior: Vol. 3. Television and adolescent aggressiveness* (DHEW Publication No. HSM 72-9058, pp. 173–238). Washington, DC: U.S. Government Printing Office.

McLeod, J. M., Scheufele, D. A., & Moy, P. (1999). Community, communication, and participation: The role of mass media and interpersonal discussion in local political participation. *Political Communication, 16*, 315–336.

McLoyd, V. C., & Steinberg, L. (Eds.). (1998). *Studying minority adolescents: Conceptual, methodological, and theoretical issues*. Mahwah, NJ: Erlbaum.

McRobbie, A. (1997). *Back to reality? Social experience and cultural studies*. Manchester, UK: Manchester University Press.

MacKay, N. J., & Covell, K. C. (1997). The impact of women in advertisements on attitudes toward women. *Sex Roles, 36*, 573–583.

Madsen v. Women's Health Center, 512 U.S. 753 (1994).

Malamuth, N. M., & Check, J. V. P. (1981). The effects of mass media exposure on acceptance of violence against women: A field experiment. *Journal of Research in Personality, 15*, 436–446.

Malamuth, N. M., & Impett, E. A. (2001). Research on sex in the media: What do we know about effects on children and adolescents? In D. S. Singer & J. L. Singer (Eds.), *Handbook of children and the media* (pp. 269–287). Thousand Oaks, CA: Sage.

Malkin, A. R., Wornian, K., & Chrisler, J. C. (1999). Women and weight: Gendered messages on magazine covers. *Sex Roles, 40*, 647–655.

Maney, D. W., Vasey, J. J., Mahoney, B. S., Gates, S. C., & Higham-Gardill, D. A. (2004). The tobacco-related behavioral risks of a nationally representative sample of adolescents. *American Journal of Health Studies, 19*, 71–83.

Mares, M.-L., & Woodard, E. (2005). Positive effects of television on children's social interactions: A meta-analysis. *Media Psychology, 7*, 301–322.

Markham, R., Howie, P., & Hlavacek, S. (1999). Reality monitoring in auditory and visual modalities: Developmental trends and effects of cross-modal imagery.*Journal of Experimental Child Psychology, 72*, 51–70.

Markstrom, C. A., Li, X., Blackshire, S. L., & Wilfong, J. J. (2005). Ego strength development of adolescents involved in adult-sponsored structured activities. *Journal of Youth and Adolescence, 34*, 85–95.

Markus, H., Hamill, R., & Sentis, K. P. (1987). Thinking fat: Self-schemas for body weight and the processing of weight relevant information. *Journal of Applied Social Psychology, 17*, 50–71.

Martin, J. A., Hamilton, B. E., Sutton, P. D., Ventura, S. J., Menacker, F., & Munson, M. L. (2003). Births: Final data for 2002. *National Vital Statistics Reports, 25*, 10.

Martin, M. C., & Gentry, J. W. (1997). Stuck in the model trap: The effects of beautiful models in ads on pre-adolescents and adolescents. *The Journal of Advertizing, 26*, 19–33.

Martin, M. C., & Kennedy, P. F. (1993). Advertising and social comparison: Consequences for female pre-adolescents and adolescents. *Psychology and Marketing, 10*, 513–530.

Martin v. City of Struthers, 319 U.S. 141 (1943).

Martino, S. C., Collins, R. L., Kanouse, D. E., Elliott, M., & Berry, S. H. (2005). Social cognitive processes mediating the relationship between exposure to television's sexual content and adolescents' sexual behavior. *Journal of Personality and Social Psychology, 89*, 914–924.

Martz, D., & Bazzini, D. (1999). Eating disorders prevention programming may be failing: Evaluation of two one-shot programs. *Journal of College Student Development, 40*, 32–42.

Matsuda, M. (1989). Public response to racist speech: Considering the victim's story. *Michigan Law Review, 87*, 2320–2381.

Meiklejohn, A. (1948). *Free speech and its relation to self-government*. New York: Harper.

Meiklejohn, A. (1965). *Political freedom: The constitutional powers of the people*. New York: Oxford University Press.

Menezes, I. (2003). Participation experiences and civic concepts, attitudes and engagement: Implications for citizenship education projects. *European Educational Research Journal, 2*, 430–445.

Meyer, I. H. (2003). Prejudice, social stress, and mental health in lesbian, gay, and bisexual populations: Conceptual issues and research evidence. *Psychological Bulletin, 129*, 674–697.

Meyer v. Nebraska, 262 U.S. 390 (1923).

Miami Herald Publishing Co. Division of Knight Newspapers, Inc. v. Tornillo, 418 S. 241 (1974).

Michell, L. (1997) Pressure groups: Young people's accounts of peer pressure to smoke. *Social Sciences in Health, 3*, 3–16.

參考文獻

Michell, L., & West, P. (1996). Peer pressure to smoke: The meaning depends on the method. *Health Education Research, 11*, 39–49.

Milavsky, J. R., Kessler, R., Stipp, H., & Rubens, W. S. (1982). Television and aggression: Results of a panel study. In D. Pearl, L. Bouthilet, & J. Lazar (Eds.), *Television and behavior: Ten years of scientific progress and implications for the eighties: Vol. 2. Technical reviews* (pp. 138–157). Washington, DC: U. S. Government Printing Office.

Milk Wagon Drivers Union v. Meadowmoor Dairies, 312 U.S. 287 (1941).

Mill, J. S. (1859/1985). *On liberty*. New York: Penguin.

Miller, B. C., Benson, B., & Galbraith, K. A. (2001). Family relationships and adolescent pregnancy risk: A research synthesis. *Developmental Review, 21*, 1–38. Miller v. California, 413 U.S. 15 (1973).

Millstein, S. G., & Halpern-Felsher, B. L. (2002). Judgments about risk and perceived invulnerability in adolescents and young adults. *Journal of Research on Adolescence, 12*, 399–422.

Minneapolis Star & Tribune Co. v. Minnesota Commissioner of Revenue, 460 U.S. 575 (1983).

Mitchell, K. J, Finkelhor, D., & Wolak, J. (2003). The exposure of youth to unwanted sexual material on the Internet: A national survey of risk, impact, and prevention. *Youth & Society, 34*, 330–358.

Mitchell, K. J., Finkelhor, D., & Wolak, J. D. (2005a). The Internet and family and acquaintance sexual abuse. *Child Maltreatment, 10*, 49–60.

Mitchell, K. J., Finkelhor, D., & Wolak, J. D. (2005b). Protecting youth online: Family use of filtering and blocking software. *Child Abuse & Neglect, 25,* 753–765.

Mizerski, R. (1995). The relationship between cartoon trade character recognition and attitude toward product category in young children. *Journal of Marketing, 59,* 58–71.

Moeller, T. G. (2001). *Youth aggression and violence: A psychological approach.* Mahwah, NJ: Erlbaum.

Moffit, T., Caspi, A., Harrington, H., & Milne, B. (2002). Males on the life-course-persistent and adolescence-limited antisocial pathways: Follow-up at age 26 years. *Development and Psychopathology, 14,* 179–207.

Moore, K. A., & Glei, D. (1995). Taking the plunge: An examination of positive youth development. *Journal of Adolescent Research, 10,* 15–40.

Moreno, A., & Thelen, M. H. (1993). Parental factors related to bulimia nervosa. *Addictive Behaviors, 18,* 681–689.

Moretti, M. M., Odgers, C. L., & Jackson, M. A. (Eds.). (2004). *Girls and aggression: Contributing factors and intervention principles.* New York: Kluwer Academic/ Plenum.

Morgan, M., & Shanahan, J. (1997). Two decades of cultivation research: An appraisal and meta-analysis. *Communication Yearbook, 20,* 1–45.

Morgan, W., & Streb, M. (2001). Building citizenship: How student voice in service-learning develops civic values. *Social Science Quarterly, 82,* 154–169.

Moscicki, A.-B. (2005). Impact of HPV infection in adolescent populations. *Journal of Adolescent Health, 37,* S3–S9.

Mowery, P. D., Farrelly, M. C., Gable, J. M., Wells, H. E., & Haviland, M. L. (2004). Progression to established smoking among U.S. youths. *American Journal of Public Health, 94,* 128–135.

Mueller, C., Field, T., Yando, R., Harding, J., Gonzalez, K. P., & Bendell, D. (1995). Under eating and over eating concerns among adolescents. *Journal of Child Psychology and Psychiatry, 36,* 1019–1025.

Murnen, S. K., & Smolak, L. (1997). Femininity, masculinity, and disordered eating: A meta-analytic review. *International Journal of Eating Disorders, 22,* 231–242.

Murray, D. M., Prokhorov, A. V., & Harty, K. C. (1994). Effects of a statewide anti-smoking campaign on mass media messages and smoking beliefs. *Preventive Medicine, 23,* 54–60.

Murphy-Hoefer, R., Alder, S., & Higbee, C. (2004). Perceptions about cigarette smoking and risks among college students. *Nicotine and Tobacco Research, 6* (Supp. 3), 371–374.

Myers, P. N., & Biocca, F. A. (1992). The elastic body image: The effect of television advertising and programming on body image distortions in young women. *Journal of Communication, 42,* 108–133.

Nansel, T. R., Overpeck, M., Pilla, R. S., Ruan, W. J., Simons-Morton, B., & Scheidt, P. (2001). Bullying behaviors among U.S. youth: Prevalence and association with psychosocial adjustment. *Journal of the American Medical Association, 285,* 2094–2100.

Nathanson, A. I. (1999). Identifying and explaining the relationships between parental mediation and children's aggression. *Communication Research, 26,* 124–143.

Nathanson, A. I. (2001). Parents versus peers: Exploring the significance of peer mediation of antisocial television. *Communication Research, 28,* 251–275.

Nathanson, A. I. (2002). The unintended effects of parental mediation of television on adolescents. *Media Psychology, 4,* 207–230.

Nathanson, A. I. (2004). Factual and evaluative approaches to modifying children's responses to violent television. *Journal of Communication, 54,* 321–336.

Nathanson, A. I., & Botta, R. (2003). Shaping the effects of television on adolescents' body image disturbance: The role of parental mediation. *Communication Research, 30,* 304–331.

Nathanson, A. I., & Cantor, J. (2000). Reducing the aggression-promoting effect of violent cartoons by increasing children's fictional involvement with the victim. *Journal of Broadcasting & Electronic Media, 44,* 125–142.

National Association of Attorneys General. (1998). *Master Settlement Agreement, November 23, 1998, National Conference of State Legislatures.* Retrieved, February 6, 2006, from http://www.ncsl.org/statefed/tmsasumm.htm

National Endowment for the Arts v. Finley, 524 U.S. 596 (1998).

National Television Violence Study. (1998). *National television violence study* (Vol. 3).

Santa Barbara: University of California, Santa Barbara, Center for Communication and Social Policy.

Neuman, S. B. (1995). *Literacy in the television age* (2nd ed.). Norwood:

NJ: Ablex.

Neumark-Sztainer, D., & Hannan, P. J. (2000). Weight-related behaviors among adolescent girls and boys: Results from a national survey. *Archives of Pediatrics and Adolescent Medicine, 154,* 569–577.

Neumark-Sztainer, D., Story, M., Falkner, N. H., Beuhring, T., & Resnick, M. D. (1999). Sociodemographic and personal characteristics of adolescents engaged in weight loss and weight/muscle gain behaviors: Who is doing what? *Preventative Medicine: An International Journal Devoted to Practice and Theory, 28,* 40–50.

Neumark-Sztainer, D., Story, M., & French, S. A. (1996). Covariations of unhealthy weight loss behaviors and other high-risk behaviors among adolescents. *Archives of Pediatrics and Adolescent Medicine, 150,* 304–310.

Neumark-Sztainer, D., Story, M., Hannan, P. J., Beuhring, T., & Resnick, M. D. (2000). Disordered eating among adolescents: Associations with sexual/physical abuse and other familial/psychological factors. *International Journal of Eating Disorders, 28,* 249–258.

New York Times Co. v. Sullivan, 376 U.S. 254 (1964).

New York v. Ferber, 458 U.S. 747 (1982).

Newman, D. L., Moffitt, T. E., Silva, P. A., Caspi, A., Magdol, L., & Stanton, W. R. (1996). Psychiatric disorder in a birth cohort of young adults: Prevalence, comorbidity, clinical significance, and new case incidence from ages 11 to 21. *Journal of Consulting and Clinical Psychology, 64,* 552–562.

Nichter, M., Nichter, M., Vuckovic, N., Quintero, G., & Ritenbaugh, C. (1997). Smoking experimentation and initiation among adolescent girls: Qualitative and quantitative findings. *Tobacco Control, 6,* 285–295.

Nixon v. Shrink Missouri Government PAC, 528 U.S. 377 (2000).

Ng, C., & Dakake, B. (2002). *Tobacco at the movies: Tobacco use in PG-13 films.* Retrieved, February 6, 2006, from http://masspirg.org/MA.asp?id2=8330&id3=MA Noble State Bank v. Haskell, 219 U.S. 104 (1911).

Noland, M. P., Kryscio, R. J., Riggs, R. S., Linville, L. H., Ford, V. Y., & Tucker, T. C. (1998). The effectiveness of a tobacco prevention program with adolescents living in a tobacco-producing region. *American Journal of Public Health, 88,* 1862–1865.

Norris, P. (1996). Does television erode social capital? A reply to Putnam. *PS: Political Science & Politics, 293,* 474–480.

O' Dea, J. A., & Abraham, S. (1999). Onset of disordered eating attitudes and behaviors in early adolescence: Interplay of pubertal status, gender, weight, and age. *Adolescence, 34,* 671–679.

Ogbu, J. I. (1981). Origins of human competence: A cultural-ecological perspective. *Child Development, 52,* 413–429.

Ohring, R., Graber, J. A., & Brooks-Gunn, J. (2002). Girls' recurrent and concurrent body dissatisfaction: Correlates and consequences over 8 years. *International Journal of Eating Disorders, 31,* 404–415.

Olivardia, R., Pope, H. G., & Hudson, J. I. (2000). Muscle dysmorphia in male weightlifters: A case-control study. *American Journal of Psychiatry, 157,* 1291–1296.

O' Loughlin, J., Paradis, G., Renaud, L., & Gomez, L. S. (1998). One year predictors of smoking initiation and of continued smoking among elementary schoolchildren in multiethnic, low-income, inner-city neighborhoods. *Tobacco Control, 7*, 268–275.

Olson, C. K. (2004). Media violence research and youth violence data: Why do they conflict? *Academic Psychiatry, 28*, 144–150.

Orlando, M., Ellickson, P. L., & Jinnett, K. (2001). The temporal relationship between emotional distress and cigarettes during adolescence and young adulthood. *Journal of Consulting and Clinical Psychology, 69*, 959–70.

Osborne v. Ohio, 495 U.S. 103 (1990).

O'Sullivan, L. F., & Brooks-Gunn, J. (2005). The timing of changes in girls' sexual cognitions and behaviors in early adolescence: A prospective, cohort study. *Journal of Adolescent Health, 37*, 211–219.

Owen, P. R., & Laurel-Seller, E. (2000). Weight and shape ideals: Thin is dangerously in. *Journal of Applied Social Psychology, 30*, 979–990.

Paik, H., & Comstock, G. A. (1994). The effects of television violence on antisocial behavior: A meta-analysis. *Communication Research, 21*, 516–546.

Pardun, C. J., L'Engle, K. L., & Brown, J. D., (2005). Linking exposure to outcomes: Early adolescents' consumption of sexual content in six media. *Mass Communication and Society, 8*, 75–91.

Paris Adult Theatre I v. Slaton, 413 U.S. 49 (1973).

Parke, R. D., Berkowitz, L., Leyens, J. P., West, S. G., & Sebastian, R. J. (1977). Some effects of violent and nonviolent movies on the behavior of juvenile delinquents. In L. Berkowitz (Ed.), *Advances in experimental social psychology* (Vol. 10, pp. 135–172). New York: Academic Press.

Patten, C. A., Choi, W. S., Gillin, J. C., & Pierce, J. P. (2000). Depressive symptoms and cigarette smoking predict development and persistence of sleep problems in US adolescents. *Pediatrics, 106,* E23.

Patton, G., Hibbert, M., Rosier, M., Carlin, J., Caust, J., & Bowes, G. (1996). Is smoking associated with depression and anxiety in teenagers? *American Journal of Public Health, 86,* 225–230.

Patton, G. C., Selzer, R., Coffey, C., Carlin, J. B., & Wolfe, R. (1999). Onset of adolescent eating disorders: Population based cohort study over 3 years. *British Medical Journal, 318,* 765–768.

Paul, B., Linz, D., & Shafer, B. J. (2001). Government regulation of "adult" businesses through zoning and anti-nudity ordinances: Debunking the legal myth of negative secondary effects. *Communication Law and Policy, 6,* 355–399.

Paulson, K. A. (2004). Regulation through intimidation: Congressional hearings and political pressure on America's entertainment media. *Vanderbilt Journal of Entertainment Law & Practice, 7,* 61–89.

Paxton, R. J., Valois, R. F., Drane, J., & Wanzer, J. (2004). Correlates of body mass index, weight goals, and weight-management practices among adolescents. *Journal of School Health, 74,* 136–143.

Paxton, S. J., Schutz, H., Wertheim, E. H., & Muir, S. L. (1999). Friendship clique and peer influences on body image concerns, dietary restraint, extreme weight-loss behaviors, and binge eating in adolescent girls. *Journal of Abnormal Psychology, 108,* 255–266.

Pechmann, C., & Knight, S. J. (2002). An experimental investigation of the joint effects of advertising and peers on adolescents' beliefs and intentions about cigarette consumption. *Journal of Consumer Research, 29,* 5–19.

Pechmann, C., & Shih, C. F. (1999). Smoking scenes in movies and antismoking advertisements before movies: Effects on youth. *Journal of Marketing, 63,* 1–13.

Pelham, B. W., & Wachsmuth, J. O. (1995). The waxing and waning of the social self: Assimilation and contrast in social comparison. *Journal of Personality and Social Psychology, 69,* 825–838.

Perkins, D., Brown, B., & Taylor, R. (1996). The ecology of empowerment: Predicting participation in community organizations. *Journal of Social Issues, 52,* 85–110.

Perry, C., Murray, D., & Klepp, K. (1987). Predictors of adolescent smoking and implications for prevention. *Morbidity and Mortality Weekly Report, 35* (Suppl. 4S), 41S-45S.

Pesa, J. A., Syre, T. R., & Jones, E. (2000). Psychosocial differences associated with body weight among female adolescents: The importance of body image. *Journal of Adolescent Health, 26,* 330–337.

Petersen, A. C., & Taylor, B. (1980). The biological approach to adolescence: Biological change and psychological adaptation. In J. Adelson (Ed.), *Handbook of psychology* (pp. 117–158). New York: Wiley.

Peterson, D. L., & Pfost, K. S. (1989). Influence of rock videos on attitudes of violence against women. *Psychological Reports, 64,* 319–322.

Phillips, B. J., & Stavchansky, L. (1999). Camels and cowboys: How junior high students view cigarette advertising. In M. C. Macklin & L. Carlson

(Eds.), *Advertising to children: Concepts and controversies* (pp. 229–249). Thousand Oaks, CA: Sage.

Pierce v. Society of Sisters, 268 U.S. 510 (1925).

Pierce, J. P., Choi, W. S., Gilpin, E. A., Farka, A. J., & Merritt, R. K. (1996). Validation of susceptibility as a predictor of which adolescents take up smoking in the United States. *Health Psychology, 15*, 355–61.

Pierce, J. P., Choi, W. S., Gilpin, E. A., Farkas, A. J., & Berry, C. C. (1998). Tobacco industry promotion of cigarettes and adolescent smoking. *Journal of the American Medical Association, 279*, 511–520.

Pierce, J. P., Distefan, J. M., Jackson, C., White, M. M., & Gilpin, E. A. (2002). Does tobacco marketing undermine the influence of recommended parenting in discouraging adolescents from smoking? *American Journal of Preventive Medicine, 23*, 73–81.

Pierce v. Society of Sisters, 268 U.S. 510 (1925).

Pike, K. M., & Rodin, J. (1991). Mothers, daughters, and disordered eating. *Journal of Abnormal Psychology, 100*, 198–204.

Pogarsky, G., Lizotte, A. J., & Thornberry, T. P. (2003). The delinquency of children born to young mothers: Results from the Rochester Youth Development Study. *Criminology, 41*, 1249–1286.

Polce-Lynch, M., Myers, B. J., Kliewer, W., & Kilmartin, C. (2001). Adolescent self-esteem and gender: Exploring relations to sexual harassment, body image, media influence, and emotional expression. *Journal of Youth and Adolescence, 30*, 225–224.

Polivy, J., & Herman, C. P. (1999). The effects of resolving to diet on restrained and unrestrained eaters: The "false hope syndrome." *International Journal of Eating Disorders, 25,* 223–226.

Polivy, J., & Herman, C. P. (2002). Causes of eating disorders. *Annual Review of Psychology, 53,* 187–213.

Pope, H. G., Jr., & Gruber, A. J. (1997). Muscle dysmorphia: An under recognized from of body dysmorphic disorder. *Psychosomatics, 38,* 548–557.

Pope, H. G., Jr., Phillips, K. A., & Olivardia, R. (2000). *The Adonis Complex: The secret crisis of male body obsession.* New York: Free Press.

Posavac, H. D., Posavac, S. S., & Posavac, E. J. (1998). Exposure to media images of female attractiveness and concern with body weight among young women. *Sex Roles, 38,* 187–201.

Posavac, H. D., Posavac, S. S., & Weigel, R. G. (2001). Reducing the impact of media images on women at risk for body image disturbance: Three targeted interventions. *Journal of Social & Clinical Psychology, 20,* 324–340.

Potter, W. J. (1999). *On media violence.* Thousand Oaks, CA: Sage Publications. Potter, W. J., & Chang, I. C. (1990). Television exposure measures and the cultivation hypothesis. *Journal of Broadcasting and Electronic Media, 34,* 313–333.

Potter, W. J., Pashupati, K., Pekurny, R. G., Hoffman, E., & Davis, K. (2002) Perceptions of television: A schema explanation. *Media Psychology, 4,* 27–50.

Prince v. Massachusetts, 321 U.S. 158 (1944).

Proman, J. M. (2004). Liability of media companies for the violent content of their products marketed to children. *St. John's Law Review, 78,* 427–

491.

Pumariega, A. J., Rogers, K., & Rothe, E. (2005). Culturally competent systems of care for children's mental health: Advances and challenges. *Community Mental Health Journal, 41*, 539–555.

Putnam, R. (2000). *Bowling alone: The collapse and revival of American community*. New York: Simon and Schuster.Radke-Yarrow, M., & Brown, E. (1993). Resilience and vulnerability in children of multiple risk families. *Development & Psychopathology, 5*, 581–592.

Raghavan, R., Bogart, L. M., Elliot, M. N., Vestal, K. D., & Schuster, M. A. (2004). Sexual victimization among a national probability sample of adolescent women. *Perspectives on Sexual and Reproductive Health, 36*, 225–232.

Ramey, C. T., & Ramey, S. L. (1998). Early intervention and early experience. *American Psychologist, 53*, 109–120.

Raphael, F. J., & Lacey, J. H. (1992). Cultural aspects of eating disorders. *Annals of Medicine, 21*, 293–296.

Raudenbush, B., & Zellner, D. A. (1997). Nobody's satisfied: Effects of abnormal eating behaviors and actual and perceived weight status on body image satisfaction in males and females. *Journal of Social Clinical Psychology, 16*, 95–110.

R.A.V. v. City of St. Paul, 505 U.S. 377 (1992).

Raz, J. (1991). Free expression and personal identification. *Oxford Journal of Legal Studies, 11*, 303–324.

Redish, M. (1982). The value of Free Speech. *University of Pennsylvania*

參考文獻

Law Review, 130, 591–645.

Red Lion Broadcasting v. Federal Communications Commission, 395 U.S. 367 (1969).

Regan v. Taxation with Representation of Washington, 461 U.S. 540 (1983).

Reis, O., & Youniss, J. (2004). Patterns in identity change and development in relationships with mothers and friends. *Journal of Adolescent Research, 19,* 31–44.

Reno v. American Civil Liberties Union, 521 U.S. 844 (1997).

Rieves, L., & Cash, T. F. (1996). Social developmental factors and women's body-image attitudes. *Journal of Social Behavior and Personality, 11,* 63–78.

Ricciardelli, L. A., & McCabe, M. P. (2001a). Dietary restraint and negative affect as mediators of body dissatisfaction and bulimic behaviors in adolescent girls and boys. *Behavior Research and Therapy, 39,* 1317–1328.

Ricciardelli, L. A., & McCabe, M. P. (2001b). Self-esteem and negative affect as moderators of sociocultural influences on body dissatisfaction, strategies to decrease weight, and strategies to increase muscles among adolescent boys and girls. *Sex Roles, 44,* 189–207.

Ricciardelli, L. A., & McCabe, M. P. (2003). A longitudinal analysis of the role of psychosocial factors in predicting body change strategies among adolescent boys. *Sex Roles, 45,* 349–360.

Ricciardelli, L. A., & McCabe, M. P. (2004). A biopsychosocial model of disordered eating and the pursuit of muscularity in adolescent boys. *Psy-*

chological Bulletin, 130, 206–227.

Ricciardelli, L. A., McCabe, M. P., & Banfield, S. (2000). Body image and body change methods in adolescent boys: Roles of parents, friends and the media. *Journal of Psychosomatic Research, 49,* 189–197.

Richardson, C. R., Resnick, P. J., Hansen, D. L., Derry, H. A., & Rideout, V. J. (2002). Does pornography-blocking software block access to health information on the Internet? *Journal of the American Medical Association, 288,* 2887–2894.

Rimal, R. N., Flora, J. A., & Schooler, C. (1999). Achieving improvements in overall health orientation: Effects of campaign exposure, information seeking, and health media use. *Communication Research, 26,* 322–348.

Roberts, D. F., Chirstenson, P. G., & Gentile, D. A. (2003). The effects of violent music on children and adolescents. In D. A. Gentile (Ed.), *Media violence and children: A complete guide for parents and professionals* (pp. 153–170). Westport, CT: Praeger.

Roberts, D. F., & Foehr, U. G. (2004). *Kids and media in America: Patterns of use at the millennium.* New York: Cambridge University Press.

Roberts, D. F., Foehr, U. G., Rideout, V. J., & Brodie, M. (1999). *Kids and media at the new millennium.* Menlo Park, CA: Kaiser Family Foundation Report.

Robinson, T. N., Wilde, M. L., Navracruz, L. C., Haydel, K. F., & Varady, A. (2001). Effects of reducing children's television and video game use on aggressive behavior: A randomized controlled trial. *Archives of Pediatrics and Adolescent Medicine, 155,* 17–23.

Rooney, B. L., & Murray, D. M. (1996). A meta-analysis of smoking prevention programs after adjustment for errors in the unit of analysis. *Health Education Quarterly, 23,* 48–64.

Rose, J. S., Chassin, L., Presson, C. C., & Sherman, S. J. (1999). Peer influences on adolescent cigarette smoking: A prospective sibling analysis. *Merrill-Palmer Quarterly, 45,* 62–84.

Rosenblum, G. D., & Lewis, M. (1999). The relations among body image, physical attractiveness, and body mass in adolescence. *Child Development, 70,* 50–64.

Rosenkoetter, L. I., Rosenkoetter, S. E., Ozretich, R. A., & Acock, A. C. (2004). Mitigating the harmful effects of violent television. *Journal of Applied Developmental Psychology, 25,* 25–47.

Rosenthal, R. (1990). How are we doing in soft psychology? *American Psychologist, 45,* 775–777.

Rosenthal, R., & DiMatteo, M. R. (2001). Meta-analysis: Recent developments in quantitative methods for literature reviews. *Annual Review of Psychology, 52,* 59–82.

Roskos-Ewoldsen, D., Roskos-Ewoldsen, B., & Carpenter, F. (2002). Media priming: A synthesis. In J. Bryant & D. Zillmann (Eds.), *Media effects: Advances in theory and research* (pp. 97–120). Mahwah, NJ: Erlbaum.

Ross, H. E., & Ivis, F. (1999). Binge eating and substance use among male and female adolescents. *International Journal of Eating Disorders, 26,* 245–260.

Roper v. Simmons, 543 U.S. 551 (2005).

Roth v. United States, 354 U.S. 476 (1957).

Rubin, A. M., West, D. V., & Mitchell, W. S. (2001). Differences in aggression, attitudes towards women, and distrust as reflected in popular music preferences. *Media Psychology, 3*, 25–42.

Ruble, D. N., & Martin, C. L. (1998). Gender development. In W. Damon (Series ed.), & N. Eisenberg (Vol. ed.), *Handbook of child psychology: Vol. 3. Social, emotional, and personality development* (pp. 933–1016). New York: Wiley.

Rudman, L. S., & Borgida, E. (1995). The afterglow of construct accessibility: The behavioral consequences of priming men to view women as sexual objects. *Journal of Experimental Social Psychology, 31*, 493–517.

Rust v. Sullivan, 500 U.S. 173 (1991).

Rutter, M. (1987). Psychosocial resilience and protective mechanisms. *American Journal of Orthopsychiatry, 57*, 316–331.

Ryan, R. M. (1993). Agency and organization: Intrinsic motivation, autonomy and the self in psychological development. In J. Jacobs (Ed.), *Nebraska symposium on motivation: Developmental perspectives on motivation* (Vol. 40, pp. 1–56). Lincoln, NE: University of Nebraska Press.

Ryan, R. M., & Deci, E. L. (2000). Self-determination theory and the facilitation of intrinsic motivation, social development and well-being. *American Psychologist, 55*, 68–78.

Sable Communications of California, Inc., v. FCC, 492 U.S. 115 (1989).

Sanders v. Acclaim Entertainment, Inc., 188 F. Supp. 2d 1264 (2002).

Santa Fe Independent School District v. Doe, 530 U.S. 290 (2000).

參考文獻

Santelli, J. S., Kaiser, J., Hirsch, L., Radosh, A., Simkin, L., & Middlestadt, S. (2004). Initiation of sexual intercourse among middle school adolescents: The influence of psychosocial factors. *Journal of Adolescent Health, 34,* 200–208.

Sapiro, V. (2004). Not your parents' political socialization: Introduction for a new generation. *Annual Review of Political Science, 7,* 1–23.

Sargent, J. D., Beach, M. L., Dalton, M. A., Mott, L. A., Tickle, J. J., Ahrens, M. B., et al. (2001). Effect of seeing tobacco use in films on trying smoking among adolescents: Cross sectional study. *British Medical Journal, 323,* 1394–1397.

Sargent, J. D., Dalton, M., Beach, M., Bernhardt, A., Heatherton, T., & Stevens, M. (2000). Effect of cigarette promotions on smoking uptake among adolescents. *Preventive Medicine, 30,* 320–327.

Sargent, J. D., Dalton, M. A., Beach, M. L., Mott, L. A., Tickle, J. J., Ahrens, M. B., et al. (2002). Viewing tobacco use in movies: Does it shape attitudes that mediate adolescent smoking? *American Journal of Preventive Medicine, 22,* 137–145.

Saunders, K. W. (2003). *Saving our children from the First Amendment.* New York: New York University Press.

Saunders, K. W. (2005). A disconnect between law and neuroscience: Modern brain science, media influences, and juvenile justice. *Utah Law Review, 2005,* 695–741.

Savage, J. (2004). Does viewing violent media really cause criminal violence? A methodological review. *Aggression and Violent Behavior, 10,*

99–128.

Savin-Williams, R. C. (2005). *The new gay teenager*. Cambridge, MA: Harvard University Press.

Schad v. Borough of Mount Ephraim, 452 U.S. 61 (1981).

Scharrer, E. (2003). Making a case for media literacy in the curriculum: Outcomes and assessment. *Journal of Adolescent & Adult Literacy, 46*, 354–358.

Schenck v. United States, 249 U.S. 47 (1919).

Schutz, H. K., Paxton, S. J., & Wertheim, E. H. (2002). Investigation of body comparison among adolescent girls. *Journal of Applied Social Psychology, 32*, 1906–1937.

Scott, E. S., Reppucci, N. D., & Woolard, J. L. (1995). Evaluation adolescent decision making in legal contexts. *Law and Human Behavior, 19*, 221–244.

Seidman, S. A. (1999). Revisiting sex-role stereotyping in MTV videos. *International Journal of Instructional Media, 26*, 11–23.

Seligman, M. P., & Csikszentmihalyi, M. (2000). Positive psychology. *American Psychologist, 55*, 5–14.

Semmer, N., Cleary, P., Dwyer, J., Fuchs, R., & Lippert, P. (1987). Psychosocial predictors of adolescent smoking in two German cities: The Berlin-Bremen Study. *Morbidity and Mortality Weekly Report, 36* (Suppl. 4S), 3S-10S.

Shah, D. V. (1998). Civic engagement, interpersonal trust, and television use: An individual level assessment of social capital. *Political Psychology, 19*,

469-496.

Shah, D. V., Cho, J., Eveland, W. P., Jr., & Kwak, N. (2005). Information and expression in a digital age: Modeling Internet effects on civic participation. *Communication Research, 32,* 531–565.

Shah, D. V., Kwak, N., & Holbert, R. L. (2001). "Connecting" and "disconnecting" with civic life: Patterns of Internet use and the production of social capital. *Political Communication, 18,* 141–162.

Shaw, J., & Waller, G. (1995). The media's impact on body image: Implications for prevention and treatment. *Eating Disorders: The Journal of Treatment and Prevention, 3,* 115–123.

Shields, D., Balbach, E., & McGee, S. (1990). Hollywood on tobacco: How the entertainment industry understands tobacco portrayal. *Tobacco Control, 8,* 378–386.

Sherman, B. L., & Dominick, J. R. (1986). Violence and sex in music videos: TV and rock 'n' roll. *Journal of Communication, 36,* 79–93.

Sherrod, L. R. (2003). Promoting the development of citizenship in diverse youth. *PS: Political Science & Politics, 36,* 287–292.

Sherry, J. L. (2001). The effects of violent video games on aggression: A meta-analysis. *Human Communication Research, 27,* 409–432.

Shidler, J. A., & Lowry, D. T. (1995). Network TV sex as a counterprogramming strategy during a sweeps period —— An analysis of content and ratings. *Journalism and Mass Communication Quarterly, 72,* 147–157.

Shin, N. (2004). Exploring pathways from television viewing to academic achievement in school age children. *Journal of Genetic Psychology, 165,*

367–381.

Shisslak, C. M., & Crago, M. (2001). Risk and protective factors in the development of eating disorders. In J. K. Thompson & L. Smolak (Eds.), *Body image, eating disorders, and obesity in youth* (pp. 103–125). Washington, DC: American Psychological Association.

Siegel, J. M., Yancey, A. K., Aneshensel, C. S., & Schuler, R. (1999). Body image, perceived timing, and adolescent mental health. *Journal of Adolescent Health, 25,* 155–165.

Siegel, M., & Biener, L. (2000). The impact of anti-smoking media campaigns on progression to established smoking: Results of a longitudinal youth study in Massachusetts. *American Journal of Public Health, 90,* 380–386.

Signorielli, N., McLeod, D., & Healy, E. (1994). Gender stereotypes in MTV commercials: The best goes on. *Journal of Broadcasting and Electronic Media, 38,* 91–101.

Silverblatt, A. (1995). *Media literacy: Keys to interpreting media messages*. Westport, CT: Praeger.

Silverman-Watkins, L. T., & Sprafkin, J. N. (1983). Adolescents' comprehension of televised sexual innuendos. *Journal of Applied Developmental Psychology, 4,* 359–369.

Simmons, R. G., & Blyth, D. A. (1987). *Moving into adolescence: The impact of pubertal change and school context*. Hawthorne, NJ: Aldine.

Singer, D. G., & Singer, J. L. (1998). Developing critical viewing skills and media literacy in children. *Annals of the American Academy of Political and Social Sciences, 557,* 164–180.

參考文獻

Singer, J. L., & Singer, D. G. (1986). Family experiences and television viewing as predictors of children's imagination, restlessness, and aggression. *Journal of Social Issues, 42,* 107–124.

Singhal, A., & Rogers, E. M. (1999). *Entertainment-education: A communication strategy for social change.* Mahwah, NJ: Erlbaum.

Skinner, H., Biscope, S., & Poland, B. (2003). Quality of Internet access: Barrier behind Internet use statistics. *Social Science & Medicine, 57,* 875–880.

Smith, E. S. (1999). Effects of investment in the social capital of youth on political and civic behavior in young adulthood: A longitudinal analysis. *Political Psychology, 20,* 553–580.

Smith, K. H., & Stutts, M. A. (1999). Factors that influence adolescents to smoke. *Journal of Consumer Affairs, 33,* 321157.

Smith, S. L. (2003). Popular video games: Quantifying the presentation of violence and its context. *Journal of Broadcasting & Electronic Media, 47,* 58–76.

Smith, S. L., & Boyson, A. R. (2002). Violence in music videos: Examining the prevalence and context of physical aggression. *Journal of Communication, 52,* 61–83.

Smolak, L., Levine, M. P., & Gralen, S. (1993). The impact of puberty and dating on eating problems among middle school girls. *Journal of Youth and Adolescence, 22,* 355–368.

Smolak, L., Levine, M. P., & Schermer, F. (1998). Lessons from lessons: An evaluation of an elementary school prevention program. In W.

Vandereyken & G. Noordenbos (Eds.), *The prevention of eating disorders: Ethical, legal, and personal issues* (pp. 137–172). New York: New York University Press.

Smolak, L., Levine, M. P., & Thompson, J. K. (2001). The use of the Sociocultural Attitudes Towards Appearance Questionnaire with middle school boys and girls. *International Journal of Eating Disorders, 29,* 216–223.

Smolak, L., & Murnen, S. K. (2001). Gender and eating problems. In R. H. Striegel-Moore & L. Smolak (Eds.), *Eating disorders: Innovative directions in research and practice* (pp. 91–110). Washington, DC: American Psychological Association.

Snyder, H. (2000). *Juvenile arrests, 1999.* Washington, DC: Office of Juvenile Justice and Delinquency Prevention.

Snyder, H., & Sickmund, M. (1995). *Juvenile offenders and victims: A national report.* Washington, DC: Office of Juvenile Justice and Delinquency Prevention.

Snyder, H., & Sickmund, M. (1999). *Juvenile offenders and victims: 1999 national report.* Washington, DC: Office of Juvenile Justice and Delinquency Prevention.

Sommers-Flanagan, R., Sommers-Flanagan, J., & Davis, B. (1993). What's happening on music television? A gender role content analysis. *Sex Roles, 28,* 745–753.

Speiser v. Randall, 357 U.S. 513 (1958).

Stanley v. Georgia, 394 U.S. 557 (1969).

Stead, L. F., & Lancaster, T. (2000). A systematic review of interventions for preventing tobacco sales to minors. *Tobacco Control, 9*, 169–176.

Steele, J. R., & Brown, J. D. (1995). Adolescent room culture: Studying media in the context of everyday life. *Journal of Youth and Adolescence, 24*, 551–576.

Steiger, H., Stotland, S., Trottier, J., & Ghadiriam, A. M. (1996). Familial eating concerns and psychopathological traits: Causal implications of transgenerational effects. *International Journal of Eating Disorders, 19*, 147–157.

Steinberg, L. (2005). Cognitive and affective development in adolescence. *Trends in Cognitive Sciences, 9*, 69–74.

Steinberg, L., & Cauffman, E. (1996). Maturity of judgment in adolescence: Psychosocial factors in adolescent decision making. *Law and Human Behavior, 20*, 249–272.

Stewart, D. A., Carter, J. C., Drinkwater, J., Hainsworth, J., & Fairburn, C. G. (2001). Modification of eating attitudes and behavior in adolescent girls: A controlled study. *International Journal of Eating Disorders, 29*, 107–118.

Stice, E. (1998). Modeling of eating pathology and social reinforcement of the thin-ideal predict onset of bulimic symptoms. *Behavior Research and Therapy, 36*, 931–944.

Stice, E. (2002). Risk and maintenance factors for eating pathology: A meta-analytic review. *Psychological Bulletin, 128*, 825–848.

Stice, E., Akutagawa, D., Gaggar, A., & Agras, W. S. (2000). Negative affect moderates the relation between dieting and binge eating. *International*

Journal of Eating Disorders, 27, 218–229.

Stice, E., & Bearman, S. K. (2001). Body image and eating disturbances prospectively predict growth in depressive symptoms in adolescent girls: A growth curve analysis. *Developmental Psychology, 37*, 597–607.

Stice, E., Cameron, R. P., Hayward, C., Taylor, C. B., & Killen, J. D. (1999). Naturalistic weight-reduction efforts prospectively predict growth in relative weight and onset of obesity among female adolescents. *Journal of Consulting and Clinical Psychology, 67*, 967–974.

Stice, E., Hayward, C., Cameron, R., Killen, J. D., & Taylor, C. B. (2000). Body image and eating disturbances predict onset of depression in female adolescents: A longitudinal study. *Journal of Abnormal Psychology, 109*, 438–444.

Stice, E., Mazotti, L., Weibel, D., & Agras, W. S. (2000). Dissonance prevention program decreases thin-ideal internalization, body dissatisfaction, dieting, negative affect, and bulimic symptoms: A preliminary experiment. *International Journal of Eating Disorders, 27*, 206–217.

Stice, E., Nemeroff, C., & Shaw, H. (1996). A test of the dual pathway model of bulimia nervosa: Evidence for restrained-eating and affect-regulation mechanism. *Journal of Social and Clinical Psychology, 15*, 340–363.

Stice, E., Presnell, K., & Bearman, S. K. (2001). Relation of early menarche to depression, eating disorders, substance abuse, and comorbid psychopathology among adolescent girls. *Developmental Psychology, 37*, 608–619.

Stice, E., Presnell, K., & Spangler, D. (2002). Risk factors for binge eating onset in adolescent girls: A 2-year prospective investigation. *Health*

參考文獻

Psychology, 21, 131–138.

Stice, E., Schupak-Neuberg, E., Shaw, H. E., & Stein, R. I. (1994). Relation of media exposure to eating disorder symptomatology: An examination of mediating mechanisms. *Journal of Abnormal Psychology, 103,* 836–840.

Stice, E., & Shaw, H. E. (1994). Adverse effects of the media portrayed thin-ideal on women and linkages to bulimic symptomatology. *Journal of Social and Clinical Psychology, 13,* 288–308.

Stice, E., & Shaw, H. E. (2004). Eating disorder prevention programs: A meta-analytic review. *Psychological Bulletin, 130,* 206–227.

Stice, E., Shaw, H. E., & Nemeroff, C. (1998). Dual pathway model of bulimia nervosa: Longitudinal support for dietary restraint and affect-regulation mechanisms. *Journal of Social and Clinical Psychology, 17,* 129–149.

Stice, E., Spangler, D., & Agras, W. S. (2001). Exposure to media-portrayed thin-ideal images adversely affects vulnerable girls: A longitudinal experiment. *Journal of Social and Clinical Psychology, 20,* 270–288.

Stice, E., & Whitenton, K. (2002). Risk factors for body dissatisfaction in adolescent girls: A longitudinal investigation. *Developmental Psychology, 38,* 669–678.

Stice, E., Ziemba, C., Margolis, J., & Flick, P. (1996). The dual pathway model differentiates bulimics, subclinical bulimics, and controls: Testing the continuity hypothesis. *Behavior Therapy, 27,* 531–549.

Stockwell, T. F., & Glantz, S. A. (1997). Tobacco use is increasing in popular films. *Tobacco Control, 6,* 282–284.

Stolle, D., & Hooghe, M. (2004). The roots of social capital: Attitudinal and network mechanisms in the relation between youth and adult indicators of social capital. *Acta Politica, 39*, 422–441.

Strasburger, V. C. (1995). *Adolescents and the media: Medical and psychological impact.* Thousand Oaks, CA: Sage.

Strasburger, V. C., & Donnerstein, E. (1999). Children, adolescents, and the media: Issues and solutions. *Pediatrics, 103*, 129–139.

Strasburger, V. C., & Wilson, B. J. (2002). *Children, adolescents, and the media.* Thousand Oaks, CA: Sage.

Striegel-Moore, R. H., & Cachelin, F. (1999). Body image concerns and disordered eating in adolescent girls: Risk and protective factors. In N. Johnson, M. Roberts, & J. Worell (Eds.), *Beyond appearance: A new look at adolescent girls* (pp. 85–108). Washington, DC: American Psychological Association.

Striegel-Moore, R. H., Schreiber, G. B., Lo, A., Crawford, P., Obarzanek, E., & Rodin, J. (2000). Eating disorder symptoms in a cohort of 11- to 16-year-old Black and White girls. *International Journal of Eating Disorders, 27*, 49–66.

Striegel-Moore, R. H., & Steiner-Adair, C. (1998). Primary prevention of eating disorders: Further consideration from a feminist perspective. In W. Vandereycken & G. Noordenbos (Eds.), *The prevention of eating disorders* (pp. 1–22). New York: University Press of America.

Strouse, J. S., & Buerkel-Rothfuss, N. L. (1987). Media exposure and the sexual attitudes and behaviors of college students. *Journal of Sex Education and Therapy, 13*, 43–51.

Strouse, J., Buerkel-Rothfus, N., & Long, E. (1995). Gender and family mediators of the relationship between music video exposure and adolescent sexual permissiveness. *Adolescence, 30*, 505–521.

Sussman, S. (2002). Effects of sixty six adolescent tobacco use cessation trials and seventeen prospective studies of self-initiated quitting. *Tobacco Induced Diseases, 1*, 35–81.

Sussman, S., Dent, C. W., Mestel-Rauch, J., Johnson, C. A., Hansen, W. B., & Flay, B. R. (1988). Adolescent nonsmokers, triers, and regular smokers' estimates of cigarette smoking prevalence: When do overestimations occur and by whom? *Journal of Applied Social Psychology, 18*, 537–551.

Sutton, M. J., Brown, J. D., Wilson, K. M., & Klein, J. D. (2002). Shaking the tree of knowledge for forbidden fruit: Where adolescents learn about sexuality and contraception. In J. D. Brown, J. R. Steele, & K. Walsh-Childers (Eds.), *Sexual teens, sexual media: Investigating media's influence on adolescent sexuality* (pp. 25–55). Mahwah, NJ: Erlbaum.

Swarr, A. E., & Richards, M. H. (1996). Longitudinal effects of adolescent girls' pubertal development, perceptions of pubertal timing, and parental relations on eating problems. *Developmental Psychology, 32*, 636–646.

Tamborini, R, Eastin, M. S., Skalski, P., Lachlan, K., Fediuk, T. A., & Brady, R. (2004). Violent virtual video games and hostile thoughts. *Journal of Broadcasting & Electronic Media, 48*, 335–357.

Tan, A. S. (1979). TV beauty ads and role expectations of adolescent female viewers. *Journal of Social and Clinical Psychology, 20*, 270–288.

Taylor, C. B., Sharpe, T., Shisslak, C., Bryosn, S., Estes, L. S., Gray,

N., et al. (1998). Factors associated with weight concerns in adolescent girls. *International Journal of Eating Disorders, 24*, 31–42.

Taylor, L. D. (2005). Effects of visual and verbal sexual television content and perceived realism on attitudes and beliefs. *Journal of Sex Research, 42*, 130–137.

Telch, C. F., Agras, W. S., & Linehan, M. M. (2001). Dialectical behavior therapy for binge eating disorder. *Journal of Consulting and Clinical Psychology, 69*, 1061–1065.

Texas v. Johnson, 491 U.S. 397 (1989).

Thomas v. Collins, 323 U.S. 516 (1945).

Thompson, J. K., Coovert, L. J., & Stormer, S. (1999). Body image, social comparison, and eating disturbance: A covariance structure modeling investigation. *International Journal of Eating Disorders, 26*, 43–51.

Thompson, J. K., & Heinberg, L. J. (1999). The media's influence on body image disturbance and eating disorders: We've reviled them, now can we rehabilitate them? *Journal of Social Issues, 55*, 339–353.

Thompson, J. K., Heinberg, L. J., Altabe, M., & Tantleff-Dunn, S. (1999). *Exacting beauty: Theory, assessment, and treatment of body image disturbance*. Washington, DC: American Psychological Association.

Thompson, J. K., & Smolak, L. (2001). *Body image, eating disorders, and obesity in childhood and adolescence*. Washington, DC: American Psychological Association.

Thompson, J. K., & Stice, E. (2001). Thin-ideal internalization: mounting evidence for a new risk factor in body-image disturbance and eating pathology. *Current Directions in Psychological Science, 10,* 181–183.

Thompson, K. M. (2005). Addicted media: Substances on screen. *Child and Adolescent Psychiatric Clinics of North America, 14,* 473–489.

Tickle J. J., Sargent, J. D., Dalton, M. A., Beach, M. L., & Heatherton, T. F. (2001). Favorite movie stars, their tobacco use in contemporary movies and its association with adolescent smoking. *Tobacco Control, 10,* 16–22.

Tiggemann, M. (2003). Media exposure, body satisfaction and disordered eating: Television and magazines are not the same! *European Eating Disorders Review, 11,* 418–430.

Tiggemann, M., & Pickering, A. S. (1996). Role of television in adolescent women's body dissatisfaction and drive for thinness. *International Journal of Eating Disorders, 20,* 199–203.

Tiggemann, M., & Slater, A. (2003). Thin ideals in music television: A source of social comparison and body dissatisfaction. *International Journal of Eating Disorders, 35,* 45–58.

Tinker v. Des Moines Independent Community School District, 393 U.S. 503 (1969). Tomeo, C. A., Field, A. E., & Berkey, C. S. (1999). Weight concerns, weight control behaviors, and smoking initiation. *Pediatrics, 104,* 918–924.

Tomori, M., & Rus-Makovec, M. (2000). Eating behavior, depression, and self-esteem in high school students. *Journal of Adolescent Health, 26,* 361–367.

Took, K. S., & Weiss, D. S. (1994). The relationship between heavy metal and rap music and adolescent turmoil: Real or artifact? *Adolescence, 29,*

613–621.

Tremblay, R. E. (2000). The development of aggressive behavior during childhood: What have we learned in the past century? *International Journal of Behavioral Development, 24*, 129–141.

Troiano, R. P., Flegal, K. M., Kuczmarski, R. J., Campbell, S. M., & Johnson, C. L. (1995). Overweight prevalence and trends for children and adolescents. *Archives of Pediatric Adolescent Medicine, 149*, 1085–1091.

Turner Broadcasting System, Inc. v. FCC, 512 U.S. 622 (1994).

Turner Broadcasting System, Inc. v. FCC, 520 U.S. 180 (1997).

Tyas, S., & Pederson, L. (1998). Psychological factors related to adolescent smoking: A critical review of the literature. *Tobacco Control, 7*, 409–420.

United States v. American Library Association, Inc., 539 U.S. 194 (2003).

United States v. O'Brien, 391 U.S. 367 (1968).

United States v. Playboy Entertainment Group, 529 U.S. 803 (2000).

Uhlmann, E., & Swanson, J. (2004). Exposure to violent video games increase implicit aggressiveness. *Journal of Adolescence, 27*, 41–52.

United States Department of Health and Human Services. (1998). *Tobacco use among US racial/ethnic minority groups —— African Americans, American Indians and Alaska Natives, Asian Americans and Pacific Islanders, and Hispanics: A report of the Surgeon General.* Atlanta, GA: Centers for Disease Control and Prevention, National Center for Chronic Disease Prevention and Health Promotion, Office of Smoking and Health.

United States Department of Health and Human Services. (2000). *Preliminary results from the 1999 National Household Survey on Drug Abuse*. Rockville, MD: Research Triangle Institute.

United States Department of Health and Human Services. (2001a). *Changing adolescent smoking prevalence*. Bethesda, MD: National Institutes of Health, National Cancer Institute; 2001. Smoking and Tobacco Control Monograph No. 14. Retrieved February 6, 2006, from http://cancercontrol.cancer.gov/tcrb/monographs

United States Department of Health and Human Services. (2001b). *The Surgeon General's call to action to prevent and decrease overweight and obesity*. Rockville, MD: U.S. Department of Health and Human Services, Public Health Service, Office of the Surgeon General. Retrieved February 1, 2006, from http://www.surgeon general.gov/library.

United States Department of Health and Human Services. (2001c). *Youth violence: A report of the Surgeon General*. Rockville, MD: U.S. Department of Health and Human Services; Centers for Disease Control and Prevention, National Center for Injury Prevention; Substance Abuse and Mental Health Services Administration, Center for Mental Health Services; and National Institutes of Health, National Institute of Mental Health.

Urberg, K. A., Degirmencioglu, S. M., & Pilgrim, C. (1997). Close friend and group influence on adolescent cigarette smoking and alcohol use. *Developmental Psychology, 33*, 834–844.

Utman, C. H. (1997). Performance effects of motivational state: A meta-analysis. *Personality and Social Psychology Review, 1*, 170–182.

Valkenburg, P. M. (2000). Media and youth consumerism. *Journal of

Adolescent Health, 27, 52–56.

Valkenburg, P. M., Schouten, A. P, & Peter, J. (2005). Adolescents' identity experiments on the Internet. *New Media & Society, 7,* 383–402.

van den Berg, P., Thompson, J. K., Obremski-Brandon, K., & Coovert, M. (2002). The tripartite influence model of body image and eating disturbance: A covariance structure modeling investigation testing the mediational role of appearance comparison. *Journal of Psychosomatic Research, 53,* 1007–1020.

van den Berg, P., Wertheim, E. H., Thompson, J. K., & Paxton, S. J. (2002). Development of body image, eating disturbance, and general psychological functioning in adolescent females: A replication using covariance structure modeling in an Australian sample. *International Journal of Eating Disorders, 32,* 46–51.

Van Den Bulck, J. (2000). Is television bad for your health? Behavior and body image of the adolescent "couch potato." *Journal of Youth and Adolescence, 29,* 273–288.

van Hoeken, D., Lucas, A. R., & Hoek, H. W. (1998). Epidemiology. In H. W. Hoek, J. L. Treasure, & M. A. Katzman (Eds.), *Neurobiology in the treatment of eating disorders* (pp. 97–126). New York: Wiley.

Vandewater, E. A., Lee, J. H., & Shim, M.-S. (2005). Family conflict and violent electronic media use in school-aged children. *Media Psychology, 7,* 73–87.

Verba, S., Schlozman, K. L., & Brady, H. E. (1995). *Voice and equality, civic voluntarism in American politics.* Cambridge, MA: Harvard University

Press.

Video Software Dealers Association v. Webster, 968 F.2d 684 (1992).

Villarruel, F. A., Perkins, D. F., Borden, L. M., & Keith J. G. (2003). *Community youth development: Practice, policy, and research*. Thousand Oaks, CA: Sage.

Vincent, M. A., & McCabe, M. P. (2000). Gender differences among adolescents in family and peer influences on body dissatisfaction, weight loss and binge eating behaviors. *Journal of Youth and Adolescence, 29,* 205–221.

Virginia State Board of Pharmacy v. Virginia Citizens Consumer Council, Inc., 425 U.S. 748 (1976).

Virginia v. Black, 538 U.S. 343 (2003).

Vogel, J. S., Hurford, D. P., Smith, J. V., & Cole, A. K. (2003). The relationship between depression and smoking in adolescents. *Adolescence, 38,* 57–74.

Vooijs, M. W., & van der Voort, T. H. A. (1993). Learning about television violence: The impact of a critical viewing curriculum on children's attitudes and judgments of crime series. *Journal of Research and Development in Education, 26,* 133–142.

Wakefield, M., & Chaloupka, F. J., (1999). Effectiveness of comprehensive tobacco control program in reducing teenage smoking in the United States. *Tobacco Control, 9,* 177–186.

Wakefield, M., Flay, B., Nichter, M., & Giovino, G. (2003). Role of the media in influencing trajectories of youth smoking. *Addiction, 98* (Suppl 1), 79–103.

Wakefield, M. A., Ruel, E. E., Chaloupka, F. J., Slater, S. J., & Kaufman, N. J. (2002). Association of point of purchase tobacco advertising and promotions with choice of usual brand among teenage smokers. *Journal of Health Communication, 7,* 113–121.

Wallack, L., Dorfman, L., Jernigan, D., & Themba, M. (1993). *Media advocacy and public health: Power for prevention.* Newbury Park: Sage Publications.

Waller, G., Hamilton, K., & Shaw, J. (1992). Media influences on body size estimation in eating disordered and comparison subjects. *British Review of Bulimia and Anorexia Nervosa, 6,* 81–87.

Walsh, D. A., & Gentile, D. A. (2001). A validity test of movie, television, and video-game ratings. *Pediatrics, 107,* 1302–1308.

Walsh-Childers, K., & Brown, J. D. (1993). Adolescents' acceptance of sex-role stereotypes and television viewing. In B. S. Greenberg, J. D. Brown, & N. L. Buerkel-Rothfuss (Eds.), *Media, sex and the adolescent* (pp. 117–133). Cresskill, NJ: Hampton Press.

Walsh-Childers, K., Gotthoffer, A., & Lepre, C. R. (2002). From "just the facts" to "downright salacious" : Teens' and women's magazine coverage of sex and sexual health. J. D. Brown, J. R. Steele, & K. Walsh-Childers (Eds.), *Sexual teens, sexual media: Investigating media's influence on adolescent sexuality* (pp. 153–171). Mahwah, NJ: Erlbaum.

Ward, L. M. (2002). Does television exposure affect emerging adults' attitudes and assumptions about sexual relationships? Correlational and experimental confirmation. *Journal of Youth and Adolescence, 31,* 1–15.

參考文獻

Ward, L. M. (2003). Understanding the role of entertainment media in the sexual socialization of American youth: A review of empirical research. *Developmental Review, 23*, 347–388.

Ward, L. M., & Rivadeneyra, R. (1999). Contributions of entertainment television to adolescents' sexual attitudes and expectations: The role of viewing versus viewer involvement. *Journal of Sex Research, 36*, 237–249.

Watson, D., Clark, L. A., & Tellegen, A. (1988). Development and validation of brief measures of positive and negative affect: The PANAS scales. *Journal of Personality and Social Psychology, 54*, 1063–1070.

Watson, N. A, Clarkson, J. P, Donovan, R. J, & Giles-Corti, B. (2003). Filthy or fashionable? Young people's perceptions of smoking in the media. *Health Education Research, 18*, 554–567.

Watts v. United States, 394 U.S. 705 (1969).

Weinstein, N. D., Slovic, P., & Gibson, G. (2004). Accuracy and optimism in smokers' beliefs about quitting. *Nicotine & Tobacco Research, 6* (Supp. 3), 375–380.

Weinstock, H., Berman, S., & Cates, W. (2004). Sexually transmitted diseases among American youth: Incidence and prevalence estimates. *Perspectives in Sexual and Reproductive Health, 36*, 6–10.

Weisz, M. G., & Earls, C. M. (1995). The effects of exposure to filmed sexual violence on attitudes towards rape. *Journal of Interpersonal Violence, 10*, 71–84.

Wentzel, K., & McNamara, C. (1999). Interpersonal relationships, emotional disturbance and pro-social behavior in middle school. *Journal of Early*

Adolescence, 19, 114–125.

Werner-Wilson, R. J., Fitzharris, J. L., & Morrissey, K. M. (2004). Adolescent and parent perceptions of media influence on adolescent sexuality. *Adolescence, 39,* 303–313.

Wertheim, E. H., Koerner, J., & Paxton, S. J. (2001). Longitudinal predictors of restrictive eating and bulimic tendencies in three different age groups of adolescent girls. *Journal of Youth and Adolescence, 30,* 69–81.

Wertheim, E. H., Martin, G., Prior, M., Sanson, A., & Smart, D. (2002). Parent influences in the transmission of eating and weight related values and behaviors. *Eating Disorders: The Journal of Treatment and Prevention, 10,* 321–334.

Wertheim, E. H., Paxton, S. J., Maude, D., Szmukler, G. I., Gibbons, K., & Hiller, L. (1992). Psychosocial predictors of weight loss behaviors and binge eating in adolescent girls and boys. *International Journal of Eating Disorders, 12,* 151–160.

West Virginia State Board of Education v. Barnette, 319 U.S. 624 (1943).

Whalen, C. K., Jamner, L. D., Henker, B., & Delfino, R. J. (2001). Smoking and moods in adolescents with depressive and aggressive dispositions: Evidence from surveys and electronic diaries. *Health Psychology, 20,* 99–111.

Wichstrom, L. (1995). Social, psychological and physical correlates of eating problems: A study of the general adolescent population in Norway. *Psychological Medicine, 25,* 567–579.

Wichstrom, L. (2000). Psychological and behavioral factors unpredictive of disordered eating: A prospective study of the general adolescent population in Norway. *International Journal of Eating Disorders, 28,* 33–42.

Wiegman, O., & van Schie, E. G. M. (1998). Video game playing and its relations with aggressive and prosocial behavior. *British Journal of Social Psychology, 37,* 367–378.

Wilfley, D. E., Welch, R. R., Stein, R. I., Spurrell, E. B., Cohen, L. R., & Saelens, B. E. (2002). A randomized comparison of group cognitive-behavioral therapy and group interpersonal psychotherapy for the treatment of overweight individuals with binge eating disorder. *Archives of General Psychiatry, 59,* 713–721.

Will, K. E., Porter, B. E., Geller, E. S., & DePasquale, J. P. (2005). Is television a health and safety hazard? A cross-sectional analysis of at-risk behavior on primetime television. *Journal of Applied Social Psychology, 35,* 198–222.

Willemsen, M. C., & de Zwart, W. M. (1999). The effectiveness of policy and health education strategies for reducing adolescent smoking: A review of the evidence. *Journal of Adolescence, 22,* 587–599.

Williams, J. M., & Currie, C. (2000). Self-esteem and physical development in early adolescence: Pubertal timing and body image. *Journal of Early Adolescence, 20,* 139–149.

Williams, R. J., & Ricciardelli, L. A. (2003). Negative perceptions about self-control and identification with gender-role stereotypes relate to binge eating, problem drinking, and to comorbidity among adolescents. *Journal of Adolescent Health, 32,* 66–72.

Williamson, I., & Hartley, P. (1998). British research into the increased vulnerability of young gay men to eating disturbance and body dissatisfaction. *European Eating Disorders Review, 6,* 160–170.

Wilson, B. J., Colvin, C. M., & Smith, S. (2002). Engaging in violence on American television: A comparison of child teen, and adult perpetrators. *Journal of Communication, 52,* 36–60.

Wilson, B. J., Kunkel, D., Linz, D., Potter, J., Donnerstein, E., Smith, S. L., et al. (1997). Violence in television programming overall: University of California, Santa Barbara study. In M. Seawall (Ed.), *National Television Violence Study* (Vol. 1, pp. 3–184). Thousand Oaks, CA: Sage Publications.

Wilson, B. J., Kunkel, D., Linz, D., Potter, J., Donnerstein, E., Smith, S. L., et al. (1998). Violence in television programming overall: University of California, Santa Barbara study. In M. Seawall (Ed.), *National Television Violence Study* (Vol. 2, pp. 3–204). Thousand Oaks, CA: Sage Publications.

Wilson, B. J., Linz, D., Donnerstein, E., & Stipp, H. (1992). The impact of social issue television programming on attitudes towards rape. *Human Communication Research, 19,* 179–208.

Wilson, B. J., Linz, D., Federman, J., Smith, S., Paul, B., & Nathanson, A. (1999). *The choices and consequences evaluation: A study of Court TV's antiviolence curriculum.* Santa Barbara: Center for Communication and Social Policy, University of California.

Wilson, B. J., Smith, S. L., Potter, W. J., Kunkel, D., Linz, D., Colvin, C. M., et al. (2002). Violence in children's television programming: Assessing the risks. *Journal of Communication, 52,* 5–36.

Wilson, D. K., Rodrigue, J. R., & Taylor, W. C. (Eds.) (1997). *Health-promoting and health-compromising behaviors among minority adolescents*. Washington, DC: American Psychological Association.

Wilson v. Midway Games, Inc., 198 F. Supp. 2d 167 (2002).

Wingood, G. M., DiClemente, R. J., Harrington, K., Davies, S., Hook, E. W., III, & Oh, M. K. (2001). Exposure to X-rated movies and adolescents' sexual and contraceptive-related attitudes and behaviors. *Pediatrics, 107*, 1116–1119.

Winkel, F. W., & deKluever, E. (1997). Communication aimed at changing cognitions about sexual intimidation: Comparing the impact of perpetrator-focused versus a victim-focused persuasive strategy. *Journal of Interpersonal Violence, 12*, 513–529.

Winters v. New York, 333 U.S. 507 (1948).

Wisconsin v. Mitchell, 505 U.S. 377 (1992).

Wisconsin v. Yoder, 406 U.S. 205 (1972).

Wood, J. V. (1989). Theory and research concerning social comparisons of personal attributes. *Psychological Bulletin, 106*, 231–248.

Woodhouse, B. B. (2004). Reframing the debate about the socialization of children: An environmentalist paradigm. *The University of Chicago Legal Forum, 2004*, 85–149.

Worden, J. K., Flynn, B. S., Solomon, L. J., & Secker-Walker, R. H. (1996). Using mass media to prevent cigarette smoking among adolescent girls. *Health Education Quarterly, 23*, 453–468.

Yang, N., & Linz, D. (1990). Movie rating and the content of adult videos: The sex-violence ratio. *Journal of Communication, 40,* 28–42.

Yates, M., & Youniss, J. (1998). Community service and political identity development in adolescence. *Journal of Social Issues, 54,* 495–512.

Ybarra, M. L., & Mitchell, K. J., (2004). Online aggressor/targets, aggressors, and targets: A comparison of associated youth characteristics. *Journal of Child Psychology and Psychiatry, 45,* 1308–1316.

Youniss, J., McLellan, J., Su, Y., & Yates, M. (1999). The role of community service in identity development. *Journal of Adolescent Research, 14,* 248–261.

Yoon, J. S, & Somers, C. L. (2003). Aggressive content of high school students' TV viewing. *Psychological Reports, 93,* 949–953.

Zelman v. Simmons-Harris, 536 U.S. 639 (2002).

Zhu, S., Sun, J., Billings, S. C., Choi, W. S., & Malarcher, A. (1999). Predictors of smoking cessation in U.S. adolescents. *American Journal of Preventive Medicine, 16,* 202–207.

Zillmann, D. (1979). *Hostility and aggression.* Hillsdale, NJ: Erlbaum.

Zillmann, D. (1983). Transfer of excitation in emotional behavior. In J. T. Cacioppo & R. E. Petty (Eds.), *Social psychophysiology: A sourcebook* (pp. 215–240). New York: Guilford Press.

Zillmann, D. (1991). Television viewing and physiological arousal. In J. Bryant & D. Zillmann (Eds.), *Responding to the screen: Reception and reaction process* (pp. 103–133). Hillsdale, NJ: Lawrence Erlbaum.

Zillman D., & Bryant J. (1988a). Effects of prolonged consumption of pornography on family values. *Journal of Family Issues, 9,* 518–544

Zillman D., & Bryant J. (1988b). Pornography's impact on sexual satisfaction. *Journal of Applied Social Psychology, 18*, 438–453.

Zillmann, D., & Weaver, J. B. (1999). Effects of prolonged exposure to gratuitous media violence on provoked and unprovoked hostile behavior. *Journal of Applied Social Psychology, 29*, 145–165.

Zimring, F. E., & Hawkins, G. (1997). *Crime is not the problem: Lethal violence in America*. New York: Oxford University Press.

索引

44 Liquormart, Inc. v. Rhode Island, 157, 196

abortion, 123, 160, 205, 236, 272, 277

abortion clinics, 186

protests, 170

Abrams v. United States, 153, 154, 155

abstinence, 14, 118, 142, 236, 275, 280

academics

  achievement and, 34, 252, 262

commitment to, 116

and performance, 8, 71, 107, 264

and pressure, 60, 71

acceptance, peer, 72, 261

ACTION, 140

addiction, 107, 108

Adolescent Family Life Act, 236, 237

adolescent transition, 60, 64, 71, 75, 76, 129

Advertisements, 54, 61–69, 89, 91–97, 102, 105, 111, 114–116, 125, 130, 138, 151, 155–158, 181, 183, 196, 236, 248, 280

索引

anti-smoking, 100

brand recognition, 93

obscene, 173

promotional items, 93, 94, 97

sponsorships, 97

advertising

alcohol, 138

cigarette, 95

policy restrictions, 89, 98

after-school programs, 236

aggression

and media violence, 26–56

indirect, 26, 27, 50, 51

peer, 34

self concept, 30

toward women. *See* violence, against women

AIDS, 125, 140, 141, 278. *See also* HIV

alcohol, 8, 43, 78, 79, 125, 138

American Amusement Machine Association v. Kendrick, 209, 274

Amish, 207, 227

animated films, 90. *See also* cartoons

animation. *See* cartoons

anorexia nervosa, 57, 62, 69, 78

anti-Semitic speech, 169, 233. *See also* speech, racist

antisocial behavior, 6, 9, 22, 28, 32, 33, 47, 49, 53, 54

antisocial television, 46

anxiety, 40, 59, 64, 78, 264

appearance rumination, 59

appearance schemas, 66, 83

armbands, black, 212, 213, 217, 219

arrest rates, 23, 31

Ashcroft v. ACLU, 13, 210

Ashcroft v. Free Speech Coalition, 175, 216

assault, physical, 23, 34, 45, 48, 170. *See also* violence

attention deficit hyperactivity disorder (ADHD), 106

autonomy, 4, 105, 150, 165–167, 232, 236–239, 259, 263, 272, 275

autonomy, legal assumption of, 150

autonomy-supportive parents, 263

Baker, C. Edwin, 165

behavior, antisocial, 6, 9, 22, 28, 32, 33, 47, 49, 53, 54

behavior imitation, 38, 98

beliefs, social 249

Bellotti v. Baird, 184, 205

"best interests" standard, 278

Bethel School District No. 403 v. Fraser, 216–219

bigoted conduct, 229

Bill of Rights, 220

binge drinking, 120

binge eating, 57, 59, 74–79

biopsychosocial models, 79

birth control, 125, 128, 182, 184, 208, 234, 275

blocking devices, 10, 142

blocking software, 161

Board of Education v. Pico, 185, 186, 232, 233, 271

Bobo doll, 27, 36

body

dissatisfaction, 59, 60, 62, 64–84, 265

image, v, 57, 59–85, 241

piercing, 149

schemas. *See* appearance schemas

body-image, interventions, 84

body-image disturbance, 60, 67, 69, 71, 81

body mass index (BMI), 75

Bolger v. Youngs Drug Products Corporation, 177, 184, 234

Bollinger, Lee, 166

boredom, 106, 260

Bork, Robert, 164

Bose Corp. v. Consumers Union of United States, Inc., 193, 194

Bowen v. Kendrick, 236

Brandenburg v. Ohio, 168, 169

broadcast indecency, 11, 209

broadcasting, 12, 21, 176, 177, 185

Brown v. Hot, Sexy & Safer Prods., Inc., 278

Buckley v. Valeo, 188

bulimia nervosa, 57, 67, 69, 71, 74, 78

bullying, 22, 23, 32, 79, 231. *See also* fighting

Burson v. Freeman, 187

businesses, adult, 180, 197. *See* also entertainment, adult; zoning, adult-entertainment

Butler v. Michigan, 12, 177, 207

campaign

contributions, 187, 197

finance reform, 191

solicitation, 187

Carlin, George, 176, 209

cartoons, 29, 36, 39, 90, 93

481

索引

catharsis theory, 43

causation, 8, 32, 36, 37. *See also* methodologies, experimental studies

cause-and-effect. *See* methodologies, experimental studies

celebrities, 67, 69, 94, 95, 96, 98

censorship, v, 9, 10, 12, 148, 150, 151, 154, 160, 163, 164, 167, 181, 190–192, 202–213, 216–219, 231, 232, 240, 245–248, 271, 272, 281, 282

child-protection, 177, 205, 206

jurisprudence, 211

in libraries, 185

by parents, 10

Central Hudson Gas & Electric Corp. v. Public Service Commission of New York, 156, 157

Chafee, Zechariah, 163, 164

Chaplinsky v. New Hampshire, 170–175, 178

chat groups, 5

chat rooms, 7, 137, 142, 243

child labor laws, 203

Child Online Protection Act, 13, 210, 211

child pornography. *See* pornography, child

child protection, 12, 175, 195, 203–204, 207–210, 239, 245, 281

child-protection censorship, 177, 205, 206

child welfare, 238, 247, 279, 284

Children's Internet Protection Act, 161, 186, 211

482

"chilling effects," 192, 194

chlamydia, 129

church and state, separation of, 221, 223

cigarettes. *See* smoking

cigars, 88, 157. *See also* smoking

City of Erie v. Pap's A.M., 197

City of Renton v. Playtime Theatres, Inc., 179

civic engagement, 16, 214, 255, 257, 258, 259

civic participation, vi, 254, 255, 256, 257, 258, 259, 264, 275

civil society, 15, 163, 167, 203, 239, 242, 244, 250–256, 266, 268, 279, 283–285

clear and present danger test, 168, 171, 193

clergy, 222, 223

coercion test, 221

cognitive-priming theory, 41

cognitive scripts, 38, 41

cognitive social-learning model, 134

Cohen v. California, 178, 198

collective efficacy, 246

comic books, 149

commercials. *See* advertisements

Communications Act of 1934, 11

索引

Communications Decency Act of 1996, 177, 178, 208, 210

Communists, 159, 182

communities, v, 52, 56, 113, 238, 246, 247, 250, 255–258, 262, 263, 266-270, 279, 281–283

community-based organizations, 257, 258

computers, 4, 6, 161, 175, 211

condoms, 119, 127, 136, 140

condom vending machines, 140

Congress, iv, 12, 13, 147, 149, 161, 162, 168, 177, 185, 187, 196, 210, 211

Constitution, the, 3, 15–17, 150, 153, 156, 160, 169, 170, 173, 180, 182, 183, 185, 189, 198, 205, 213, 214, 215, 218, 220, 222, 224, 227, 230, 238, 242, 250, 251, 255, 259, 285

constitutional fact doctrine, 193

constitutional jurisprudence, 152, 189, 207

content-based laws, 161, 179, 185, 190, 191, 193, 225, 229, 230, 273

content-neutral laws, 158, 159, 179, 190, 191

contraception, 123, 140, 141, 236, 277

advertisements, 184, 234

contraceptives, 182, 236

coping mechanisms, 106

coping skills, 77, 260

cosmetic surgery, 59

critical thinking, 53, 138, 139

critical viewers, 137

cross burning, 152, 168, 172, 191, 228–230, 273

cross-national studies, 33

cultivation theory, 39, 133

cultural studies, 136, 137

culture of muscularity, 61, 68

culture of thinness, 83

culture

common understandings, 137, 175, 195, 206

peer, 133, 135

Cyberspace Communications, Inc. v. Engler, 275

dating violence, 120, 130. *See also* violence, against women

Davis v. Monroe County Board of Education, 231

de novo review, 193

death penalty, 205

defamation, 154, 155

delayed gratification, 260

Delgado, Richard, 167

delinquency, 22, 28, 31, 32, 79, 119, 254, 266

democratic ideals, 214

索引

Denver Area Educational Telecommunications Consortium v. FCC, 12, 177, 208

depression, 59, 63, 64, 76–78, 100, 101, 106–108, 116, 264–266

desensitization, 40, 41, 43, 49, 52

desensitization theory, 40

detention facilities, 266

developmental sciences, 15, 242, 255, 266, 268, 284, 285

deviance, 71, 76, 116

dieting, 58, 62, 67, 71, 73, 75, 77–82

digital divide, 6

disapproval, social, 36, 140

diversity, v, 81, 102, 152, 159, 211, 214, 264, 266

Doom. *See* video games

door-to-door solicitation, 181

draft resistance, 168

drug and alcohol abuse. *See* substance abuse

drug use, 5, 8, 15, 31, 71, 79, 110, 120, 240–242, 266, 271. *See also* substance abuse

drugs, prescription, 156, 183

due process, 226, 276, 283

dysfunctional eating. *See* eating disorders

eating disorders, 57, 59, 60, 63, 67, 69, 71, 73, 74, 76, 78, 80, 81,

82, 84

    eating dysfunction. *See* eating disorders

    eating pathology, 59, 74, 75, 82, 83. *See also* eating disorders

    education levels, 107

    educational attainment, 119

    e-mail, 4, 5, 7, 137, 142, 208, 243

    Emerson, Thomas, 165

    endorsement test, 221

    Enlightenment, 152

    entertainment, adult, 11, 195, 210. *See also* businesses, adult; zoning, adult-entertainment

    Erikson, Erik, 252, 257

    erotica, 9, 29, 49

    Erznoznik v. City of Jacksonville, 234, 282

    Espionage Act of 1917, 163, 168

    establishment clause, 220–227, 236

    excitation, 37, 42, 43, 52

    excitation transfer, 37, 41, 42, 43

    experiments. *See* methodologies, experimental studies

    families, 16, 45, 56, 70, 71, 74, 81, 98, 102, 103, 105, 139, 144, 149, 238, 239, 245, 246, 249, 255, 257, 263, 268, 276, 280, 281, 283

    family life, 117, 133, 135, 267, 275, 281, 285

索引

family planning clinics, 160

family-context hypothesis, 46, 47

fantasy play. *See* video games

fashion magazines, 60–63, 67, 69

fasting, 58, 81, 84

FCC v. Pacifica Foundation, 176, 177, 201, 209

fear, 40, 159, 170

of bodily harm, 231

of crime, 40

Federal Communications Commission, 11, 176, 177, 185, 209, 210

Federal Trade Commission, 11, 122

federally funded projects, 161

feminine ideal, 62

Fifth Amendment, 186

fighting, 23, 31, 32, 34, 45, 171

fighting words, 167, 169, 171, 178, 190, 228, 229

films. *See* movies

filtering technologies, 248

Filthy Words, 176, 209

Finland, 33

First Amendment, viii, 12–16, 141, 145, 147-204, 207, 209-212, 214-216, 218-220, 224, 225, 227-230, 232-239, 245, 247, 251, 266, 271, 273, 275, 282, 285 balancing tests, 192

neutrality principle, 161

obscenity exception of, 148, 194

First Amendment jurisprudence, 16, 147, 153, 155, 163, 165, 167, 180, 187, 194, 202, 237, 239, 240, 279

First National Bank v. Bellotti, 184

flag burning, 149, 178, 191

flag salute, 220

flag-salute requirement, 151

food and drug law, 157

forbidden fruit effect, 55, 106

forum, online, 275

Fourteenth Amendment, 227

free speech, vi, 12, 15, 16, 55, 147, 150, 151, 153, 155, 163-167, 169, 171, 172, 181, 182, 185, 188, 190, 192, 198, 199, 202, 203, 205, 211, 220, 224-226, 231, 232, 237-240, 242, 244–246, 248, 251, 252, 254, 257, 266, 267, 271, 272, 274-276, 278, 282-284

free speech jurisprudence, 15, 16, 147, 149, 198, 202, 266, 279

freedom of conscience, 283

freedom of expression, 16, 147, 155, 165, 190, 191, 197, 213, 214, 238, 277

freedom of speech, 147, 150, 152, 154, 163, 164, 165, 166, 167, 173, 181, 182, 183, 185, 187, 198, 212, 231, 232, 251, 283

索引

gambling, 11

gaming systems. *See* video games

gender differences, 26, 32, 33, 50-51, 55, 64, 68, 101, 265

gender formation, 252

gender roles, 265

general aggression model (GAM), 37, 38

Ginsberg v. New York, 12, 175, 176, 195, 196, 201, 204-211, 234, 271

Goals 2000, 277

Good News Club v. Milford Central School, 225, 226, 248

Griswold v. Connecticut, 182, 235

habituation, 40, 52, 87

Hague v. Committee for Industrial Organization, 158, 159

Hannegan v. Esquire, 151, 159, 160

Harlan, John M., 178, 198

harmful speech, protection from, 203

"harmful to minors" laws, 16, 203, 245, 252

hate crimes, 152, 273

hate groups, 142

hate speech. *See* speech, hate

Hazelwood School District v. Kuhlmeier, 218, 219, 224, 231 health activists, 143

health information, 5, 141, 142

health services, 5, 140, 143, 246

heavy metal, 31, *See also* music videos

Hess v. Indiana, 169

high-risk environments, 261

hip-hop, 131

HIV, 119, 120, 129, 140. *See also* AIDS

Holmes, Oliver Wendell, 153–155, 163, 164, 168

homelessness, 142, 265

hostility. *See* aggression

human papillomavirus (HPV), 119, 120

Hurley v. Irish-American Gay, Lesbian and Bisexual Group, 193

identity development, 5, 252–254, 257, 270

image, body. *See* body, image

images, sexist, 130

impulsivity, 77, 79

incitement test, 168

income, 34, 52, 97. *See also* social class; socio-economic status

independent judgment rule, 193

information-processing model, 37

instant messaging, 4, 7

intelligence, 34, 171, 255. *See also* IQ

Interactive Digital Software Association v. St. Louis County, 209, 274

intermediate scrutiny test, 189, 190, 191, 193

Internet, v, 4–7, 10–13, 91, 92, 122, 128, 132, 139, 141–143, 148, 149, 161, 162, 177, 186, 201, 208, 210, 211, 243, 258, 259, 275

interpersonal communication, 140

intervention efforts, 52, 55, 262

introversion, 107

IQ, 33

Israel, 33

Jehovah's Witness, 170, 181, 220

Joseph Burstyn, Inc. v. Wilson, 151

jurisprudence, principles of, 149, 274

Just Say No, 99

Keyishian v. Bd. of Regents, 214

Kleindienst v. Mandel, 186, 187

Ku Klux Klan, 168, 169, 172, 230

Lamont v. Postmaster General, 182, 186

Landmark Communications, Inc. v. Virginia, 193

learned helplessness, 107

learning theory, social, 38, 43, 98

Lee v. Weisman, 221, 222

legal system, vi, 9, 13–16, 147–153, 163, 167, 188, 190, 192, 201, 202, 205, 206, 209, 211, 215, 228, 231, 237, 238, 242–245, 247-250, 254, 259, 266, 269, 270–273, 275, 277–280, 283–285

Lemon v. Kurtzman, 221

lewd material, 207

libel, 154

libraries, 142, 161, 162, 185, 186, 211

school, 232, 233

censorship in, 185

See also public libraries

lived experience, 135

Lorillard Tobacco Co. v. Reilly, 157

Madsen v. Women's Health Center, 170

magazines, 61, 62, 63, 67, 91, 118, 125, 127, 130, 132, 159, 204, 275. *See also* fashion magazines

"marketplace of ideas," 16, 153, 154, 156, 162–167, 185, 192, 207, 213, 232, 236, 239, 251–254, 274, 278

markets of ideas, 16, 237, 253

493

marriage, 117, 131, 280

Martin v. City of Struthers, 181

Marxism, 186

materialism, 8, 47

Matsuda, Mari, 167

maturity standard, 272, 273

media

advocacy, 111, 135, 143

campaigns, 110, 111, 112, 139–143, 236

literacy, 53, 55, 84, 135–138, 139, 143, 277

ratings, 11

Meiklejohn, Alexander, 163, 164

mental health, 7, 148, 174, 246, 260, 261, 262, 263, 264, 265, 266

mental health services, 265

message boards, 142

methodologies, 26

content analysis, 61, 128

correlational studies, 30, 31, 32, 62

cross sectional studies, 8, 30, 35, 67, 69, 73–77, 95, 97, 103, 108, 109, 115, 126

experimental studies, 10, 26–30, 32, 35, 44, 48, 49, 50–53, 62-65, 111, 115, 129, 130–132

longitudinal studies, 7, 32–35, 45, 50, 51, 60, 67, 68, 69, 70, 72, 73,

75, 76, 79, 93, 95, 96, 111, 128

Meta-analyses, 6, 8, 10, 29, 30, 32, 35, 37, 44, 47, 49, 50, 55, 63, 64, 82, 110, 113, 263

quantitative, 29

survey research, 133

Meyer v. Nebraska, 235

Miami Herald Publishing Co. Division of Knight Newspapers, Inc. v. Tornillo, 185

Milk Wagon Drivers Union v. Meadowmoor Dairies, 169, 170

Mill, John Stuart, 163, 164

Miller v. California, 173, 174, 175, 178, 182, 216

Minneapolis Star & Tribune Co. v. Minnesota Commissioner of Revenue, 160

minority status, 108, 125, 204, 223, 239, 264, 265

minors, adult rights, 205

Mississippi Burning, 229

modeling theory, 98

models, 62–64, 67–69, 125

monogamy, 131

moral harm, 207

moral norms, 206

moral standards, 271

morality, 167, 171, 172, 178, 179, 225

495

索引

movie stars. *See* celebrities

movie theaters, 11, 180

drive in, 234

movies, 8, 11, 24, 27–31, 40, 41, 49, 52, 90, 91, 95–102, 121–124, 128, 131, 132, 149, 151, 157, 229, 243, 274

movies, rating, 11, 90, 97, 122–124, 127

MTV, 25, 91, 124, 125. *See also* music videos

murder, 21, 23

music, 8, 11, 25, 28–29, 31, 91, 124, 127, 128, 132, 138, 149, 151, 157, 243, 263. *See also* music videos; song lyrics

music television. *See* music videos

music videos, 25, 28–29, 31, 62, 67, 69, 91, 122, 124–132

National Campaign to Prevent Teen Pregnancy, 141

National Education Longitudinal Study, 109

National Endowment for the Arts, 161

National Endowment for the Arts v. Finley, 160, 161, 162

National Longitudinal Survey of Youth, 109

National Television Violence Study, 24, 25, 36

negative affect, 28, 67, 75, 77, 79, 106

neglect, 34, 52, 279

neighborhood violence, 52

neighborhoods, 34, 52, 133, 135

neurobiological development, 269

neurophysiological abnormalities, 43

New York Times Co v. Sullivan, 154, 155

New York v. Ferber, 12, 174, 175, 216

news programs, 258

newspapers, 128, 218, 258

nicotine, 100, 108

Nixon v. Shrink Missouri Government PAC, 197

Noble State Bank v. Haskell, 195

nonpublic forum, 159

norm of accuracy, 193, 194

normative beliefs, 38, 39, 42, 51, 103, 116, 134

nude dancing, 149, 191, 197. *See also* adult entertainment

nudity, 9, 49, 92, 125, 180, 234, 282

nudity, public, 191

obesity, 7, 57, 59, 81. *See also* overweight

obscene speech, 172

obscenity, 9, 148, 171–178, 182, 183, 186, 190, 194, 195, 203, 204, 208, 209, 216, 230, 231, 282

observational learning, 44, 51, 52

observational-learning theory, 44

On Liberty, 163

Osborne v. Ohio, 175

overbreadth challenges, 192

overweight, 57. *See also* obesity

parens patriae doctrine, 217, 220

parental education, 34, 52

parental intervention, 46, 55

parental rights, 57, 202, 204, 227, 235, 239, 244, 245, 249, 250, 252, 268, 271

parenting, 35, 39, 46, 95, 103, 132

parenting styles, authoritative, 95

parents, vi, 5, 9–14, 33, 34, 45, 46, 52, 53, 60, 73, 76, 77, 80, 81, 84, 94–97, 103, 107, 113, 117, 118, 120, 121, 132, 140–144, 148, 203, 204, 206–208, 210, 218, 222, 225–227, 231–235, 237, 238, 242, 244, 245, 247, 250, 253, 258, 263, 264, 266, 267, 269, 270, 272–274, 278, 279, 280, 281, 284. *See also* parenting

parents, media coviewing, 10, 53

Paris Adult Theatre I v. Slaton, 195

patently offensive material, 174, 177, 216, 230

peer criticism, 72, 73

peer groups, 109, 134, 270, 276

peer mediation, 46

peer pressure, 71, 73, 105, 115, 116, 222, 269

peer relations, 43, 75, 281

peers, 5, 9, 14, 16, 22, 31, 35, 38, 39, 45, 46, 51, 56, 60, 69, 70–74, 76, 77, 81, 84, 94, 95, 98, 100, 102–105, 109, 110, 113, 115, 117, 118, 126, 127, 132, 133, 140, 242, 243, 245, 253, 255, 258, 264, 270, 274, 276, 280, 281

perfectionism, 77, 78

pharmacists, 156, 158, 183

physical exercise, excessive, 58

Pierce v. Society of Sisters, 226, 227, 235

Planned Parenthood, 182

pledge of allegiance, 151, 220

policy makers, vi, 12, 120, 135, 143, 243, 266

political campaigns, 197

political speech, 163, 164, 187, 197, 212, 217

pornography, 49, 92, 122, 123, 129, 131, 142, 148, 149, 162, 177, 191, 201, 204, 206, 211, 215, 234

child, 9, 174, 175, 203, 216

"virtual" child, 216

Postmaster General, 159

poverty, 22, 119, 246

prayer, in school, 221, 223

pregnancy, 106, 119, 123, 125, 160, 218, 236, 275

prejudice, 258, 279

premarital sex, 124

prenatal care, 160

prime-time, 91, 121–125, 129, 130, 132

priming, 40, 41, 43, 52, 134

priming effects, 41, 43

priming theory, 41, 134

Prince v. Massachusetts, 203, 204, 205, 239

prisons, 238

privacy rights, 283

private schools. *See* schools, private

problem solving, social, 38

profanity, 178

profanity regulation, 178

promotion. *See* advertisements

prosocial behavior, changes in, v, 6, 30, 47, 55, 141

prosocial adult responses, 262

prostitution, 179

protected speech, chilling, 155, 172, 178, 192, 194, 211

protesting, 149, 170

prurient content, 231

prurient interest, 173, 174, 216

pubertal development. *See* adolescent transition

puberty. *See* adolescent transition

public announcements, 139

public forum, 158–162, 167, 191, 223, 225

public forum doctrine, 158

public information campaigns, 139

public libraries, 162

public schools. *See* schools, public

punishment, 25, 33, 36, 46, 169, 213, 216

R.A.V. v. City of St. Paul, 152, 162, 170, 201, 228, 229, 230, 273, 274

race, 48, 127, 129, 135, 136, 228–230, 258, 281

racial epithets, 149, 229. *See also* speech, hate

radio stations, 176

rap, 28, 29, 31, 130. *See also* music videos

rape, 54, 120, 129, 141, 179, 275. *See also* violence, against women

rape myths, 54, 130

ratings, media, 10, 12, 55, 62, 143

rational basis test, 189, 191, 208, 219

Raz, Joseph, 166

reaction hypothesis, 46

reality programming, 132

501

索引

Red Lion Broadcasting v. Federal Communications Commission, 184

Regan v. Taxation with Representation of Washington, 151

religion, 152, 220–231

and expression, 148, 220, 222, 224

establishment of, 221

and freedom, 220, 237

hostility toward, 226

and rights, 227, 238

and school clubs, 225, 248

religiosity, 132, 265

religious backgrounds, 135

religious exercises, 222, 223

Reno v. American Civil Liberties Union, 177, 201, 208

Renton v. Playtime Theatres, Inc., 179

reproductive freedom, 270

reproductive services, 236, 276

Republican National Convention, 178

right to receive information, 158, 180–187, 231–236, 238

right to self-determination, 272, 273, 283

role models, 96, 98, 134, 144

role stereotyping, 8, 47, 136

Roper v. Simmons, 205

Roth v. United States, 172, 173, 182, 195

Russian revolution, 153

Rust v. Sullivan, 160–162, 186, 236

Sable Communications of California v. Federal Communications Commission, 177, 195, 196

safe sex, 136

messages, 124

practices, 142

Santa Fe Independent School District v. Doe, 221, 223, 224, 249

Schad v. Borough of Mount Ephraim, 180

Schenck v. United States, 163, 168

school board, 185, 186, 223, 225, 232, 233, 278

school counselors, 276

school disruption, 215

school districts, 222, 223, 233

school norms. *See* social norms, school based

school officials, 148, 159, 212–214, 217–219, 220, 231, 238, 271

school prayer, 222, 223

schools, 242, 257, 270

private, 246

public, 159, 191, 201, 212, 213, 215–218, 220, 221, 222, 224–226, 235, 238, 247, 248, 274, 278

religious, 227, 246

索引

school-sponsored expression, 216, 218, 219, 223, 224

screening tools, 143

selective exposure effect, 48

self-determination, 236, 258, 259, 261, 264, 272–275

self-efficacy, 142, 263

self-esteem, 59, 67, 69, 70, 76, 77, 78, 80, 95, 101, 107, 110, 118, 136, 260

self-fulfillment, 16, 165, 239, 240, 251, 260, 261, 264, 265, 266

self-governance, vi, 192, 236, 251, 254, 255

self-government, 159, 164, 184, 255

self-identity, 253. *See also* identity development

self-image, 101, 106, 260. *See also* body, image

self-schema, 70

self-schema theory, 66

sense of self, 5, 7, 9, 252, 253, 259, 270, 273, 283

service learning, 258

Seventeen Magazine, 67

sex

attitudes toward, 54, 118, 126, 129, 130, 131, 132, 133, 135, 144

beliefs about, 28

and exploitation, 174, 216

information about, 13, 141

knowledge of, 117

and maltreatment, 60

and planning, 123

premarital, 123, 131

risky, 8

unprotected, 120

sex crimes, 7

sex education, 14, 140, 142, 143, 236, 276, 280, 281

sex education programs, 236

sex role behavior, 28

sex role stereotyping, 130

sexual activity, 14, 31, 79, 118, 119, 120, 121, 122, 123, 124, 126, 127, 128, 130, 131, 132, 133, 139, 140, 144, 230, 241, 242, 254

sexual assault. *See* violence, against women

sexual harassment, peer, 231

sexual health, 118, 125, 129, 132, 141

sexual innuendo, 123, 124, 129, 216, 218

sexuality

information on, 240

images of, 280

in the media, 49, 122

sexually explicit materials, 13, 123, 175, 195, 204, 206

索引

sexually indecent materials, 209

sexually transmitted disease (STD), 119, 120, 123–125, 129, 142, 184, 234, 266, 275, 280. *See also* entries for specific diseases

sexual orientation, 78, 229, 252, 264

sexual stereotypes, 134

sitcoms, 121, 123

slasher films, 40, 274

sleep disturbance, 40, 106

smoking, v, 7, 58, 71, 87–116, 140, 157

antismoking campaigns, 103, 110–112, 114, 115

cessation, 114

in films, 89, 99

genetic factors, 107

prevention, 88, 110, 113

prevention, school programs, 110, 114

prosmoking attitudes, 98, 101, 110

sexualization of, 92

stereotypes, 100, 101, 102

warnings, 99

weight control, 101

soap operas, 62, 67, 122, 123, 126, 127, 130, 132

social class, 33, 35, 52, 75, 281

social cognitive theory, 43

social comparison, 60, 68–70, 72, 80

social network, 75, 84, 243

social norms, school based, 51, 62, 104, 138, 281

social scripts, 38, 39, 44

social services, 148, 247, 270, 281

social skills, 7, 265

social-cognitive model, 37

social-cognitive observational-learning, 38, 39

social-comparison, 68

social-comparison theory, 43, 66, 70

socialization, 5, 14, 22, 24, 36, 47, 56, 71, 73, 81, 84, 120, 121, 132, 143, 228, 241, 247, 248, 255, 258, 259, 280

political, 259

sexual, 117, 121, 144

socializing agents, 132, 275

socializing institutions, 13, 16, 237

socioeconomic status, 34, 116, 246, 258, 265 *See also* social class

software, blocking, 142

song lyrics, 29, 31, 124, 129

speech

classroom, 224

索引

codes, schools, 149

commercial, 155, 156, 157, 183, 184, 190, 234

contested, 190, 199

hate, 167, 170, 201, 228, 231, 239

indecent, 12, 175, 176, 178, 201, 208

offensive, 154, 178, 180, 218

racist, 152, 167, 169, 201. *See also* speech, hate

sexual, 205, 208

student, 213, 214, 217–220, 223

symbolic, 172, 191, 212

unprotected, 157, 168, 172, 174, 175, 185, 208

Speiser v. Randall, 194

Stanley v. Georgia, 183, 186

stare decisis, 188

stealing. *See* theft

stereotypes, 69, 83, 101, 127, 129, 130, 258

sexual, 134

steroids, 58

stress, 63, 77, 80, 100, 101, 106, 261, 264

strict scrutiny test, 189, 190, 191, 193, 195, 196, 207, 208

stroke, 87

students

college, 28, 29, 30, 32, 40, 54, 63, 67, 69, 80, 128

elementary, 31, 225, 226, 233

junior high, 3

preschool, 29, 92

secondary school, 220, 233

substance abuse, 43, 59, 110, 113

substance use, 22, 79, 104, 107, 266

suicide, 23, 59, 79, 120, 266. *See also* violence support

peer, 74, 142

social, 67, 74, 75, 80, 84, 246, 264

Supreme Court, ii, 12, 16, 149, 151–155, 158, 161, 167-184, 186, 188, 190, 191, 193–196, 202, 203, 209, 210, 212–216, 221–225, 227–232, 234–236, 238, 248, 250, 251, 27–278, 282, 283

balancing methodologies, 188, 198

standards of review, 189, 190, 191, 196, 207, 208

Surgeon General, 57, 92, 108

swastikas, 228

Synar Amendment, 113

talk shows, 126, 132, 140

tattooing, 149

teachers, vi, 31, 32, 39, 125, 143, 144, 148, 212, 218, 221, 227, 233, 263, 277

索引

teasing, 60, 73, 74

Teenage Attitudes and Practices Survey, 109

television, 4, 6, 7, 10, 11, 21, 24, 25, 27, 29–35, 39, 45, 46, 48, 49–56, 60, 61, 62, 64, 67, 68, 72, 81, 91, 92, 97, 112, 115, 117, 121–123, 125–130, 132, 133, 138, 149, 176, 196, 259

antisocial, 46

children's, 24

viewing frequency, 32

viewing habits, 33, 34

violence, 6, 8, 9, 10, 11, 21, 24–26, 30–35, 45, 46, 47, 50, 52, 53, 55

television, cable, 12, 24, 25, 132, 177, 196, 208, 210, 243

television, indecent programming, 209

television, reality, 259

Texas v. Johnson, 151, 178

theaters, drive-in, 282

theoretical perspectives, 37–44, 46

thin-ideal internalization, 67, 80, 81

Think. Don't Smoke, 99

Thomas v. Collins, ii, 181, 182

Tinker v. Des Moines Independent Community School District, 212–220, 224, 225, 231, 238, 271

Title X regulations, 160, 186

tobacco, 8, 87–108, 110–116, 157. *See also* smoking

Toward a General Theory of the First Amendment, 165

traditions, social, 249

true threat exception, 169

Turner Broadcasting System, Inc. v. FCC, 196

"unbridled discretion," 194, 214

union, membership, 181, 230

United States v. American Library Association, Inc., 161, 162, 186, 211, 281

United States v. O'Brien, 191, 192

United States v. Playboy Entertainment Group, 12, 177, 210, 248

vagueness challenge, 192

V-Chip, 10

video arcades. *See* video games

video games, v, 4, 8, 11, 25, 26, 29, 30, 32, 39–42, 47, 55, 149, 151, 157, 209, 274

rating, 55

Video Software Dealers Association v. Webster, 274

Vietnam War, 171, 212, 213

Viktora, Robert A., 228

violence, 22–23

family, 279

justified, 48

in media, 241

in schools, 34

against women, 28, 29, 124, 129

violence, desensitization. *See* desensitization

violent depictions, definitions of, 36

violent media. *See* aggression, and media violence

Virginia State Board of Pharmacy v. Virginia Citizens Consumer Council, Inc., 156, 158, 183

Virginia v. Black, 152, 172, 229, 231

voting, 254, 256

voucher programs, 227

war, 168

wartime, 153

Watts v. United States, 170

weight problems. *See* overweight

Weisman, Daniel, 222

West Virginia State Board of Education v. Barnette, 151, 159, 201, 220, 221, 232, 271

Winters v. New York, 275

Wisconsin v. Mitchell, 229, 273

Wisconsin v. Yoder, 207, 227, 232, 235

women

images of, 28, 64, 65, 125

in song lyrics, 29

World Wide Web, 243. See also Internet

X-rated films. See pornography

Zelman v. Simmons-Harris, 227, 228

zoning, adult-entertainment, 179, 180, 191

青少年、媒體與法律——
發展科學揭示了什麼？言論自由的需求是什麼？

作　　　者：	[美]羅傑・萊維斯克（Roger J. R. Levesque）
翻　　　譯：	馮愷
發 行 人：	黃振庭
出 版 者：	崧燁文化事業有限公司
發 行 者：	崧燁文化事業有限公司
E - m a i l：	sonbookservice@gmail.com
粉 絲 頁：	https://www.facebook.com/sonbookss/
網　　　址：	https://sonbook.net/
地　　　址：	台北市中正區重慶南路一段 61 號 8 樓 8F., No.61, Sec. 1, Chongqing S. Rd., Zhongzheng Dist., Taipei City 100, Taiwan
電　　　話：	(02)2370-3310
傳　　　真：	(02)2388-1990
印　　　刷：	京峯數位服務有限公司
律師顧問：	廣華律師事務所 張珮琦律師

-版 權 聲 明-

© 2007 by Oxford University Press, Inc. All rights reserved.
This edition is published by arrangement with Oxford Publishing Limited through Andrew Nurnberg Associates International Limited.

定　　價：690 元
發行日期：2025 年 06 月第一版
◎本書以 POD 印製

國家圖書館出版品預行編目資料

青少年、媒體與法律——發展科學揭示了什麼？言論自由的需求是什麼？ / [美]羅傑・萊維斯克（Roger J. R. Levesque）著，馮愷 譯 .-- 第一版 .-- 臺北市：崧燁文化事業有限公司, 2025.06
面； 公分
POD 版

電子書購買

爽讀 APP　　臉書